JN373561

브이월드
매시업으로 만나는 새로운 세상

브이월드

매시업으로 만나는 새로운 세상

지은이 황정래, 황병주, 송기성, 이지우, 박애란, 이하경

펴낸이 박찬규 엮은이 이대엽 디자인 북누리 표지디자인 아로와 & 아로와나

펴낸곳 위키북스 전화 031-955-3658, 3659 팩스 031-955-3660
주소 경기도 파주시 문발로 115, 세종출판벤처타운 311호

가격 25,000 페이지 404 책규격 188 x 240 x 20mm

초판 발행 2015년 06월 30일
ISBN 979-11-5839-002-0 (93000)

등록번호 제406-2006-000036호 등록일자 2006년 05월 19일
홈페이지 wikibook.co.kr 전자우편 wikibook@wikibook.co.kr

이 책의 내용에 대한 추가 지원과 문의는 위키북스 출판사 홈페이지 wikibook.co.kr이나
이메일 wikibook@wikibook.co.kr을 이용해 주세요.

이 도서의 국립중앙도서관 출판시도서목록 CIP는
e-CIP 홈페이지 http://www.nl.go.kr/cip.php에서 이용하실 수 있습니다.
CIP제어번호 2015016936

브이월드

매시업으로 만나는 새로운 세상

공간정보산업진흥원 지음

위키북스

| 저 | 자 | 약 | 력 |

황정래 수석연구원

1996년부터 공간정보에 관심을 가지고 1999년부터 공간정보 연구사업에 참여하기 시작해 15년 이상 수많은 공간정보 연구사업을 기획하고 수행했다. 현재 공간정보산업진흥원에서 국가연구개발사업, 국가공간정보 표준화 사업, 공간정보 창의인재 양성사업의 연구책임자를 맡고 있으며, 공간정보 관련 전 분야에서 활동하고 있다. 특히, 공간정보와 타 산업과의 융복합을 통한 다양한 활용 서비스를 기획하고 개발하는 데 노력을 기울이고 있다.

황병주 선임연구원

대학/원에서 컴퓨터공학(특히, 시공간데이터베이스)을 전공했으며, 2009년부터 국토연구원을 시작으로 공간정보와 관련된 다양한 정책 · 기술 연구를 수행했다. 현재는 공간정보산업진흥원에서 공간정보 표준화 및 자격제도, 브이월드 활성화를 위한 연구업무를 담당하고 있으며, 공간정보산업이 자생적으로 성장할 수 있는 환경을 마련하고자 노력하고 있다.

송기성 선임연구원

대학/원에서 공간정보를 전공했으며, 2006년부터 공간정보 관련 연구를 수행했다. 현재는 공간정보산업진흥원에서 브이월드 활용과 공간정보 인력 양성을 위한 업무를 담당하고 있으며, 다양한 공간정보 서비스를 개발해 사람들의 일상 풍경을 편리하게 바꾸는 일에 관심을 기울이고 있다.

■ **이지우** 선임연구원

공공/민간 분야에서 UIS를 비롯해 다양한 공간정보사업과 웹 시스템 개발사업에 참여했다. 현재는 공간정보산업진흥원에서 브이월드 API의 기술지원 업무를 담당하고 있으며, 브이월드의 성능 개선을 위해 웹 · 모바일 환경에서 동작하는 브이월드 2D · 3D 지도 오픈API의 2.0 버전을 설계하고 있다.

■ **박애란** 연구원

지난 5년 동안 국가공간정보 연구사업을 수행했으며, 현재는 공간정보산업진흥원에서 공간정보 관련 전반적인 업무를 수행하고 있다. 특히 공간정보 교육 및 장애인, 여성, 아동 등 사회적 약자를 위한 공간정보 서비스에 관심이 있으며, 국가공간정보의 혜택이 모든 사람들에 돌아갔으면 하는 바람으로 연구에 매진하고 있다.

■ **이하경** 연구원

대학/원에서 공간정보를 전공했으며, 현재는 공간정보산업진흥원에서 브이월드 교육 및 서비스 운영 업무를 담당하고 있다. 브이월드를 다양한 사용자가 편리하게 사용할 수 있도록 노력하고 있으며, 특히 실질적이고 실효성 있는 브이월드 활용 방안을 기획하는 데 관심을 기울이고 있다.

| 저 | 자 | 서 | 문 |

2012년, 국토교통부는 국가에서 보유하고 있는 공간정보를 민간이나 개인에게 공유할 수 있도록 브이월드(공간정보 오픈플랫폼) 서비스를 시작했다. 정보 공유의 바람과 함께 그간 공공기관에서만 활용하던 방대한 양의 공간정보가 민간 분야에서 활용할 수 있도록 개방의 문이 열린 셈이다.

공간정보는 구축비용이 높아 민간기업에서 구축하기 어려운 반면, 정부부처와 지방자치단체에서는 공공의 이익과 효율적인 관리를 위해 막대한 양의 공간정보를 구축하고 있다. 실상 공간정보라는 것은 사람들에게 실질적이고 체감적인 서비스를 제공할 수 있는 핵심요소이기 때문에 국가가 보유한 공간정보를 공유하는 것은 민간에서 상당한 가치를 창출할 수 있는 기회가 될 수있다.

공간정보의 활용과 그 미래는 무궁무진하다. 공간정보를 통해 나의 공간, 현실의 공간이 연결되면 다가오는 미래에는 IoT와 웨어러블 컴퓨팅 등의 첨단IT 기술에 의해 언제 어디서나 실감할 수 있는 다양한 서비스를 우리에게 제공해 줄 것이다.

이러한 관점에서 브이월드에서는 공간정보를 활용할 수 있는 첫 번째 단계로서, 국가공간정보를 오픈API의 방식으로 제공하고 있다. 구글, 네이버, 다음과 같이 지도 서비스를 제공하는 포털 사이트에서는 이미 오픈API를 제공하고 있으며, 트위터, 페이스북과 같은 소셜 네트워크 서비스(Social Network Service)에서도 오픈API를 제공하고 있다. 브이월드는 개발자들이 공간정보를 직접적으로 제공받을 수 있도록 데이터 API를 제공하고 있으며, 개발자가 직접 공간정보 데이터베이스를 가시화하는 엔진을 개발할 필요 없이 간단하게 구현할 수 있는 지도 API 등을 제공하고 있다.

이 책은 브이월드 오픈API를 접하지 못한 사용자에게 브이월드 오픈API를 더욱 쉽게 사용할 수 있게 안내해 주고자 한다. 먼 미래가 아니더라도 당장 브이월드에서 제공하는 오픈API를 활용한다면 다양한 공간정보 서비스를 개발할 수 있을 것이다.

01 브이월드 오픈API 소개

| 목 | 차 |

02 브이월드 오픈API 개발

03 브이월드 API를 이용한 매시업 활용

| 목 | 차 |

부록
주요 API 목록 및 오픈API 이용약관

브이월드 오픈API 소개 01

공간정보와 브이월드 오픈API

바야흐로 우리는 정보의 시대에 살고 있다. 급속한 정보통신기술의 발전은 정보화를 가속화시키고 있으며, 새로운 기술의 등장은 새로운 정보의 등장을 예고한다. 2014년 10월, 가트너[1]는 보도자료를 통해 '2015년도 10대 전략 기술 동향'을 발표했으며, 현실 세계와 가상 세계의 통합(Merging of the Real and Virtual Worlds), 모든 곳이 똑똑한 세상의 출현(Intelligence Everywhere), 새로운 IT 실체의 등장(The New IT Reality Emerges)이라는 3가지 테마로 10가지 전략 기술을 발표했다.

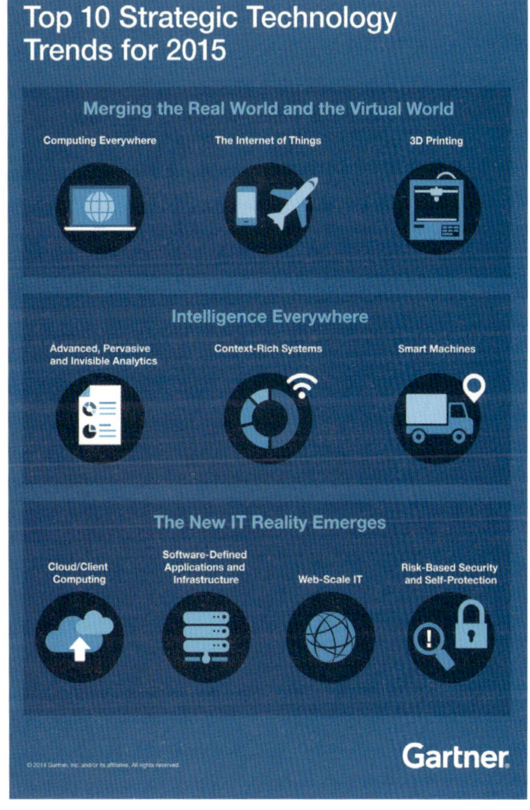

그림 1.1 2015년 10대 전략 기술 동향(가트너)

1 가트너는 매년 IT업계를 이끌 중요한 10대 기술을 발표한다.

그중에서 가트너는 실제 세계와 가상세계를 통합하게 하는 컴퓨팅 에브리웨어(Computing Everywhere), 사물인터넷(IoT; Internet of Thing) 기술 등을 가장 먼저 언급했는데, 가트너의 컬리 부사장은 "스마트폰과 웨어러블 기기가 일터나 공공장소의 전자적으로 연결된 소비자의 스크린으로서 컴퓨팅 환경을 확장시키고 있다"고 했다. 정보통신기술은 향후에 사람들이 어디서나 원하는 정보를 획득하며, 사람들이 필요로 하는 서비스를 제공받을 수 있는 환경으로 변화시킬 것이다. 이미 21세기 초에는 보이지 않는 컴퓨터로 사물이 지능화되고, 언제 어디서나 사람들에게 서비스를 제공하는 유비쿼터스 혁명이 예고된 바 있다. 기술의 발전과 함께 장소와 시간에 구애받지 않는 서비스가 이미 제공되기 시작했으며, 향후에는 상상도 못할 미래가 펼쳐지게 될 것이다.

그리고 이러한 서비스를 제공할 수 있는 기반이 되는 핵심정보가 바로 공간정보이며, 점차 그 중요성이 증대되고 있다. 공간정보는 '공간정보산업 진흥법'에서 "공간상에 존재하는 자연 또는 인공적인 객체에 대한 위치정보 및 이와 관련된 공간적 인지와 의사결정에 필요한 정보"로 정의하고 있으며, 스마트폰, 유비쿼터스 도시 등이 등장함에 따라 사람과 서비스를 연결하는 역할을 수행한다. 지도는 전통적인 공간정보라 할 수 있으며, 일반적으로 공간정보는 어떠한 객체에 대한 위치 정보, 형태(Geometry) 정보, 다양한 속성 정보 등으로 구성된다.

그림 1.2 다양한 공간정보

어렵게 생각할 필요 없이 우리는 생활 주변에서 다양한 공간정보를 접하고 있다. 맛집을 검색하거나 데이트 코스를 미리 확인하기 위해 네이버나 다음, 구글에서 제공하는 지도 서비스를 이용하게 된다. 또한 버스정류장에서는 키오스크(Kiosk)를 통해 다음에 도착할 버스의 현재 위치를 확인할 수 있으며, 범죄자를 추적할 때는 휴대전화의 위치를 추적하기도 한다.

즉, 세상이 스마트해지면서 인간에게 제공되는 서비스는 공간정보와 밀접한 관련이 있을 수밖에 없다. 이를 증명하듯, 세계적으로도 공간정보와 관련된 세계 시장 규모는 점차 확산될 것이라 예측되고 있다. TechNavio에서 조사한 LBS 시장보고서에 따르면, 공간정보와 관련된 세계 시장 규모는 2012년에 약 82억 달러에 달했고, 2016년에는 약 119억 달러에 이를 것으로 예측되고 있다.

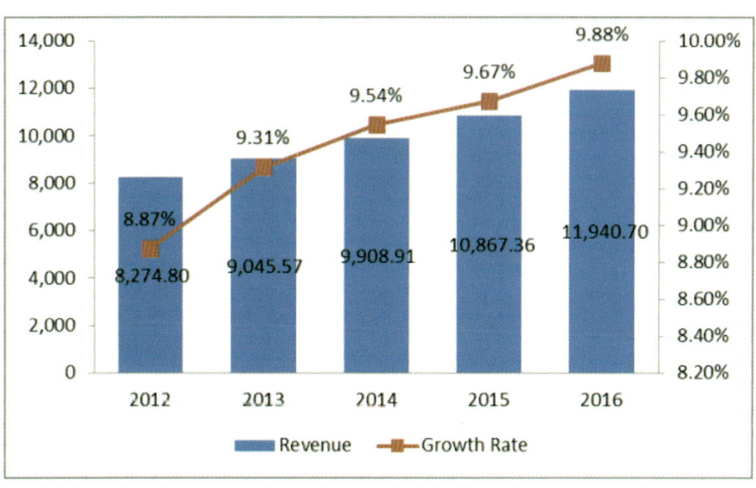

그림 1.3 글로벌 공간정보산업 시장의 규모 예측(2012~2016)

그러나 공간정보를 구축하기 위해서는 수천억 원의 비용이 소요되므로 그 이상의 수익모델을 만들지 못하는 이상 민간업체에서 공간정보를 구축하는 데는 어려움이 있다. 반면 대한민국 정부는 수익보다는 공익의 목적을 위해 3차원 건물정보, 용도지역도, 지적도, 국가교통정보도, 산사태위험지도 등의 공간정보를 이미 구축하고 있다. 정부부처나 지방자치단체에서 국민들에게 편의를 제공하기 위해 기상이나 교통 등의 공공서비스를 제공할 목적으로 구축하고 있으며, 방범이나 재난예방과 같이 특정 목적에 따른 효율적인 재원관리나 인적관리를 위해 공간정보가 디지털정보로 구축되고 있다.

그림 1.4 국가공간정보 예시

이러한 관점에서 민간에서 구축하기 어려운 고비용의 공간정보 생산문제를 해결하기 위해 국토교통부에서는 국가에서 구축한 공공정보를 민간에서 활용할 수 있도록 2012년에 브이월드 서비스를 오픈했다.

그림 1.5 브이월드의 역할

브이월드는 크게 3가지 서비스 채널을 제공한다. 먼저 지도 서비스는 모든 국민들을 대상으로 하며, 완성된 형태의 지도 활용 서비스다. 네이버나 다음에서 제공하는 지도 서비스와 같은 2D/ 3D 형태의 지도화면뿐 아니라, 산업입지도, 산사태위험지도 등과 같이 국가에서 보유하고 있는 다양한 주제도와 과거 항공사진 등을 검색하고 확인할 수 있다. 데이터 서비스는 브이월드에서 보유한 국가 공간정보에 대한 데이터 파일을 직접적으로 제공하는 서비스다. 공간정보를 직접적으로 제공하면 개발자는 직접적으로 공간정보를 가공하고 재생산할 수 있으나 지도 서비스를 위한 엔진을 직접 구현해야 하며, DBMS나 서버와 같은 인프라가 추가적으로 필요하다.

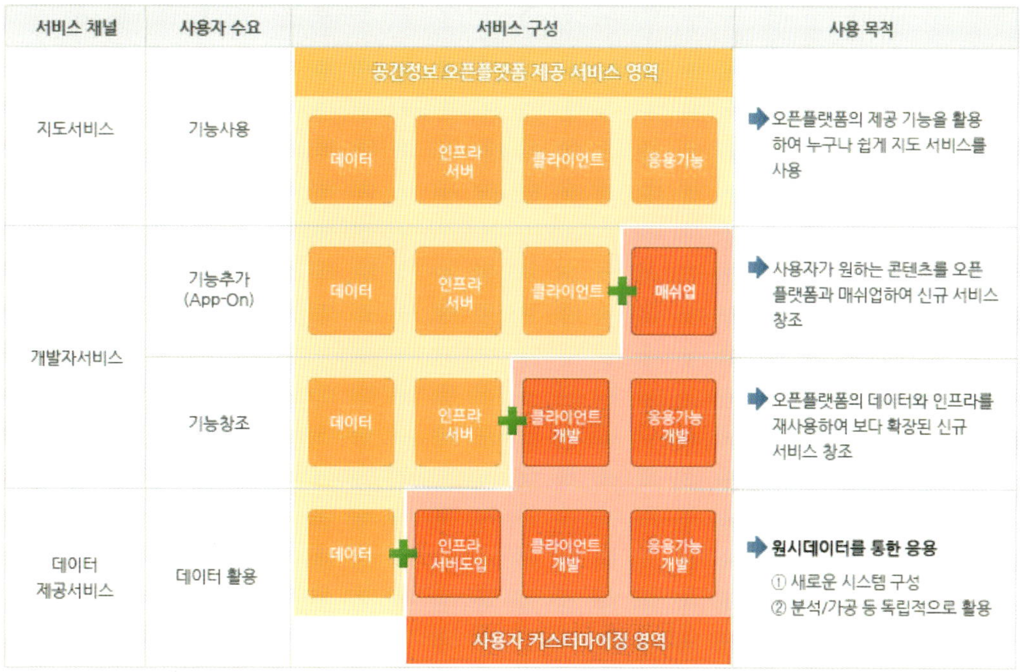

그림 1.6 브이월드의 서비스 채널

브이월드에서 제공하는 데이터를 이용한 공간정보 서비스의 개발을 지원하기 위해 개발서비스를 제공한다. 개발 서비스는 개인이나 사업자가 새로운 서비스를 창출하는 서비스를 개발하기 위한 기본 인프라로서, 오픈API를 제공하는 서비스다. 브이월드 오픈API는 복잡한 구현 과정이 필요한 공간정보 가시화엔진을 제공하므로 개발자는 이러한 플랫폼에서 제공하는 간단한 오픈API만을 활용해 손쉽게 지도 서비스를 개발할 수 있다. 브이월드 오픈API의 기본적인 목적은 국가에서 생산한 공간정보를 민간에 공유하고, 민간에서는 이를 기반으로 다양한 서비스를 창출해 국내 시장을 활성화하는 것이다. 개발자는 브이월드 오픈API에 다양한 정보들을 매시업해서 서비스를 창출할 수 있다.

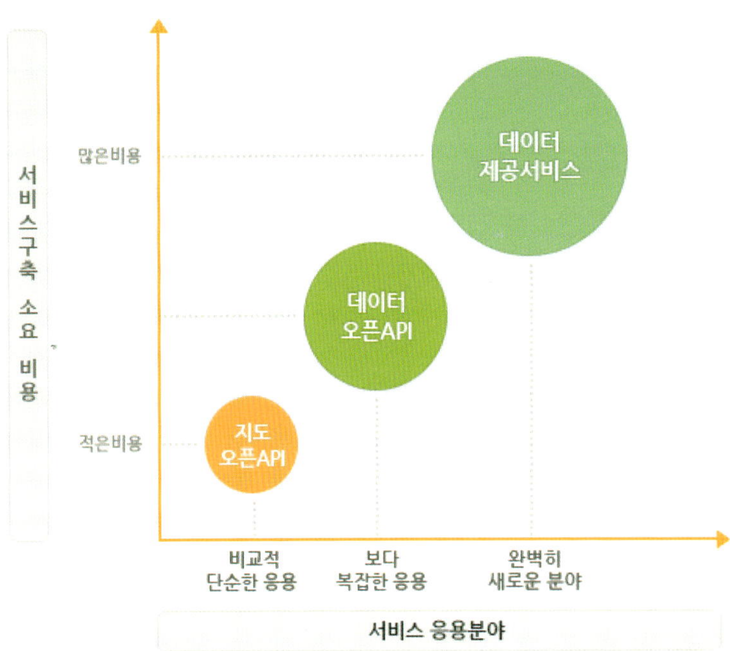

그림 1.7 브이월드의 서비스 채널별 장단점

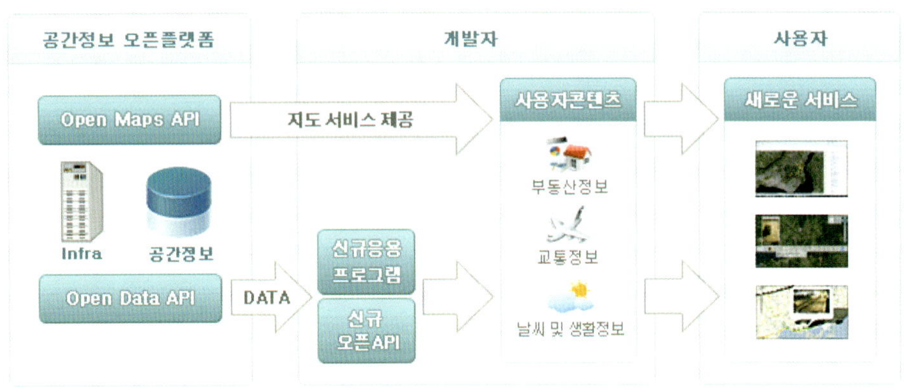

그림 1.8 브이월드 오픈API 개념도

따라서 개발자는 브이월드에서 제공하는 다양한 공간정보와 다른 서버 혹은 사용자 로컬에서 보유한 정보들을 결합하고, 사용자의 창의적인 아이디어를 발휘하여 새로운 공간정보 서비스나 지도를 만들 수 있다. 예를 들어, 브이월드 지도와 기상청 날씨정보를 융합해 지도 기반의 지역별 날씨 정보 제공 서비스를 창의적으로 만들 수 있다.

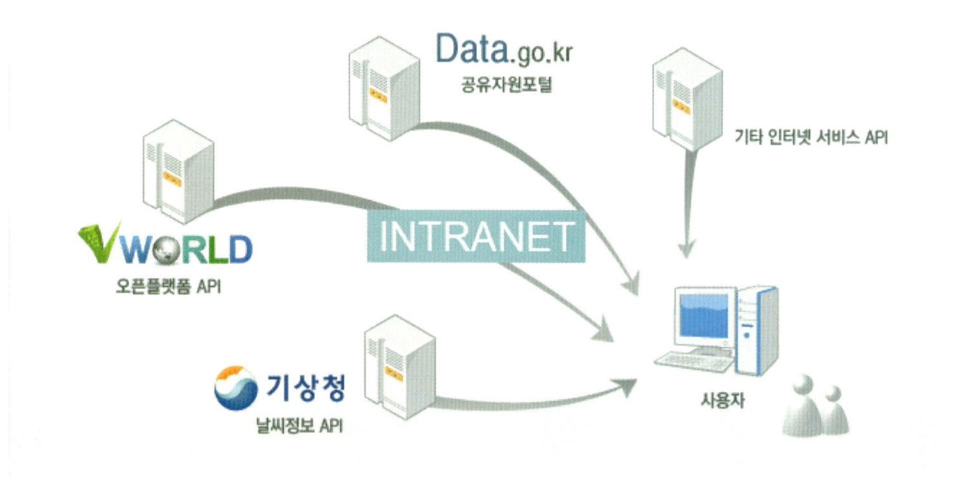

그림 1.9 브이월드 오픈API를 활용한 매시업 예시

브이월드 오픈API의 종류

브이월드에서 제공하는 오픈API는 크게 지도, 데이터, 검색 등에 관한 오픈API가 있다. 개발자가 브이월드 지도 위에 간단한 매시업으로 지도 서비스를 개발할 경우 지도 API를 활용할 수 있으며, 직접적으로 데이터를 제공받아 가시화 엔진 및 서버를 직접 구축할 경우 데이터 API를 활용할 수 있다. 또한 브이월드에서 제공하는 다양한 검색 기능을 사용하기 위해 검색 API를 활용할 수 있다.

지도 오픈API

2D 지도 오픈API(이하, 2D 지도 API)

2D 지도 API는 2D 기반의 오픈API를 사용자에게 제공함으로써 국가공간정보 기반의 2D 지도 서비스를 쉽게 구축할 수 있는 여건을 제공한다. 2D 지도 API는 2D 지도 개발에 널리 사용되는 OpenLayers를 상속받아 구현했다. 따라서 OpenLayers의 기능을 그대로 사용할 수 있으므로 기존의 OpenLayers 사용자가 손쉽게 활용할 수 있다.

그림 1.10 2D 지도 API를 활용한 구현 화면 예시

3D 지도 오픈API(이하, 3D 지도 API)

3D 지도 API는 3D 기반의 오픈API를 사용자에게 제공함으로써 국가공간정보 기반의 3D 지도 서비스를 쉽게 구축할 수 있는 여건을 제공한다. 브이월드에서 제공하는 3D 지도는 타일링 서비스(Tiling Service) 형태로 제공되므로 비교적 빠르게 지도를 화면에 출력할 수 있다.

그림 1.11 3D 지도 API를 활용한 구현 화면 예시

모바일 지도 오픈API

모바일 지도 오픈API는 2015년도에 제공할 예정이며, iOS 및 안드로이드 기반의 모바일 애플리케이션에서 3D 기반의 오픈API를 사용자에게 제공함으로써 국가공간정보 기반의 3D 지도 서비스를 쉽게 구축할 수 있는 여건을 제공한다. 모바일 지도 오픈API에서는 속도 향상을 위해 일반 3D 지도 API에서 제공하는 공간정보를 경량화해서 제공한다.

Static Map API

Static Map API는 자바스크립트에 의존하지 않고 오픈 플랫폼의 배경지도 및 영상지도, 하이브리드 지도를 이용해 위치 표시 및 정보 공유가 가능하도록 구현한 API다. 현재는 요청 횟수에 제한은 없으나 API 사용량 및 서버 과부하 여부에 따라 변동될 수 있다. Static Map은 한 장의 이미지를 결괏값으로 제공받으며, 복잡한 API를 활용하지 않으므로 홈페이지에서 약도 화면 등을 출력할 때 간편하게 활용할 수 있다.

배경지도 오픈API

브이월드가 제공하는 배경지도 및 영상지도, 하이브리드 지도, 회색지도, 야간지도를 제공하고 있으며, 요청 URL을 인증받은 키값과 함께 사용자의 자바스크립트 코드에 추가해서 사용할 수 있다. 그리고 현재 OpenLayers 2.7~2.13 버전을 지원한다.

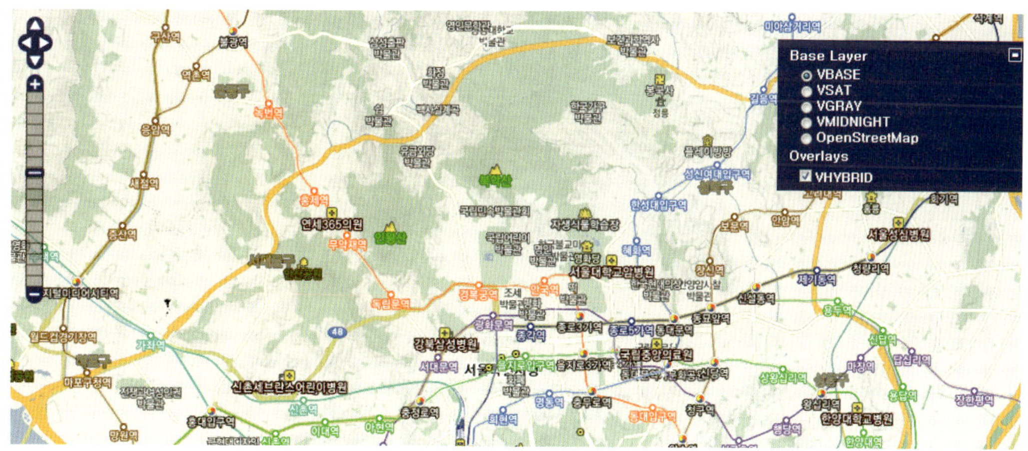

그림 1.12 배경지도 API를 활용한 구현 화면 예시

데이터 오픈API

2D/3D 데이터 오픈API (이하, 데이터 API)

브이월드에서 제공하는 다양한 국가공간정보를 외부(기관, 기업, 개인 등)에서 활용할 수 있게 XML 또는 JSON 형식으로 데이터를 제공한다. 3D 데이터 API는 브이월드 개발자센터에서 지원하는 서비스의 일환으로 기존 지도 API를 통해서만 제공되는 3D 공간정보를 데이터 자체를 그대로 받아서 더욱더 자율적이고 창조적인 활용이 가능하게 한다. 제공하는 데이터 목록은 브이월드 개발자 센터(http://dev.vworld.kr)에서 확인할 수 있다.

지도검색 오픈API

검색 API

브이월드에서 구축된 공간정보를 검색할 수 있도록 검색 API를 제공한다. 검색 API는 POI(Point of Interest), 지번 주소, 도로명 주소로 검색할 수 있도록 지원하고 있으며, XML이나 JSON 형태로 선택해 결괏값을 제공받는다.

표 1.1 브이월드 검색 API

검색 대상	대상 구분 코드	검색 POI 건수(단위: 천)
명칭	Poi	1,508
지번주소	Jibun	33,938
도로명주소	Juso	10,581

지오코더 API

브이월드에서는 주소를 좌표로 변환하거나 좌표를 주소로 변환하는 서비스를 제공한다. 요청 URL을 전송하면 지오코더(Geocoder) 서비스를 사용할 수 있으며, 지오코더의 일일 최대 요청 건수는 최대 3만 건이니 이를 고려해서 개발해야 한다. 또한 API 요청은 실시간으로 사용해야 하며, 별도의 저장장치나 데이터베이스에 저장할 수 없다. 지오코더 API와 마찬가지로 한글 매개변수에 대해 URI 인코딩이 필요하다.

범례 API

브이월드에서 제공하는 지도 데이터(공간정보)에 대한 범례 이미지를 제공한다. 인증받은 키값과 함께 요청 URL을 서버로 전송하면 PNG/JPG 등의 이미지나 XML 형태로 범례를 받을 수 있다. 단 국토환경성평가지도나 산사태위험지도 등의 타일맵 서비스는 XML 범례를 제공하지 않으며, 지오코더 API와 마찬가지로 한글 매개변수에 대해 URI 인코딩이 필요하다.

표준 기반 오픈API

WMS/WFS API

브이월드에서는 브이월드에서 자체 개발한 지도 API, 데이터 API 이외에도 국제표준에 부합하는 표준 API를 제공한다. OGC[2]에 개발한 WMS(Web Map Service)는 ISO 19128 표준으로도 제정돼 있으며, 지도 API와 유사하게 지도화면을 웹을 통해 제공받을 수 있도록 브이월드에 구현돼 있다. 또한 WFS(Web Feature Service)는 ISO 1942 표준으로도 제정돼 있으며, 데이터 API와 유사하게 공간정보 원본 데이터를 웹을 통해 제공받을 수 있도록 브이월드에 구현돼 있다. 따라서 개발자들은 브이월드에서 개발한 API를 공부하지 않더라도 표준 인터페이스에 의해 브이월드의 공간정보를 활용할 수 있다.

브이월드 오픈API 활용 사례

2D 지도 오픈API 활용 사례

브이월드 2D 지도 API는 브이월드에서 가장 많이 사용되는 서비스이며, 대표적인 활용 사례로는 ㈜오브젠 eCube Studio의 의사결정 시스템이 있다. ㈜ 오브젠은 GIS 기반의 CRM(Customer Relationship Management, 전사적 고객 관리) 솔루션에 브이월드 지도를 적용해 GIS 연계 분석과 지리정보의 시각화를 제공한다. eCube Studio는 BI(Business Intelligence)를 위한 최적의 OLAP 솔루션으로 OLAP 기반의 의사결정 지원 시스템을 제공한다. 특정 지역 고객들의 다양한 다차원 분석 기능을 제공함으로써 개인, 기업, 소호 등의 고객 정보를 GIS와 연동해 고객 분석 및 DM, SMS,

2 OGC(Open Geospatial Consortium): 공간정보 분야 국제표준화단체

E-Mail, 캠페인 등의 마케팅 지원 인터페이스를 구축하고 지역 영업점 또는 지점 단위의 지역 기반의 고객 세분화를 구현해 지역 마케팅이 가능하다.

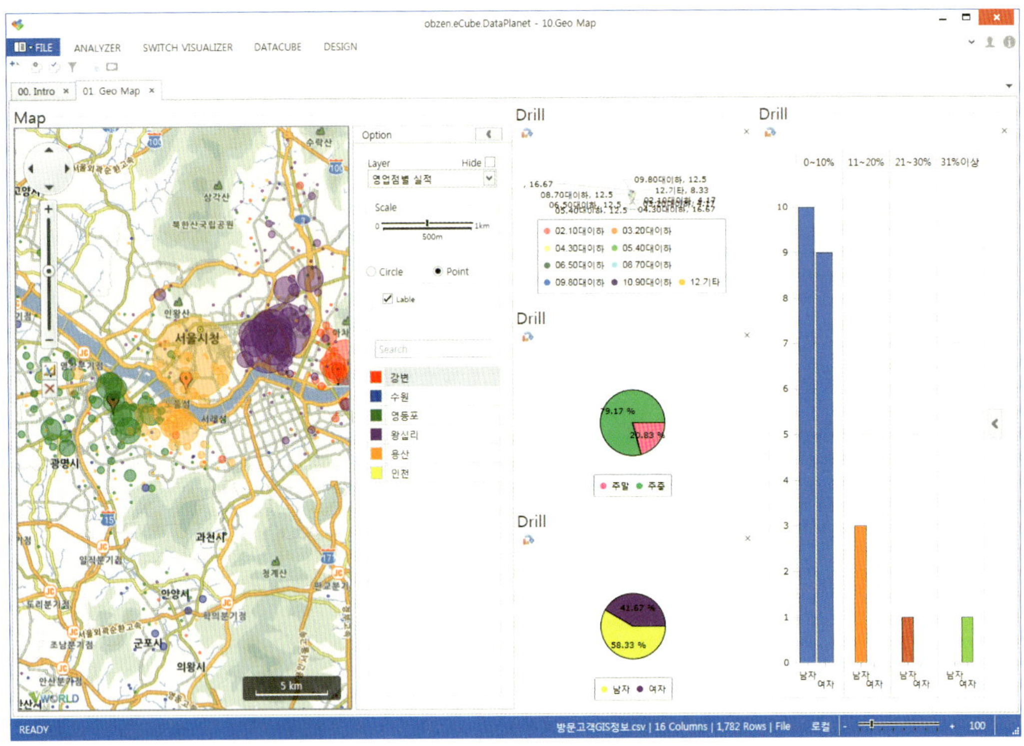

그림 1.13 오브젠의 'eCube Studio' 소프트웨어

3D 지도 오픈API 활용 사례

3D 지도 API를 활용한 대표적인 사례로는 통일부의 북한정보포털 지도 서비스가 있다. 북한정보포털의 북한지도 서비스는 브이월드 3D 지도 API을 활용해 평양 등 주요 도시의 3차원 건물과 통일부에서 보유하고 있는 북한의 환경, 사회, 문화, 예술, 경제 분야 등 33종의 주제도를 제공하고 있다. 또한 약 30만여 건의 북한 산업인문지리 관련 정보와 주제도 조회, 시설물/지명 검색, 공간검색 기능을 제공한다. 해당 사이트는 많은 실향민들이 접속해 사용하고 있다. 이처럼 브이월드에서는 북한이나 접근이 어려운 지역을 3차원 공간 정보로 제공하기 때문에 3D 지도 API를 활용하면 실감 나는 화면을 제공받을 수 있다.

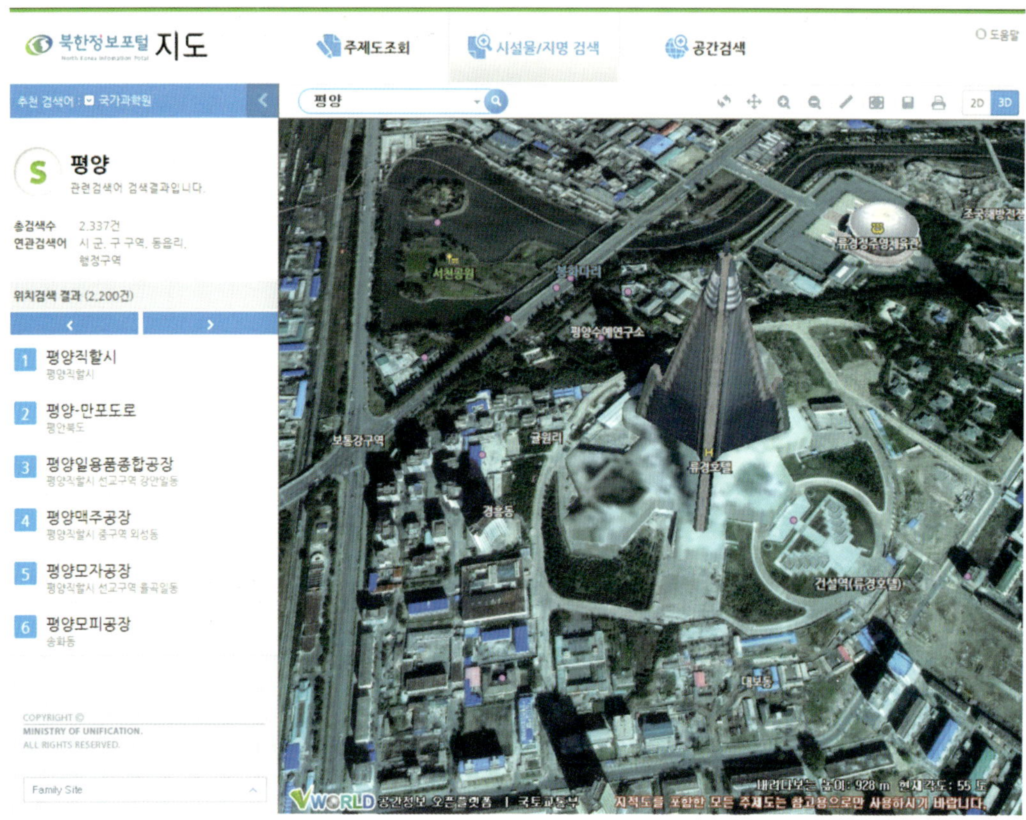

그림 1.14 통일부의 '북한정보포털' 지도(http://nkinfo.unikorea.go.kr/NKMap/main/viewMain.do)

모바일 구현 사례

모바일 환경에서 최적화된 지도 API는 아직 개발 중이지만 기존의 2D 지도 API나 WMS API 등을 활용해 모바일에서 브이월드 서비스를 개발할 수 있다. 대표적인 사례는 국토교통부에서 개발한 도로 이용불편 척척해결서비스 앱이다. 이 앱은 고속도로 · 국도 · 지방도 등 모든 도로에서 발생한 포장파손, 낙하물 등 불편사항을 신고하면 전담 기동보수반이 24시간 내 신고사항을 처리하고 그 결과를 신고자에게 알려주는 원스톱 서비스다. 도로이용자는 사진 · 영상을 촬영해 앱을 통해 불편사항을 간단하게 신고할 수 있으며, 브이월드 2D 배경지도 위에 사용자의 현재 위치를 매핑해 가까운 도로관리청의 전화번호로 연결하는 서비스를 제공한다.

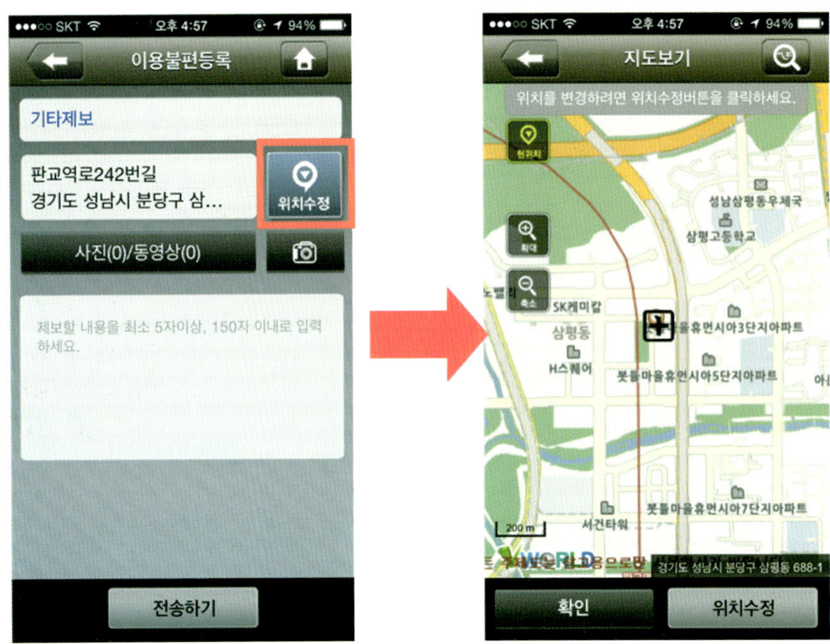

그림 1.15 국토교통부의 '도로이용불편 척척해결서비스' 앱

데이터 API 활용 사례

브이월드 데이터 API를 활용한 대표적인 사례로는 공인중개사 중개업무에 최적화된 ㈜ILMSoft의 랜드맵R이 있다. ㈜ILMSoft의 랜드맵R에서는 지적도와 브이월드 3D 지도 등과 연계해 부동산중개사를 위한 매물, 고객관리 등 공동 중개망 시스템을 제공한다. 지도의 특정 위치를 다른 지도와 함께 보여주는 지오링크 기능, 지적도, 경사도 분석 기능, 지적 공부 기능 등을 제공하며, 인허가 서류 등의 문서 작성도 지원하므로 부동산 업계에서 널리 사용 중이다.

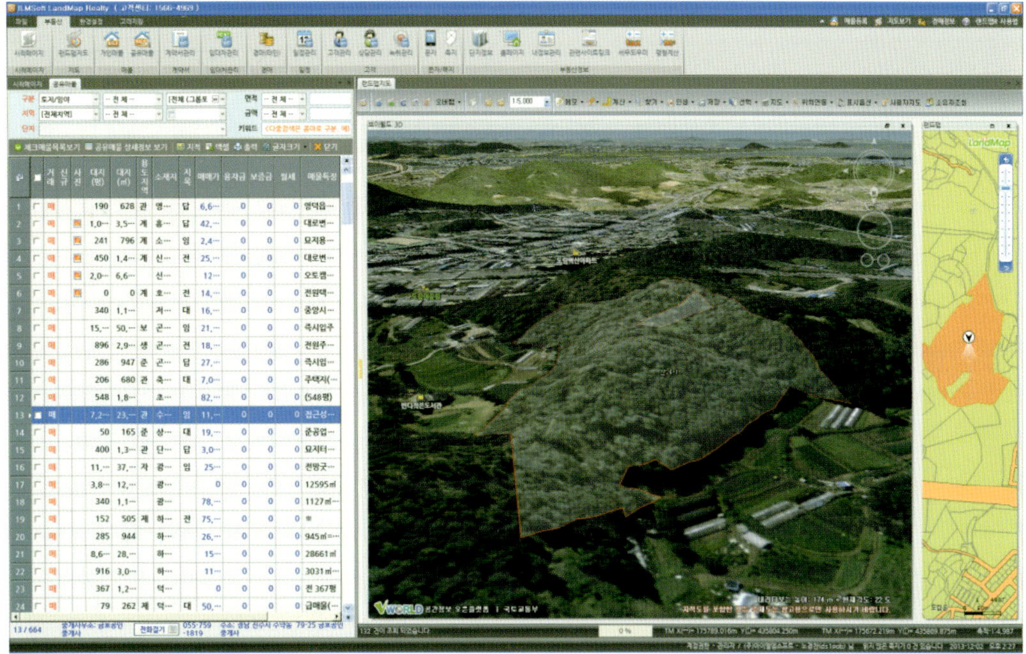

그림 1.16 ㈜LM소프트의 '랜드맵R' 소프트웨어

브이월드 오픈API 개발 02

사용자는 자바스크립트 언어로 제공되는 브이월드 오픈API를 통해 지도 생성, 이동, 확대, 축소 및 조작 등의 기능을 구현할 수 있으며, 브이월드 오픈API는 브이월드 개발자센터에서 인증키를 발급받으면 누구나 사용할 수 있다. 다른 포털 사이트에서 제공하는 오픈API처럼 HTML 문서를 생성하고, 코드 안에 오픈API 라이브러리를 추가해 사용하면 된다. 우선, 브이월드 지도 오픈API 실습을 진행하기에 앞서 인증키 발급 절차, 개발 환경 등에 대해 알아보자. 책에서 실습을 진행하기 위한 개발 환경은 이클립스 JEE 주노(Eclipse JEE Juno), 서버는 제티(Jetty)로 구축한다.

브이월드 오픈API 개발 준비

개발사양 확인

브이월드 3D 지도를 구현하려면 윈도우 기반의 플러그인을 설치해야 한다. 플러그인을 설치하려면 최소한 다음과 같은 사양의 컴퓨터가 필요하다. 브이월드 지도 서비스에 접속하면 플러그인 설치를 위한 최소 사양 안내 페이지를 확인할 수 있다(http://map.vworld.kr/map/po_mapuse_a002.do).

• 플러그인 설치를 위한 최소사양

구분	최소사양	권장사양
CPU	2.4 GHz (Single Core) 1.8 GHz (Multi Core)	2.4 GHz (Multi Core) 이상
RAM	1 GB (외장형 VGA) 2 GB (내장형 VGA)	2GB 이상
그래픽카드	DirectX 9.0c 이상을 지원하는 3D 가속 카드 탑재 VGA - NVidia GeForce 7500GS이상 - ATI RADEON HD X2000급 이상 비디오 메모리 256 MB 이상	비디오 메모리 512 MB 이상
운영체계	Windows XP SP2 이상	Windows XP SP3 Windows Vista Windows 7
하드디스크 여유용량	최소 10GB 이상	최소 10GB 이상
익스플로러	6.0 이상	7.0 이상
다이렉트X 버전	9.0c	9.0c 이상

• 사용가능 제품 목록

nVIDIA 계열	ATI 계열	Intel 계열
GeForce 6,7,8,9000 시리즈 GeForce 100, 200, 300, 400 시리즈 GeForce 100m, 200m, 300m, 400m (노트북)	ATI Radeon HD 2000 시리즈 ATI Radeon 3000 시리즈 ATI Radeon 4000 시리즈 ATI Radeon 5000 시리즈	Q45, Q43, G43, G41, G45 (이외 제품은 지원 안 함) S3, Via, SIS 계열의 그래픽 모듈 들은 지원 안 함

그림 2.1 브이월드 3D 지도 서비스를 사용하기 위한 최소 사양

인증키 발급

인증키는 브이월드 오픈API를 사용하는 애플리케이션에 부여되는 식별키로서, 브이월드 오픈API를 사용해 애플리케이션을 만들 때 애플리케이션마다 키를 발급받아야 한다. 하나의 애플리케이션에 다수의 키를 이용할 경우 제재를 받을 수 있으므로 주의해야 한다. 인증키는 브이월드 홈페이지에 가입한 사용자들에게 별도의 제한 없이 발급하고 있다. 다만, 검색 API 중 좌표와 주소를 변환하는 Geocoder API의 경우 일일 3만 건으로 호출 횟수를 제한하고 있으며, WMS API 지도 레이어도 최대 5건 이하로 제한 없이 사용할 수 있다. 아무런 제약 없이 무한정 제공될 경우 특정 사용자에 의한 트래픽 과잉으로 다른 사용자에게 피해를 줄 우려가 있기 때문이다.

그림 2.2 브이월드 개발자센터

오픈API 인증키는 브이월드의 개발자센터(http://dev.vworld.kr)에서 로그인해서 발급받을 수 있으며, 절차는 다음과 같다.

01. 브이월드 개발자센터에서 [인증키] 〉 [인증키 발급]을 클릭한다.

02. [URL]에 개발하려는 사이트의 주소를 입력하고 [사용목적]에 사용 용도를 입력한다.

03. 마지막으로 [사용목적] 하단의 민간/공공서비스를 선택한 후 지도 인증키 받기를 클릭하면 신청이 완료된다. 오픈API 인증키 발급 신청 후에 회원 가입할 때 입력한 메일 주소로 인증키 발급 확인 메일이 전송되고, 승인하면 인증키 발급이 완료된다.

- 오픈API 인증키 받기

URL http://localhost:8080

사용목적 교육교재 실습

민간 ◉ 공공 ○ 지도 인증키 받기

그림 2.3 브이월드 오픈API 인증키 발급

04. 하나의 아이디로 여러 개의 인증키를 발급받을 수 있으며, [인증키 관리]에서 발급받은 인증키에 대한 인증키 값, 상태, URL, 발급시간, 사용량 등을 관리할 수 있다.

브이월드 개발자센터(http://dev.vworld.kr)에서 [인증키] 〉 [인증키 관리]를 클릭한다.

그림 2.4 브이월드 오픈API 인증키 관리 페이지

발급받은 인증키로 브이월드 오픈API를 사용하려면 브이월드 자바스크립트 라이브러리를 호출해야 하고, 이때 라이브러리의 URL에는 발급받은 인증키를 넣는다. 즉, 〈script〉 요소의 src 속성에 라이브러리 URL과 발급받은 인증키 값을 함께 지정한다.

```
<SCRIPT language="JavaScript" type="text/javascript"
   src="http://map.vworld.kr/js/vworldMapInit.js.do?apiKey=USER_API_KEY" />
```

인증키를 신청할 때 입력한 URL과 사용하려고 하는 사이트의 URL이 다르면 "[인증실패]" 오류가 발생하므로 신청한 URL과 실제로 사용하는 URL은 같아야 한다.

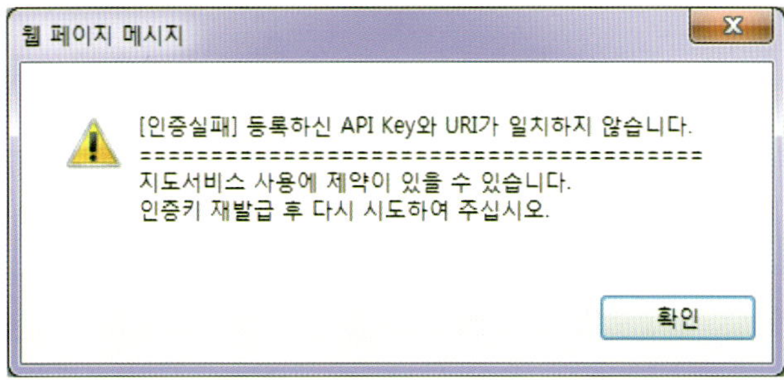

그림 2.5 브이월드 오픈API 인증 실패 오류

이클립스 개발환경 구축

브이월드 지도 API 개발의 실습은 이클립스라는 통합개발환경(IDE, Integrated Development Environment)을 이용해 진행한다. 이클립스는 무료로 제공하는 개발 도구로서 편리하고 다양한 기능을 지원하며, 많은 개발자들이 사용하고 있다. 이클립스는 공식 웹 사이트인 http://www.eclipse.org에서 내려받을 수 있으며, 자세한 절차는 다음과 같다.

이클립스 홈페이지(http://www.eclipse.org)에 접속하면 우측 상단에 Download 링크가 있다. 이 링크를 클릭해 사용자가 원하는 용도, 버전, 플랫폼에 맞는 이클립스를 내려받을 수 있다.

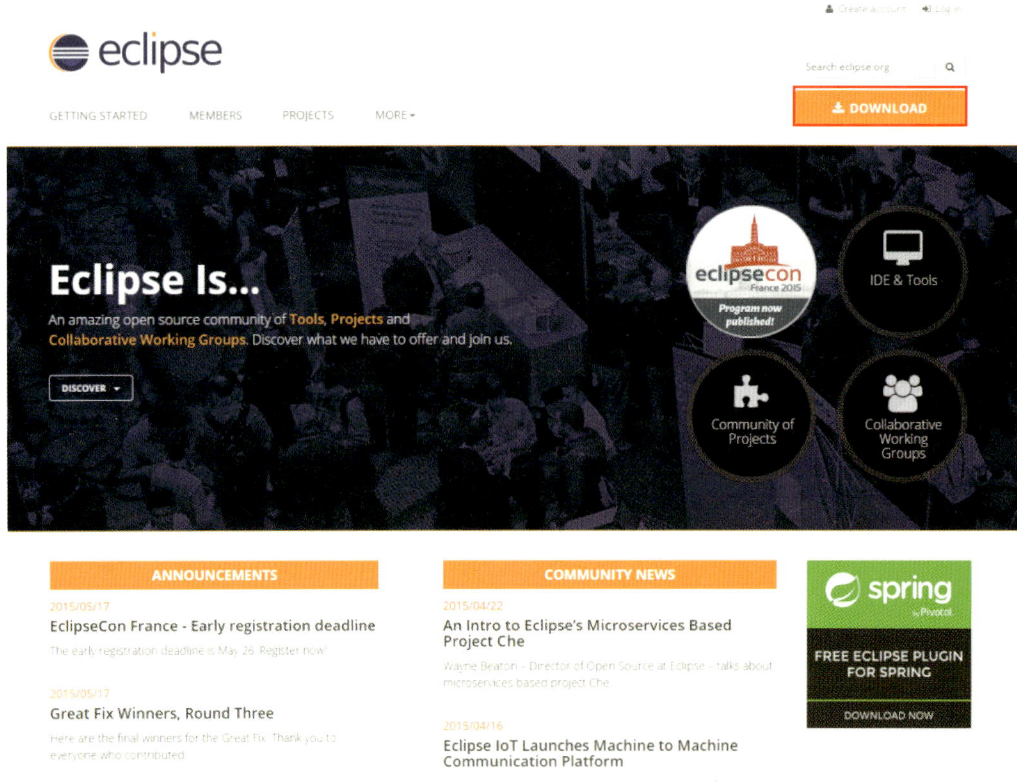

그림 2.6 이클립스 공식 홈페이지

브이월드 지도 API를 기반으로 개발할 때는 Eclipse IDE for Java EE Developers가 적합하다.

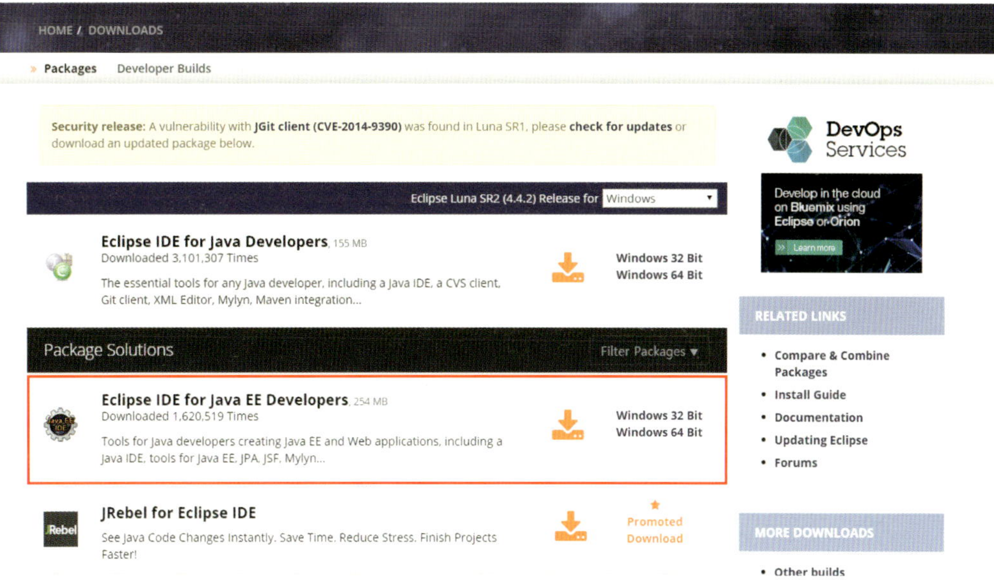

그림 2.7 이클립스 다운로드 페이지

이클립스 압축파일을 내려받은 후 원하는 위치에 압축을 푼다. 압축을 푼 폴더에서 eclipse.exe 파일을 실행하면 이클립스가 실행된다.

처음 실행하면 워크스페이스를 지정하라는 창이 나타난다. 워크스페이스는 프로젝트, 파일이 위치한 작업 폴더로서 실습 파일이 위치할 폴더를 지정하면 된다.

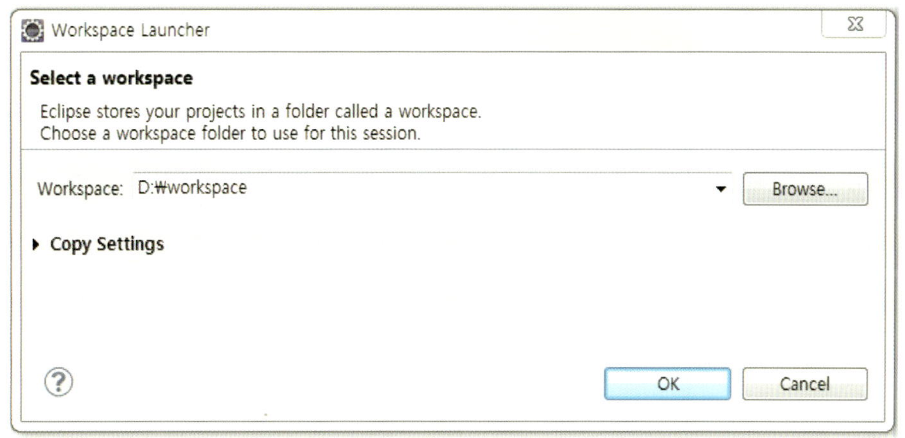

그림 2.8 이클립스 워크스페이스 설정

이클립스를 실행한 후 좌측 상단의 Welcome 창을 닫으면 개발할 수 있는 화면으로 바뀐다. Welcome 화면은 이클립스가 실행됐을 때 처음으로 나오는 화면이다. 이곳에서 이클립스 기능 소개, 교육, 샘플, 신규 기능 등에 관해 알 수 있다.

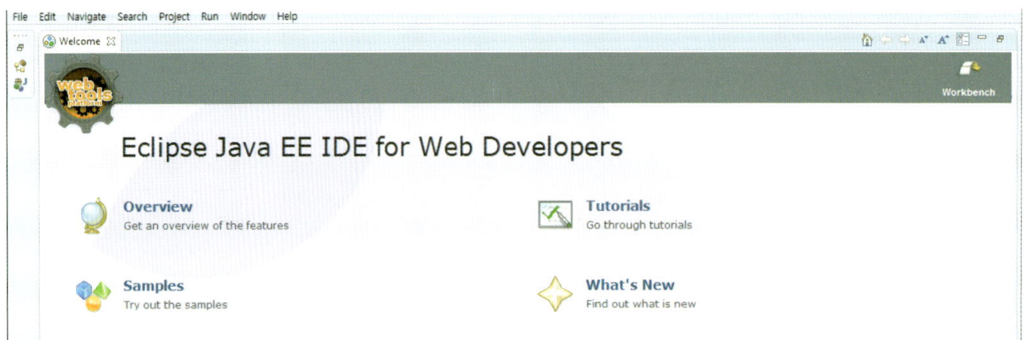

그림 2.9 이클립스의 Welcome 화면

이클립스 상단에는 메뉴가, 좌측에는 프로젝트 탐색창이, 가운데에는 코드 작성창이 위치한다. 필요한 창은 메뉴에서 선택해 추가하거나 숨길 수 있으며, 마우스로 클릭해 원하는 위치로 이동할 수 있다.

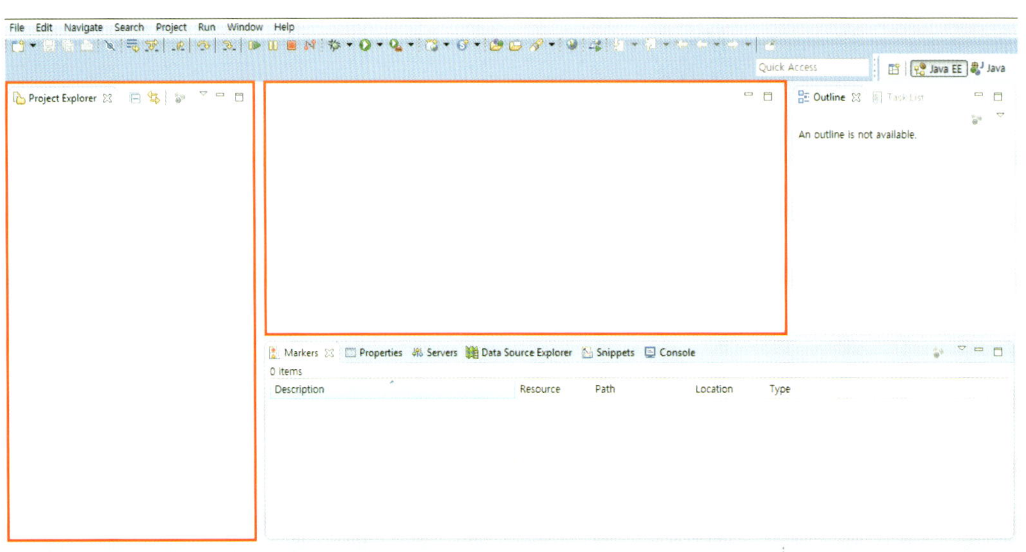

그림 2.10 이클립스 메인 화면

이 밖의 이클립스의 기능을 비롯한 자세한 사항은 이클립스 홈페이지나 관련 서적을 참고한다.

서버 환경 구축

브이월드 지도 API를 이용해 웹 사이트에 지도를 표시하려면 웹 페이지를 게시하는 웹 서버나 웹 애플리케이션 서버가 필요하다. 아파치나 Httpd, 톰캣이 이미 설치돼 있다면 서버가 참조할 수 있는 위치에 지도 API를 호출하는 HTML을 저장하기만 하면 된다.

만약 서버가 설치돼 있지 않다면 제티(Jetty)를 사용해보자. 제티는 오픈소스로 구현된 웹 서버로, 간단히 서버 환경을 구현할 수 있다.

01. jar 형식으로 돼 있는 Jetty.jar 파일을 내려받는다. 개발자센터의 자료실(http://dev.vworld.kr)에서 서버로 실행할 Jetty.jar 파일을 내려받을 수 있다.

02. 이클립스에서 제티를 실행하기 위해 이클립스의 [dropins] 폴더에 제티를 복사한다. 이클립스를 재실행하면 제티를 사용하기 위한 준비단계가 끝났다.

03. 프로젝트에 서버를 구동하기 위한 환경을 설정하려면 이클립스 상단에 위치한 메뉴에서 [Run] 〉 [Run Configuration]을 차례로 클릭한다.

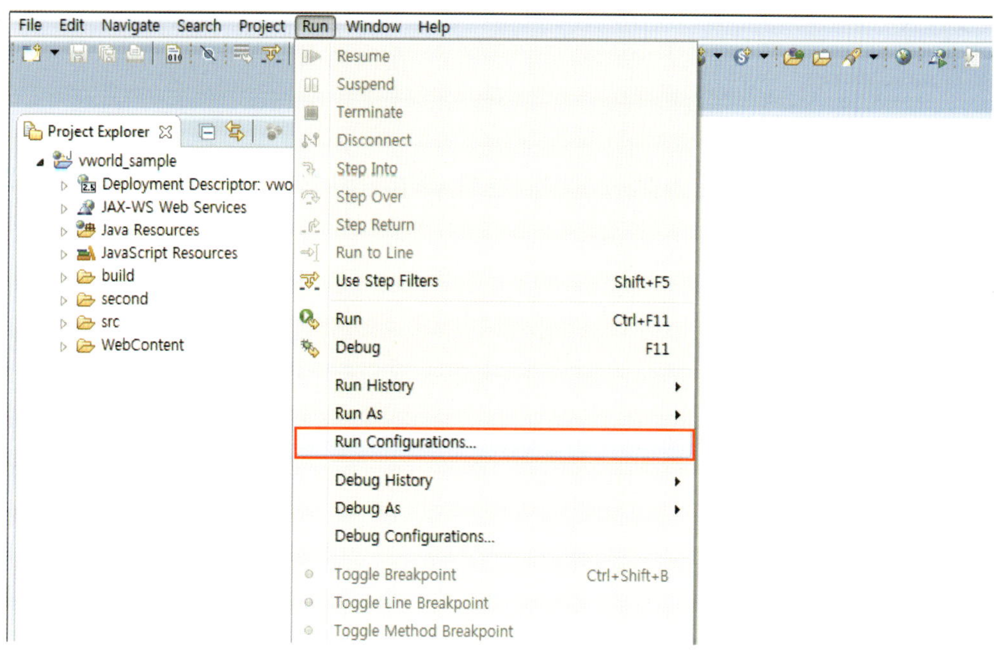

그림 2.11 서버 실행 설정

04. 프로젝트에 맞게 서버 환경설정을 한 후 [Run] 버튼을 클릭해 서버를 실행한다.

서버 환경설정에 대해 자세히 알아보자. Run Configuration 창의 좌측 목록에서 Jetty Webapp을 더블클릭해서 웹 애플리케이션 실행을 위한 환경설정을 추가할 수 있다. 환경설정은 간단하게 실행 프로젝트, Port, Context, WebApp dir만 선택하면 끝난다. 실행 프로젝트는 [Browse] 버튼을 클릭해 브이월드 샘플 실습 프로젝트인 vworld_sample을 선택한다. 실행될 웹의 URL 설정을 위해 Port, Context, WebApp dir를 선택한다. Port는 기본적으로 8080으로 설정돼 있으나 필요에 따라 변경하면 된다. Context는 웹 애플리케이션 콘텐츠가 들어있는 디렉터리로서 localhost 하위의 웹 서버 URL과 관련돼 있다. 실습에서 사용된 프로젝트명이 vworld_sample이라면 URL은 http://localhost:8080/vworld_sample로 동작한다. 간단하게 http://localhost:8080/과 같이 사용하고 싶다면 그림과 같이 Context를 / Root로 지정한다. WebApp dir이 웹 애플리케이션의 폴더로 자동으로 설정돼 있지 않다면 [Browse] 버튼을 클릭해 직접 지정한다.

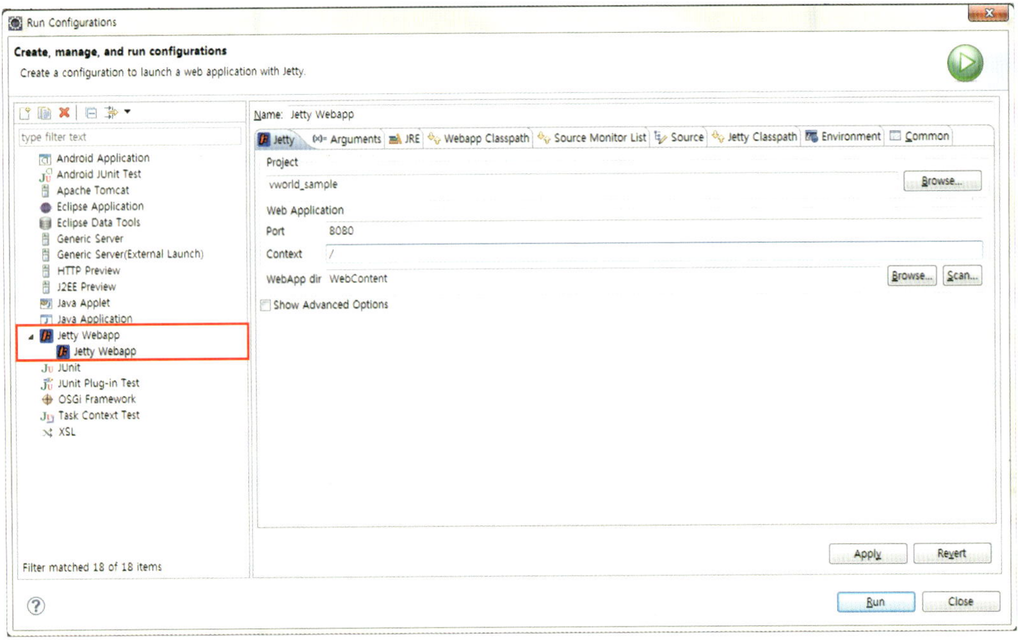

그림 2.12 프로젝트 실행환경 설정

이클립스에서 프로젝트 시작하기

브이월드 실습 프로젝트를 시작해보자. 이클립스에서는 작업장소를 바꿔도 기존에 사용했던 프로젝트를 그대로 사용할 수 있다. 해당 기능을 통해 브이월드 실습 프로젝트를 이클립스에 추가할 수 있다. 또한 새로운 프로젝트를 만들어 샘플을 개발할 수 있는 환경도 구축해 본인의 프로젝트로 실행할 수 있게 해보자.

01. 브이월드 실습 프로젝트는 개발자센터의 자료실에서 압축파일 형식으로 내려받을 수 있고, 사용자가 원하는 폴더에 압축을 풀면 된다.

02. 이클립스를 실행한 후 이클립스 화면 좌측의 프로젝트 탐색창에서 마우스 오른쪽 버튼을 클릭해 [Import] 메뉴의 [Import]를 선택한다. 이클립스의 프로젝트 탐색창(Project Explorer)은 프로젝트를 생성, 삭제, 관리 등의 기능을 지원한다.

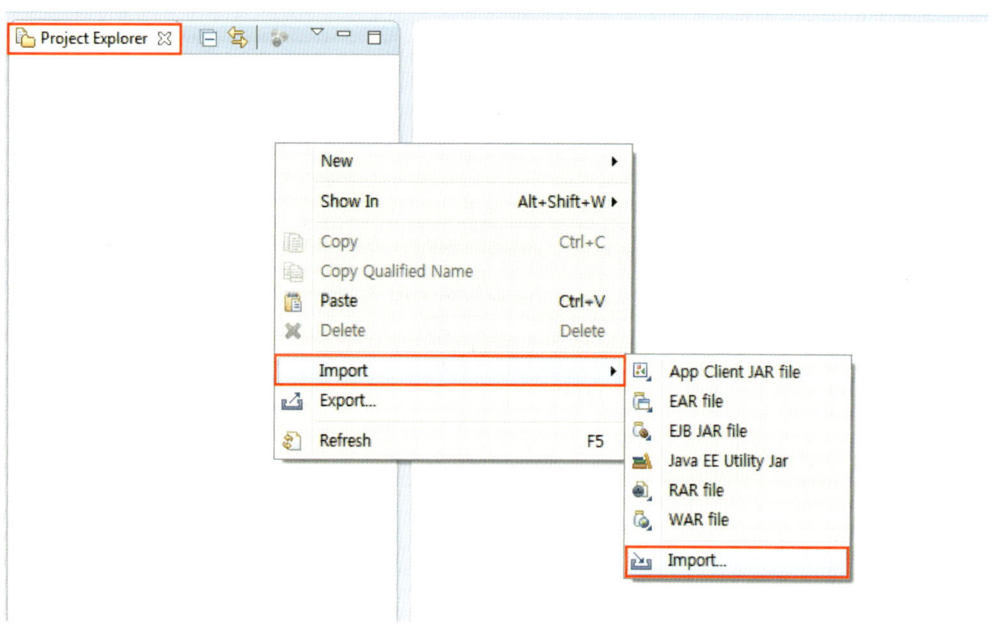

그림 2.13 프로젝트 탐색창에서 Import하기

03. Import 대화상자가 나타나면 General 카테고리의 [Existing Projects into Workspace]를 선택한다. 이렇게 하면 브이월드 실습 프로젝트인 기존 프로젝트를 새로운 프로젝트로 생성해 가져올 수 있다.

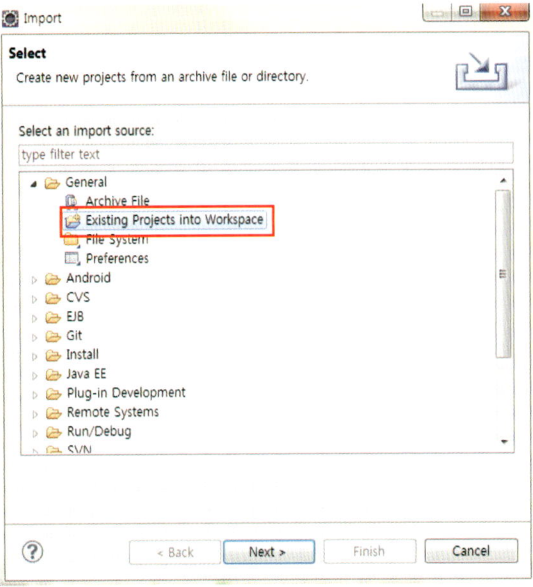

그림 2.14 기존 프로젝트 가져오기

04. 브이월드 실습 샘플 프로젝트가 있는 경로를 지정한 후 [Finish] 버튼을 클릭해 프로젝트를 생성한다.

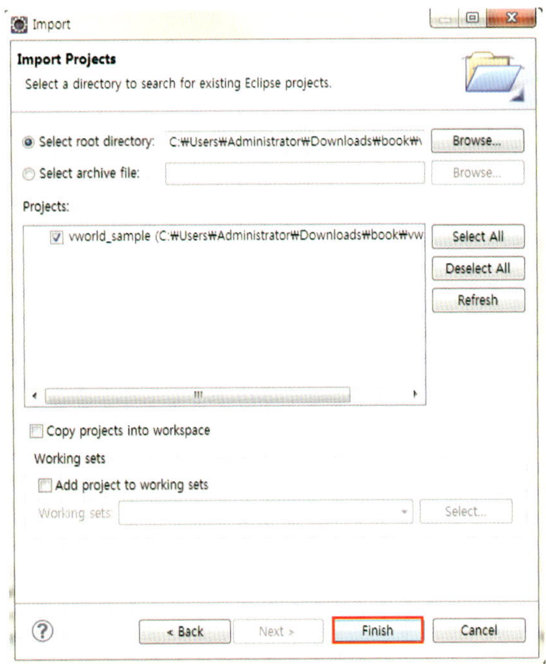

그림 2.15 브이월드 프로젝트를 이클립스에 가져오기

05. 그리고 나면 프로젝트 탐색창에서 브이월드 프로젝트를 확인할 수 있다. [vworld_sample] 하단의 [WebContent] 폴더에 실습 코드가 보이면 개발환경 준비가 모두 끝난다.

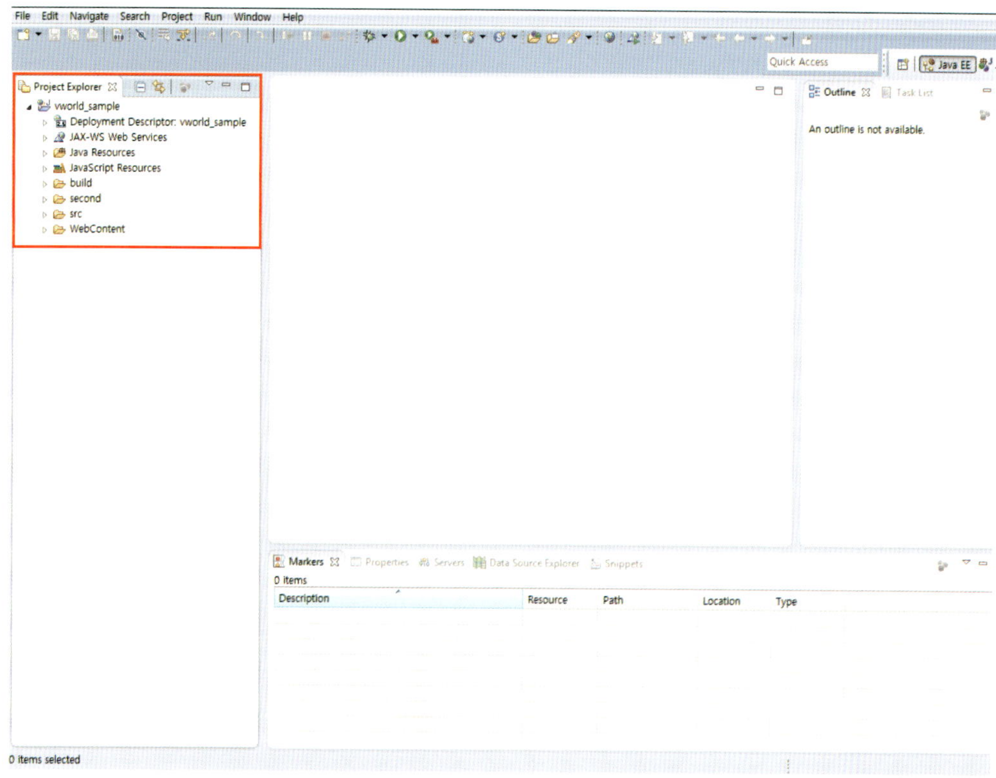

그림 2.16 브이월드 프로젝트를 이클립스로 가져온 모습

이제 새로운 프로젝트를 생성해서 직접 프로젝트 개발을 진행해보자.

01. 이클립스 왼편의 프로젝트 탐색창에서 마우스 오른쪽 버튼을 클릭한 후 New 〉 Dynamic Web Project를 차례로 선택한다.

프로젝트명을 비롯한 프로젝트 환경설정을 한 후 Create를 클릭하면 프로젝트가 생성된다. 그런 다음 해당 프로젝트에 HTML 문서, CSS 문서, JavaScript 문서 등 웹 개발과 관련된 파일을 넣어주면 된다.

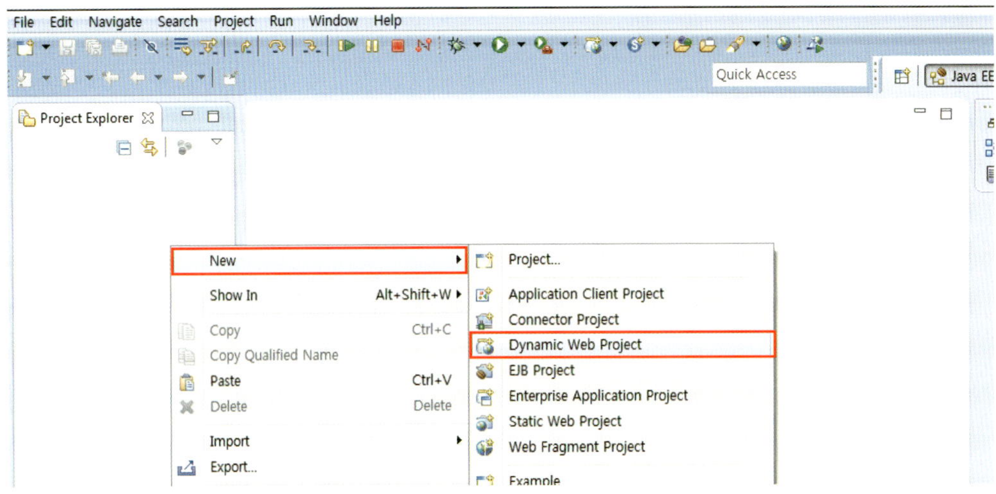

그림 2.17 이클립스 프로젝트 생성

02. 생성된 프로젝트에서 마우스 오른쪽 버튼을 클릭한 후 [New] 메뉴의 [HTML File]을 선택한다. HTML 파일명을 입력한 후 코드를 작성하면 새로운 프로젝트에서 브이월드 지도를 생성할 수 있는 실습 환경이 만들어진다.

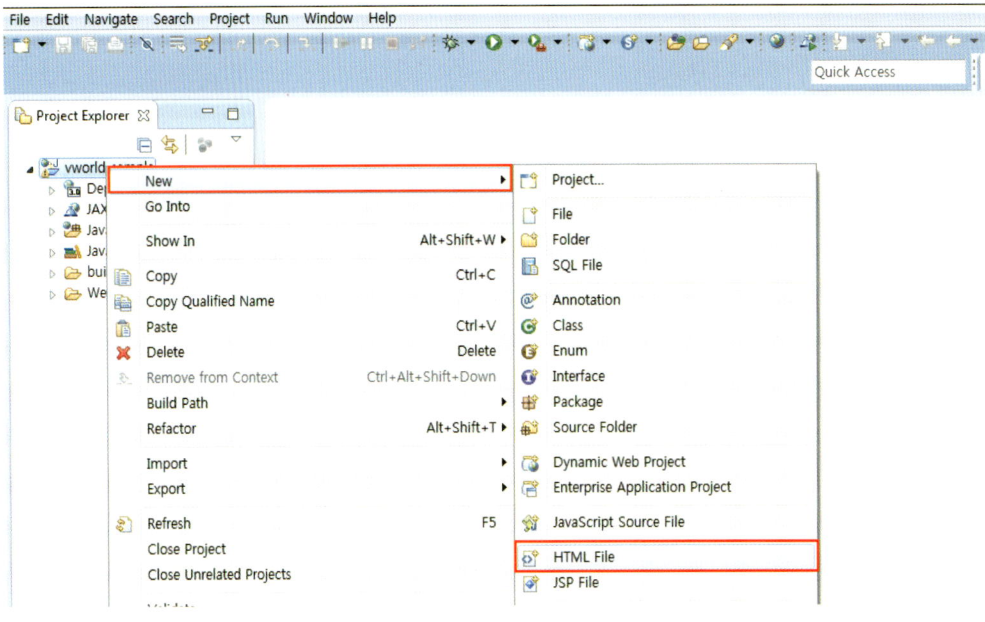

그림 2.18 HTML 파일 생성

다음 장에서는 브이월드 자바스크립트 라이브러리를 이용해 다양한 지도를 만들어보겠다.

브이월드 2D 지도 개발

브이월드 2D 지도 API 클래스는 지도를 생성하는 Map, 지도를 조작하는 Control, 지도 레이어를 관리하는 Layer 등으로 구분할 수 있다. 이번 장에서는 이를 활용해 2D 지도 생성, 2D 배경지도/ 영상지도 변환, 이동, 확대, 축소 및 회전 등의 기능을 구현하겠다. 그리고 Layer 기능을 이용해 다양한 국가 공간정보 지도를 추가하고 관리할 수 있게 하겠다.

우선, 브이월드 지도를 브라우저에 표시하는 방법을 설명한다. 그런 다음 브이월드 2D 지도를 생성하고, 지도 화면 크기를 설정하고, 지도를 조작할 수 있도록 다양한 도구를 추가하고 설정하는 방법을 알아본다.

브이월드 2D 지도 생성

2D 지도 생성

첫 번째 예제에서는 다음 그림과 같이 웹 페이지에 기본 지도를 생성하는 방법을 설명한다.

그림 2.19 2D 기본 지도

브이월드 2D 기본 지도를 생성하는 전체 코드는 다음과 같다. 예제 2.1에서는 브이월드 API를 호출할 수 있는 인증키 구문, 지도 동작에 관해 script 구문과 지도 위치와 크기를 정의하는 HTML 구문을 정의한다.

```
<html>
<head>
<meta charset="EUC-KR">
<title>지도 생성하기</title>
<SCRIPT language="JavaScript" type="text/javascript"
        src="http://map.vworld.kr/js/vworldMapInit.js.do?apiKey=USER_API_KEY"></SCRIPT>
</head>
<body>
<script type="text/javascript">
        var map = null;
        vworld.init("vMap", "map-first", function() {});
</script>
<div id="vMap" style="width: 800px; height: 400px; left: 0px; top: 0px" />
</body>
</html>
```

예제 2.1 2D 지도 생성(2장/2D지도생성.html)

먼저, 브이월드 지도 API를 사용하기 위해 브이월드 자바스크립트 라이브러리를 호출한다.

```
<SCRIPT language="JavaScript" type="text/javascript"
        src="http://map.vworld.kr/js/vworldMapInit.js.do?apiKey=USER_API_KEY" />
```

<script> 요소의 src 속성에 USER_API_KEY 부분에 앞에서 발급받은 인증키를 넣는다. 발급받은 URL과 테스트하는 URL이 다를 경우 오류가 발생하므로 URL은 동일하게 맞춰준다.

다음은 브이월드 지도를 생성하는 코드다.

```
<script type="text/javascript">
        var map = null;
        vworld.init("vMap", "map-first", function() {});
</script>
```

우선, 지도를 담을 map이라는 이름으로 변수를 생성한다. map 변수에 브이월드 지도의 vworld 객체를 인스턴스화해서 할당한다. vworld 객체는 브이월드 2D API의 최상위 클래스로, 통합지도를 초기화하는 vworld.init() 함수를 이용해 브이월드 2D 지도를 생성한다. 지도의 위치인 vMap, 지도 타입, 지도 호출 함수를 전달하면 간단하게 지도를 생성할 수 있다.

브이월드 2D 지도 API를 사용하기 위해 HTML 문서를 생성한다.

```
<div id="vMap" style="width: 800px; height: 400px; left: 0px; top: 0px" />
```

지도는 HTML의 〈div〉가 정의된 부분에 만들어진다. div 속성 중 id를 브이월드 스크립트로 전달해 지도가 생성될 위치를 지정한다. 지도는 해당 div 속성에 정의된 width, height 크기로 생성되며, 다음은 해당 〈div〉를 정의한 부분이다. id를 vMap으로 지정했고, 생성될 지도의 크기를 800x400픽셀로 지정했다.

2D 지도 초깃값 설정

다음으로 지도 타입과 초기 위치를 지정하는 과정을 설명한다. 한반도 중부 지역을 초기 화면으로 지정하고, 배경지도를 먼저 보여주는 지도를 생성하는 방법을 알아보자.

그림 2.20 생성된 기본 지도

브이월드 2D 지도의 초깃값을 설정하는 전체 코드는 아래와 같다. 객체 생성만 수행했던 이전 예제와 달리 함수를 추가적으로 작성해 지도의 화면 구성을 추가적으로 수행하도록 mapFunc 부분을 작성한다. 예제 코드는 브이월드 개발자 센터의 2D 레퍼런스나 부록을 통해 확인할 수 있다.

```
<html>

<head>
<meta charset="EUC-KR">
<title>지도 생성하기</title>
<SCRIPT language="JavaScript" type="text/javascript"
       src="http://map.vworld.kr/js/vworldMapInit.js.do?apiKey=USER_API_KEY"></SCRIPT>
</head>
<body>
<script type="text/javascript">
        var map = null;
        vworld.init("vMap", "map-first", function() {
            map = this.vmap;
            map.setBaseLayer(map.vworldBaseMap);
            map.setCenterAndZoom(14243425.793355, 4342305.8698004, 8);
        });
</script>
<div id="vMap" style="width: 800px; height: 400px; left: 0px; top: 0px" />
</body>
</html>
```

예제 2.2 2D 지도 생성(2장/2D지도초깃값설정.html)

다음 코드는 처음 지도를 생성할 때 초기 위치를 지정하는 부분이다.

```
var map = null;
vworld.init("vMap", "map-first", function() {
    map = this.vmap;
    map.setBaseLayer(map.vworldBaseMap);
    map.setCenterAndZoom(14243425.793355, 4342305.8698004, 8);
});
```

init 함수는 지도를 초기화하는 역할을 하며, 다음과 같이 5개의 매개변수를 받는다.

```
vworld.init(rootDiv, mapType, mapFunc, initCall, failCall)
```

init 함수의 각 매개변수에 대해서는 표 2.1을 참고한다.

표 2.1 브이월드 2D 지도 API의 init 매개변수

함수명	매개변수	값	기능 설명
init	rootDiv		지도를 그릴 영역(div)의 id
	mapType	map-only	2D 지도만 보여줌
		map-first	2D 지도를 초기화면으로 보여줌
		earth-only	3D 지도만 보여줌
		earth-first	3D 지도를 초기화면으로 보여줌
		raster-only	2D 영상지도만 보여줌
		raster-first	2D 영상지도를 초기화면으로 보여줌
		map-base	2D 지도를 초기화면으로 보여줌(3D 지도 전환 버튼을 감춤)
		raster-base	2D 영상지도를 초기화면으로 보여줌(3D 지도 전환 버튼을 감춤)
	mapFunc		초기화 완료 시 실행될 함수
	initCall		3D 지도 초기화 시 매개변수 설정
	failCall		3D 지도 초기화 실패 시 호출할 함수

- 첫 번째 매개변수인 rootDiv는 지도를 그릴 div 요소의 id다. 지도의 위치를 지정한 div의 id를 지정하면 된다.
- 두 번째 매개변수인 mapType에는 지도의 타입을 정의한다. 지도 타입은 2D 지도, 3D 지도와 지도 전환 버튼 여부에 따라 8가시 방법으로 정의할 수 있다..
- 세 번째 매개변수인 mapFunc에는 초기화가 완료된 후 실행될 함수를 정의한다. 지도 화면에서 보여줄 위치 및 줌 레벨 등 지도 호출에 관한 함수를 지정할 수 있다.
- 네 번째 매개변수인 initCall과 다섯 번째 매개변수인 failCall은 3D 지도와 관련된 함수를 정의하는 부분으로, 네 번째 매개변수인 initCall에는 3D 지도를 호출했을 때 초기화하는 함수다. 다섯 번째 매개변수인 failCall은 3D 지도가 호출이 실패했을 때 실행되는 함수다. 해당 함수들은 2D 지도 API만 사용할 경우에는 정의하지 않아도 된다. 자세한 사항은 3D 지도 API를 다루는 장에서 자세히 살펴보겠다.

rootDiv에는 지도가 표현될 웹 페이지 영역의 위치를 전달하기 때문에 예제 2.2에서 〈div〉를 정의한 속성 중 id 값을 입력하면 된다. 해당 id의 div 속성을 참고해 지도의 크기와 위치가 결정되며 예제에서는 다음과 같이 div 요소의 id인 'vMap'을 rootDiv에 지정했다.

```
vworld.init("vMap", mapType, mapFunc);
```

mapType은 지도 전환 방법 등 지도 화면을 보여주는 8가지 방법을 제공한다. 전달하는 값에 따라 화면에 출력되는 지도의 형태가 달라진다. 브이월드 통합지도와 같이 지도 왼쪽 상단에 전환 버튼을 통해 지도 모드를 변경할 수 있다. 지도 모드로는 브이월드 2D 지도에서 제공하는 일반지도인 배경지도, 항공에서 촬영한 영상지도와 브이월드 3D 지도가 있다. 다음은 3D 지도만 보여주는 earth-only와 3D 지도를 초기화면으로 보여주는 earth-first를 제외한 여섯 가지 지도의 예다.

그림 2.21 매개변수가 map-only인 지도. 배경지도만 보여준다.

그림 2.22 매개변수가 map-first인 지도. 배경지도를 초기화면으로 보여주고 2D 영상지도와 3D 지도 전환 버튼을 제공한다.

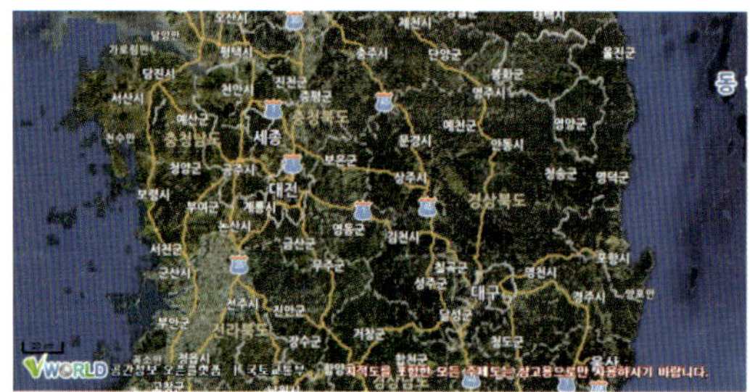

그림 2.23 매개변수가 raster-only인 지도. 영상 지도만 보여준다.

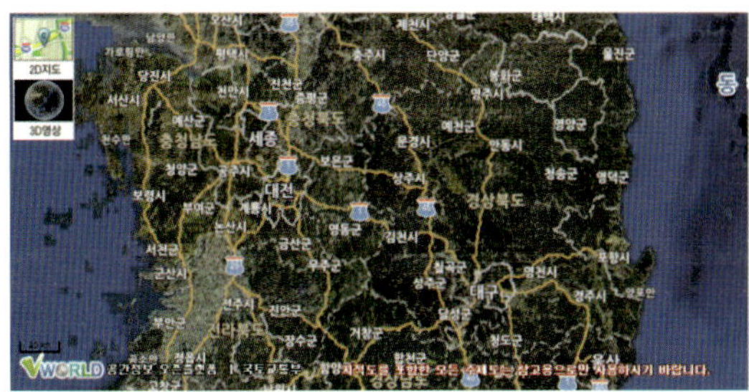

그림 2.24 매개변수가 raster-first인 지도. 영상지도를 초기화면으로 보여주고 배경지도와 3D 지도 전환 버튼을 제공한다.

그림 2.25 지도 타입 중 배경지도를 매개변수가 map-base인 지도. 초기화면으로 보여주고 영상지도 전환 버튼만 제공한다.

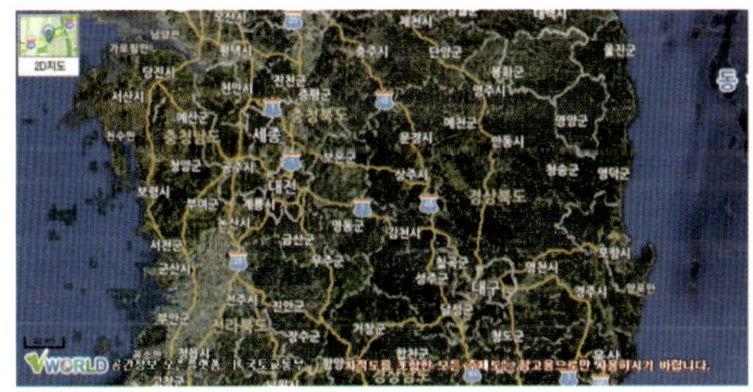

그림 2.26 지도 타입 중 영상지도를 매개변수가 raster-base인 지도. 초기화면으로 보여주고 배경지도 전환 버튼만 제공한다.

mapFunc는 지도를 호출했을 때 실행되는 함수이며, 정의한 변수인 map에 this를 통해 vmap을 할당한다. setBaseLayer 함수에서는 기본맵을 vworldBaseMap이나 vworldRaster로 설정한다. setCenterAndZoom 함수는 매개변수를 통해 지도의 화면 중심점인 x, y 좌푯값과 줌 레벨을 정의한다. 브이월드 2D 지도는 구글 좌표계로 한반도 주변 지역만 구축돼 있으며, 레벨은 6~18로 레벨 6이 소축척, 레벨 18이 대축척이다. 다음은 줌 레벨에 따른 서울시청 인근 지도의 결과이며, 지도 레벨 18과 레벨 12일 경우의 결과다.

```
var map = null;
vworld.init(rootDiv, mapType, function() {
    map = this.vmap;
    map.setBaseLayer(map.vworldBaseMap);
    map.setCenterAndZoom(14135138.947153, 4518276.5757885, 12);
});
```

그림 2.27 줌 레벨이 18인 지도

그림 2.28 줌 레벨이 12인 지도

지도 모드를 변경할 때는 setMode 함수를 사용한다. 브이월드 지도는 2D 배경지도, 영상지도, 3D 지도 외에도 2D 야간지도, 회색지도도 있다. 2D 야간지도는 내비게이션에 적합하고, 회색지도는 색상이 있는 주제도와 같은 경우에 유용하다.

표 2.2 2D 지도 모드 설정을 위한 함수

함수명	값	기능 설명
setMode	0	2D 배경지도로 설정
	1	2D 영상지도로 설정
	2	3D 지도로 설정
	3	2D 회색지도로 설정
	4	2D 야간지도로 설정

```
<button type="button" onclick="javascript:vworld.setMode(3);"> 회색지도 <button/ >
<button type="button" onclick="javascript:vworld.setMode(4);"> 야간지도 <button/ >
```

그림 2.29 브이월드 2D 회색지도

그림 2.30 브이월드 2D 야간지도

브이월드 지도는 vworld 클래스의 init 함수를 통해 생성되므로 init 함수에 전달되는 매개변수에 관해 정확히 파악해서 설정하면 사용자가 원하는 위치, 타입으로 생성할 수 있다. 다음으로 지도 조작을 위해 지도 이동 및 확대/축소 등의 기능을 추가하는 방법을 알아보자.

브이월드 2D 지도 조작

브이월드에서는 다양한 방법으로 지도를 조작할 수 있다. 손쉬운 지도 조작을 위한 도구를 추가할 수 있도록 addVWORLDControl, addMapToolButton, panZoomBar 등의 다양한 함수를 제공한다. 또한 사용자가 직접 지도 조작 도구를 커스터마이징하기 위한 다양한 함수도 제공한다.

우선, 브이월드에서 기본적으로 제공해주는 조작 도구를 추가하는 방법을 알아보자. 기본 컨트롤인 지도 확대/축소, 인덱스맵, 레이어 선택창만 필요하다면 addVWORLDControl 함수를, 맵툴바인 지도 확대/축소, 영역 확대/축소, 이동, 거리/면적 측정 등의 기능이 필요하다면 addMapToolButton 함수를, 지도를 이동하고 확대/축소를 하거나, 사용자 지도를 선택하거나, 거리/면적을 측정하고 싶을 때는 panZoomBar 컨트롤을 사용하면 된다.

기본 컨트롤 조작

기본 컨트롤 기능을 제공하는 addVWORLDControl 함수를 통해 지도 확대/축소 기능, 인덱스맵, 지도 레이어를 선택할 수 있는 기능을 구현해보자.

표 2.3 브이월드 2D API의 기본 컨트롤을 조정하기 위한 함수

기능	함수명	매개변수	매개변수 설명
기본 컨트롤 추가	addVWORLDControl	type	추가할 컨트롤명
		zoomBar	줌바
		indexMap	미니맵
		layerSwitch	레이어 선택창
기본 컨트롤 삭제	removeVWORLDControl	type	삭제할 컨트롤명
		zoomBar	줌바
		indexMap	미니맵
		layerSwitch	레이어 선택창

addVWORLDControl 함수는 기본 컨트롤을 추가하는 역할을 한다. 첫 번째 매개변수에는 컨트롤 타입을 전달한다. 컨트롤 타입은 줌바 zoomBar, 미니맵 indexMap, 레이어 변경 선택창 layerSwitch를 제공한다. 기본 컨트롤을 삭제하는 함수는 removeVWORLDControl로, 컨트롤 타입을 매개변수로 전달하면 된다. 컨트롤의 동작 여부를 반환하는 isVWORLDControlEnable 함수는 true/false로 값을 반환한다. 이는 지도에 컨트롤이 동작하고 있는지를 나타내므로 동작 여부에 따라 추가/삭제를 수행하면 된다.

줌바 추가 및 위치 설정

이번에는 지도에서 지도 이동, 확대 및 축소를 할 수 있는 기능인 줌바(ZoomBar)를 생성하는 방법을 알아보자.

그림 2.31 지도 오른편에 줌바를 추가한 지도

브이월드 줌바 추가 및 위치를 설정하는 전체 코드는 아래와 같다.

```
<html>
<head>
<meta charset="EUC-KR">
<title>지도 조작하기</title>
<SCRIPT language="JavaScript" type="text/javascript"
        src="http://map.vworld.kr/js/vworldMapInit.js.do?apiKey=USER_API_KEY"></SCRIPT>
</head>
<body>
<script type="text/javascript">
    var map = null;
    vworld.init("vMap", "map-first", function() {
        map = this.vmap;
        map.setBaseLayer(map.vworldBaseMap);
        map.addVWORLDControl("zoomBar");
        map.setCenterAndZoom(14243425.793355, 4342305.8698004, 8);
        map.setControlsType({
            "zoomBarPosition" : "left"
        });
    });
</script>
<div id="vMap" style="width: 800px; height: 400px; left: 0px; top: 0px" />
</body>
</html>
```

예제 2.3 브이월드 줌바 추가(2장/2D지도줌바추가.html)

앞 장에서 실습했던 기본 지도 생성 코드를 확장해 실습을 진행해보겠다. 지도를 생성하기 위해 init를 통해 객체를 인스턴스화했으며, 지도 생성 시 실행되는 매개변수인 mapFunc 함수에 줌바와 관련된 코드를 작성한다. 줌바를 지도 위에 추가하려면 addVWORLDControl 함수를 사용한다. addVWORLDControl 함수의 type 매개변수로 zoomBar를 전달하면 지도 기본 컨트롤로 줌바가 정의된다. init 함수의 세 번째 매개변수인 mapFunc 내부에 줌바를 생성하는 구문을 다음과 같이 추가한다.

```
vworld.init(rootDiv, mapType, function() {
    ...
    map.addVWORLDControl("zoomBar");
    ...
});
```

setControlsType은 줌바의 위치를 지정하는 zoomBarPosition 등 params 매개변수를 전달해 줌바, 맵툴 등의 각 컨트롤의 위치 및 타입, 방향 등 컨트롤 타입을 설정할 수 있다.

표 2.4 브이월드 2D 지도 API의 컨트롤 타입 매개변수

함수명	매개변수	키	값	기능 설명
setControlsType	params	zoomBarPosition	left / right,	줌바의 위치
		simpleMap	true/false	버튼 컨트롤을 제거한 단순지도
		mapToolDirection	horizontal/vertical,	맵툴 전개 방향
		mapToolPosition	right-top/right-bottom/ left-top/left-bottom	맵툴 위치

줌바는 기본적으로 지도의 우측 상단에 위치하나 setControlsType을 통해 우측/좌측에 줌바의 위치를 지정할 수 있다. 줌바의 위치를 지정하기 위해 setControlType의 params 매개변수에 zoomBarPosition 키 값인 left/right 값을 전달한다.

```
map.setControlsType({
    "zoomBarPosition" : "left"
});
```

zoomBarPosition의 위치값에 따라 다음과 같은 결과가 출력된다.

그림 2.32 지도 우측에 줌바를 생성

그림 2.33 지도 좌측에 줌바를 생성

인덱스맵

인덱스맵(IndexMap)은 주로 지도 우측 하단에 위치하는 소축척 지도로, 사용자에게 지도의 위치를 쉽게 확인할 수 있도록 제공되는 지도다. 인덱스맵은 색인도나 미니맵 혹은 오버뷰맵이라 불리기도 한다. 그림 2.34와 같이 지도의 우측 하단에 인덱스맵을 추가하고 원하는 위치로 이동하는 방법을 알아보자.

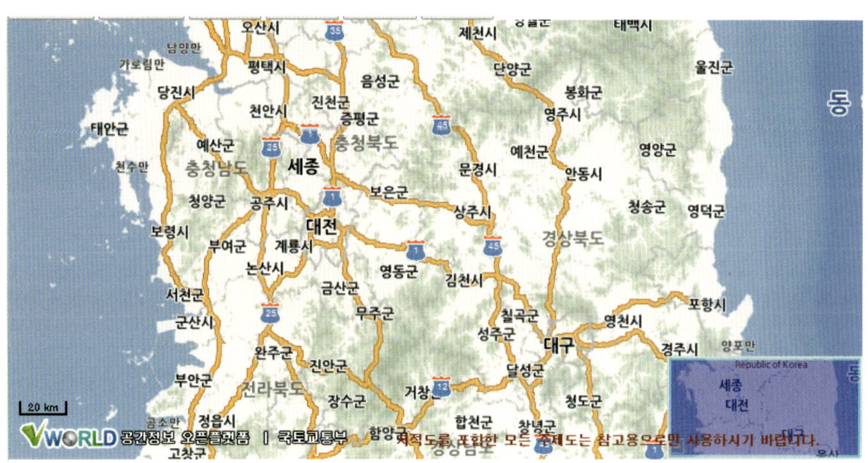

그림 2.34 지도의 우측 하단에 인덱스맵을 추가한 모습

브이월드 인덱스맵을 추가 및 위치를 설정하는 전체 코드는 다음과 같다.

```
<html>
<head>
<meta charset="EUC-KR">
<title>지도 조작하기</title>
<SCRIPT language="JavaScript" type="text/javascript"
       src="http://map.vworld.kr/js/vworldMapInit.js.do?apiKey=USER_API_KEY"></SCRIPT>
</head>
<body>
<script type="text/javascript">
    var map = null;
    vworld.init("vMap", "map-first", function() {
        map = this.vmap;
        map.setBaseLayer(map.vworldBaseMap);
        map.addVWORLDControl("indexMap");
        map.setCenterAndZoom(14243425.793355, 4342305.8698004, 8);
        map.setControlsType({
            "zoomBarPosition" : "left"
        });
    });
</script>
<div id="vMap" style="width: 800px; height: 400px; left: 0px; top: 0px" />
</body>
</html>
```

예제 2.4 브이월드 2D 인덱스맵 추가(2장/2D지도인덱스맵추가.html)

여기서는 인덱스맵을 생성하고 인덱스맵의 위치를 설정하는 단계로 진행한다. 우선 인덱스맵을 지도 위에 추가하기 위해 addVWORLDControl 함수를 사용한다. addVWORLDControl 함수에 indexMap 매개변수를 전달하면 지도 기본 컨트롤로 인덱스맵이 추가된다.

```
vworld.init(rootDiv, mapType, function() {
    …
    map.addVWORLDControl("indexMap");
    …
});
```

추가된 인덱스맵은 setIndexMapPosition을 통해 위치를 설정할 수 있다. 사용자는 좌측 상단, 좌측 하단, 우측 상단, 우측 하단에 인덱스맵을 위치시킬 수 있다.

```
map.setIndexMapPosition('left-top');
map.setIndexMapPosition('left-bottom');
map.setIndexMapPosition('right-top');
map.setIndexMapPosition('right-bottom');
```

표 2.5 브이월드 2D 지도 API의 인덱스맵에 대한 위치 매개변수

함수명	값	기능 설명
setIndexMapPosition	(String) right-top/right-bottom/left-top/left-bottom	인덱스맵의 위치를 지정

그림 2.35 좌측 상단에 인덱스맵이 있는 지도

그림 2.36 우측 상단에 인덱스맵이 있는 지도

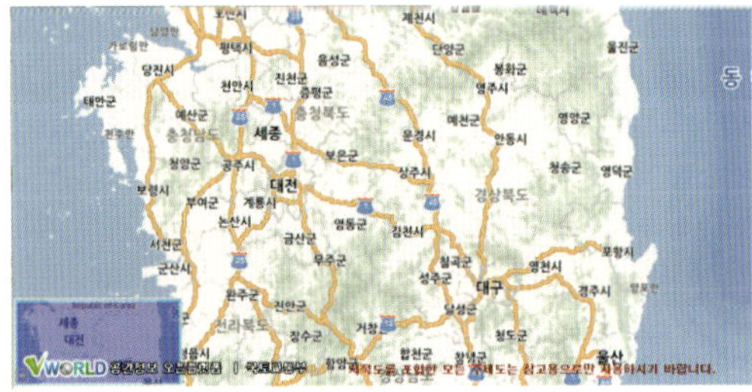

그림 2.37 좌측 하단에 인덱스맵이 있는 지도

그림 2.38 우측 하단에 인덱스맵이 있는 지도

레이어 선택창

레이어 선택창은 사용자가 기본 지도에 새로운 주제도인 레이어를 추가했을 때 지도 목록을 보여주고 사용자가 원하는 지도를 선택하는 기능을 제공한다. 다음 그림과 같이 지도 레이어 선택창을 만들면 다른 지도로 전환하거나 지도를 겹쳐서 볼 수 있다. 지도 레이어 선택창을 만드는 방법을 알아보자.

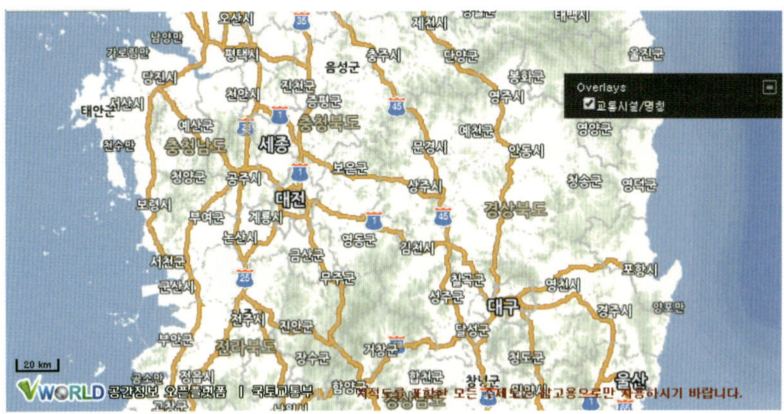

그림 2.39 지도 우측 상단에 레이어 선택창을 추가한 모습

레이어 선택창을 추가하기 위한 전체 코드는 다음과 같다.

```
<html>
<head>
<meta charset="EUC-KR">
<title>지도 조작하기</title>
<SCRIPT language="JavaScript" type="text/javascript"
        src="http://map.vworld.kr/js/vworldMapInit.js.do?apiKey=USER_API_KEY"></SCRIPT>
</head>
<body>
<script type="text/javascript">
    var map = null;
    vworld.init("vMap", "map-only", function() {
        map = this.vmap;
        map.setBaseLayer(map.vworldBaseMap);
        map.addVWORLDControl("layerSwitch");
        map.setCenterAndZoom(14243425.793355, 4342305.8698004, 8);
        addThemeLayer('교통링크', 'LT_L_MOCTLINK');

    });
    //주제도 레이어 추가
    function addThemeLayer(title, layer) {
        map.showThemeLayer(title, {
            layers : layer
        });
```

```
    }
</script>
<div id="vMap" style="width: 800px; height: 400px; left: 0px; top: 0px" />
</body>
</html>
```

예제 2.5 레이어 선택창을 추가한 지도(2장/2D지도레이어선택창.html)

우선 레이어 선택창을 지도 위에 추가하기 위해 addVWORLDControl 함수를 사용한다. addVWORLDControl 함수에 layerSwitch 매개변수를 전달하면 지도 기본 컨트롤에 레이어 선택창이 추가된다.

```
vworld.init(rootDiv, mapType, function() {
    ...
    map.addVWORLDControl("layerSwitch");
    ...
});
```

레이어 선택창을 추가하면 기본적으로 교통시설/명칭이 추가된다. 교통시설/명칭 외에 용도지역도, 지적도 등 다른 주제도를 WMS(Web Map Service) 방식을 통해 다음 그림과 같이 추가할 수 있다. WMS는 OGC(Open Geospatial Consortium)에서 제정한 지도 이미지 표준 프로토콜로서 브이월드에서는 주제도를 WMS 방식을 통해 주제도의 레이어 목록 호출, 레이어 상세보기, 레이어 호출하기 등을 제공한다.

그림 2.40 교통링크 주제도를 추가한 지도

WMS 레이어 목록은 개발자센터의 WMS/WFS 레퍼런스에서 각 WMS 서비스 레이어명, 스타일명을 확인할 수 있다. 서비스 대상은 용도지역도, 용도지역구, 지적도, 수자원관리도 등 총 152종이다. 주제도는 showThemeLayer와 hideThemeLayer 등의 함수를 이용해 추가할 수 있다.

지도 객체의 초기화 함수인 init에서 배경지도 외에 주제도를 추가하기 위해 addThemeLayer 함수를 호출해보자. addThemeLayer는 사용자 함수로서, title, layer 매개변수가 필요하다. 여기서는 교통링크 주제도인 'LT_L_MOCTLINK'를 추가한다. 레이어 선택창에서 표출될 목록 이름인 '교통링크'와 WMS 레이어명인 'LT_L_MOCTLINK'를 전달해 지도에 추가할 수 있다.

```
vworld.init(rootDiv, mapType, function() {
    ...
    addThemeLayer('교통링크', 'LT_L_MOCTLINK');
    ...
});

//주제도 레이어 추가
function addThemeLayer(title, layer) {
    map.showThemeLayer(title, {
        layers : layer
    });
}
```

표 2.6 브이월드 2D 지도 API의 WMS 추가 기능

기능	함수명	매개변수		매개변수 설명
WMS 레이어 추가	showThemeLayer	(String) title		추가할 레이어명
		params	layers	추가할 레이어ID
			styles	스타일 집합 ex) strokeColor : (16진수 RGB 컬러)선 색상 strokeOpacity : (0~1)선 투명도 strokeWidth : 선 굵기 fillColor : 채움색 fillOpacity : 채움 투명도
WMS 레이어 숨기기	hideThemeLayer	(String) title		숨길 레이어명

기능	함수명	매개변수	매개변수 설명
모든 WMS 레이어 숨기기	hideAllThemeLayer		

PanZoomBar

PanZoomBar는 동서남북 이동, 확대/축소, 거리/면적 측정 등의 기능을 지원하는 내비게이션 컨트롤러다. 그림 2.41에서 PanZoomBar를 2D 지도에 추가한 모습을 확인할 수 있다.

그림 2.41 브이월드 2D 지도에 PanZoomBar를 추가한 지도

PanZoomBar를 추가하는 코드는 다음과 같다.

```
<html>
<head>
<meta charset="EUC-KR">
<title>지도 조작하기</title>
<SCRIPT language="JavaScript" type="text/javascript"
        src="http://map.vworld.kr/js/vworldMapInit.js.do?apiKey=USER_API_KEY"></SCRIPT>
</head>
<body>
<script type="text/javascript">
    var map = null;
    vworld.init("vMap", "map-first", function() {
        map = this.vmap;
```

```
        map.setBaseLayer(map.vworldBaseMap);
        map.addVWORLDControl("zoomBar");
        map.setCenterAndZoom(14243425.793355, 4342305.8698004, 8);
        map.setControlsType({
            "zoomBarPosition" : "left"
        });
    });
        function setPanZoomBar() {
            var pZoomBar = null;

            // control 이름으로 객체를 얻어오거나 새로 생성한다.
            if (map.getControlsByClass("vworld.PanZoomBar")[0] != null) {
                pZoomBar = map.getControlsByClass("vworld.PanZoomBar")[0];
            } else {
                pZoomBar = new vworld.PanZoomBar();
            }

            // PanZoomBar를 원하는 옵션으로 초기화한다.
            pZoomBar.initialize({
                zoomStopWidth : 30,
                zoomStopHeight : 6,
                sliderEvents : null,
                zoombarDiv : null,
                measureDiv : null,
                measurebuttons : null,
                divEvents : null,
                isSimpleBar : false,
                curPosition : 'left',
                zoomWorldIcon : true,
                forceFixedZoomLevel : false,
                mouseDragStart : null,
                deltaY : null,
                zoomStart : null
            });
            pZoomBar.redraw();
        }
</script>
<div id="vMap" style="width: 800px; height: 400px; left: 0px; top: 0px" />
```

```
</body>
</html>
```

예제 2.6 브이월드 2D 지도에 PanZoomBar 생성(2장/2D지도PanZoomBar추가.html)

내비게이션 컨트롤러인 PanZoomBar를 생성하려면 내비게이션 컨트롤을 초기화하는 함수인 initialize를 사용해야 한다. 내비게이션 컨트롤을 초기화하는 옵션은 다음과 같다.

표 2.7 브이월드 2D 지도 API의 내비게이션 컨트롤 초기화 옵션

기능	함수명	매개변수		매개변수 설명
내비게이션 컨트롤 초기화	initialize	option	zoomStopWidth	스케일바 너비. 기본값은 30
			zoomStopHeight	스케일바 높이. 기본값은 6
			sliderEvents	슬라이더 변경 시 동작하는 함수
			zoombarDiv	zoombar가 위치할 영역의 id
			measureDiv	측정 컨트롤이 위치할 영역의 id
			isSimpleBar	바 표현 형식. 기본값은 false
			curPosition	내비게이션이 시작될 위치(left/right). 기본값은 left
			zoomWorldIcon	표현 최대 영역으로 줌 변화 버튼 추가
			forceFixedZoomLevel	강제 줌 레벨 지정. 기본값은 false
			mouseDragStart	내비게이션 내에서 마우스 드래그 이벤트
			deltaY	줌바 드래그 시 수직 픽셀
			offsest	누적 수치
			redraw	줌바 삭제

맵툴바 기능 추가

지도에 초기화, 확대/축소, 영역 확대/축소, 이동, 정보 조회, 전체 보기, 거리/면적 측정 등의 기능을 추가할 수 있다. 이 기능을 맵툴바라고 하며, 실습을 통해 맵툴바를 추가하고 위치와 방향을 설정하는 방법을 알아보자.

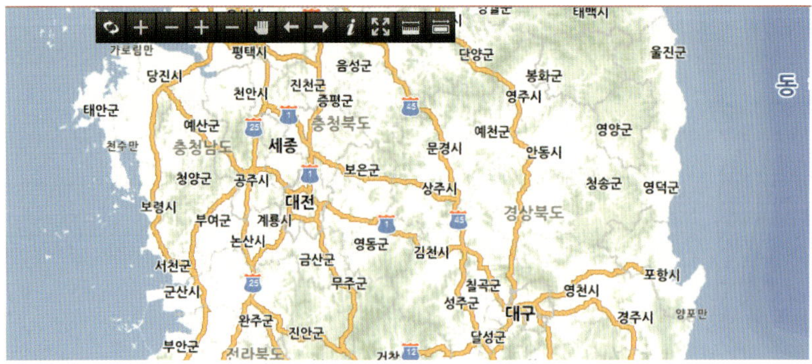

그림 2.42 지도 맵툴바를 추가한 지도

브이월드 맵툴바를 추가하고 방향 및 위치를 설정하는 전체 코드는 다음과 같다.

```
<html>
<head>
<meta charset="EUC-KR">
<title>지도 조작하기</title>
<SCRIPT language="JavaScript" type="text/javascript"
        src="http://map.vworld.kr/js/vworldMapInit.js.do?apiKey=USER_API_KEY"></SCRIPT>
</head>
<body>
<script type="text/javascript">
    var map = null;
    vworld.init("vMap", "map-first", function() {
        map = this.vmap;
        map.setBaseLayer(map.vworldBaseMap);
        map.addVWORLDControl("zoomBar");
        map.setCenterAndZoom(14243425.793355, 4342305.8698004, 8);
        map.setControlsType({
            "zoomBarPosition" : "left"
        });
        addMapToolButtonAll();

    });

    function addMapToolButtonAll() {
        map.addMapToolButton("init"); //초기화
        map.addMapToolButton("zoomin"); //확대
```

```
        map.addMapToolButton("zoomout"); //축소
        map.addMapToolButton("zoominbox"); //영역 확대
        map.addMapToolButton("zoomoutbox"); //영역 축소
        map.addMapToolButton("pan"); //이동
        map.addMapToolButton("prev"); //이전 화면
        map.addMapToolButton("next"); //다음 화면
        map.addMapToolButton("fullext"); //전체 보기
        map.addMapToolButton("caldist"); //거리 측정
        map.addMapToolButton("calarea"); //면적 측정
        map.addMapToolButton("info"); //정보 조회
        }

    // 맵툴바 전개 방향 설정
    function setMapToolDirection(direction) {
        map.setMapToolDirection(direction);
        map.addMapToolButton('init');
        var x = map.mapToolbar.controls.length;
        map.removePanelButton(map.mapToolbar.controls[x - 1]);
    }

    // 맵툴바 위치 설정. right-top, right-bottom, left-top, left-bottom
    function moveMapToolBar(position) {
        map.setMapToolPosition(position);
    }
</script>
<div id="vMap" style="width: 800px; height: 400px; left: 0px; top: 0px" />

<button type="button" onclick="setMapToolDirection('vertical')">맵툴바 전개방향 수직설정</but-
ton>
<button type="button" onclick="setMapToolDirection('horizontal')">맵툴바 전개방향 수평설정</
button>
<button type="button" onclick="moveMapToolBar('right-top');">맵툴바 우측상단</button>
<button type="button" onclick="moveMapToolBar('right-bottom');">맵툴바 우측하단</button>
<button type="button" onclick="moveMapToolBar('left-top');">맵툴바 좌측상단</button>
<button type="button" onclick="moveMapToolBar('left-bottom');">맵툴바 좌측하단</button>
</body>
</html>
```

예제 2.7 브이월드 지도 위에 맵툴바 도구 추가(2장/맵툴바추가.html)

맵툴바 버튼의 기능을 좌측 순서대로 알아보자.

첫 번째 버튼은 초기화 버튼으로, 초기에 설정했던 화면으로 되돌려준다. 예를 들어, 거리 측정이나 면적 측정을 하기 위해 지도 화면에 선, 면 등을 삭제할 수 있다. 지도에 맵툴바를 직접 추가하거나 initAll 함수를 통해 초기화할 수 있다.

```
map.addMapToolButton("init"); //초기화
map.initAll(); //초기화
```

좌측에서 두 번째, 네 번째 버튼과 세 번째, 다섯 번째 버튼은 지도를 확대/축소하는 버튼이다. 2, 3번 버튼은 버튼 클릭을 통해 일정 비율로 확대/축소를 하고 4, 5번 버튼은 마우스로 영역을 선택해 확대/축소할 수 있다. 지도에 맵툴바를 추가하거나 zoomIn, zoomOut, zoomInBox, zoomOutBox를 통해 기능을 추가할 수 있다.

```
map.addMapToolButton("zoomin"); //확대
map.addMapToolButton("zoomout"); //축소
map.addMapToolButton("zoominbox"); //영역 확대
map.addMapToolButton("zoomoutbox"); //영역 축소

map.zoomIn(); //확대
map.zoomOut(); //축소
map.zoomBoxIn(); //영역 확대
map.zoomBoxOut(); //영역 축소
```

좌측에서 여섯 번째 버튼은 지도를 이동하는 기능이며, 맵툴바 함수에 pan 값을 전달하거나, pan 함수를 이용해 지도를 옮길 수 있다.

```
map.addMapToolButton("pan"); //이동
map.pan(); //이동
```

좌측에서 일곱 번째, 여덟 번째 버튼은 지도가 이동, 확대, 축소 등 변화가 발생 전의 이전 지도의 모습과 그다음 지도의 모습으로 보여주는 기능이다. 맵툴바 함수에 prev, next 값을 전달하거나 navi.previous.trigger, navi.next.trigger 함수를 통해 지도 화면을 전환할 수 있다.

```
map.addMapToolButton("prev"); //이전 화면
map.addMapToolButton("next"); //다음 화면
map.navi.previous.trigger(); //이전 화면
map.navi.next.trigger();//다음 화면
```

좌측에서 아홉 번째 버튼은 한반도 전역을 볼 수 있는 전체보기 기능이며, 맵툴바 함수에 fullext 값을 전달하거나 fullExtent 함수를 호출해 전체 보기 기능을 이용할 수 있다.

```
map.addMapToolButton("fullext"); //전체 보기
map.fullExtent(); //전체 보기
```

좌측에서 열 번째, 열한 번째 버튼은 측정하는 기능으로, 거리와 면적을 측정해 반환한다. 맵툴바 함수에 calcdist, calcarea 값을 전달하거나 calcDistance, calcArea 함수를 통해 측정할 수 있다.

```
map.addMapToolButton("caldist"); //거리 측정
map.addMapToolButton("calarea"); //면적 측정
map.calcDistance(); //거리 측정
map.calcArea(); //면적 측정
```

아래의 표는 맵툴바에서 제공하는 기능과 관련된 키 값의 표다.

표 2.8 브이월드 2D 지도 API의 맵툴바 매개변수

함수명	매개변수	값	기능 설명
addMapToolButton	type	init	초기화
		zoomin	확대
		zoomout	축소
		Zoominbox	영역 확대
		zoomoutbox	영역 축소
		pan	이동
		prev	이전 화면
		next	다음 화면
		info	정보 조회
		fullext	전체 보기
		caldist	거리 측정

맵툴바가 지도에 표시되는 수직, 수평 방향을 설정하기 위해 setMapToolDirection 함수를 사용한다. vertical 혹은 horizontal로 방향을 입력받은 후 맵툴바에 표현되는 버튼 수만큼 삭제한 후 다시 등록하는 방법으로 방향을 바꾼다.

```
// 맵툴바 가로/세로 방향 설정
function setMapToolDirection(direction) {
    map.setMapToolDirection(direction);
    map.addMapToolButton('init');
    var x = map.mapToolbar.controls.length;
    map.removePanelButton(map.mapToolbar.controls[x - 1]);
}
```

setMapToolPosition 함수를 이용해 맵툴바의 위치를 설정할 수 있으며, 맵툴바의 위치는 우측 상단, 우측 하단, 좌측 상단, 좌측 하단으로 지정할 수 있다.

```
// 맵툴바 위치 설정. right-top, right-bottom, left-top, left-bottom
function moveMapToolBar(position) {
    map.setMapToolPosition(position);
}
```

다음은 맵툴바의 전개방향, 위치 함수에서 필요로 하는 매개변수 값을 정리한 표다.

표 2.9 브이월드 2D 지도 API의 맵툴바 스타일 매개변수

기능	함수명	매개변수	매개변수 설명
맵툴바 전개 방향 설정	setMapToolDirection	type:(String) vertical/horizontal	수직/수평
맵툴바 위치 설정	setMapToolPosition	pos : (String) right-top/right-bottom/left-top/ left-bottom	우상/우하/좌상/좌하

지금까지 지도를 조작하기 위한 도구를 추가하는 방법을 알아봤다. 다음으로 지도에 정보를 표현하고 추가하는 법을 알아보자.

브이월드 2D 지도 표현

이번 장에서는 브라우저에서 사용자가 원하는 위치 정보를 다양하게 보일 수 있는 방법을 알아보겠다. 사용자는 지도에서 맛집의 위치를 추가하기 위해 점이나 마커를 이용할 수 있다. 가고 싶은 길에 대한

경로를 표시하기 위해 선 데이터를 이용하거나, 관할구역을 표현하기 위해 면 데이터를 이용할 수도 있다. 더 나아가 해당 데이터를 클릭하면 속성 정보를 확인할 수 있으며, 데이터의 색상, 투명도 등을 조절할 수 있다. 브이월드는 공간정보 데이터를 표현하기 위해 Vector와 Marker 클래스를 제공한다. 각 함수는 데이터를 지도에 보여주고, 지도에 존재하는 데이터의 위치 정보를 반환하거나 스타일을 설정하는 등의 기능을 제공한다.

데이터를 지도로 표현하려면 위치 정보가 필요한데, 이를 피처(Feature)라고 한다. 피처에는 지리정보인 좌표와 속성 정보가 포함된다. OpenLayers.Geometry는 Geometry의 최상위 클래스다. 브이월드는 점, 선, 면 객체를 지도 위에 그리기 위해 OpenLayers.Geometry로 정의된 객체를 사용할 수 있다.

피처 그리기

지도를 클릭해 지도 위에서 피처를 보여주고 그리려면 OpenLayers의 DrawFeature 컨트롤을 사용한다. DrawFeature에는 layer, handler, options 매개변수가 필요하다.

표 2.10 브이월드 2D 지도 API의 DrawFeature 함수

함수명	매개변수		기능
DrawFeature	Layer	OpenLayers.Layer.Vector	피처를 그렸을 때 보여줄 레이어
	Handler	OpenLayers.Handler	피처를 그리는 핸들러. 사용자 입력이 발생하는 시점에 처리
	Options	Object	옵션 ex. 다각형 각 개수, 정사각형/직사각형 지정 등

다음은 포인트를 그리는 코드다.

```
vworld.init("vMap", "map-first", function() {
// 생략
    pointLayer = new OpenLayers.Vector.Point(); // 레이어 추가
    drawEvent();// drawEvent 실행
    map.addLayer(pointLayer); // 레이어 추가
// 생략
});

function drawEvent() {
```

```
        map.addLayer(pointLayer); // 레이어 추가
        drawControl = new OpenLayers.Control.DrawFeature(pointLayer,
                    OpenLayers.Handler.Point); // 컨트롤 생성
        map.addControl(drawControl); // 컨트롤 등록
        drawControl.activate(); // 활성화
    }
```

우선 지도에서 포인트를 찍었을 때 보여줄 레이어를 생성한다. pointLayer라는 변수로 OpenLayers.Layer.Vector에서 할당된 레이어를 생성한 후 지도에 추가한다.

```
pointLayer = new OpenLayers.Vector.Point(); // 레이어 추가
map.addLayer(pointLayer); // 레이어 추가
```

컨트롤을 만들기 위해 OpenLayers.Control.DrawFeature 클래스를 이용해 drawControl이라는 변수를 생성한다. 매개변수로는 포인트가 그려질 때 보여줄 layer와 피처를 그리는 핸들러가 필요하다. 앞서 Vector 레이어로 정의한 pointLayer와 OpenLayers 핸들러 중 점을 그리는 핸들러인 OpenLayers.Handler.Point를 매개변수로 전달한다.

```
drawControl = new OpenLayers.Control.DrawFeature(pointLayer,
            OpenLayers.Handler.Point); // 컨트롤 생성
```

생성된 컨트롤은 지도에 추가해서 활성화하면 된다. 활성화하고 싶지 않으면 activate() 함수 대신 deactivate()를 사용하면 된다.

```
map.addControl(drawControl); // 컨트롤 등록
drawControl.activate(); // 활성화
```

피처 측정

지도 위 피처 객체 간의 거리를 구하려면 OpenLayers의 Measure 컨트롤을 사용한다. Measure는 handler와 options이라는 매개변수가 두 개 필요하다.

표 2.11 브이월드 2D 지도 API의 피처 측정 함수

함수명	매개변수		기능 설명
Measure	handler	OpenLayers.Handler	피처를 그리는 핸들러로 사용자 입력이 발생하는 시점에 처리
	options	Object	옵션

다음은 점 간의 거리를 측정하는 예다.

```
function measureEvent() {
    map.addLayer(pointLayer); // 레이어 추가
    measureControl = new OpenLayers.Control.Measure(OpenLayers.Handler.Point);
    // 컨트롤 생성
    measureControl.events.on({"measure":mapClick}); // 이벤트 추가
    map.addControl(measureControl); // 컨트롤 등록
    measureControl.activate(); // 활성화
}

function mapClick(event) {
    var temp = event.geometry;
    var pos = new OpenLayers.LonLat(temp.x, temp.y); // 경위도 저장

    pointVar = new vworld.Point();// 포인트 객체 생성
    pointVar.initialize(pos.lon, pos.lat, {fid:'testid'});// 포인트 객체 초기화
}

function calcDist(pointVar, pointVar_copied) {
    dist = pointVar.getDistance(pointVar_copied)/1000;// 거리 측정

    return dist;
}
```

measureControl 이벤트가 활성화되면 해당 위치 정보를 geometry 함수로 받아와 경도, 위도의 값을 x, y로 받아 배열로 저장한다.

각 위치의 좌푯값은 브이월드 Point 클래스를 이용해 받아온다. 포인트 초기화를 위해 initialize 함수에 x, y, opts 매개변수가 필요하다.

표 2.12 브이월드 2D 지도 API의 포인트 관련 함수

기능	함수명	매개변수	반환값
포인트 초기화	initialize	x : x좌표	
		y : y좌표	
		opts : 옵션 – fid : (String)피처 id	

기능	함수명	매개변수	반환값
거리 구하기	getDistance	[pt] 거리를 계산할 포인트 객체	(number)거리

우선 지도에서 포인트를 찍었을 때 보여줄 레이어를 생성한다. pointLayer라는 변수로 OpenLayers.Layer.Vector에서 할당된 레이어를 생성한 후 지도에 추가한다.

```
pointLayer = new OpenLayers.Vector.Point(); // 레이어 추가
map.addLayer(pointLayer); // 레이어 추가
```

컨트롤을 만들기 위해 OpenLayers.Control.DrawFeature 클래스를 이용해 drawControl이라는 변수를 생성한다. 매개변수로는 포인트가 그려졌을 때 보여줄 layer와 피처를 그리는 핸들러가 필요하다. 실습에서는 앞서 Vector 레이어로 정의한 pointLayer와 OpenLayers 핸들러 중 점을 그리는 핸들러인 OpenLayers.Handler.Point를 매개변수로 전달한다.

```
drawControl = new OpenLayers.Control.DrawFeature(pointLayer,
            OpenLayers.Handler.Point); // 컨트롤 생성
```

생성된 컨트롤을 지도에 추가하고 활성화한다. 활성화하고 싶지 않으면 activate() 함수 대신 deactivate()를 사용하면 된다.

```
map.addControl(drawControl); // 컨트롤 등록
drawControl.activate(); // 활성화
```

피처 스타일

지도에 추가되는 각 피처 데이터의 스타일 가운데 선과 면은 스타일을 설정하는 함수가 같다. 선택된 폴리곤 피처의 스타일을 변경해보자. 색상을 설정할 때는 피처의 ID 값을 사용한다. 선택한 객체는 피처의 ID로 cid 변수에 저장된다.

```
function featureover(e){
    document.getElementById("cid").value = e.feature.id;
}
```

cid 변수에는 피처에 해당하는 클래스의 getFeatureById를 통해 피처의 ID 값이 할당된다.

표 2.13 브이월드 2D 지도 API의 맵툴바 요청 매개변수

기능	함수명	매개변수	반환값
Boundary 조회	getBounds		[bounds] left, top, right, bottom
면/원/정다각형 반환	getFeatureById	(String) 반환될 피처 ID	[Polygon/Circle/RegularPolygon] (Vector) 면/원/정다각형 객체

피처 ID에 설정자 함수를 이용해 선 색상(color), 굵기(weight), 스타일(style) 등을 설정할 수 있다.

다음은 면(Polygon)의 선 스타일 설정과 관련된 함수다. 면뿐만 아니라 선, 원, 정사각형 등의 피처에 다음과 같은 스타일을 설정할 수 있다.

테두리 선 색을 지정하려면 setColor를 사용한다.

```
function setPolygonLineColor(color){
    var id = document.getElementById("cid").value;
    var tPolygon = Polygon.getFeatureById(id);
    tPolygon.setColor(color);
    alert(tPolygon.getColor());
}
```

테두리 선 굵기를 지정하려면 setWeight를 사용한다.

```
function setPolygonLineWeight(w){
    var id = document.getElementById("cid").value;
    var tPolygon = Polygon.getFeatureById(id);
    tPolygon.setWeight(w);
    alert(tPolygon.getWeight());
}
```

테두리 선 스타일을 지정하려면 setStyle을 사용한다.

```
function setPolygonLineStyle(){
    var id = document.getElementById("cid").value;
    var tPolygon = Polygon.getFeatureById(id);
    tPolygon.setStyle("dot"); // 폴리곤의 선 스타일 설정. dot | dash | dashdot | longdash |
                              // longdashdot | solid의 형태가 있음
    alert(tPolygon.getStyle());
}
```

아래는 선 스타일에 관련된 함수(색, 투명도, 스타일, 굵기 스타일의 조회 및 설정)를 정리한 표다.

표 2.14 브이월드 2D 지도 API의 피처 선 스타일

기능	함수명	매개변수	반환값
선 색 조회	getColor		[fillColor] (16진수 RGB 컬러)
선 색 설정	setColor	[color] (16진수 RGB 컬러)	
선 색 투명도 조회	getOpacity		[opacity] (0~1 실수) 선색 투명도
선 색 투명도 설정	setOpacity	[opacity] (0~1 실수) 선색 투명도	
선 스타일 조회	getStyle		[style] dot | dash | dashdot | longdash | longdashdot | solid
선 스타일 설정	setStyle	[style] dot | dash | dashdot | longdash | longdashdot | solid	
선 굵기 조회	getWeight		[weight] (정수) 선굵기
선 굵기 설정	setWeight	[weight] (정수) 선굵기	

면도 마찬가지로 해당 피처 ID에 설정자 함수를 이용해 면 색상(color), 투명도(opacity) 등을 설정할 수 있다. 다음은 면(Polygon)의 스타일 설정과 관련된 함수다. 면뿐만 아니라 선, 원, 정사각형 등의 피처에 다음과 같은 스타일을 설정할 수 있다.

면 색을 지정하려면 setFillColor를 사용한다.

```
function setPolygonColor(color){
    var id = document.getElementById("cid").value;
    var tPolygon = Polygon.getFeatureById(id);
    tPolygon.setFillColor(color);
    alert(tPolygon.getFillColor());
}
```

면 투명도를 지정하려면 setOpacity를 사용한다.

```
function setPolygonOpacity(opacity){
    var id = document.getElementById("cid").value;
    var tPolygon = Polygon.getFeatureById(id);
    tPolygon.setFillOpacity(opacity);
    alert(tPolygon.getFillOpacity());
}
```

아래는 면 스타일에 관련된 함수(색, 투명도, 스타일, 굵기 스타일의 조회 및 설정)를 정리한 표다.

표 2.15 브이월드 2D 지도 API의 피처 면 스타일

기능	함수명	매개변수	반환값
면색조회	getFillColor		[lineColor] (16진수 RGB 컬러)
면색 설정	setFillColor	[color] (16진수 RGB 컬러)	
면색 투명도 조회	getFillOpacity		[opacity] (0~1 실수) 면색 투명도
면색 투명도 설정	setFillOpacity	[opacity] (0~1 실수) 면색 투명도	

마커 생성

지도상에서 한 곳의 위치를 표시할 때는 아이콘이나 핀 모양의 이미지를 사용한다. 이 아이콘을 보통 마커라고 하며, 마커를 표시하기 위해서는 Marker 클래스를 사용한다. 브이월드 마커 클래스인 Marker는 오픈레이어스의 클래스를 상속받아 구현돼 있다. 따라서 마커의 기능을 확장하고 싶다면 기본적으로 제공되는 오픈레이어스의 기능을 활용할 수 있다.

Marker로는 드래그로 마커의 위치를 이동할 수 있는 DraggableMarker, 심볼과 라벨을 함께 표시하는 LabelMarker, 마커를 그룹화하는 GroupMarker, 텍스트만 지도 위에 표시하는 TextMarker, 정보를 지도에 바로 보여주는 InfoWindow 등이 있다.

다음 그림과 같이 사용자는 지도 위에 마커나 말풍선을 통해 지도 위에 정보를 표시할 수 있다.

그림 2.43 마커 지도

브이월드 2D 지도에 마커를 생성하는 전체 코드는 다음과 같다.

```
<html>
<head>
<meta charset="EUC-KR">
<title>지도 표현하기</title>
<SCRIPT language="JavaScript" type="text/javascript"
  src="http://map.vworld.kr/js/vworldMapInit.js.do?apiKey=USER_API_KEY"></SCRIPT>
</head>
<script type="text/javascript">
  var map = null;
  vworld.init("vMap", "map-only", function() {
      map = this.vmap;
      map.setBaseLayer(map.vworldBaseMap);
      map.setCenterAndZoom(14679344.223220188, 4472643.481240987, 16);
  });

  function mapClick(event) {
      var temp = event.geometry;
      var pos = new OpenLayers.LonLat(temp.x, temp.y); // 경위도 저장
      addMarker(pos.lon, pos.lat, null, null); // 마커 등록
  }

  function addMarker(lon, lat, message, imgurl) {
      var marker = new vworld.Marker(lon, lat, message, imgurl); // 마커 등록
      map.addMarker(marker); // 지도에 마커 표출
  }

  var markerControl;
  function measureEvent() { //화면클릭 이벤트 등록
      var pointOptions = { persist : true   }
      if (markerControl == null) {
          markerControl = new OpenLayers.Control.Measure(
              OpenLayers.Handler.Point, { handlerOptions : pointOptions   });
          markerControl.events.on({ "measure" : mapClick });
          map.addControl(markerControl); // 컨트롤 등록
      }
      map.init();
      markerControl.activate(); // 활성화
  }
```

```
</script>
<body>
  <div id="vMap" style="width: 800px; height: 400px;"></div>
  <button type="button" onclick="javascript:addMarkingEvent();" name="addpin">마커찍기</button>
</body>
</html>
```

예제 2.8 브이월드 마커 생성(2장/2D지도마커생성.html)

지도에 마커를 표현하기 위해 지도 클릭 이벤트가 발생한 후 마커를 등록하는 코드를 추가한다. 지도 클릭 이벤트가 발생했을 때 값을 임시 저장하는 변수인 temp를 선언한다. 지도를 클릭한 위치의 경위도 정보를 저장해 addMarker 함수에 전달한다.

```
function mapClick(event) {
    var temp = event.geometry;
    var pos = new OpenLayers.LonLat(temp.x, temp.y); // 경위도 저장
    addMarker(pos.lon, pos.lat, title, null); // 마커 등록
}
```

addMarker 함수에서는 마커를 등록하기 위해 마커의 x, y 좌표 등 4개의 매개변수가 필요하다. 마커를 등록한 후 지도에 표현하기 위해 map 객체의 addMarker 함수에 전달한다.

```
function addMarker(lon, lat, message, imgurl) {
    var marker = new vworld.Marker(lon, lat, message, imgurl); // 마커 등록
    map.addMarker(marker); // 지도에 마커 표출
}
```

다음은 마커와 관련된 함수(마커 초기화, 보이기, 숨기기, 마커 위치 설정, z-Index 설정, 마커 모양 지정)를 정리한 표다.

표 2.16 브이월드 2D 지도 API의 마커 함수

기능	함수명	매개변수	매개변수 설명
마커 초기화	initialize	mx	x좌표
		my	y좌표
		title	마커의 이름
		desc,	마커의 설명
		imgUrl,	마커의 심볼 이미지
		proj	좌표계(EPSG:900913)

기능	함수명	매개변수	매개변수 설명
마커 보이기	show	없음	
마커 숨기기	hide	없음	
마커 경도/위도 좌표 설정	setPosition	LonLat	좌표 정보를 OpenLayers.LonLat 클래스를 이용해 생성
z-Index 설정	setZindex	z-index	표현 우선순위
setIconImage	setIconImage	imageName	마커 이미지 URL

텍스트마커 생성

다음 그림과 같이 지도에 텍스트만 마커로 생성할 수 있다. 예를 들어, 행정구역을 표현할 때처럼 마커는 필요 없고 텍스트만 필요할 경우 유용하게 사용할 수 있다.

그림 2.44 생성된 텍스트마커 지도

먼저 텍스트 마커를 지도에 표현하는 레이어를 생성한다. 각 TextMarker에 입력되는 레이어명과 컨트롤러명은 중복될 수 없다.

```
function createTextMarkerLayer() {
    rlayer = new vworld.TextMarker('TextMarker', 'TextDragCtl',
          'TextSelectCtl');
    if (rlayer.errCode == '') {
        layer = rlayer;
    } else {
        alert(rlayer.errCode);
```

```
        }
    }
```

다음은 텍스트 마커를 생성하는 데 필요한 함수를 정리한 표다.

표 2.17 브이월드 2D 지도 API의 텍스트마커와 관련된 매개변수

기능	함수명	매개변수	매개변수 설명	반환값
마커 생성	addMarker	(object) symbolOption,	심볼 옵션	없음
		(object) labelOption	라벨 옵션	
		(object) bgOption	배경 옵션	
클래스 초기화	initialize	(String) ID	마커레이어 이름	(생성 에러 시) (String) 에러 내용
		(String) DragID	Drag 컨트롤러 이름	
		(String)SelectID	Select 컨트롤러 이름	

텍스트 마커를 등록하는 코드를 작성한다. 텍스트 마커에는 심볼 옵션, 라벨 옵션, 배경 옵션 매개변수가 필요하다. 심볼 옵션은 마커의 위치와 마커를 클릭했을 때 나오는 팝업을 정의한다. 심볼 옵션은 마커의 폰트 스타일을 정의한다. 심볼 옵션은 마커의 배경 스타일을 지정한다. 각 옵션을 정의 후 옵션을 addMarker를 통해 텍스트레이어에 추가한다.

```
    function addMarker() {
        var symbolOption;
        var labelOption;
        var bgOption;

        symbolOption = {
            lon : 14135138.947153,
            lat : 4518276.5757885,
            popupTitle : "행정구역",
            popupDesc : "<img src=\"http://www.junggu.seoul.kr/common/img/main/main_logo.
png\"<br/> <br/> 서울시청 소재지 행정구역"
        };
        labelOption = {
            label : "서울특별시 중구",
            fontColor : "red",
            fontSize : "15px",
            fontFamily : "Courier",
            fontWeight : "bold",
```

```
        labelOutlineColor : "white",
        labelOutlineWidth : 3
    };
    layer.addMarker(symbolOption, labelOption);
}
```

다음은 텍스트마커 생성 시 전달되는 각 옵션을 정리한 표다.

표 2.18 브이월드 2D 지도 API의 텍스트마커 옵션와 관련된 매개변수

기능	옵션명	키	값 설명
심볼 옵션	symbolOption	Double lon	x좌표
		Double lat	y좌표
		String popupTitle	말풍선 타이틀
		String popupDesc	말풍선 내용
		String symbolImg	마커 이미지 심볼 URL
		String proj	projection
		Number symbolWidth	마커 가로 이미지 크기
		Number symbolHeight	마커 세로 이미지 크기
		Double lon	x좌표
라벨 옵션	labelOption	String label	라벨
		String fontColor	폰트색
		ex) black, #FFFFFF	
		Number fontSize	폰트 크기
		String fontFamily	폰트
		String fontWeight	폰트 굵기
		String labelAlign	폰트 정렬 방식 “l”=left, “c”=center, “r”=right “t”=top, “m”=middle, “b”=bottom
		Number labelXOffset	x-offset
		Number labelYOffset	y-offset
		String labelOutlineColor	라벨 테두리 색 black, red, #FFFFFF, #5F00FF
		String labelOutlineWidth	라벨 테두리 굵기

기능	옵션명	키	값 설명
배경 옵션	bgOption	Boolean backgroundUse	배경 사용 여부
		String backgroundImg	배경 이미지
		Number backgroundHeight	배경 넓이
		Number backgroundWidth	배경 높이

그룹마커 생성

그룹마커는 여러 마커의 집합으로서 같은 종류의 마커를 묶을 때 유용하다. 맛집 지도를 만들 때 가격으로 마커를 그룹화할 수도 있고, 음식의 종류에 따라 그룹화할 수도 있다. 그룹마커는 그룹 이동, 삭제, 숨기기 기능을 제공한다. 예를 들어, 다음 그림과 같이 다녀온 지역을 충청도, 전라도, 경상도로 나눠서 지도에 표현할 수 있다. 그룹 마커로 나눠서 생성, 삭제, 이동할 수 있는 지도를 만들어보자.

그림 2.45 그룹마커 지도

먼저, 그룹마커를 생성하기 위해 그룹명을 전달한다. 매개변수로 전달되는 그룹명을 통해 그룹이 구분된다.

표 2.19 브이월드 2D 지도 API의 그룹마커의 그룹을 생성하기 위한 GroupMarker

함수명	매개변수	기능 설명
GroupMarker	(String) groupName	그룹명

```
function createGroup(groupName) {
    groupMarker = new vworld.GroupMarker(groupName);// 그룹 추가
}
```

마커를 추가하기 위해 지도 클릭 이벤트 후 그룹에 마커를 등록한다. 그룹명에 따라 이미지를 다르게 표현하기 위해 그룹명의 정보를 이용해 심볼 이미지 매개변수를 전달한다.

```
function mapClick(event) {
    var temp = event.geometry;
    var pos = new OpenLayers.LonLat(temp.x, temp.y); // 경위도 저장

        var imgurl = '../img/'+groupName+".png";

    addMarker(groupName, pos.lon, pos.lat, title, desc, imgurl); // 그룹 마커 등록
}
```

그룹마커를 지도 위에 등록할 때는 addMarker 함수를 사용한다. 그룹마커는 그룹명, 마커 위치 정보, 마커명, 마커 이미지, 좌표계 등 6개의 매개변수가 필요하다.

표 2.20 브이월드 2D 지도 API의 그룹마커를 추가하기 위한 addMarker 함수

함수명	매개변수	기능 설명	반환
addMarker	groupName	(String) 그룹명	[Marker](Marker Class) 마커 객체
	mx	x 좌표	
	my	y 좌표	
	title	(String) 마커 이름	
	desc	(String) 마커 설명	
	imgUrl	(String) 심볼 이미지	
	proj	(String) 좌표계(EPSG:900913 권장)	

```
function addMarker(groupName, pos.lon, pos.lat, title, desc, imgurl) {
    var marker = groupMarker.addMarker(groupName, lon, lat, title, desc, imgurl);
            // 그룹 마커 등록
    map.addMarker(marker); // 지도에 마커 표출
}
```

마커를 그룹별로 한꺼번에 보여주거나 숨기기, 삭제, 이동을 위해 다음 표의 함수를 사용한다. 각 함수는 매개변수로 전달되는 그룹명을 통해 구분한다.

표 2.21 브이월드 2D 지도 API의 그룹마커 관련 함수

함수명	매개변수	매개변수 설명	기능
showGroup	(String) GroupName	보여줄 그룹명	그룹 보이기
hideGroup	(String) GroupName	숨길 그룹명	그룹 숨기기
removeGroup	(String) GroupName	삭제할 그룹명	그룹 삭제
moveGroup	[(OpenLayers.LonLat) LonLat, (String) GroupName]	그룹이 이동할 지점의 좌표, 그룹명	그룹 이동

그룹마커의 위치를 옮기려면 이동할 위치의 좌푯값이 필요하다. 좌표는 이벤트를 통해 전달하거나, 미리 함수에 좌표를 정의해 이동한다. 다음과 같은 함수를 실행하면 독도 지역의 좌표로 위치로 그룹마커가 이동한다.

```
function moveGroup(groupName) {
    var lon = 14679263.089272;
    var lat = 4472860.569112;
    groupMarker.moveGroup(new OpenLayers.LonLat(lon, lat), groupName); //그룹 이동
    map.setCenterAndZoom(lon, lat, 10); //화면 중심점과 레벨로 이동
}
```

정보창 생성

다음 그림과 같이 지도에 포스트잇처럼 정보를 보여주기 위해 InfoWindow 마커를 등록해서 사용할 수 있다. InfoWindow는 정보 팝업 클래스로서 정보창이라고 한다. 마커와 달리 포스트잇처럼 사용자가 저장한 내용을 지도 위에 보여준다.

그림 2.46 InfoWindow 지도

지도에 정보창을 생성하는 전체 코드는 다음과 같다.

```
<html>
<head>
<meta charset="EUC-KR">
<title>지도 생성하기</title>
<SCRIPT language="JavaScript" type="text/javascript"
   src="http://map.vworld.kr/js/vworldMapInit.js.do?apiKey=USER_API_KEY"></SCRIPT>
</head>
<body>
<script type="text/javascript">
   var map = null;
   vworld.init("vMap", "map-first", function() {
      map = this.vmap;
      map.setBaseLayer(map.vworldBaseMap);
      map.setCenterAndZoom(14243425.793355, 4342305.8698004, 8);
   });

      // InfoWindow 생성하기
      function createInfoWindow() {
         infoWindow = new vworld.InfoWindow();
         infoWindow.initialize('info', 14243425.793355, 4342305.8698004,
                               new vworld.Size(100, 100),
                               '정보창에 보일 내용을 작성해 주세요'); // 초기화
         map.addPopup(infoWindow, true);
      }

      // InfoWindow 위치 반환
      function getInfoWindowPosition() {
         alert("left : " + infoWindow.getPosition().left + ", top : "
               + infoWindow.getPosition().top);
      }

      // InfoWindow 표시 속성 확인하기
      function isVisible() {
         alert("visible : " + infoWindow.isVisible());
      }

      // InfoWindow 위치 이동
      function moveInfoWindow() {
```

```
            infoWindow.setPosition(14200000.751626197, 4300000.278263237);
        }
</script>
<div id="vMap" style="width: 800px; height: 400px; left: 0px; top: 0px" />

<div>
    <button type="button" onclick="createInfoWindow();">InfoWindow 생성하기</button>
    <button type="button" onclick="getInfoWindowPosition();">InfoWindow 위치 반환</button>
    <button type="button" onclick="moveInfoWindow();">InfoWindow 위치이동</button>
    <button type="button" onclick="isVisible();">InfoWindow 보임여부 확인</button>
</div>
</body>
</html>
```

예제 2.9 InfoWindow 생성(2장/2D지정보창생성.html)

정보창을 지도 위에 띄우기 위해 정보창 객체를 생성하고, 초기화해서 지도에 추가하는 과정으로 실습을 진행하겠다.

먼저, 정보창을 생성한다. new 연산자로 vworld.infoWindow를 생성한 후 infoWindow라는 변수에 할당한다. infoWindow 객체는 정의한 변수를 초기화해서 정보팝업의 정보를 입력하며, 초기화를 수행하기 위해 initialize 함수를 사용한다. infoWindow 객체를 초기화하기 위해 정보창의 ID, X, Y 위치 좌표, 정보창 크기, 콘텐츠 내용인 5가지 매개변수가 필요하다. 콘텐츠 내용은 간단한 문자열이나 HTML 코드로 작성할 수 있으며, 사용자가 원하는 스타일의 글자 크기를 설정하거나 이미지를 삽입하는 등 다양하게 정보를 표현할 수 있다.

다음은 지도에 정보창을 생성하는 것과 관련된 initialize 함수의 매개변수를 정리한 표다. 정보창 초기화 함수인 initialize에 정보창 ID, 위치 X, Y, 정보창 크기, 콘텐츠 내용을 전달하면 지도 위에 정보창이 만들어진다.

표 2.22 브이월드 2D 지도 API의 infoWindow 초기화 매개변수

함수명	매개변수	매개변수 설명	기능 설명
initialize	Id	(String) 정보창을 제어할 ID	정보창 초기화
	x	x 좌표	
	y	y 좌표	
	size	(vworld.Size) 정보창 크기	
	contents	콘텐츠 내용	

지도 변수인 map에 addPopup 함수를 이용해 지도 위에 정보창을 추가하고, addPopup 매개변수에 infoWindow를 전달해 지도 위에 생성한다.

```
function createInfoWindow() {
    infoWindow = new vworld.InfoWindow();
    infoWindow.initialize('info', 14243425.793355, 4342305.8698004, new vworld.Size(100, 
100), '정보창에 보일 내용을 작성해 주세요'); // 초기화
    map.addPopup(infoWindow, true);
}
```

아래 표는 정보창의 표시 여부, 정보창 위치와 관련된 함수를 정리한 것이다. infoWindow의 위치는 setPosition이나 getPosition 함수로 설정한다.

표 2.23 브이월드 2D 지도 API의 infoWindow 관련 함수

함수명	매개변수	반환값	기능
isVisible	없음	boolean	정보창 표시 여부
getPosition	없음	지도 위치	정보창 위치 반환
setPosition	[x, y] x : x좌표, y : y좌표	없음	정보창 위치 설정

getPosition 함수는 지도 위치를 반환하며, 반환값의 left, right, top, bottom 함수를 통해 좌표 정보를 구할 수 있다. 창의 좌측 상단의 위치만 반환값으로 가져올 수 있으며, 이를 위해 left(), top() 함수를 사용한다.

```
// InfoWindow 위치 반환
function getInfoWindowPosition() {
    alert("left : " + infoWindow.getPosition().left + ", top : "
            + infoWindow.getPosition().top);
}
```

setPosition 함수는 정보창을 특정 위치로 옮길 수 있는 함수로서 x, y 값을 전달받는다.

```
// InfoWindow 위치 이동
function moveInfoWindow() {
    infoWindow.setPosition(14200000.751626197, 4300000.278263237);
}
```

브이월드 3D 지도 개발

3D 지도는 2D 지도와 달리 실제 현장에서 보는 것처럼 땅의 높낮이와 3D 모델을 제공함으로써 해당 지역에 방문하지 않아도 그 지역의 모습을 짐작할 수 있다. 특히 브이월드는 고정밀 3D 모델을 제공해 더 실감나게 지도 이용과 의사결정을 도와준다.

3D API는 지도 생성, 지도 조작, 3D 모델 보기, 지형 보기, 지도 분석, 지도 시각화, 지도 이벤트 등으로 구성돼 있다. 특히, 브이월드 3D 지도는 2D 지도와 달리 지도 회전, 기울이기, 3D 모델의 높이 측정 등의 기능이 추가로 제공된다.

브이월드 3D 지도 생성

3D지도 생성

다음 그림과 같이 웹 페이지에 지도를 생성하는 방법을 알아보자.

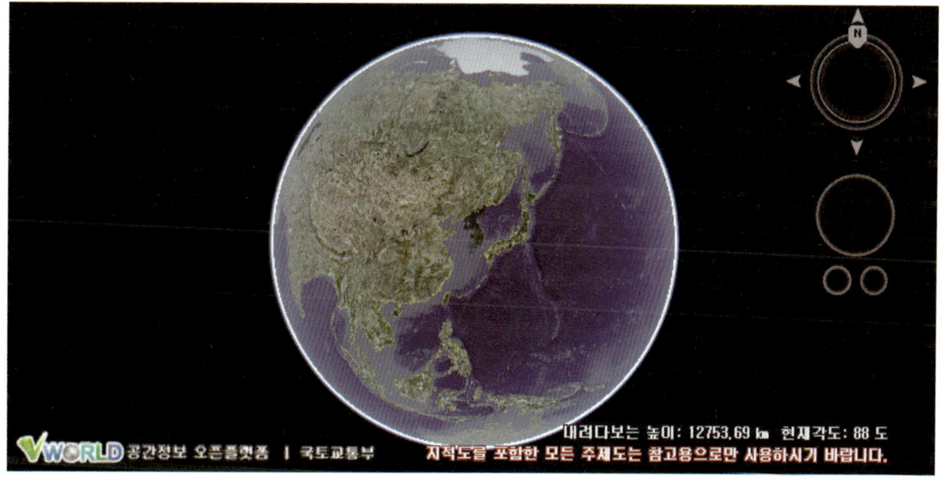

그림 2.47 생성된 3D 기본 지도

브이월드 3D 기본 지도를 생성하는 전체 코드는 다음과 같다.

```
<html>
<head>
<meta charset="EUC-KR">
<title>3D지도 생성하기</title>
```

```
<SCRIPT language="JavaScript" type="text/javascript"
        src="http://map.vworld.kr/js/vworldMapInit.js.do?apiKey=USER_API_KEY"></SCRIPT>
</head>
<body>
<script type="text/javascript">
    var map = null;
    vworld.init("vMap", "earth-first", function(){});
</script>
<div id="vMap" style="width: 800px; height: 400px; left: 0px; top: 0px" />
</body>
</html>
```

예제 2.10 브이월드 3D 지도 생성(2장/3D지도생성.html)

보다시피 3D지도 객체를 생성하기 위해 vworld 객체를 인스턴스화해서 map이라는 변수에 할당했다. 아울러 2D 지도를 만들었을 때와 비슷하게 init 함수를 이용해 지도를 초기화한다.

2.2장에서 알아봤듯이, vworld 객체를 초기화하기 위한 init 함수에는 다섯 개의 매개변수를 전달했다. 첫 번째 매개변수는 지도가 보여줄 위치를 정의하며, 두 번째 매개변수는 지도 타입을 설정하고, 세 번째 매개변수에는 지도 초기화가 완료됐을 때 실행되는 함수를, 네 번째 매개변수에는 3D 지도가 호출됐을 때 작동하는 함수를, 다섯 번째 매개변수에는 3D 지도 호출이 실패했을 때 작동하는 함수를 정의한다.

그중 3D 지도 호출과 관련된 함수는 두 번째, 네 번째, 다섯 번째 매개변수다.

두 번째 매개변수에는 3D 지도를 초기화면으로 설정하기 위해 earth-first, earth-only 등의 값으로 전달한다.

네 번째 매개변수에서 지도를 초기화할 때 생성된 객체를 할당받아 전달한다. 전역변수로 정의한 SOPPlugin에 객체를 전달하면 브이월드 3D 지도가 실행된다.

다섯 번째 매개변수는 브이월드 3D지도가 플러그인 오류 등으로 실행되지 않았을 경우 실행되는 함수다.

3D 지도 초깃값 설정

다음 그림과 같이 서울 삼성역 인근을 보여주는 지도를 생성하는 방법을 알아보자.

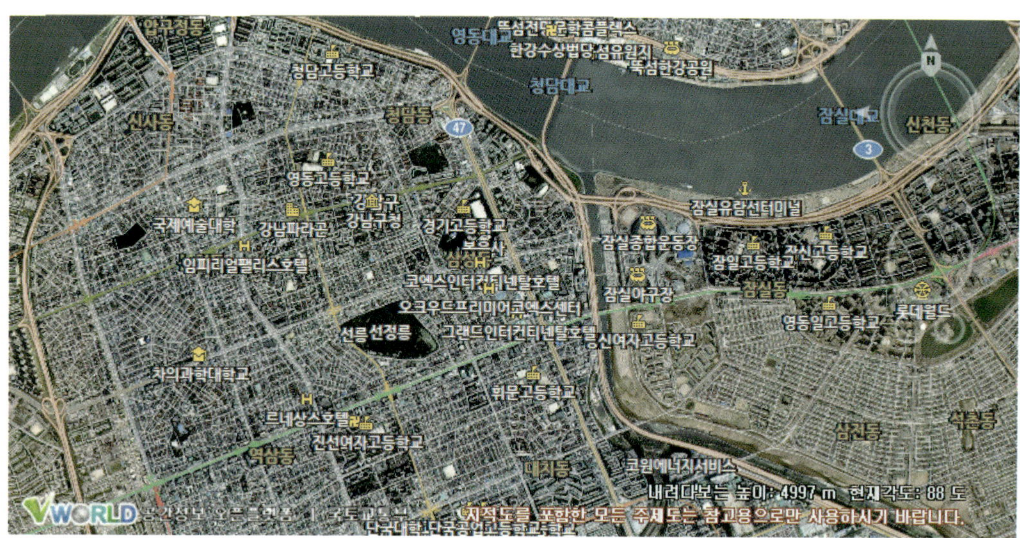

그림 2.48 삼성역 인근의 3D 지도

삼성역 인근을 브이월드 3D 지도로 보여주는 전체 코드는 다음과 같다.

```
<html>
<head>
<meta charset="EUC-KR">
<title>지도 생성하기</title>
<SCRIPT language="JavaScript" type="text/javascript"
       src="http://map.vworld.kr/js/vworldMapInit.js.do?apiKey=USER_API_KEY"></SCRIPT>
</head>
<body>
<script type="text/javascript">
    var map = null;
    vworld.init("vMap", "earth-only", function(){}, initCallback, failureCallback
        );

    var SOPPlugin;
    var map = null;
    vworld.showMode = false;
```

```
    function initCallback(obj) {
        SOPPlugin = obj;
        SOPPlugin.getViewCamera().moveLonLat(127.06052587149,37.512713198441);
        SOPPlugin.getViewCamera().setAltitude(5000);
        SOPPlugin.getViewCamera().setTilt(90);
        SOPPlugin.getViewCamera().setDirect(0);
    }

    function failureCallback(msg) {
        alert(msg);
    }
</script>
<div id="vMap" style="width: 800px; height: 400px; left: 0px; top: 0px" />
</body>
</html>
```

예제 2.11 브이월드 3D 지도 생성(2장/3D지도초깃값설정.html)

기본 지도의 초기화면이었던 한반도가 아니라 삼성역을 초기화면으로 보기 위해 지도를 초기화할 때 위치를 지정하는 코드를 넣어야 한다. 지도의 위치는 지도 생성 시 3D 지도 초기화 호출 함수인 네 번째 매개변수에 전달할 수 있다. 네 번째 매개변수는 initCallback이라는 함수명으로 정의했고, 초기화 후 전달되는 객체를 통해 3D 지도 API의 다양한 기능을 사용할 수 있다.

```
vworld.init("vMap", "earth-only", function(){}, initCallback, failureCallback);
```

initCallback 함수는 obj 매개변수를 전달받아 SOPPlugin이라는 전역 변수에 정의한다.

3D 지도는 회전, 기울기 등의 조작을 하기 위해 '카메라'라는 개념이 필요하다. 카메라는 3D 지도에서 보는 장면처럼 항공에서 카메라가 촬영해서 보는 개념으로 이해하면 된다.

```
var SOPPlugin;
function initCallback(obj) {
    SOPPlugin = obj;
    SOPPlugin.getViewCamera().moveLonLat(127.06052587149,37.512713198441);
    SOPPlugin.getViewCamera().setAltitude(5000);
    SOPPlugin.getViewCamera().setTilt(90);
    SOPPlugin.getViewCamera().setDirect(0);
}
```

3D 플러그인의 객체의 getViewCamera는 카메라 클래스인 SOPCamera 클래스를 반환하는 함수다. SOPCamera 클래스는 카메라 이동, 각도, 방향, 높이, 속도 등의 기능을 제공한다.

표 2.24 브이월드 3D 지도 API의 Camera Class 반환 함수

기능	함수명	매개변수	반환값
카메라 Class 반환	getViewCamera	없음	SOPCamera

사용자가 원하는 위치로 이동하기 위해 SOPCamera 클래스의 moveLonLat이나 moveLonLatAlt 함수를 사용한다. moveLonLatAlt은 경도, 위도, 고도를 매개변수로 전달해 해당 위치의 높이로 수평 이동한다. 현재 높이를 그대로 유지한 상태로 이동하고 싶으면 moveLonLat 함수에 경도, 위도 값을 전달해서 사용하면 된다.

표 2.25 브이월드 3D 지도 API의 카메라 이동 관련 함수

기능	함수명	매개변수	반환값
카메라 이동	Move	SOPVec3 location, double tilt, double direct, int speed	없음
카메라 이동	moveLonLat	double longitude, double latitude	없음
카메라 이동	moveLonLatAlt	double longitude, double latitude, double altitude	없음

2D 지도 축척 설정과 같은 기능인 카메라 고도를 설정하려면 setAltitude, getAltitude를 사용하면 된다. setAltitude는 카메라와 지형과의 거리를 설정하는 함수로서 높이를 전달하면 지도가 확대/축소하는 것처럼 보인다. getAltitude는 카메라와 지형과의 거리값을 반환한다. 고도는 double 형식으로 지정한다.

표 2.26 브이월드 3D 지도 API 중 카메라 고도 설정 함수

기능	함수명	매개변수	반환값
카메라 고도 설정	setAltitude	double alttitude	없음
카메라 고도값 반환	getAltitude	없음	double : 고도

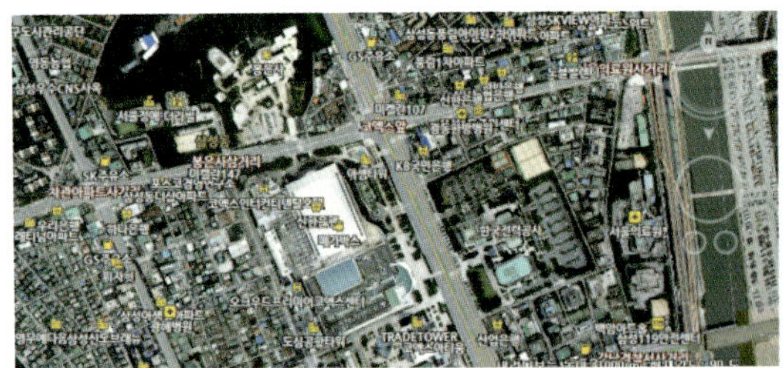

그림 2.49 카메라 고도가 1000인 지도

그림 2.50 카메라 고도가 500인 지도

지도 화면을 기울이는 시야각과 관련해서는 setTilt, getTilt를 사용하면 된다. 지도를 기울이면 3D 지도에서 제공하는 3차원 모델과 지형을 확인할 수 있다. setTilt는 매개변수 값을 통해 카메라 각도를 설정할 수 있고, getTilt는 카메라 시야각에 대한 반환값을 돌려준다.

표 2.27 브이월드 3D 지도 API 중 카메라 시야각 설정 함수

기능	함수명	매개변수	반환값
카메라 각도 설정	setTilt	double tilt	없음
카메라 시야각 반환	getTilt	없음	double : 시야각

값의 범위는 수평인 0도에서 수직인90도 사이이다. 아래의 그림에서 시야각에 따라 화면의 시야가 변경되었음을 확인할 수 있다.

그림 2.51 시야각 10, 카메라 고도가 1000인 지도

그림 2.52 시야각 45, 카메라 고도가 1000인 지도

그림 2.53 시야각 60, 카메라 고도가 1000인 지도

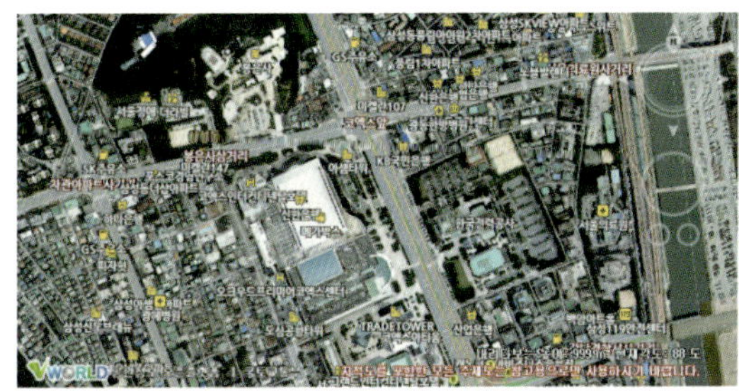

그림 2.54 시야각 90, 카메라 고도가 1000인 지도

지도 화면을 회전하는 방향값과 관련해서는 setDirect, getDirect를 사용하면 된다. 지도 회전은 3D 지도를 정북방향으로 보는 것뿐만 아니라, 동쪽, 남쪽, 서쪽방향으로 지도를 회전시켜 볼 수 있는 기능이다. setDirect는 매개변수 값을 통해 카메라가 회전하는 값을 설정할 수 있고, getDirect는 카메라 회전 값에 대해 반환한다.

표 2.28 브이월드 3D 지도 API 중 카메라 방향값(회전) 설정 함수

기능	함수명	매개변수	반환값
카메라 방향(회전)설정	setDirect	double direct	없음
카메라 방향값(회전값) 반환	getDirect	없음	double : 방향값

값의 범위는 0도에서 359도다. 0도는 기본 지도 화면으로 지도가 북쪽으로 향해있을 때 값이고, 반시계 방향으로 지도 회전을 한다. 아래의 그림에서 방향각에 따라 화면의 방향이 변경되었음을 확인할 수 있다.

그림 2.55 방향각 0, 카메라 고도가 1000인 지도

그림 2.56 방향각 90, 카메라 고도가 1000인 지도

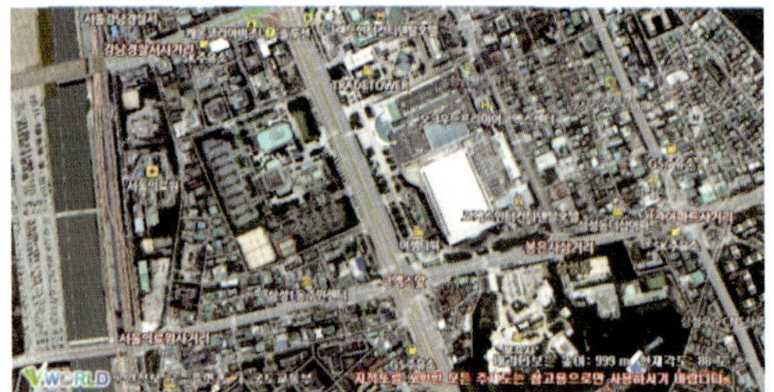

그림 2.57 방향각 180, 카메라 고도가 1000인 지도

그림 2.58 방향각 270, 카메라 고도가 1000인 지도

브이월드 3D 지도 조작

브이월드 3D 지도는 거리 재기, 면적 재기, 상대표고 · 절대표고 측정하기, 건물 경관 보기, 주변 둘러보기, 3차원 건물보기 등의 분석 기능을 제공한다. 분석 기능을 구현하기 위해서는 SOPMap 클래스와 SOPAnalysis 클래스 함수를 사용한다.

SOPMap은 지도 렌더링, 환경 설정 등 지도에 대한 전반적인 기능이 정의된 클래스다. SOPMap 클래스는 브이월드 3D 지도를 초기화할 때 생성된 객체에서 getView() 함수를 호출해서 반환받는다. SOPMap은 지도 렌더링 갱신, 화면 입력점 초기화, 지형 높이 반환, 선택된 객체 반환, 마우스 모드 설정 등의 기능을 제공한다.

SOPAnalysis는 지도 분석 기능이 정의된 클래스로서 3D 지도를 초기화할 때 생성된 객체에서 getAnalysis() 함수를 호출해서 반환받는다. SOPAnalysis는 거리 재기, 면적 재기 등의 분석 기능을 제공한다.

아래 표는 SOPPlugin의 함수로, getView()로는 SOPMap 클래스, getAnalysis()로는 SOPAnalysis 클래스를 반환받을 수 있다.

표 2.29 브이월드 3D 지도 API 중 SOPPlugin 함수

기능	함수명	매개변수	반환값
SOPMap 반환	getView	없음	SOPMap
Analysis Class 반환	getAnalysis	없음	SOPAnalysis

브이월드 3D 지도는 마우스를 통해 분석이 수행된다. 각 분석 기능을 구현하기 위해 마우스 동작 모드를 설정해 활성화한다.

마우스 동작 모드 설정

지도를 이동하거나, 거리 · 면적 측정 등의 기능을 사용하려면 3D 지도 API에서 사용하는 마우스 설정을 익혀야 한다. 마우스 동작 모드에 따라 지도 이동, 포인트 · 라인스트링 · 폴리곤 입력, 면적 · 거리 측정, 절대표고 · 상대표고 측정 및 건물 경관 보기, 주위 둘러보기 기능을 제공한다. 마우스의 동작 모드를 통해 지도를 이동시키기 위해서는 SOPMap 클래스의 getWorkMode, setWorkMode 함수를 사용한다. 각 기능을 하나씩 살펴보자.

아래 표는 마우스 동작 모드와 관련된 함수다. 각 동작 모드에 따라 마우스 동작 설정이 어떻게 설정돼 있고, 설정할지 전달할 수 있다.

표 2.30 브이월드 3D 지도 API 중 마우스 동작 모드와 관련된 함수

기능	함수명	매개변수	반환값
마우스모드 반환	getWorkMode	없음	Long
마우스모드 설정	setWorkMode	SOPCommonEnum state	없음

마우스 동작 모드에 따른 getWorkMode 반환값, setWorkMode 매개변수는 아래 표와 같다. 예를 들어, 지도 이동을 수행하는 마우스 동작 모드는 1이며, 다른 모드에서 지도 이동 모드로 설정하기 위해서는 sop.cons.mouseState.SOPMOUSE_MOVEGRAB를 전달한다.

표 2.31 브이월드 3D 지도 API 중 마우스 동작 모드에 대한 상수

마우스 동작 모드	getWorkMode 반환값	setWorkMode 매개변수
이동	1	sop.cons.mouseState.SOPMOUSE_MOVEGRAB
포인트 입력	20	sop.cons.mouseState.SOPMOUSE_INPUTPOINT
라인 스트링 입력	21	sop.cons.mouseState.SOPMOUSE_LINESTRING
폴리곤 입력	24	sop.cons.mouseState.SOPMOUSE_POLYGON
면적 측정 모드	80	sop.cons.mouseState.SOPMOUSE_ANAAREA
거리 측정 모드	81	sop.cons.mouseState.SOPMOUSE_ANADISTANCE
절대표고 측정 모드	83	sop.cons.mouseState.SOPMOUSE_ANAABSHEIGHT
상대표고 측정 모드	84	sop.cons.mouseState.SOPMOUSE_ANARELHEIGHT
건물/도로 경관 보기	85	sop.cons.mouseState.SOPMOUSE_LANDSCAPE

지도 이동

마우스 드래그로 지도 이동을 수행하는 함수를 정의한다. 마우스 모드를 확인하는 getWorkMode가 1인지 판단해 setWorkMode 함수를 통해 동작 모드를 설정한다.

```
function mouseMove() {
    // 지도 마우스 드래그 이동
    if (SOPPlugin.getView().getWorkMode() != 1) {
        SOPPlugin.getView().setWorkMode(1);
    }
}
```

지도 이동을 위한 마우스 동작 모드인 1이나 sop.cons.mouseState.SOPMOUSE_MOVEGRAB은 단순히 지도를 동서남북으로 이동하는 것뿐만 아니라, 경관 보기/둘러보기 중 바라보는 화면을 전환할 경우에도 사용된다.

거리 측정

다음 그림과 같이 지도에서 거리를 측정하는 방법을 알아보자. 거리는 지도에서 마우스로 2점 이상 선택할 때 총거리, 도보, 자전거가 계산되어 출력된다.

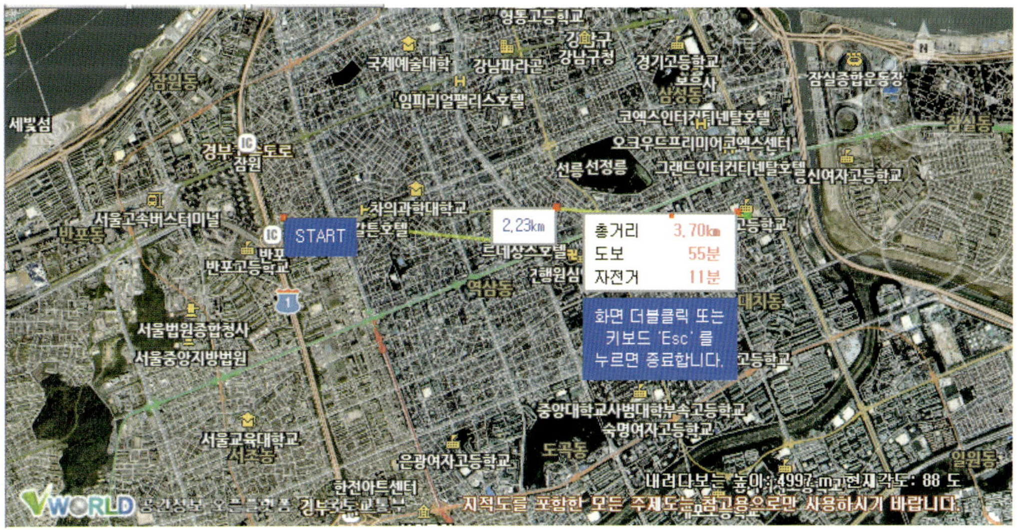

그림 2.59 지도 상에서 거리 측정하기

브이월드 3D 지도 거리 재기, 거리 재기 재시작, 거리 재기 결과 삭제 코드는 다음과 같다.

```
function clearAll() {
    SOPPlugin.getView().clearInputPoint();
}

function clearDist() { //거리 측정 결과 삭제
    SOPPlugin.getAnalysis().clearDist();
}

function addDistObject() { //거리 재기 재시작
    SOPPlugin.getAnalysis().addDistObject();
}

function mouseMove() {
    // 지도 마우스 드래그 이동
    if (SOPPlugin.getView().getWorkMode() != 1) {
        SOPPlugin.getView().setWorkMode(1);
    }
}

function setMouseState(state) {
    // 마우스 동작 모드 설정
    var ana;
    switch (state) {
    case 'dist':
        if (SOPPlugin.getView().getWorkMode() != 81) {
            SOPPlugin.getView().setWorkMode(81);
            clickCnt = 0;
        } else {
            alert("이미 거리 측정 모드로 설정돼 있다.")
        }
        break;
    default:
        alert("구분값을 잘못 입력했거나 구분값을 입력하지 않았습니다.");
    }
}
```

예제 2.12 브이월드 3D 거리 재기(2장/3D지도거측정.html)

거리 측정의 getWorkMode로 확인할 수 있는 마우스 동작 모드는 81이다. 거리 측정을 활성화하기 위해 setWorkMode의 매개변수를 81로 전달한다.

```
function setMouseState(state) {
    switch (state) {
    case 'dist':
        if (SOPPlugin.getView().getWorkMode() != 81) {
            SOPPlugin.getView().setWorkMode(81);
            clickCnt = 0;
        } else {
            alert("이미 거리 측정 모드로 설정돼 있다.")
        }
        break;
    default:
        alert("구분값을 잘못 입력했거나 구분값을 입력하지 않았습니다.");
    }
}
```

거리 측정을 중단한 후 재시작할 경우 SOPAnalysis 클래스의 함수 중 addDistObject를 사용한다. addDistObject는 매개변수와 반환값이 없다.

```
function addDistObject() { //거리 재기 재시작
    SOPPlugin.getAnalysis().addDistObject();
}
```

표 2.32 브이월드 3D 지도 API 중 거리 측정과 관련된 함수

기능	함수명	매개변수	반환값
거리 측정을 중단한 후 재시작	addDistObject	없음	없음

거리 측정, 고도 측정, 선, 면 생성 등을 위해 지도에 입력된 점들을 삭제하기 위해 마우스 입력점 초기화를 수행한다. SOPMap 클래스의 함수 중 clearInputPoint를 사용해 화면 입력점을 삭제한다. 지도 화면 입력점 삭제는 속도 저하를 방지할 수 있다.

```
function clearAll() { //분석 입력점 삭제
    SOPPlugin.getView().clearInputPoint();
}
```

표 2.33 브이월드 3D 지도 API 중 화면 입력점을 초기화하는 함수

기능	함수명	매개변수	반환값
화면 입력점 초기화	clearInputPoint	없음	없음

면적 재기

다음 그림과 같이 지도에서 면적을 재는 방법을 알아보자. 면적은 3점 이상을 클릭했을 때 실행되며 상대거리, 누적거리도 함께 표시된다.

그림 2.60 지도 상에서 면적 측정하기

브이월드 3D 지도 면적 재기, 면적 재기 재시작, 면적 재기 결과 삭제 코드는 아래와 같다.

```
function setMouseState(state) {
    //  var ana = SOPPlugin.getAnalysis();
    var ana;
    switch (state) {
    case 'area':

        if (SOPPlugin.getView().getWorkMode() != sop.cons.mouseState.SOPMOUSE_ANAAREA) {
            SOPPlugin.getView().setWorkMode(
```

```
                sop.cons.mouseState.SOPMOUSE_ANAAREA);
            clickCnt = 0;
        } else {
            alert("이미 면적 측정 모드로 설정돼 있다.")
        }
        break;
    default:
        alert("구분값을 잘못 입력했거나 구분값을 입력하지 않았습니다.");
    }
}
```

예제 2.13 브이월드 3D 면적 재기(2장/3D지도면적측정.html)

면적 측정을 중단한 후 재시작할 경우 SOPAnalysis 클래스의 함수 중 addAreaObject를 사용한다. addAreaObject는 매개변수와 반환값이 없다.

```
function addDAreaObject() { //면적 재기 재시작
    SOPPlugin.getAnalysis().addAreaObject();
}
```

표 2.34 브이월드 3D 지도 API 중 면적 측정과 관련된 함수

기능	함수명	매개변수	반환값
면적 측정 중단 후 재시작	addAreaObject	없음	없음

상대표고 측정

다음 그림과 같이 건물이나 지표면의 상대표고를 측정하는 방법을 알아보자. 상대표고는 지형고도에 비해 상대적인 표고값을 표시한다. 예를 들어, 아래 그림은 세종문화회관의 지도로, 지형고도는 31m, 상대고도는 34m다. 여기서 상대고도의 34m는 지형에서부터 해당 모델인 시설물의 높이를 뜻한다. 즉, 세종문화회관은 34m 높이의 건물임을 알 수 있다.

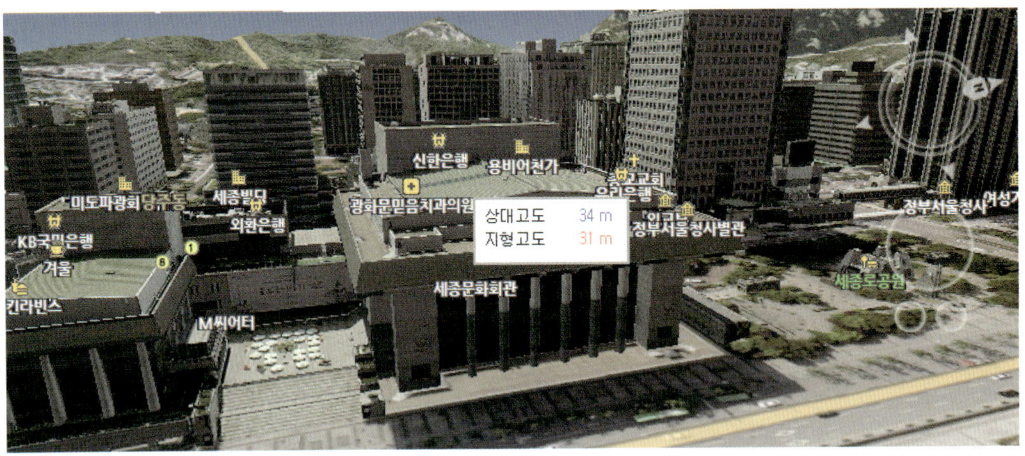

그림 2.61 지도 상에서 상대표고 측정하기

브이월드 3D 지도에서 상대표고를 측정하고 삭제하는 코드는 아래와 같다.

```
function setMouseState(state) {
    //  var ana = SOPPlugin.getAnalysis();
    var ana;
    switch (state) {

    case 'relHeight':
        if (SOPPlugin.getView().getWorkMode() != sop.cons.mouseState.SOPMOUSE_ANARELHEIGHT)
        {
            SOPPlugin.getView().setWorkMode(
                    sop.cons.mouseState.SOPMOUSE_ANARELHEIGHT)
        }

        break;
    default:
        alert("구분값을 잘못 입력했거나 구분값을 입력하지 않았습니다.");
    }
}

function clearRelHeight() { //상대표고 분석 결과 삭제
    SOPPlugin.getAnalysis().clearRelHeight();
}
```

예제 2.14 브이월드 3D 지도에서 상대표고 측정하기(2장/3D상대표고측정.html)

상대표고를 측정하기 위해 마우스 모드인 84이나 sop.cons.mouseState.SOPMOUSE_ANARELHEIGHT 값을 지정해 마우스 동작 모드를 설정한다.

상대표고 측정을 삭제할 때는 SOPAnalysis 클래스의 clearRelHeight를 사용한다.

표 2.35 브이월드 3D 지도 API 중 상대표고 측정과 관련된 함수

기능	함수명	매개변수	반환값
상대표고 측정 결과 삭제	clearRelHeight	없음	없음

절대표고 측정

다음 그림과 같이 지표면의 절대표고를 측정하는 방법을 알아보자. 절대표고는 해수면에서부터의 지형의 높이를 뜻한다. 해당 위치의 지형표고는 31m다.

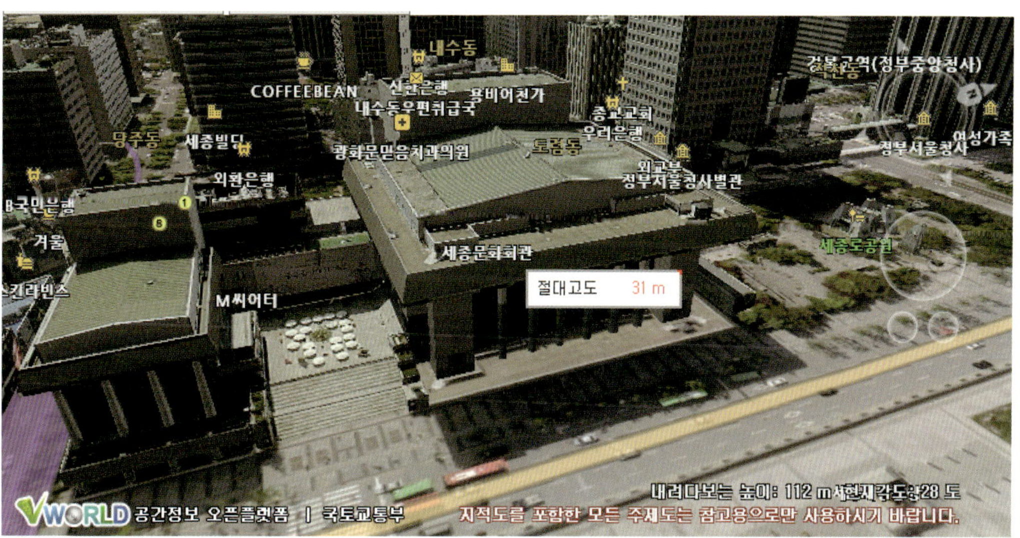

그림 2.62 지도 상에서 절대표고 측정하기

브이월드 3D 지도에서 절대표고를 측정하는 코드는 아래와 같다.

```
function setMouseState(state) {
    //  var ana = SOPPlugin.getAnalysis();
    var ana;
```

```
        switch (state) {

        case 'absHeight':
            if (SOPPlugin.getView().getWorkMode() != sop.cons.mouseState.SOPMOUSE_ANAABSHEIGHT)
{
                SOPPlugin.getView().setWorkMode(
                        sop.cons.mouseState.SOPMOUSE_ANAABSHEIGHT)
            }

            break;
        default:
            alert("구분값을 잘못 입력했거나 구분값을 입력하지 않았습니다.");
        }
    }

    function clearAbsHeight() { //상대표고 분석 결과 삭제
        SOPPlugin.getAnalysis().clearAbsHeight();
    }
```

예제 2.15 브이월드 3D 절대표고 측정하기(2장/3D지도절대표고측정.html)

상대표고를 측정하기 위해 마우스 모드인 83이나 sop.cons.mouseState.SOPMOUSE_ANAABSHEIGHT 값을 지정해 마우스 동작 모드를 설정한다.

측정된 결괏값을 지도에서 삭제하기 위해서는 clearAbsHeight 함수를 사용한다.

표 2.36 브이월드 3D 지도 API 중 절대표고 측정과 관련된 함수

기능	함수명	매개변수	반환값
절대표고 측정 결과 삭제	clearAbsHeight	없음	없음

건물 경관 보기

다음 그림과 같이 지도에서 건물을 선택해서 경관을 보는 방법을 알아보자. 건물 경관 보기를 이용하면 해당 건물에 직접 들어가지 않아도 그 건물에서 바라보는 바깥 풍경이 어떤지 확인할 수 있다. 예를 들어, 아파트 20층에서 바라보는 외부 경관을 확인할 수 있다.

그림 2.63 건물 경관 보기

브이월드 3D 지도의 건물 경관 보기 코드는 아래와 같다.

```
function startBuildLandScape() {
    sop.earth.addEventListener(SOPPlugin, "lmouseup", buildLandScape);
    SOPPlugin.getView().setWorkMode(sop.cons.mouseState.SOPMOUSE_LANDSCAPE);
}

function buildLandScape(event) {
    if (event.getTarget() != null) {
        if (event.getTarget().getType() == "SOPModel") {
            SOPPlugin.getAnalysis().startBuildLandscape(120);
            SOPPlugin.getAnalysis().setBuildLandscapeMode(true);
            SOPPlugin.getView().setWorkMode(
                    sop.cons.mouseState.SOPMOUSE_MOVEGRAB);
            sop.earth.removeEventListener(SOPPlugin, "lmouseup",
                    buildLandScape);
        } else {
            alert(event.getTarget().getType());
        }
    }
}
```

```
function endBuildLandScape() {
    var flag = SOPPlugin.getAnalysis().getBuildLandscapeMode();
    if (flag == true) {
        SOPPlugin.getAnalysis().setBuildLandscapeMode(false);
    }
}
```

예제 2.16 브이월드 건물 경관 보기(2장/3D지도건물경관보기.html)

건물 경관 보기를 위해 마우스 모드인 85나 sop.cons.mouseState.SOPMOUSE_LANDSCAPE 값을 지정해 마우스 동작 모드를 설정한다.

건물 경관 보기는 startBuildLandscape로 실행한다. 경관 보기는 바라보는 카메라 앵글 각도를 매개변수로 전달받는다. 그리고 마우스 동작 모드를 sop.cons.mouseState.SOPMOUSE_MOVEGRAB으로 설정해 마우스를 누른 상태로 화면을 전환시킨다.

경관 보기 모드는 동작 여부에 따른 상태를 getBuildLandscapeMode 함수를 통해 true/false로 저장해둔 다음 이를 이용해 경관 보기를 시작/종료할 수 있다.

표 2.37 브이월드 3D 지도 API 중 건물 주변 경관 보기와 관련된 함수

기능	함수명	매개변수	반환값
건물 주변 경관 보기 상태 반환	getBuildLandscapeMode	없음	bool: on/off
건물 주변 경관 보기 실행	startBuildLandscape	int camAngle	없음
건물 주변 경관 보기 상태 설정	setBuildLandscapeMode	bool mode	없음

주변 둘러보기

다음 그림과 같이 도로나 지면을 지도에서 선택해 주변을 둘러보는 방법을 알아보자. 주변 둘러보기 기능은 선택한 위치의 바닥에서 건물, 지형을 확인하는 기능이다. 예를 들어, 가상으로 건물을 신축할 경우 주변 경관을 확인하고 싶을 때 사용하면 유용하다.

그림 2.64 주변 둘러보기

브이월드 3D 지도의 주변 둘러보기 코드는 아래와 같다.

```
function startGroundLandScape() {
    sop.earth.addEventListener(SOPPlugin, "lmouseup", groundLandScape);
    SOPPlugin.getView().setWorkMode(sop.cons.mouseState.SOPMOUSE_LANDSCAPE);
}

function groundLandScape(event) {
    var vecArr = SOPPlugin.getView().getInputPointList();
    SOPPlugin.getAnalysis().startGroundLandScape(vecArr.get(0));
    SOPPlugin.getAnalysis().setGroundLandScapeMode(true);
    SOPPlugin.getView().setWorkMode(sop.cons.mouseState.SOPMOUSE_MOVEGRAB);
    sop.earth.removeEventListener(SOPPlugin, "lmouseup", groundLandScape);
}

function endGroundLandScape() {

    var flag = SOPPlugin.getAnalysis().getGroundLandScapeMode();
    if (flag == true) {
        SOPPlugin.getAnalysis().setGroundLandScapeMode(false);
    }
}
```

예제 2.17 브이월드 3D 지도의 주변 둘러보기(2장/3D지도주변둘러보기.html)

주변 둘러보기도 건물 경관 보기와 마찬가지로 마우스 모드인 85나 sop.cons.mouseState.SOPMOUSE_LANDSCAPE 값을 지정해 마우스 동작 모드를 설정한다.

주변 둘러보기는 startGroundLandscape로 실행한다. 둘러보기는 선택한 지점의 경도, 위도, 고도 값을 매개변수로 전달받는다. 그리고 마우스 동작 모드를 sop.cons.mouseState.SOPMOUSE_MOVEGRAB으로 설정해 마우스를 누른 상태로 화면을 전환시킨다.

둘러보기 모드는 동작 여부에 따른 상태를 getGroundLandscapeMode 함수를 통해 true/false로 저장해둔 다음 이를 이용해 둘러보기를 시작/종료할 수 있다.

표 2.38 브이월드 3D 지도 API 중 도로 주변 경관 보기와 관련된 함수

기능	함수명	매개변수	반환값
도로 주변 경관 보기 상태 반환	getGroundLandscapeMode	없음	bool: on/off
도로 주변 경관 보기 실행	startGroundLandscape	SOPVec3 campoint	없음
도로 주변 경관 보기 상태 설정	setGroundLandscapeMode	bool mode	없음

3차원 시설물의 건축물 정보 확인하기

브이월드에서 3D 모델인 3차원 시설물을 선택하면 해당 3차원 시설물 건축물정보와 부동산실거래가를 제공한다. 다음 그림과 같이 3차원 시설물의 건축물 정보를 얻어오는 방법을 알아보자.

그림 2.65 3차원 시설물을 선택해 건축물 정보 얻기

브이월드 3차원 시설물의 건축물 정보를 구하는 코드는 아래와 같다.

```
function viewModel(event) {

    if (event.getTarget() != null) {
        if (event.getTarget().getType() == "SOPModel") {
            if (getScapeModeState()) {

                SOPEventLast = event;
                try {
                    if (SOPEventLast != null) {
                        setSelectObjectColor(SOPEventLast);
                    }

                    var model = event.getTarget();
                    var mc_vec3 = model.getCenter();
                    var str = "";
                    var id = model.getId();

                    if (id != '') {
                        str += "클릭한 건물의 아이디 : " + id;
                        str += "<br/>";
                        window
                                .open("http://map.vworld.kr/v2map_po_buildMetaInfo.do?uid="
                                        + id);
                    }
                } catch (e) {
                    alert(e.message);
                }

            } else {
                alert(event.getTarget().getType());
            }
        }
    }
}
```

예제 2.18 브이월드 3D 건축물 정보 확인하기(2장/3D지도건축물정보.html)

예제에서는 시설물을 선택했을 때 해당 시설물의 색상을 강조하기 위해 SOPColor 클래스를 사용한다. SOPColor 클래스는 색상 ARGB 값에 대한 구조체 역할을 하는 클래스로, 각 객체의 색상을 적용할 때 사용한다. SOPColor 객체는 SOPPlugin 초기화 변수에 createColor를 수행해 생성한다. 0 ~ 255 사이의 정수 값을 입력해 ARGB 값을 설정한다. SOPMap 객체를 사용해 시설물을 선택했을 때 색상을 지정할 수 있다. SOPMap 객체는 3차원 지도 플러그인 객체에서 getView 함수를 통해 생성할 수 있다.

```
function setSelectObjectColor(event) {
    if (event.getTargetLayer().getName() != "UserLayer") {
        var col = SOPPlugin.createColor();
        col.setARGB(125, 255, 255, 0);
        SOPPlugin.getView().setSelectColor(col);
        SOPPlugin.getView().setSelectObject(event.getTarget());
    }
}
```

선택한 시설물의 ID 정보를 통해 건축물 정보를 얻을 수 있다. 건축물 정보는 http://map.vworld.kr/v2map_po_buildMetaInfo.do?uid= URL에서 확인할 수 있다. uid=에 건축물 ID를 전달해 자바스크립트 함수인 window.open을 통해 새창으로 건축물 정보를 받아올 수 있다.

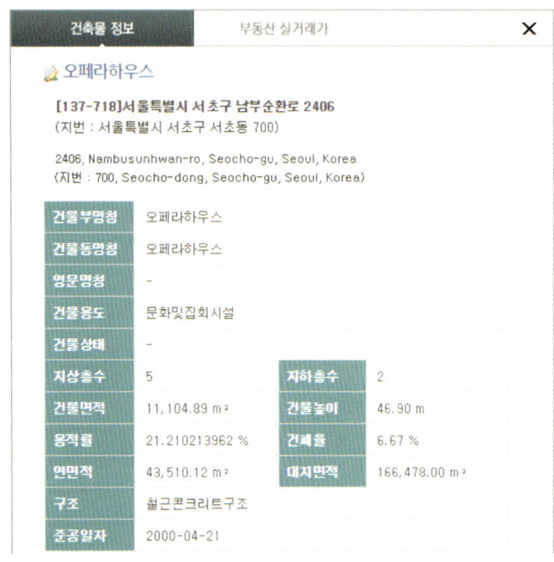

그림 2.66 건축을 선택해서 얻어온 건축물 정보

```
var model = event.getTarget();
var mc_vec3 = model.getCenter();
var str = "";
var id = model.getId();

if (id != '') {
  str += "클릭한 건물의 아이디 : " + id;
  str += "<br/>";
  window.open("http://map.vworld.kr/v2map_po_buildMetaInfo.do?uid="+ id);
```

아래는 3차원 시설물인 3D 모델의 ID, 중심 좌표, 축척, 타입 등의 정보를 갖고 오기 위한 함수를 정리한 표다. 추출한 ID 정보를 통해 건축물 정보를 확인할 수 있었다.

표 2.39 브이월드 3D 지도 API 중 3차원 시설물(모델) 관련 함수

기능	함수명	반환값
Model 객체 중심점 반환	getCenter	SOPVec3 vec3
Model 객체 아이디 반환	getId	String id
Model 객체 좌표 반환	getLocation	SOPVec3 location
Model 객체 Roll 반환	getRoll	double roll
Model 객체 Scale 반환	getScale	double : scale
Model 객체 타입 반환	getType	String type

브이월드 3D 지도 표현

3차원 좌표 구조체

브이월드 3D 지도는 위도, 경도, 고도를 통해 위치를 제어할 수 있다. 브이월드 3차원 좌표 위도, 경도, 고도에 관한 구조체 역할을 하는 클래스는 SOPVec3다. SOPVec3는 마커 생성, 폴리곤 생성 등 3차원 객체를 생성해 지도를 표현하거나 카메라 제어 등 지도를 조작할 때 사용한다. SOPVec3 배열 기능을 제공하는 클래스는 SOPVec3Array다.

Vec2와 Vec3 클래스는 2D나 3D 점을 표현하고, 공간 위치 정보인 지오메트리 정보를 갖고 있다. Vec2 클래스는 2차원 좌표 X, Y에 대한 구조체 역할을 하는 클래스이고 Vec3 클래스는 3차원 좌표

위도, 경도, 고도에 대한 구조체 역할을 하는 클래스다. 3차원 객체의 생성이나 카메라의 이동 등 3차원 좌표를 사용해 지도를 조작할 때 사용한다.

SOPVec3 객체를 생성하려면 SOPPlugin의 createVec3 함수를 사용한다. createVec3Array, createVec2는 각각 SOPVec3Array, SOPVec2 객체를 반환한다.

표 2.40 브이월드 3D 지도 API 중 Vec 생성과 관련된 함수

기능	함수명	매개변수	반환값
SOPVec2 생성	createVec2	없음	SOPVec2
SOPVec3 생성	createVec3	없음	SOPVec3
SOPVec3Array 생성	createVec3Array	없음	SOPVec3Array

Vec3Array는 배열로 3차원 좌푯값이 입력된다. 자바스크립트 배열 함수처럼 push, shift, pop 등의 함수를 지원한다.

표 2.41 브이월드 3D 지도 API 중 3차원 구조체(SOPVec3)와 관련된 함수

기능	함수명	매개변수	반환값
SOPVec3Array 개수 반환	Count	없음	int : count
SOPVec3Array 삭제	Clear	없음	없음
인덱스에 SOPVec3 반환	Get	int index	SOPVec3 : vec
리스트의 첫 번째 SOPVec3 반환	Shift	없음	SOPVec3 : vec
리스트의 마지막 SOPVec3 반환	Pop	없음	SOPVec3 : vec
마지막 인덱스에 SOPVec3 교체	Push	SOPVec3 vec	int : count
마지막 인덱스에 위경도 교체	pushLonLatAlt	double longitude, double latitude, double altitude	int : count
인덱스에 SOPVec3 교체	Set	int index, SOPVec3 vec	없음
인덱스에 위경도 교체	setLonLatAlt	int index, double longitude, double latitude, double altitude	없음

clear 함수는 배열을 삭제하는 데 사용한다.

```
function arrClear() {//지우기
    arr.clear();
    alert("삭제된 객체 총 수" + arr.count());
}
```

인덱스에 해당하는 SOPVec3를 반환한다. 예를 들어, 인덱스 0인 배열의 첫 번째에 해당하는 vec3를 반환해 해당하는 경위도 좌표를 반환할 수 있다.

```
function get() {//인덱스로 부르기
    if (arr.count() > 0) {
        var vec = arr.get(0);
        alert("인덱스 0에 삽입된 SOPVec3 객체의 경위도 : " + vec.Latitude+", " +
              vec.Longitude);
    } else {
        alert("저장된 SOPVec3 객체가 없습니다.");
    }
}
```

shift 함수는 배열의 첫 번째 인덱스에 해당하는 SOPVec3를 반환하고 해당 객체를 SOPVec3Array에서 삭제한다.

```
function shift() {//배열의 첫 번째 요소를 반환하고 해당 요소를 SOPVec3Array에서 삭제한다.
    if (arr.count() > 0) {
        var vec = arr.shift();
        alert("배열의 첫 번째에 삽입된 SOPVec3 객체의 경위도 : " + vec.Latitude+", " +
              vec.Longitude);
        alert("삽입된 객체 총 수" + arr.count());
    } else {
        alert("저장된 SOPVec3 객체가 없습니다.");
    }
}
```

pop 함수는 배열의 마지막 인덱스에 해당하는 SOPVec3를 반환하고 해당 객체를 SOPVec3Array에서 삭제한다.

```
function pop() {//배열 마지막 객체 반환 후 해당 객체 삭제
    if (arr.count() > 0) {
        var vec = arr.pop();
        alert("제일 마지막에 삽입된 SOPVec3 객체의 경위도 : " + vec.Latitude+", " +
              vec.Longitude);
        alert("삽입된 객체 총 수" + arr.count());
    } else {
        alert("저장된 SOPVec3 객체가 없습니다.");
    }
}
```

push 함수는 배열의 마지막 인덱스에 Vec3를 추가한다.

```
function push() {//마지막에 넣기
    vec = SOPPlugin.createVec3();
    vec.set("127.1", "37.1", "6");
    vec2 = SOPPlugin.createVec3();
    vec2.set("127.2", "37.2", "6");
    arr.push(vec);
    arr.push(vec2);
    alert("삽입된 객체 총 수" + arr.count());
}
```

pushLonLatAlt 함수는 배열의 마지막 인덱스에 경위도를 추가한다.

```
function pushLonLatAlt() { //배열의 마지막에 vec3 객체 추가
    arr.pushLonLatAlt("127", "38", "6"); // 경,위,고도
    alert("삽입된 객체 총 수" + arr.count());
}
```

set 함수는 사용자가 전달한 인덱스에 위치에 vec3를 추가한다.

```
function set() { //입력된 인덱스에 vec3 객체를 추가하고 기존의 데이터는 삭제
    idx = arr.count() + 1;
    vec = SOPPlugin.createVec3();
    arr.Set(idx, vec); //삽입될 인덱스, 객체
    alert("삽입된 객체 총 수" + arr.count());
}
```

setLonLatAlt 함수는 사용자가 전달한 인덱스에 경위도를 설정하고, 기존 정보는 삭제한다.

```
function setLonLatAlt() {//입력된 인덱스에 vec3 객체를 추가하고 기존의 데이터는 삭제
    arr.setLonLatAlt(0, "128", "38", "6"); //인덱스, 경,위,고도
    alert("삽입된 객체 총 수" + arr.count());
}
```

해당 함수를 이용해 3차원 객체를 가져오고, 저장하고, 교체하고, 삭제할 수 있다. 이를 응용해 마커 생성 등의 지도 콘텐츠를 올리는 방법을 알아보자.

마커 생성

다음 그림과 같이 지도를 클릭해 마커를 등록하는 방법을 알아보자. 마커는 검색 결과 등 사용자의 장소를 시각적으로 확인할 수 있다.

그림 2.67 마커 생성하기

브이월드 3D 지도 마커 생성하기 코드는 아래와 같다. 지도를 마우스로 클릭했을 때 해당 지점을 마커로 표현하는 실습을 진행한다. 지도를 클릭했을 때 해당 위치의 좌표 정보를 마커와 관련된 함수로 등록해 마커 이름, 모양 등을 설정하는 과정으로 진행한다.

```
<!DOCTYPE html PUBLIC "-//W3C//DTD XHTML 1.0 Transitional//EN" "http://www.w3.org/TR/xhtml1/
DTD/xhtml1-transitional.dtd">
<html xmlns="http://www.w3.org/1999/xhtml">

<head>
<TITLE>마커생성하기</TITLE>
<meta http-equiv="Content-Type" content="text/html; charset=euc-kr" />
<meta http-equiv="Content-Script-Type" content="text/javascript" />
<meta http-equiv="Content-Style-Type" content="text/css" />

<SCRIPT language="JavaScript" type="text/javascript"
    src="http://map.vworld.kr/js/vworldMapInit.js.do?apiKey=USER_API_KEY"></SCRIPT>
<script>
    var SOPPlugin;
    var map = null;

    var starMarker = "http://xdworld.vworld.kr:8080/dll_home/icons/base_star.png";
    var redMarker = "http://xdworld.vworld.kr:8080/dll_home/icons/base_red.png";

    vworld.showMode = false;
    vworld.init("vMap" // rootDiv
        , "earth-only" // mapType
        , function() {
        }, initCallback, failureCallback //failCallback
    );

    function initCallback(obj) {
        SOPPlugin = obj;
        SOPPlugin.getViewCamera()
                .moveLonLat(126.408330054648, 33.2457934305487);
        SOPPlugin.getViewCamera().setAltitude(500);

    }

    function failureCallback(msg) {
        alert(msg);
    }
```

```
    function add3DMarker() {
        var va, vNum, pt;
        if (SOPPlugin != null) {
            vNum = SOPPlugin.getView().getInputPointCount();
            if (vNum < 1)
                return;
            va = SOPPlugin.getView().getInputPointList();
            pt = va.get(0);
            var poi;
            poi = SOPPlugin.createPoint('999');

            var vec3 = SOPPlugin.createVec3();
            vec3.Longitude = pt.Longitude;
            vec3.Latitude = pt.Latitude;
            vec3.Altitude = pt.Altitude;

            poi.Set(vec3);
            var sym = poi.getSymbol();
            var icon = sym.getIcon();
            icon.setNormalIcon(starMarker);
            icon.setHighlightIcon(redMarker);
            sym.setIcon(icon);
            poi.setSymbol(sym);
            try {
                SOPPlugin.getView().addChild(poi, 8);
            } catch (e) {
            }
            if (SOPPlugin.getView().getWorkMode() != 1)
                SOPPlugin.getView().setWorkMode(1);
        }

    }
</script>
</head>
<body>
    <div id="vMap" style="width: 800px; height: 400px;"></div>
    <div>
        <input type="button" value="인풋포인트모드변경"
```

```
        onclick="SOPPlugin.getView().setWorkMode(sop.cons.mouseState.SOPMOUSE_INPUTPOINT)" />
        <input type="button" value="심볼등록" onclick="add3DMarker()" />
    </div>

</body>
</html>
```

예제 2.19 브이월드 3D 마커 생성하기(2장/3D지도마커생성.html)

지도를 클릭했을 때 이벤트가 발생하도록 마우스 모드를 sop.cons.mouseState.SOPMOUSE_INPUTPOINT로 설정하는 버튼을 생성한다. 버튼을 클릭하면 지도에 입력이 가능한 모드로 바뀐다.

```
<input type="button" value="인풋포인트모드변경"
    onclick="SOPPlugin.getView().setWorkMode(sop.cons.mouseState.SOPMOUSE_INPUTPOINT)" />
```

그림 2.68 마우스 모드를 INPUTPOINT 모드로 변경하기

마우스로 클릭한 지점에 마커를 등록하기 위해 화면 입력점의 총 개수를 반환해 하나 이상임을 판단하기 위해 SOPMap의 getInputPointCount 함수를 사용한다. SOPMap은 SOPPlugin의 getView 함수를 통해 정의할 수 있다.

표 2.42 브이월드 3D 지도 API 중 SOPMap을 반환하는 함수

기능	함수명	매개변수	반환값
SOPMap 반환	getView	없음	SOPMap

1개 이상의 입력점이 발생했다면 getInputPointList 함수로 선택 지점의 목록을 받아오고, get 함수를 통해 원하는 인덱스의 좌표 정보를 가져온다. 좌표 정보는 3차원 객체로 SOPVec3 객체에 저장한다.

```
vNum = SOPPlugin.getView().getInputPointCount();
if (vNum < 1)
    return;
va = SOPPlugin.getView().getInputPointList();
pt = va.get(0);
```

표 2.43 브이월드 3D 지도 API의 화면 입력점과 관련된 함수

기능	함수명	매개변수	반환값
화면입력점 총 수 반환	getInputPointCount	없음	Short
화면입력점 반환	getInputPointList	없음	SOPVec3Array array

createVec3 함수를 통해 SOPVec3 객체를 생성한다. 생성된 객체에 마우스로 선택한 지점의 좌표 정보인 각 경도, 위도, 고도의 값을 전달한다. 전달된 값은 마커로 사용하기 위해 SOPPoint 객체로 전달한다. createPoint 함수를 통해 SOPPoint 객체를 생성한다. 객체를 생성하려면 문자열의 ID 값이 반드시 필요하다. SOPPoint 객체는 poi라는 변수에 저장하고 선택한 지점의 좌표 정보를 전달한다.

```
var vec3 = SOPPlugin.createVec3();
vec3.Longitude = pt.Longitude;
vec3.Latitude = pt.Latitude;
vec3.Altitude = pt.Altitude;

var poi;
poi = SOPPlugin.createPoint('999');
poi.Set(vec3);
```

위치에 마커 아이콘을 보여주려면 SOPSymbol, SOPIcon 객체를 생성한다. SOPSymbol 클래스는 3차원 심볼 객체의 기능이 정의된 클래스로, 아이콘을 반환하거나 등록하는 데 사용된다.

```
var sym = poi.getSymbol();
var icon = sym.getIcon();
```

표 2.44 브이월드 3D 지도 API의 마커 등록과 관련된 함수

기능	함수명	매개변수	반환값
Symbol 등록된 아이콘 반환	getIcon	없음	SOPIcon : icon
Symbol 아이콘 등록	setIcon	SOPIcon icon	없음

SOPIcon 클래스는 3차원 심볼 객체에 아이콘 관련 기능이 정의된 클래스로, 아이콘의 기본 모양, 크기, 아이콘 위에 마우스를 올렸을 때의 모양, 크기 등을 설정하거나 설정된 정보를 받을 수 있다.

```
var sym = poi.getSymbol();
var icon = sym.getIcon();
icon.setNormalIcon(starMarker);
icon.setHighlightIcon(redMarker);
sym.setIcon(icon);
poi.setSymbol(sym);
```

표 2.45 브이월드 3D 지도 API의 마커 설정 함수

기능	함수명	매개변수	반환값
SOPPoint 심볼 속성 설정	setSymbol	SOPSymbol symbol	없음
Icon Highlight 경로 반환	getHighlightIcon	없음	string path
Icon Highlight 경로 설정	setHighlightIcon	string path	없음
Icon highlight Scale 반환	getHighlightScale	없음	double : scale
Icon highlight Scale 설정	setHighlightScale	double scale	없음
Icon Nomal 경로 반환	getNormalIcon	없음	string : path
Icon Nomal 경로 설정	setNormalIcon	string path	없음
Icon Scale 반환	getScale	없음	double : scale
Icon Scale 설정	setScale	double scale	없음
Icon MBR 영역 반환	getBoundaryRect	없음	SOPVec3Array : MBR

SOPIcon은 setNormalIcon 함수를 통해 이미지 위치 URL을 정의하고 SOPSymbol 객체에 정의한다. addChild를 통해 마커를 지도에 추가한다. addChild는 지도에 추가할 객체와 추가될 레벨 값을 매개변수로 전달받는다. 레벨은 플러그인 내부적으로만 사용되며, 객체가 추가된 이후에는 레벨과 상관없이 지도에 표현된다.

```
try {
    SOPPlugin.getView().addChild(poi, 8);
} catch (e) {
}
```

표 2.46 브이월드 3D 지도 API의 지도에 객체를 추가하기 위한 함수

기능	함수명	매개변수	반환값
지도에 객체 추가	addChild	SOPObject object, int level	지도에 객체 추가

레이어 띄우기

다음 그림과 같이 독도와 관련된 레이어만 지도 상에 표시할 수 있다. 브이월드 지도에 레이어를 추가하는 방법은 두 가지다. 브이월드에서 Layer 클래스로 제공하는 레이어를 추가하거나, OGC WMS 형태로 서비스하는 지도를 추가하면 된다.

우선, 브이월드에서 제공하는 주요 시설 명칭인 POI, 3D 독도, 국가 및 행정구역 명칭 경계 레이어를 버튼 클릭을 통해 추가하거나 삭제하는 방법을 설명한다.

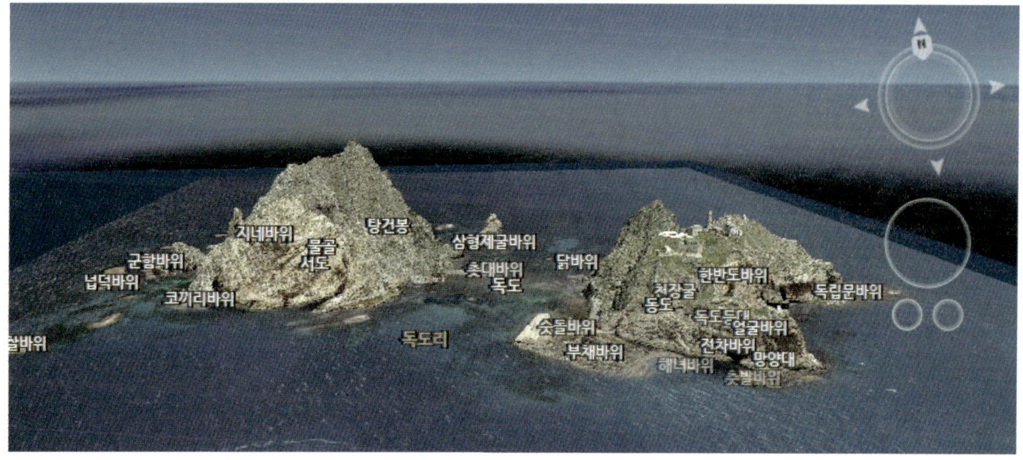

그림 2.69 브이월드 3D 레이어 띄우기

브이월드에서 제공하는 레이어를 제어하는 코드는 다음과 같다.

```
function addLayer(name, visibility) {
    if (SOPPlugin != null) {
        var str = "";
        var SOPLayerList = SOPPlugin.getLayerList();
        var vis = SOPLayerList.getVisible(name);
        if (visibility == true) {
            vis = SOPPlugin.SOPVISIBLE_ON;
        } else {
            vis = SOPPlugin.SOPVISIBLE_OFF;
        }

        SOPLayerList.setVisible(name, vis);
    }
}
function createLayerBtn() {
    if (SOPPlugin != null) {
        var str = "";
        var btn = "";
        var type="";
        var name = "";
        var SOPLayerList = SOPPlugin.getLayerList();
        var layerCount = SOPLayerList.count();
        for (i = 0; i < layerCount; i++) {
            name = SOPLayerList.indexAtLayer(i).getName();
            str = str + i + " " + name ;

            btn = btn+ name + " : <input type=\"button\" value=\"" + name +
                                  " on\" onclick=\"addLayer('"+name +"', true)\"/>";
            btn = btn + "<input type=\"button\" value=\"" + name + " off\"
                        onclick=\"addLayer('"+name +"', false)\"/> <br/>";

            if (i < layerCount) {
                str += "\n";

            }
        }
```

```
        document.getElementById("layerbtn").innerHTML = btn;

        }
    }
</script>
</head>
<body>

    <div id="vMap" style="width: 800px; height: 400px;"></div>
    <br/>
    <div id ="dokdotheme">

    <form>

독도 관련 주제도
    <BR>주요시설 명칭:
    <INPUT onclick="addLayer('poi_base', true)" type=button
        value="주요시설 명칭 on">
    <INPUT onclick="addLayer('poi_base', false)" type=button
        value="주요시설 명칭 off">

    <BR>독도 시설물 :
    <INPUT onclick="addLayer('facility_dokdo', true)" type=button
        value="독도 시설물 on">
    <INPUT onclick="addLayer('facility_dokdo', false)" type=button
        value="독도 시설물 off">

    <BR>국가및행정구역 명칭 :
    <INPUT onclick="addLayer('poi_bound', true)" type=button
        value="국가및행정구역 명칭 on">
    <INPUT onclick="addLayer('poi_bound', false)" type=button
        value="국가및행정구역 명칭 off">


전체 레이어 목록
    <BR><INPUT onclick="createLayerBtn()" type=button
        value="레이어 목록" />

    </form>
```

```
    </div>
</body>
</html>
```

예제 2.20 브이월드 3D 레이어 띄우기(2장/3D지도레이어추가.html)

브이월드는 공간정보 목록 중 주요 주제도를 레이어로 API로 제공한다. 개별 레이어는 건물, 교량, 주요시설 명칭 등으로 총 21개의 레이어가 있다.

레이어 목록을 확인하기 위해 SOPLayerList 클래스를 정의한다. SOPLayerList 클래스는 개별 레이어를 관리하는 클래스로서 레이어의 추가, 삭제 및 반환 기능을 정의한다. SOPLayerList 객체는 SOPPlugin의 getLayerList 함수로 정의할 수 있다.

표 2.47 브이월드 3D 지도 API 중 SOPPlugin의 SOPLayerList를 반환하는 함수

기능	함수명	매개변수	반환값
LayerList 클래스 반환	getLayerList	없음	SOPLayerList

레이어 목록에서 지도에 추가하거나 삭제하려면 레이어명이 필요하다. SOPLayer 클래스는 개별 레이어를 제어 기능으로 구성하고 레이어명을 확인할 수 있다. SOPLayer 객체는 SOPPlugin이나 SOPEvent나 SOPLayerList를 통해 생성할 수 있다.

SOPPlugin 클래스에서 getUserLayer 함수를 통해 SOPLayer 클래스를 생성할 수 있다.

표 2.48 브이월드 3D 지도 API 중 SOPPlugin의 SOPLayer를 반환하는 함수

기능	함수명	매개변수	반환값
Layer 클래스 반환	getUserLayer	없음	SOPLayer

SOPEvent 클래스에서 getTargetLayer 함수를 통해 SOPLayer 클래스를 생성할 수 있다.

표 2.49 브이월드 3D 지도 API 중 SOPEvent의 SOPLayer를 반환하는 함수

기능	함수명	매개변수	반환값
이벤트 Object의 Layer 반환	getTargetLayer	없음	SOPLayer

SOPLayerList 클래스에서 각 함수를 통해 SOPLayer 클래스를 생성할 수 있다.

- SOPLayer 객체를 정의하기 위해 SOPLayerList의 indexAtLayer 함수를 호출한다.
- indexAtLayer는 인덱스에 해당하는 레이어를 반환하고 getName을 통해 해당 레이어명을 반환한다.

표 2.50 브이월드 3D 지도 API 중 SOPLayerList의 SOPLayer를 반환하는 함수

기능	함수명	매개변수	반환값
첫 번째 노드 레이어 반환	firstAtLayer	없음	SOPLayer
마지막 노드 레이어 반환	lastAtLayer	없음	SOPLayer
해당 인덱스 레이어 반환	indexAtLayer	int index	SOPLayer
해당 레이어명의 레이어 반환	nameAtLayer	string name	SOPLayer

레이어는 현재 21개가 서비스되며, 개발자는 호출할 인덱스 번호나 레이어명을 통해 레이어를 추가할 수 있다. 레이어명, 지역, 유형, 설명 목록은 아래와 같다.

표 2.51 브이월드 3D 지도 API에서 제공하는 레이어 목록

인덱스	레이어 설명	레이어명	지역	레이어 유형
1	3D 건물	facility_build_ag	2014 아시안게임 경기장	3D 시설물
2	3D 교량	facility_bridge_ag	2014 아시안게임 경기장	3D 시설물
3	3D 건물	facility_build_world	전 세계	3D 시설물
4	국가 및 행정구역 명칭 경계	poi_bound_world	전 세계	POI
5	3D 건물(AT)	facility_build_at	대도시 일부	3D 시설물
6	표출형 주요 시설 명칭	poi_base_north	북한	POI
7	국가 및 행정구역 명칭 경계	poi_bound_north	북한	POI
8	도로 및 도로시설물 명칭	poi_road	남한	POI
9	표출형 주요 시설 명칭	poi_base	남한	POI
10	국가 및 행정구역 경계	hybrid_bound	전 세계, 남북한	하이브리드
11	표출형 주요 시설 명칭	poi_base_world	전 세계	POI
12	3D 독도	facility_dokdo	독도	3D 시설물
13	산사태 위험지도	hybrid_add_sansatai	남한	하이브리드
14	도로 및 도로시설물 명칭	poi_road_north	북한	POI

인덱스	레이어 설명	레이어명	지역	레이어 유형
15	3D 교량	facility_bridge	대도시 일부	3D 시설물
16	국가 및 행정구역 명칭 경계	poi_bound	남한	POI
17	도로(고속, 국도 등)	hybrid_road	전 세계, 남북한	하이브리드
18	가로수	bill_Tree	대도시 일부	3D 시설물
19	3D 건물	facility_build	대도시 일부	3D 시설물
20	실내지도 3D	indoor_build	대도시 일부	하이브리드
21	실내지도	poi_indoor	대도시 일부	POI

21개의 서비스 데이터 중 3D 시설물 레이어, 국가 및 행정구역 명칭, 주요 시설 명칭을 확인하기 위해 독도를 중심으로 구현한다. 독도와 관련해서 3D 독도 모델인 dokdo_facility, 국가 및 행정구역 명칭인 poi_bound, 주요시설 명칭인 poi_base 레이어명을 사용한다.

레이어명과 visibility 상태를 전달받으면 레이어를 지도에 추가하거나 삭제하는 함수를 구현한다.

- SOPLayerList 객체를 정의하기 위해 SOPPlugin의 getLayerList 함수를 호출한다.
- 레이어의 On/Off 상태를 저장할 객체인 vis를 SOPLayerList의 getVisible 함수로 생성한다.
- 전달한 서비스되고 있는 레이어의 표시 상태에 따라 SOPPlugin의 SOPVISIBLE_ON과 SOPVISIBLE_OFF로 vis 객체에 저장한다.
- SOPLayerList의 setVisible 함수를 통해 레이어의 표시 상태를 설정하면 지도에 레이어를 볼 수 있다.

표 2.52 브이월드 3D 지도 API의 레이어 목록 제어

기능	함수명	매개변수	반환값
레이어에 해당하는 인덱스값 반환	layerAtIndex	SOPLayer layer	int index
레이어 count 반환	Count	없음	int count
레이어 Visible 상태 반환	getVisible	string name	SOPCommonEnum state SOPCommonEnum.SOPVISIBLE_ON SOPcommonEnum.SOPVISIBLE_OFF
레이어 Visible 상태 설정	setVisible	string name, SOPCommonEnum state	없음

다음으로, 브이월드나 외부 OGC WMS 레이어를 띄우는 방법을 알아보자. 지도에 OGC WMS 형식으로 주제도를 띄우는 코드는 아래와 같다.

```
function addWMSLayer(name, style) {

            if (SOPLayerList != null) {
                SOPLayer1 = createWMSLayer("wmsLayer");
                SOPLayer1.setConnectionWMS("2d.vworld.kr", 8895, "/2DCache/gis/map/WMS?");
                SOPLayer1.setLayersWMS(name);
                SOPLayer1.setStylesWMS(style);

                SOPLayer1.setTileSizeWMS(256);
                SOPLayer1.setLevelWMS(14, 17);
            }
        };

function createWMSLayer(layername) {
            if (SOPLayerList != null) {
                var wmsLayer = SOPLayerList.createWMSLayer(layername);

                if (wmsLayer == null) {
                    wmsLayer = SOPLayerList.nameAtLayer(layername);

                    SOPLayerList.nameAtLayer(layername).clearWMSCashe();
                }

                return wmsLayer;
            }

        }
```

예제 2.21 브이월드 3D WMS 레이어 추가하기(2장/3D지도WMS추가.html)

WMS 서버의 주소 URL, 포트, 요청할 레이어명과 스타일을 알고 있다면 브이월드 3D 지도에 외부에서 서비스하고 있는 WMS 레이어를 얹힐 수 있다. WMS 레이어는 WMS 서버에 연결해 레이어 이름, 스타일, 타일 사이즈, 축척 등을 지정해 추가할 수 있다.

WMS 레이어를 추가하려면 createWMSLayer라는 레이어 생성 함수를 사용해야 한다. createWMSLayer는 레이어 이름을 매개변수로 받아온다. 레이어 이름을 통해 레이어를 구분하고 제어하기 때문에 레이어마다 다른 이름들로 정의해야 한다.

WMS 서버에 연결하기 위해 setConnectionWMS에 WMS 서버의 URL, 포트, GetMap을 요청하기 위한 URL(없을 경우 /만 입력) 매개변수를 전달한다. 브이월드에서는 URL은 2d.vworld.kr, 포트는 8895, WMS 서버 연결을 위한 나머지 URL은 /2DCache/gis/map/WMS?로 지정한다.

setLayersWMS는 레이어 WMS 서버에 요청할 레이어 이름을 설정한다. GetMap 요청 URL에서 layers? 뒤에 추가되는 레이어 이름을 설정한다. 2개 이상일 경우 ","로 구분 문자열로 요청한다. setStyleWMS는 레이어에 적용할 스타일을 설정한다. GetMap 요청 URL에서 styles? 뒤에 추가되는 레이어 스타일로, 2개 이상일 경우 ","를 구분 문자열로 요청한다. setTileSize는 이미지 타일의 크기를 설정한다. GetMap 요청 URL에서 size? 뒤에 추가되는 이미지 크기를 전달해서 요청한다. setLevelWMS는 이미지가 보여지는 레벨로 GetMap 요청 URL에서 level? 뒤에 요청되는 축척을 설정한다.

아래는 WMS를 추가하기 위한 함수를 정리한 표다.

표 2.53 브이월드 3D 지도 API의 WMS 호출 설정

기능	함수명	매개변수
WMS 레이어 생성	createWMSLayer	String layername
WMS 서버 접속	setConnectionWMS	String url, int port, String reqQuery
WMS 요청 레이어명 설정	setLayersWMS	String layers
WMS 요청 레이어 스타일 설정	setStylesWMS	String styles
WMS 데이터 타일 크기 설정	setTileSizeWMS	int size
WMS 데이터 생성 레벨 설정	setLevelWMS	int level

날씨 상태 변경하기

다음 그림과 같이 하회마을에 안개 낀 눈 오는 날씨 정보를 표현하는 방법을 알아보자. 브이월드에서는 눈, 비, 안개, 황사에 따라 하늘과 대기 정보를 변경할 수 있다. 날씨 상태 변경을 통해 주변 환경을 날씨 정도에 따라 보여줄 수 있음을 확인할 수 있다.

그림 2.70 브이월드 3D 레이어 띄우기

브이월드 3D 지도에서 날씨 정보를 표현하는 코드는 아래와 같다.

```
<!DOCTYPE html PUBLIC "-//W3C//DTD XHTML 1.0 Transitional//EN" "http://www.w3.org/TR/xhtml1/
DTD/xhtml1-transitional.dtd">
<html xmlns="http://www.w3.org/1999/xhtml">

<head>
<title>3D 지도 다른 콘텐츠 생성</title>
<meta http-equiv="Content-Type" content="text/html; charset=euc-kr" />
<meta http-equiv="Content-Script-Type" content="text/javascript" />
<meta http-equiv="Content-Style-Type" content="text/css" />

<script language="JavaScript" type="text/javascript"
    src="http://map.vworld.kr/js/vworldMapInit.js.do?apiKey=USER_API_KEY"></script>
<script>
    var SOPPlugin;
    var SOPMap;
    var map = null;

    vworld.showMode = false;
    vworld.init("vMap" // rootDiv
    , "earth-only" // mapType
    , function() {
```

```
}, initCallback, failureCallback //failCallback
);

function initCallback(obj) {
    SOPPlugin = obj;
    //안동 하회마을
    SOPPlugin.getViewCamera()
            .moveLonLat(128.518268585842, 36.5390034305487);
    SOPPlugin.getViewCamera().setAltitude(800);
    SOPPlugin.getViewCamera().setTilt(20);
    SOPPlugin.getViewCamera().setDirect(95);
    SOPMap = SOPPlugin.getView();
}
function failureCallback(msg) {
    alert(msg);
}

function startFog(varFogFlag, density) {
    var styleColor = SOPPlugin.createColor(); //컬러값
    if (varFogFlag == "fog") { //안개
        styleColor.setARGB(1, 255, 255, 255);
    } else if (varFogFlag == "yellowsand") { //황사
        styleColor.setARGB(10, 138, 125, 81);
    }
    SOPMap.setFog(styleColor, density);
}

function startSnow2() {
    SOPMap.setSnowImg("C:\\Program Files\\EGIS\\XDWorld\\Icon\\0210000001.png");
    SOPMap.startWeather(0, 1, 0);
}

function startWeather(weatherType, size, speed) {
    /*
    type - 기상 모드 설정(0: 눈, 1: 비)
    size - 사용될 효과의 크기 설정(0: 작음, 1: 중간, 2: 큼)
    speed - 낙하 속도 설정(0: 느림, 1: 중간, 2: 빠름)
     */
```

```
    if (weatherType == 0) {
        SOPMap.setSnowImg("C:\\Program Files\\EGIS\\XDWorld\\Icon\\snow_2.png");
    } else if (weatherType == 1) {
        var SOPCamera = SOPPlugin.getViewCamera();
        var tiltValue = SOPCamera.getTilt();

        var rainImgPath = "C:\\Program Files\\EGIS\\XDWorld\\Icon\\rain_7_40.png";

        if (tiltValue > 75) {
            rainImgPath = "C:\\Program Files\\EGIS\\XDWorld\\Icon\\rain_6_40.png";
        } else {
            rainImgPath = "C:\\Program Files\\EGIS\\XDWorld\\Icon\\rain_7_40.png";
        }
        SOPMap.setRainImg(rainImgPath);
        // sop.earth.addEventListener(SOPPlugin, "rmouseup", alert("hi"));//이벤트 설정
        sop.earth.addEventListener(SOPPlugin, "rmouseup", alert(tiltValue));//이벤트 설정

    }
    SOPMap.startWeather(weatherType, size, speed);
}

/**
 * 날씨 효과 중 비일 때 이미지 모양 변경을 위한 이벤트 처리 함수
 * @returns {}
 */
function jsWeatherTiltEvent() {
    alert("titl!!");
    weatherType = this.weatherType;
    size = this.size;
    speed = this.speed;

    // var curWMode = SOPMap.isWeatherMode();
    if (weatherType == 1) { //비 내리는 모드일 때만 체크
        setTimeout(function() {
            startWeather(1, size, speed); //비 내리는 모드일 때 다시 실행해 파악한 후 날씨 실행
        }, 100);
    } else {
        window.sop.earth.removeEventListener(SOPPlugin, "rmouseup",
```

```
                jsWeatherTiltEvent); //리셋 등으로  이벤트 제거 없이 날씨가 초기화되어 틸트
이벤트가 계속될 때 이벤트 해제
        }
    }

    function stopWeather() { //날씨 효과 제거
        SOPMap = SOPPlugin.getView();
        SOPMap.stopWeather();
        SOPMap.setFogDefault();

    }
</script>
</head>
<body>
    <div id="vMap" style="width: 800px; height: 400px;"></div>
    <div>
    <br/>
        <input type="button" value="눈 내리기" onclick="startWeather(0,1,0)" />
        <input type="button" value="비 내리기" onclick="startWeather(1,1,0)" />
        <input type="button" value="황사 오기" onclick="startFog('yellowsand',1)" />
        <input type="button" value="안개 끼기" onclick="startFog('fog',1)" />
        <input type="button" value="날씨효과제거" onclick="stopWeather()" />
        <input type="button" value="햄버거내리기" onclick="startSnow2()" />
    </div>
</body>
</html>
```

예제 2.22 브이월드 날씨 효과 변경하기(2장/3D지도날씨효과.html)

브이월드 3D 지도에 날씨 효과를 적용하는 실습을 해보자. 날씨 효과는 눈/비, 안개/황사가 있다. 눈과 비, 안개와 황사는 동시에 적용되지 않으며, 각각 하나의 설정만 적용된다. 아래 표는 기상효과와 관련된 함수를 정리한 표다.

표 2.54 브이월드 3D 지도 API의 기상효과 설정

기능	함수명	매개변수	반환값
현재 적용 중인 기상 모드 상태를 반환	isWeatherMode	없음	Int
안개/황사 효과 설정	setFog	SOPColor iFogColor, double dDensity	없음

기능	함수명	매개변수	반환값
안개/황사 효과 중단	setFogDefault	없음	없음
비 이미지 설정	setRainImg	string rainIconPath	boolean
눈 이미지 설정	setSnowImg	string snowIconPath	boolean
기상 효과 시작	startWeather	int type, int size, int speed	Boolean
기상 효과 중지	stopWeather	없음	없음

눈과 비 효과는 SOPMap 객체의 startWeather 함수를 통해 적용할 수 있다. startWeather는 3개의 매개변수인 날씨 모드, 눈/빗방울 크기, 낙하 속도를 필요로 한다. 날씨 모드는 눈은 0, 비는 1로 구분된다. 크기와 속도는 정도에 따라 0, 1, 2로 구분된다.

표 2.55 브이월드 3D 지도 API의 기상효과 중 낙하 효과 초기 설정

함수명	매개변수	매개변수 설명
startWeather	weatherType	날씨 모드 설정 – 눈 : 0, 비 : 1
	Size	눈/빗방울 크기 - 작음 : 0, 중간 : 1, 큼 : 2
	Speed	낙하 속도 - 느림 : 0, 중간 : 1, 빠름 : 2

startWeather를 실행하기 전에 날씨에 따라 눈과 비 이미지를 지정한다. 이미지 URL은 SOPMap 객체의 setSnowImg, setRainImg 함수로 설정한다.

비의 경우, 지도가 보여지는 시야각 각도에 따라 보여지는 이미지가 다르다. 시야각이 75도보다 작아서 빗방울을 옆에서 바라보는 이미지와 75도보다 커서 하늘에서 바라보는 이미지는 다르기 때문에 SOPCamera의 getTilt 함수를 수행해 각도에 따라 이미지를 다르게 지정한다.

이미지 변경으로 사용자가 원하는 이미지가 낙하하는 것을 확인할 수 있다. 눈, 비뿐만 아니라 돈이나 음식이 낙하하도록 이미지를 변경하면 재미있는 지도를 만들 수 있다.

```
function startWeather(weatherType, size, speed) {
    if (weatherType == 0) {
        SOPMap.setSnowImg("C:\\Program Files\\EGIS\\XDWorld\\Icon\\snow_2.png");
    } else if (weatherType == 1) {
        var SOPCamera = SOPPlugin.getViewCamera();
        var tiltValue = SOPCamera.getTilt();
```

```
        var rainImgPath = "C:\\Program Files\\EGIS\\XDWorld\\Icon\\rain_7_40.png";

        if (tiltValue > 75) {
            rainImgPath = "C:\\Program Files\\EGIS\\XDWorld\\Icon\\rain_6_40.png";
        } else {
            rainImgPath = "C:\\Program Files\\EGIS\\XDWorld\\Icon\\rain_7_40.png";
        }
        SOPMap.setRainImg(rainImgPath);
    }
    SOPMap.startWeather(weatherType, size, speed);
}
```

설정된 날씨를 초기화할 때는 눈/비는 stopWeather, 안개/황사는 setFogDefault 함수를 사용하면 된다.

```
function stopWeather() { //날씨 효과 제거
    SOPMap = SOPPlugin.getView();
    SOPMap.stopWeather();
    SOPMap.setFogDefault();
}
```

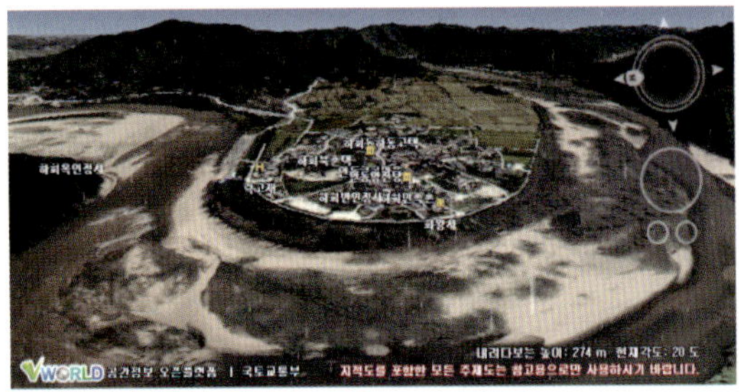

그림 2.71 지도 타입 중 배경지도만 보여주는 map-only인 지도

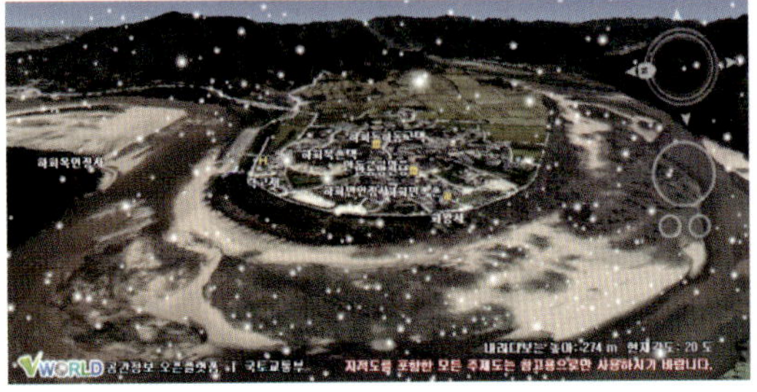

그림 2.72 지도 타입 중 배경지도를 초기화면으로 보여주고 2D 영상지도와 3D 지도 전환 버튼을 제공하는 map-first인 지도

그림 2.73 지도 타입 중 영상지도만 보여주는 raster-only인 지도

그림 2.74 지도 타입 중 영상지도를 초기화면으로 보여주고 배경지도와 3D 지도 전환 버튼을 제공하는 raster-first인 지도

Static Map 만들기

만약 간단한 지도 이미지만 필요하거나 사용자 반응이 필요하지 않다면 스크립트를 사용하지 않고도 HTTP 요청에 응답하는 지도를 구현할 수 있다.

이를 Static Map이라 하며, Static Map을 이용하면 자바스크립트나 페이지 로드 없이도 지도를 이미지 형식으로 삽입할 수 있다. Static Map은 지도 위치, 경로 등의 지리적 정보를 담을 수 있다.

아래 표는 Static Map 요청 시 전달되는 값들을 정리한 표다. 사용자가 HTTP GET 방식으로 지도에 Key와 Value를 URL로 전달하면 이미지 형태의 지도가 반환된다. Static Map을 표현하기 위해 필수 정보인 좌표계, 중심 좌표, 크기, 지도레벨, API 키와 선택 정보인 API 버전, 지도 타입, 이미지 확장명, 마커와 선 생성과 관련된 값을 전달한다.

표 2.56 Static Map 요청 매개변수

KEY	VALUE	설명	비고	필수 여부
Crs	EPSG:900913 / EPSG:4326	좌표계	2개의 좌표계 지원	필수
Center	[centerX,centerY]	요청 지도의 중심점 좌표	crs 매개변수 좌표계에 맞춰 좌표 입력	필수
Size	[가로,세로]	요청 지도의 크기	최대 1000X1000 크기까지 제한	필수
Level	[level]	요청 지도의 레벨	7~18 레벨 지도 제공. 숫자가 커질수록 대축척	필수
apiKey	[apiKey]	발급받은 API Key	발급받은 인증키	필수
Version	1.0	Static Map 버전	Static Map API 버전(현재는 1.0)	선택
Type	b / s / sh / g / m	지도 타입	– b : 브이월드 기본 배경지도 (Default) – sh : 브이월드 영상지도 + 시설물지도(도로 및 POI) – s : 브이월드 영상지도 – g : 브이월드 회색모드 지도 – m : 브이월드 야간모드 지도	선택
Image	png / jpg / jpeg	이미지 확장자	이미지 형식	선택
Marker	[p, label, color, url]	마커	마커 개수 제한은 없으나 브라우저 주소에서 호출 시 오류가 발생할 수 있음	선택
Route	[p1,p2, color, width]	경로	경로 개수 제한은 없으나 브라우저 주소에서 호출 시 오류가 발생할 수 있음	선택

Static Map은 wgs84 좌표계(EPSG:4326)와 구글 좌표계(EPSG:900913)를 지원하고, 좌표계에 맞는 중심 좌푯값, 지도가 표현될 크기, 7부터 18 사이의 지도 레벨값, 발급받은 API 키값이 필요하다. 지도 버전은 현재 1.0으로, 버전은 1.0으로 전달해야 한다. 지도 타입 중 배경지도, 영상지도, 회색모드 지도, 야간모드 지도, 영상지도와 시설물지도에 해당하는 값을 전달하면 해당 지도 타입의 이미지가 반환된다.

반환되는 지도 이미지 확장명은 기본적으로 png이며, 사용자 요청에 따라 jpg, jpeg 형식으로도 반환된다. 마커와 경로는 위치 정보와 스타일 설정 매개변수를 전달하면 지도에 함께 표현되어 이미지로 반환된다.

Static Map 생성

Static Map 호출을 통해 부산시청 지도를 생성하는 방법을 설명하겠다. 다음은 부산시청의 Static Map 이미지 URL이다. 보다시피 부산 시청의 지리적 정보인 EPSG:4326 좌표계의 중심점인 129.074979172194, 35.1797781869492 값을 비롯해 지도 레벨인 14, 지도 크기인 800x400px과 배경 지도 타입을 지정했다.

```
http://apis.vworld.kr/staticMap.do?
version=1.0
&crs=EPSG:4326
&CENTER=129.074979172194, 35.1797781869492
&size=800,400
&level=14
&type=b
&image=png
&apikey=USER_API_KEY
```

매개변수 중 type은 지도 타입을 의미하며, 지도 타입은 배경지도, 영상지도, 영상과 시설물 지도, 회색모드 지도, 야간모드 지도 중 하나를 선택할 수 있다. 800x400 크기의 부산시청 지도 이미지를 지도 타입별로 생성해보자.

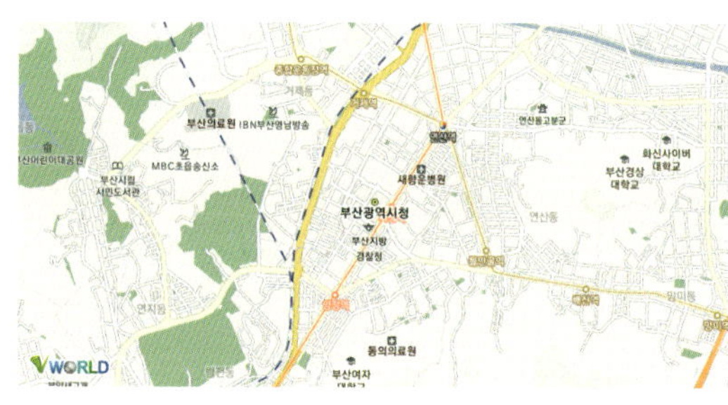

그림 2.75 Static Map 타입 중 배경지도

```
http://apis.vworld.kr/staticMap.do?
version=1.0
&crs=EPSG:4326
&CENTER=129.074979172194, 35.1797781869492
&size=800,400
&level=14
&type=b
&image=png
&apikey=USER_API_KEY
```

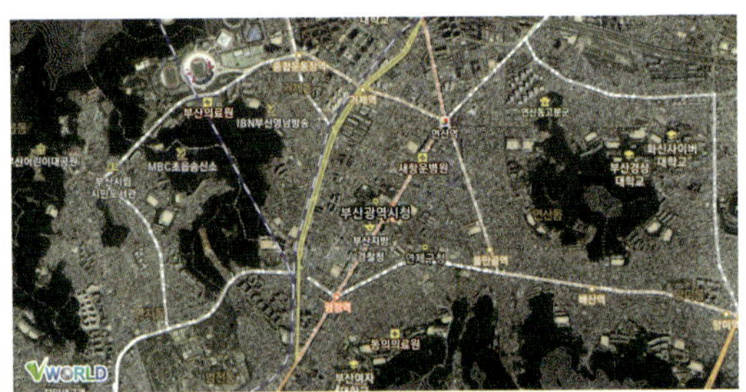

그림 2.76 Static Map 타입 중 영상지도와 시설물 지도

```
http://apis.vworld.kr/staticMap.do?
version=1.0
&crs=EPSG:4326
&CENTER=129.074979172194, 35.1797781869492
&size=800,400
&level=14
&type=sh
&image=png
&apikey=USER_API_KEY
```

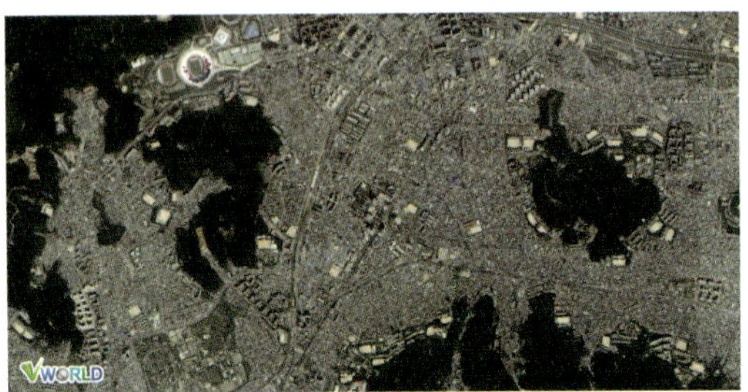

그림 2.77 Static Map 타입 중 영상지도

```
http://apis.vworld.kr/staticMap.do?
version=1.0
&crs=EPSG:4326
&CENTER=129.074979172194, 35.1797781869492
&size=800,400
&level=14
&type=s
&image=png
&apikey=USER_API_KEY
```

그림 2.78 Static Map 타입 중 회색모드 지도

```
http://apis.vworld.kr/staticMap.do?
version=1.0
&crs=EPSG:4326
&CENTER=129.074979172194, 35.1797781869492
&size=800,400
&level=14
&type=g
&image=png
&apikey=USER_API_KEY
```

그림 2.79 Static Map 타입 중 야간모드 지도

```
http://apis.vworld.kr/staticMap.do?
version=1.0
&crs=EPSG:4326
&CENTER=129.074979172194, 35.1797781869492
&size=800,400
&level=14
&type=m
&image=png
&apikey=USER_API_KEY
```

지도 이미지를 HTML 문서에 삽입하려면 img 태그를 사용한다. img 태그의 src 속성에 이미지의 URL을 지정하면 된다.

```
<img src="Static Map 호출 URL">
```

마커와 경로 생성하기

Static Map에 마커와 경로는 marker/route의 값을 지정해 생성할 수 있다. 매개변수는 콤마(,)나 앰퍼샌드(&) 대신 앳(@)으로 연결되며, 키 값을 지정할 때는 등호(=) 대신 파이프라인(||)을 사용한다. 마커와 경로를 지도에 얹히는 개수 제한은 없으나, IE 브라우저에서 2000자 이상을 GET 방식으로 호출하면 문자열 제한으로 오류가 발생할 수 있다.

Static Map 마커 생성

Static Map에 마커를 표시하기 위해 필요한 매개변수는 다음과 같다. 마커가 표시될 포인트 좌표는 필수 매개변수이고, 마커 하단의 라벨, 라벨 색상, 마커 이미지 URL은 선택 매개변수다.

표 2.57 Static Map 마커 추가 요청 매개변수

KEY	VALUE	설명	비고	필수 여부
P	[px,py]	마커가 표시될 포인트 좌표	crs 매개변수 좌표계에 맞춰 좌표 입력	필수
Label		마커 하단 라벨	한글일 경우 URI 인코딩 필요	선택
Color	[r,g,b]	라벨 색상	RGB 0~255 범위의 정수값 입력. 기본값: 0,0,0(검은색)	선택
Img		마커 이미지 URL	기본 마커 URL: http://map.vworld.kr/images/maps/marker.png	선택

다음은 부산 동백섬의 위치를 마커로 표시한 Static Map이다.

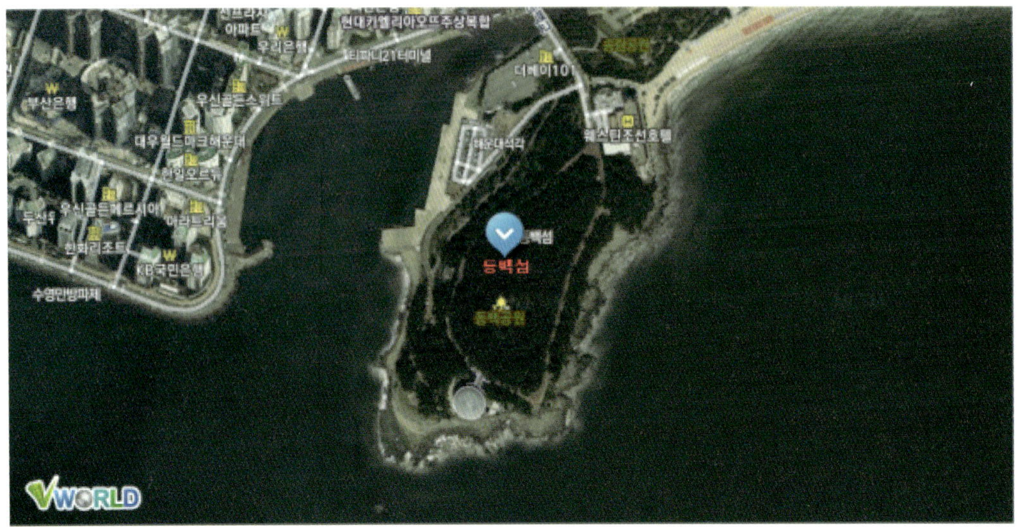

그림 2.80 마커를 표시한 Static Map

Static Map의 좌표계인 EPSG:4326의 중심점인 129.152077614684,35.1541209843124 값과 지도 레벨 16을 전달했고, 지도의 크기인 800X400px과 영상지도와 시설물 지도 타입으로 지정했다. 동백섬의 위치를 표시한 마커는 위치 정보인 p는 p||129.152077614684,35.1541209843124, 마커 하단 라벨인 label은 lebel||동백섬, 라벨 색상인 color는 color||254,10,64, 마커 이미지인 img||http://xdworld.vworld.kr:8080/dll_home/icons/base_red.png를 전달했다.

다음은 동백섬 마커를 표시한 Static Map의 URL이다.

```
http://apis.vworld.kr/staticMap.do?
version=1.0
&crs=EPSG:4326
&CENTER=129.152077614684,35.1541209843124
&size=800,400
&level=16
&type=sh
&image=png
&apikey=USER_API_KEY
&marker=label||%EB%8F%99%EB%B0%B1%EC%84%AC@p||129.152077614684,35.1541209843124@
color||255,10,64@img||http://xdworld.vworld.kr:8080/dll_home/icons/base_red.png
```

Static Map 경로 생성

Static Map에 경로를 표시하는 데 필요한 매개변수는 다음과 같다. 경로가 시작될 포인트 좌표와 종료하는 좌표가 필수 매개변수이고 경로 색상과 굵기는 선택 매개변수다.

표 2.58 Static Map 경로 생성 요청 매개변수

KEY	VALUE	설명	비고	필수 여부
p1	[p1x,p1y]	경로 시작 좌표	crs 매개변수 좌표계에 맞춰 시작 좌표 입력	필수
p2	[p2x,p2y]	경로 종료 좌표	crs 매개변수 좌표계에 맞춰 종료 좌표 입력	필수
Color	[r,g,b]	선 색상	RGB 0~255 정수값 입력. 기본값: 0,0,0(검은색)	선택
Width		선 굵기	정수로 표현. 기본값: 3	선택

다음은 부산 광안리에서 해운대로 가는 경로를 표시한 Static Map이다.

그림 2.81 경로 표시한 Static Map

Static Map의 좌표계인 EPSG:4326의 중심점인 129.139350461873,35.1546908520237 값과 지도 레벨 14를 전달한다. 지도 크기를 800X400px로 지정하고 배경지도 타입으로 이미지를 생성했으며, 광안리부터 해운대까지의 경로를 표시하기 위해 각 경로마다 시작 위치의 좌표인 p1과 종료 위치의 좌표인 p2, 그리고 색상인 color를 color||254,10,64로, 경로 굵기를 5로 지정해 지도 위에 빨간 선이 표시되게 한다. 만약 경로값이 중간에 누락되면 다음과 같은 지도가 반환된다.

그림 2.82 Static Map 타입 중 영상지도와 시설물 지도

다음은 광안리에서 해운대로 가는 경로를 표시한 Static Map의 URL이다.

```
http://apis.vworld.kr/staticMap.do?
version=1.0
&crs=EPSG:4326
&CENTER=129.139350461873,35.1546908520237
&size=800,400
&level=14
&type=b
&image=png
&apikey=USER_API_KEY
&route=p1¦¦129.118869578705,35.153869704081@p2¦¦129.121909385433,35.1553972947415@
color¦¦255,10,64@width¦¦5
&route=p1¦¦129.121909385433,35.1553972947415@p2¦¦129.124963724847,35.1560029987015@
color¦¦255,10,64@width¦¦5
&route=p1¦¦129.124963724847,35.1560029987015@p2¦¦129.126308491556,35.1569805649207@
color¦¦255,10,64@width¦¦5
&route=p1¦¦129.126308491556,35.1569805649207@p2¦¦129.128060505594,35.1570050748324@
color¦¦255,10,64@width¦¦5
&route=p1¦¦129.128060505594,35.1570050748324@p2¦¦129.128928378283,35.1584207385617@
color¦¦255,10,64@width¦¦5
```

```
&route=p1||129.128928378283,35.1584207385617@p2||129.128289464063,35.1600416002681@
color||255,10,64@width||5
&route=p1||129.128289464063,35.1600416002681@p2||129.135913137194,35.1631431094315@
color||255,10,64@width||5
&route=p1||129.135913137194,35.1631431094315@p2||129.137789021525,35.1633948729946@
color||255,10,64@width||5
&route=p1||129.137789021525,35.1633948729946@p2||129.139195792259,35.1629968263891@
color||255,10,64@width||5
&route=p1||129.139195792259,35.1629968263891@p2||129.14279952183,35.1601871162816@
color||255,10,64@width||5
&route=p1||129.14279952183,35.1601871162816@p2||129.151260336233,35.1577360863065@
color||255,10,64@width||5
&route=p1||129.151260336233,35.1577360863065@p2||129.155650698804,35.1585538315098@
color||255,10,64@width||5
&route=p1||129.155650698804,35.1585538315098@p2||129.156949355939,35.1584742432577@
color||255,10,64@width||5
&route=p1||129.156949355939,35.1584742432577@p2||129.160304757276,35.1595187618649@
color||255,10,64@width||5
```

광안리와 해운대가 표시된 마커와 광안리에서 해운대로 가는 경로를 표시한 Static Map을 생성해보자. 지도에 표시될 각 위치의 좌표 정보를 마커와 경로의 정보로 추가하하면 된다.

그림 2.83 마커와 경로를 표시한 Static Map

다음은 광안리에서 해운대로 가는 경로와 각 위치를 마커로 표시한 Static Map의 URL이다.

```
http://apis.vworld.kr/staticMap.do?
version=1.0
&crs=EPSG:4326
&CENTER=129.139350461873,35.1546908520237
&size=800,400
&level=14
&type=b
&image=png
&apikey=USER_API_KEY
&route=p1¦¦129.118869578705,35.153869704081@p2¦¦129.121909385433,35.1553972947415@
color¦¦255,10,64@width¦¦5
&route=p1¦¦129.121909385433,35.1553972947415@p2¦¦129.124963724847,35.1560029987015@
color¦¦255,10,64@width¦¦5
&route=p1¦¦129.124963724847,35.1560029987015@p2¦¦129.126308491556,35.1569805649207@
color¦¦255,10,64@width¦¦5
&route=p1¦¦129.126308491556,35.1569805649207@p2¦¦129.128060505594,35.1570050748324@
color¦¦255,10,64@width¦¦5
&route=p1¦¦129.128060505594,35.1570050748324@p2¦¦129.128928378283,35.1584207385617@
color¦¦255,10,64@width¦¦5
&route=p1¦¦129.128928378283,35.1584207385617@p2¦¦129.128289464063,35.1600416002681@
color¦¦255,10,64@width¦¦5
&route=p1¦¦129.128289464063,35.1600416002681@p2¦¦129.135913137194,35.1631431094315@
color¦¦255,10,64@width¦¦5
&route=p1¦¦129.135913137194,35.1631431094315@p2¦¦129.137789021525,35.1633948729946@
color¦¦255,10,64@width¦¦5
&route=p1¦¦129.137789021525,35.1633948729946@p2¦¦129.139195792259,35.1629968263891@
color¦¦255,10,64@width¦¦5
&route=p1¦¦129.139195792259,35.1629968263891@p2¦¦129.14279952183,35.1601871162816@
color¦¦255,10,64@width¦¦5
&route=p1¦¦129.14279952183,35.1601871162816@p2¦¦129.151260336233,35.1577360863065@
color¦¦255,10,64@width¦¦5
&route=p1¦¦129.151260336233,35.1577360863065@p2¦¦129.155650698804,35.1585538315098@
color¦¦255,10,64@width¦¦5
&route=p1¦¦129.155650698804,35.1585538315098@p2¦¦129.156949355939,35.1584742432577@
color¦¦255,10,64@width¦¦5
&route=p1¦¦129.156949355939,35.1584742432577@p2¦¦129.160304757276,35.1595187618649@
```

```
color¦¦255,10,64@width¦¦5
&marker=label¦¦%ED%95%B4%EC%9A%B4%EB%8C%80@color¦¦60,13,157@p¦¦129.160304757276,35.15951876186
49@img¦¦http://xdworld.vworld.kr:8080/dll_home/icons/base_purple.png
&marker=label¦¦%EA%B4%91%EC%95%88%EB%A6%AC@color¦¦60,13,157@p¦¦129.118869578705,35.15386970408
1@img¦¦http://xdworld.vworld.kr:8080/dll_home/icons/base_purple.png
```

브이월드 API를 이용한 매시업 활용 03

앞 장에서는 브이월드에서 제공하는 오픈API 가운데 지도 화면을 컨트롤하는 지도 API를 중점적으로 살펴봤다. 이 밖에도 브이월드는 국가공간정보를 다양한 채널로 활용할 수 있게 공간정보를 제공하는 데이터 API, 공간정보의 검색을 지원하는 검색 API, OGC(Open Geospatial Consortium) 표준을 적용한 WMS(Web Map Service), WFS(Web Feature Service) API 등을 제공한다. 따라서 브이월드에서 제공하는 오픈API만으로도 네이버나 다음, 구글에서 제공하는 기본적인 지도 검색 서비스를 구현할 수 있다.

브이월드 오픈API는 공공에서 보유한 다양한 공간정보를 개인이나 민간업체에 공개해 새로운 서비스의 창출을 유도하는 데 그 목적이 있다. 이를 위해 브이월드는 다양한 콘텐츠나 서비스와 결합할 수 있도록 설계됐으므로 매시업해서 활용됐을 때 브이월드 오픈API의 가치가 더욱 빛을 발할 수 있다.

최근에는 트위터, 페이스북 등의 SNS와 구글, 네이버, 다음 등과 같은 지도 서비스를 제공하는 포털 사이트에서도 오픈API를 제공하고 있다. 또한 공공기관에서도 공공정보를 오픈API의 형태로 제공하는 추세이며, 정부는 최근에 「공공기관의 정보공개에 관한 법률」을 개정해 공공정보를 공개하기 위한 노력을 기울이고 있다. 공공기관과 민간기관의 다양한 정보들이 개방되어 브이월드 오픈API와 결합하면 다양한 콘텐츠의 생산이 가능하다.

3장에서는 브이월드 오픈API의 이해를 돕기 위해 브이월드에서 제공하는 다양한 API 라이브러리와 타 오픈API를 결합한 매시업 예제를 소개한다. 매시업 예제 소스는 아래의 주소에서 내려받을 수 있다.

- **매시업 예제 소스:** https://github.com/smzziu/spaceN

브이월드 검색 API를 활용한 지도검색 서비스

브이월드는 사용자가 지도가시화 엔진을 직접 구현하지 않아도 간단하게 2차원이나 3차원 지도 화면을 컨트롤할 수 있는 지도 API를 제공한다. 또한 브이월드에서는 건물이나 지형지물의 공간정보와 위치정보를 제공하고 있으며, 사용자가 찾고자 하는 관심지역에 관한 검색 기능을 수행하는 API를 제공하고 있다. 이번 장에서는 사용자가 브이월드에서 제공하는 검색 API를 활용해 관심지역과 관련된 목록을 검색한 후 지도에 결과 화면을 보여주는 간단한 예제를 만들어 본다.

검색 API

브이월드 검색 API를 활용하려면 요청(Request) 방법과 요청 매개변수(Parameter), 응답(Response) 형태를 이해해야 한다. 브이월드 검색 API는 REST 방식으로 URL에 search.do를 입력해 요청할 수 있다. 검색 API는 관심지역정보(POI; Point of Interest), 구주소(지번), 새주소(도로명)를 지원하며, 아래의 URL 양식과 같이 검색키워드를 포함해 총 7가지 매개변수를 입력값으로 받는다.

```
http://map.vworld.kr/search.do?category=[category]&spiKey=[apiKey]&pageIndex=[pageIndex]&pageU
nit=[pageUnit]&q=[q]&output=[output]&calback=[calback]
```

검색 API를 이용해 원하는 정보를 불러오려면 사용자가 정확한 요청 매개변수를 입력해야 하며, 매개변수의 종류는 표 3.1과 같다. q와 category는 질의 키워드와 관련이 있으며, pageUnit, pageIndex, output은 출력 형태와 관련이 있다. callback 매개변수는 크로스 도메인(Cross-Domain) 문제를 해결하기 위해 JSON 형태로 응답을 받을 때 활용된다. 요청에 대한 결괏값은 XML이나 JSON 포맷으로 반환되며, category는 대소문자를 구분한다.

표 3.1 검색 API 매개변수

매개변수	설명
q	검색 키워드
category	검색 키워드의 분류. Poi(명칭), Jibun(지번), Juso(도로명) 중 하나를 선택.
pageUnit	한번에 반환되는 검색 결과의 수
pageIndex	반환되는 검색 결과의 페이지 번호
output	결과 값의 반환 양식. XML, JSON 중 하나를 선택.
callback	output 값이 json일 경우 callback 함수를 지원
apiKey	발급받은 API 키

아래의 표는 검색 API를 호출해 "호계현대홈타운 2차"를 검색하는 간단한 예제다. 이 예제에서는 반환되는 데이터를 비교하기 위해 같은 질의에 대해 JSON과 XML 형태로 구분해서 요청했다. 일반적으로 JSON으로 작성된 데이터는 가벼우며, XML로 작성된 데이터는 구조적으로 이해하기 쉽다는 장점이 있다. 검색 API의 category는 POI 검색으로 지정했는데, 검색 API에 대해 반환되는 결과 포맷은 POI, 지번, 도로명 주소 등의 category별로 다르다. 검색은 결과 값이 최대 1건씩 나오도록 pageUnit을 1로 설정했으며, 첫 번째 페이지의 결과를 반환받기 위해 pageIndex도 1로 설정했다.

표 3.2 검색 API 호출 예제(응답 형태: JSON)

<table>
<tr><th>구분</th><th>예제</th></tr>
<tr><td>JSON 요청</td><td>http://map.vworld.kr/search.do?category=Poi&apiKey=[apiKey]&pageIndex=1
&pageUnit=1&q=호계현대홈타운2차&output=json</td></tr>
<tr><td>JSON 응답</td><td><pre>{
  "Poi" :
  "1",
  "LIST" : [
            {
              "NCODE" : "911027",
              "nId" : "38257600",
              "ZIP_CL" : "431-834",
              "RD_NM" : "경수대로",
              "juso" : "경기 안양시 동안구 호계동 811",
              "nameDp" : " ",
              "nameFull" : "호계현대홈타운2차아파트",
              "ypos" : "37.365237",
              "PNU" : "4117310400008110000",
              "njuso" : "경기도 안양시 동안구 경수대로 458",
              "WEIGHT" : "390",
              "xpos" : "126.960986",
              "codeName" : "주요건물 > 아파트브랜드 > 현대 홈타운"
            }
          ],
          "category" : "Poi",
          "paginationInfo" :
          {
            "currentPageNo" : "1",
            "firstPageNo" : "1",
            "lastPageNo" : "1",
            "totalPageCount" : "1",
            "totalRecordCount" : "1"
          }
}</pre></td></tr>
</table>

표 3.3 검색 API 호출 예제(응답 형태: XML)

구분	예제
XML 요청	`http://map.vworld.kr/search.do?category=Poi&apiKey=[apiKey]&pageIndex=1&pageUnit=1&q=호계현대홈타운2차&output=xml`
XML 응답	(아래 참조)


```xml
  <?xml version="1.0" encoding="UTF-8"?>
- <result>
    <Poi>1</Poi>
  - <LIST>
    - <item>
        <NCODE>911027</NCODE>
        <nId>38257600</nId>
        <ZIP_CL>431-834</ZIP_CL>
        <RD_NM>경수대로</RD_NM>
        <juso>경기 안양시 동안구 호계동 811</juso>
        <nameDp> </nameDp>
        <nameFull>호계현대홈타운2차아파트</nameFull>
        <ypos>37.365237</ypos>
        <PNU>4117310400008110000</PNU>
        <njuso>경기도 안양시 동안구 경수대로 458</njuso>
        <WEIGHT>50</WEIGHT>
        <xpos>126.960986</xpos>
        <codeName>주요건물 > 아파트브랜드 > 현대 홈타운</codeName>
      </item>
    </LIST>
    <category>Poi</category>
  - <paginationInfo>
      <currentPageNo>1</currentPageNo>
      <firstPageNo>1</firstPageNo>
      <lastPageNo>1</lastPageNo>
      <totalPageCount>1</totalPageCount>
      <totalRecordCount>1</totalRecordCount>
    </paginationInfo>
  </result>
```


위치 검색 구현하기

이번에는 전체 지도 서비스를 구현하기에 앞서 위치(공간정보)를 검색하고, 결과 목록을 나열하기 위해 검색 API를 활용하는 간단한 예제를 우선 구현해 본다. 그림 3.1은 이번 장에서 구현할 위치 검색 기능의 초기화면과 검색 결과 화면이다. SelectBox에서는 검색 API의 검색 카테고리인 명칭(POI), 지번, 도로명 주소를 선택할 수 있으며, TextBox에 키워드를 입력하고 검색 버튼을 클릭하면 결괏값이 화면에 출력된다.

<초기 화면> <검색 화면>

명칭
검색어 :
검색
검색결과
검색결과가 없습니다.

명칭
검색어 : 호계현대홈타운2
검색
검색결과 1 건
경기 안양시 동안구 호계...
호계현대홈타운2차아파트

그림 3.1 구현 화면

위치 검색을 구현하기 위해 이 예제에서는 크게 2개의 JSP 파일과 2개의 자바(Java) 파일로 구성했다. vsearch_example01.jsp는 검색을 위한 입력 화면에 해당하고, vsearch_example01_1.jsp는 검색 결과를 화면에 출력하는 기능을 수행한다. vMapSearch.java는 실제 브이월드 서버에 연결해 결괏값을 반환받는 기능을 수행하며, vMapController.java에는 향후 3장에서 활용되는 여러 가지 함수로 구성돼 있다. 이 예제에서는 vMapController.java의 함수 중 일부만이 사용되며, 구체적인 소스코드와 사용법은 뒷장에서 설명하겠다.

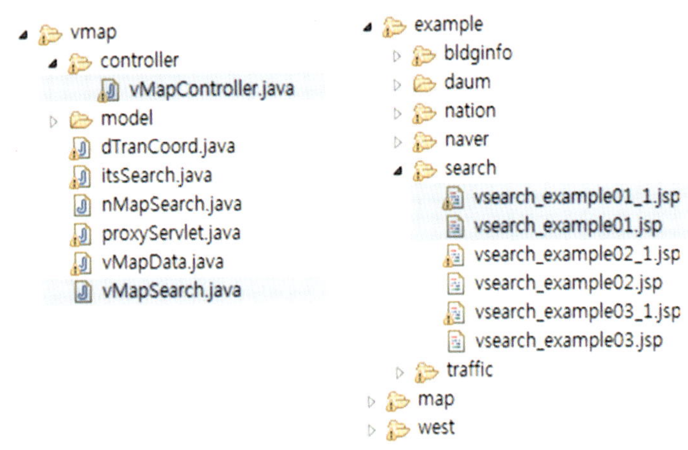

그림 3.2 예제파일 구조

이 예제는 Spring 프레임워크로 구현됐으며, Spring에서 제공하는 RequestMappging Annotation을 사용한다. RequestMapping은 URL을 클래스 또는 메서드와 매핑하는 역할을 한다. 클래스에 하나의 URL 매핑을 할 경우 소스에 구현된 클래스 위에 "@RequestMapping("/url")"을 지정하며, GET 또는 POST 방식 등의 옵션을 선택할 수 있다. RequestMapping은 통상적으로 웹상에서 파일명을 숨기고자 할 때 자주 활용된다. 예를 들어, 이 예제에서는 인터넷 사용자가 vsearch_example01.jsp에 접근하기 위해 vMapController.java에서 vsearch_example01.do와 매핑시킨다.

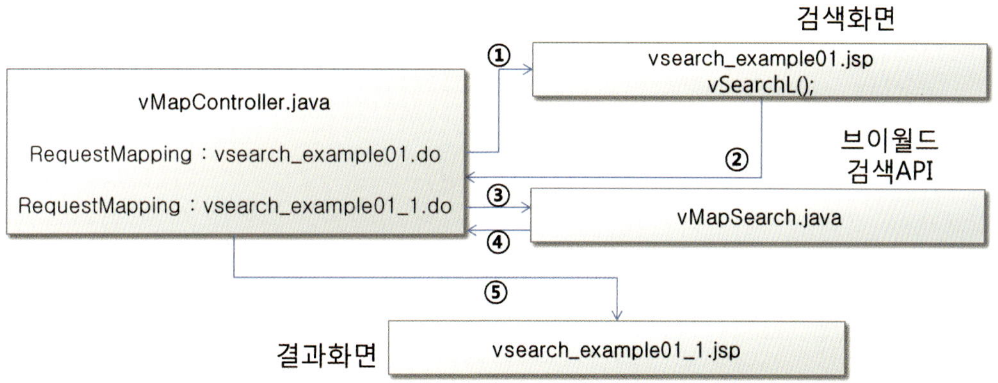

그림 3.3 예제파일 흐름도

검색 화면 구현

위치 검색 화면을 구성하기 위해 div 태그로 기본적인 화면을 구현하며, 검색 API의 질의문(q)과 카테고리(Category)에 해당하는 입력값을 각각 화면의 Textbox와 SelectBox로 입력받게 된다. 사용자가 검색 버튼을 클릭하면 vSearchL() 함수를 호출하게 되고, 변수를 지정한 후 다시 vsearch_example01_1.do를 호출하게 된다. 예제에서 검색 질의문, 카테고리는 각각 vNm, category 변수에 저장되고, 다시 params 변수에 통합되어 vsearch_example01_1.do에 전달된다.

1. 검색할 질의문을 vNm 변수에 저장
2. 지번/명칭/도로명 검색 중 선택한 카테고리를 category 변수에 저장
3. 필수값인 질의문이 null 값이면 "검색명을 입력해 주세요."를 출력
4. jQuery에서 제공하는 ajax 방식으로 vsearch_example01.do 페이지를 호출
5. 반환된 결괏값을 아이디가 westResult인 div 태그에 innerHtml을 통해 삽입

```
<div>
  <div id="ajax_indicator" style="display:none">
    로딩중...
  </div>
  <div class="search_terms">
    <div class="search_title">
      <img src="/images/search/searchicon_white.png" alt="" class="searchicon_white"/>
      <!-- 검색 API 종류 -->
      <select id="vCategory">
        <option value="Poi">명칭</option>
        <option value="Jibun">지번</option>
        <option value="Juso">도로명</option>
      </select>
    </div>
    <table width="100%" border="0" cellspacing="0" cellpadding="0" class="terms_box">
      <tr>
        <td><img src="/images/search/terms_box_top.png" class="term_box_top" alt="" /></td>
      </tr>
      <tr>
        <td class="terms_box_middle">
          <ul>
            <li><img src="/images/search/list-st.png" alt="" class="list-st"/>검색어 :
            <span style="padding:0 0 0 4px;"></span>
            <!-- 검색 질의문 및 엔터 이벤트 발생시 vSearch()함수 호출 -->
              <input type="text" id="vNm" class="terms_input" name="vNm" value=""
onkeypress="if (event.keyCode==13){ javascript:vSearchL();};"/>
            </li>
          </ul>
          <div class="search_btn">
            <!-- 이미지 클릭시 vSearch() 함수 호출 -->
            <a href="javascript:vSearchL();">
              <img src="/images/search/search_btn.png" alt="" />
            </a>
          </div>
        </td>
      </tr>
    </table>
  </div>
```

```
  <div id="westResult">
    <div class="search_result">
      <div class="result_title">
        <img src="/images/search/searchicon_black.png" alt="" class="searchicon_black"/>
          검색결과
      </div>
      <div class="result_space">
        <div class="scroll">
          <table cellspacing="0" cellpadding="0" class="result_box">
            <tr>
              <td>검색결과가 없습니다.</td>
            </tr>
          </table>
        </div>
      </div>
    </div>
  </div>
</div>

<script type="text/javascript">

function vSearchL(){

  // 검색 API를 호출하기 위한 매개변수 모음
  var vNm = $("#vNm").val();                                                    1
  var category = $("#vCategory").val();                                         2
  var params="vNm="+vNm+"&category="+category+"&pageIndex=1";                   3

  if(vNm == null || vNm==""){
    alert("검색명을 입력해 주세요.");
    return false;
  }else{                                                                        4
    $.ajax({
      // POST 방식으로 vsearch_example01_1.do에 매개변수 값을 포함해서 호출
      type : "POST",
      async : true,
      url : "/vsearch_example01_1.do",
      data : params,
      dataType : "html",
```

```
        contentType: "application/x-www-form-urlencoded; charset=UTF-8",
        error : function(request, status, error) {
          alert("code : " + request.status + "\r\nmessage : " + request.reponseText);
        },
        success : function(response, status, request) {
          //결괏값을 westResult라는 id 값을 가진 태그에 저장
          $('#westResult').html(response);
        },
        beforeSend: function() {
          $('#west_indicator').show().fadeIn('fast');
        },
        complete: function() {
          $('#west_indicator').fadeOut();
        }
      });
  }                                                                              5
}

</script>
```

예제 3.1 화면 구성 [3]

검색 API의 입출력 정보 제어

vsearch_example01_1.do는 검색 API의 입출력 정보를 제어한다. 위치 검색 화면에서 사용자가 입력한 검색 키워드를 검색 API의 입력 정보로 설정하고, vMapSearch 객체를 생성한다. 그리고 실제 브이월드 서버에서 접속한 후 입력정보를 이용해 검색을 수행하는 doSearch() 함수를 호출한다. 검색 API에 의한 결괏값은 ArrayList로 저장하며, 소스코드는 아래와 같다. 이때 vsearch_example01_1()의 반환값에 주목하자. 반환될 값은 SpringFramework.ui.ModelMap 객체인 Map에 저장되어 화면 UI(vsearch_example01_1.jsp) 페이지에 반환된다.

1. vMapSearch(검색 API 객체) 객체를 생성
2. 질의문을 doSearch 메서드를 통해 호출하고 검색 결괏값을 list에 저장
3. 저장한 값을 맵에 저장

3 ₩WebContent₩WEB-INF₩jsp₩egovframework₩example₩nation₩vnation_example01.jsp

4. 결과 맵을 ModelMap에 저장

5. 결괏값이 저장돼 있는 HashMap에서 마지막 결괏값인 총 개수를 추출

6. 추출한 결괏값을 ModelMap에 저장

7. vsearch_example01_1.jsp에 결괏값을 반환

```
@RequestMapping(value="/vsearch_example01_1.do")
protected String vsearch_example01_1
(HttpServletRequest request, HttpServletResponse response, Map<String, Object> commandMap,
ModelMap model) throws Exception {

  // propertiesService를 이용해 브이월드 API 키를 변수에 저장한다.
  String vMapKey = propertiesService.getString("vMapKey");
  // UI에서 보낸 검색 API 종류를 변수에 저장한다.
  String category = (String)commandMap.get("category");

  // vMapSearch 객체 생성(검색 종류, 키, 첫페이지)
  vMapSearch ss = new vMapSearch (category, vMapKey, 1);                    1

  // 질의문을 변수에 저장
  String searValue = (String)commandMap.get("vNm");

  // 생성한 객체에 질의문을 넣고 검색 결과를 ArrayList에 저장
  ArrayList list = ss.doSearch(searValue);                                  2

  // HashMap 객체를 생성하고 Map 안에 검색 결괏값을 저장
  Map m = new HashMap();
  m.put("LIST", list);                                                      3
  // 결괏값이 저장돼 있는 HashMap을 ModelMap에 저장
  model.addAttribute("resultMAP", m);                                       4
  model.addAttribute("category", category);

  int totCnt = 0;
  for(int i=0; i<list.size(); i++){
    model.addAttribute("no"+i, i);
    m = (HashMap)list.get(i);
    if(i==list.size()-1){
      // HashMap에 저장돼 있던 마지막 결과인 전체 개수를 추출해 totCnt에 저장
      totCnt = Integer.parseInt((String) m.get("totCnt"));                  5
```

```
    }
  }
  model.addAttribute("totCnt", totCnt);                                    6

  if(list.size() == 1){
    model.addAttribute("endCnt", "0");
  }else{
    model.addAttribute("endCnt", list.size()-2);
  }

  return "/example/search/vsearch_example01_1";                            7
}
```

예제 3.2 검색 API의 입출력 제어[4]

결과 화면 구현

결과 화면에서 vsearch_example01_1() 함수를 통해 얻은 결과 값은 JSTL을 이용해 검색 결과 수만큼 화면에 출력한다. 명칭(POI)이나 지번, 도로명 검색에 따른 결과 매개변수가 각각 다르므로 분기문을 사용해 화면을 다르게 구성한다. 이 때 검색한 결과 중 사용자가 필요한 데이터를 HTML과 jstl을 이용해 표현한다.

1. 검색 결과 총 개수를 jstl의 formatNumber을 이용해 표현
2. 결괏값 리스트의 개수만큼 반복문을 실행해 결괏값을 표현
3. 검색 API의 종류에 따라 표출할 데이터를 분기문을 통해 나눠서 표현

```
<c:if test="${not empty resultMAP.LIST}">
  <div class="search_result">
    <div class="result_title">
    <img src="/images/search/searchicon_black.png" alt="" class="searchicon_black"/>
      <!-- Jstl를 이용해 Number 포맷으로 검색 결과 개수를 표현 -->
      검색 결과 <fmt:formatNumber value="${totCnt}" pattern="###,###,###"/></span> 건</span>
    </div>
    <div class="result_space">
```

4 ₩src₩main₩java₩egovframework₩got₩vmap₩controller₩vMapController.java

```
<div class="scroll">
  <div id="west_indicator" style="display:none">
      로딩중...
  </div>
  <table cellspacing="0" cellpadding="0" class="result_box">

    <!-- 검색 리스트 개수만큼 반복문이 돌아간다. -->
    <c:forEach var="item" items="${resultMAP.LIST}" begin="0"
               end="${endCnt}" varStatus="status" step="1">                    1
    <tr>
      <td class="result_name">
      <img src="/images/search/list-st.png" class="list-st"/>
      <!-- 명칭 검색일 경우 -->
      <c:if test="${category == 'Poi'}">                                        2
        <!-- 명칭 주소값 표출 -->
        <c:choose>
        <c:when test="${fn:length(item.juso) > 14}">
        <strong title='<c:out value="${item.juso}" escapeXml="false"/>'>
        <c:out value="${fn:substring(item.juso,0,13)}" escapeXml="false"/>...</strong>
        <br/>
        </c:when>
        <c:otherwise>
        <strong title='<c:out value="${item.juso}" escapeXml="false"/>'>
        <c:out value="${item.juso}" escapeXml="false"/></strong>
        <br/>
        </c:otherwise>
        </c:choose>
        <!-- 명칭 전체 이름 표출 -->
        <c:choose>
        <c:when test="${fn:length(item.nameFull) > 13}">
        <p style="padding-left:20px;" title='<c:out value="${item.nameFull}"/>'>
        <c:out value="${fn:substring(item.nameFull,0,12)}"/>...</p>
        </c:when>
        <c:otherwise>
        <p style="padding-left:20px;" title='<c:out value="${item.nameFull}"
           escapeXml="false"/>'>
        <c:out value="${item.nameFull}"/>
        </p>
        </c:otherwise>
```

```
  </c:choose>
</c:if>
<!-- 지번 검색일 경우 -->
<c:if test="${category == 'Jibun'}">                                    3
  <!-- 지번주소 값 표출 -->
  <c:choose>
  <c:when test="${fn:length(item.JUSO) > 14}">
  <strong title='<c:out value="${item.JUSO}"/>'>
  <c:out value="${fn:substring(item.JUSO,0,13)}"/>...</strong>
  </c:when>
  <c:otherwise>
  <strong title='<c:out value="${item.JUSO}" escapeXml="false"/>'>
  <c:out value="${item.JUSO}"/>
  </strong>
  </c:otherwise>
  </c:choose>
</c:if>
<!-- 도로명일 경우 -->
<c:if test="${category == 'Juso'}">                                     3
  <!-- 도로명 주소값 표출-->
  <c:choose>
  <c:when test="${fn:length(item.JUSO) > 14}">
  <strong title='<c:out value="${item.JUSO}"/>'>
  <c:out value="${fn:substring(item.JUSO,0,13)}"/>...</strong>
  </c:when>
  <c:otherwise>
  <strong title='<c:out value="${item.JUSO}" escapeXml="false"/>'>
  <c:out value="${item.JUSO}"/>
  </strong>
  </c:otherwise>
  </c:choose>
  <!-- 우편번호 값 표출 -->
  <c:choose>
  <c:when test="${fn:length(item.ZIP_CL) > 13}">
  <p style="padding-left:20px;" title='<c:out value="${item.ZIP_CL}"/>'>
  <c:out value="${fn:substring(item.ZIP_CL,0,12)}"/>...</p>
  </c:when>
  <c:otherwise>
  <p style="padding-left:20px;" title='<c:out value="${item.ZIP_CL}"
```

```
                escapeXml="false"/>'>
              <c:out value="${item.ZIP_CL}"/>
              </p>
              </c:otherwise>
              </c:choose>
            </c:if>
          </td>
        </tr>
        </c:forEach>
      </table>
    </div>
    </div>
  </div>
</c:if>
```

예제 3.3 결과 화면 구현[5]

브이월드 서버와 연결해 결괏값을 반환

vsearch_example01_1.do에서는 브이월드 검색 API를 호출하기 위해 vMapSearch 객체를 생성했다. vMapSearch 객체는 브이월드 서버와 연결해 결괏값을 반환하는 기능을 수행한다. 결괏값은 10개 단위로 반환받기 위해 pageUnit을 10으로 설정했으며, XML 형태로 반환받도록 기본값으로 설정했다.

1. doSearch()가 호출되면 브이월드 서버에 전송할 매개변수 값을 설정
2. URLConnection을 이용해 설정값을 전송
3. 결괏값은 Document 형식으로 저장하며, tag와 value를 각각 HashMap으로 저장
4. 저장한 HashMap을 ArrayList에 추가하고, 그 값을 반환

```
import java.io.IOException;
import java.net.URL;
import java.net.URLConnection;

import javax.xml.parsers.DocumentBuilder;
import javax.xml.parsers.DocumentBuilderFactory;
```

5 ₩WebContent₩WEB-INF₩jsp₩egovframework₩example₩nation₩vnation_example01.jsp

```
import javax.xml.parsers.ParserConfigurationException;

import org.w3c.dom.Document;
import org.w3c.dom.Node;
import org.xml.sax.SAXException;

import java.net.URLEncoder;
import java.util.ArrayList;
import java.util.HashMap;

import org.w3c.dom.Element;
import org.w3c.dom.NodeList;

import javax.xml.transform.TransformerException;
import javax.xml.transform.TransformerFactoryConfigurationError;

public class vMapSearch
{
  // 검색 API 요청 매개변수
  private String url = "http://map.vworld.kr/search.do";
  private String key = "369C4265-766B-31D6-9469-8FB5ECC1BE17";
  private String category = "Juso";
  private String output = "xml";
  private int pageIndex = 1;
  private int pageUnit = 10;

public vMapSearch(String category, String key, int pageIndex)
{
  // 사용자가 지정한 검색 API 매개변수
  this.category = category;
  this.key = key;
  this.pageIndex = pageIndex;                                        1
}

@SuppressWarnings("rawtypes")
// 질의문
public ArrayList doSearch(String query) throws IOException, ParserConfigurationException,
SAXException, TransformerFactoryConfigurationError, TransformerException
```

```
{
    ArrayList<HashMap<String, String>> resultList
        = new ArrayList<HashMap<String, String>>();

    StringBuffer sendURL = new StringBuffer(this.url);
    sendURL.append("?category=" + this.category);
    sendURL.append("&apiKey=" + this.key);
    sendURL.append("&pageIndex=" + this.pageIndex);
    sendURL.append("&pageUnit=" + this.pageUnit);
    sendURL.append("&q=" + URLEncoder.encode(query, "UTF-8"));
    sendURL.append("&output=" + this.output);
    // 전송할 URL 객체 생성
    URL url = new URL(sendURL.toString());
    // API 요청 및 반환
    // URL을 연결하고 문서 doc에 결괏값 파싱
    URLConnection conn = url.openConnection();                                    2
    DocumentBuilderFactory factory = DocumentBuilderFactory.newInstance();
    DocumentBuilder builder = factory.newDocumentBuilder();
    Document doc = builder.parse(conn.getInputStream());

    // 문서 중 item 태그로 구분
    NodeList headNodeList = doc.getElementsByTagName("item");

    // item 태그 개수만큼 반복
    for(int i=0; i<headNodeList.getLength(); i++){

      // item 태그 안에 있는 요소를 정의
      NodeList notdElement = headNodeList.item(i).getChildNodes
      HashMap<String, String> hashmap = new HashMap<String, String>();

      // item 태그 안에 있는 요소 개수만큼 반복
      for (int j = 0; j < notdElement.getLength(); j++) {

        // 태그 이름과 속성값을 HashMap에 저장
        Node n = notdElement.item(j);
        String tagName = n.getNodeName();
        String nodeValue = "";
```

```
        try {
            nodeValue = n.getFirstChild().getNodeValue();
        } catch (NullPointerException localNullPointerException1)
        {}
        hashmap.put(tagName, nodeValue);                                3
      }
      // HashMap을 ArrayList에 저장
      resultList.add(hashmap);                                          4
    }

    // paginationInfo 태그에 있는 요소를 저장
    NodeList totalCnt = doc.getElementsByTagName("paginationInfo");
    Node headNode = totalCnt.item(0);
    Element headLineElement = (Element) headNode;

    // totalRecordCount 요소를 저장
    NodeList totalCntElement = headLineElement.getElementsByTagName("totalRecordCount");
    Element totalCntItem = (Element) totalCntElement.item(0);
    NodeList total = totalCntItem.getChildNodes();
    HashMap<String, String> hashmap = new HashMap<String, String>();
    // Total에 들어 있는 속성값을 totCnt를 키로 정의해 HashMap에 저장한 후 ArrayList에 저장
    hashmap.put("totCnt", total.item(0).getTextContent());              5

    resultList.add(hashmap);

    return resultList;
  }
}
```

예제 3.4 브이월드 검색 API에 연결[6]

6 ₩src₩main₩java₩egovframework₩got₩vmap₩controller₩vMapSearch.java

예제 1 : 간단한 2D 지도 검색서비스 구현하기

기본 화면 구성

일반적으로 네이버나 다음에서 제공하는 기본적인 지도 검색 서비스는 화면을 2단으로 나누어, 좌측에는 검색결과 화면을 우측에는 지도화면으로 구성한다. 이 예제에서도 동일한 구조로 구성했으며, 앞장에서 구현한 vMapController.java와 vMapSearch.java를 재활용하고, 지도 화면을 보여주기 위해 2개의 JSP 파일을 구현한다.

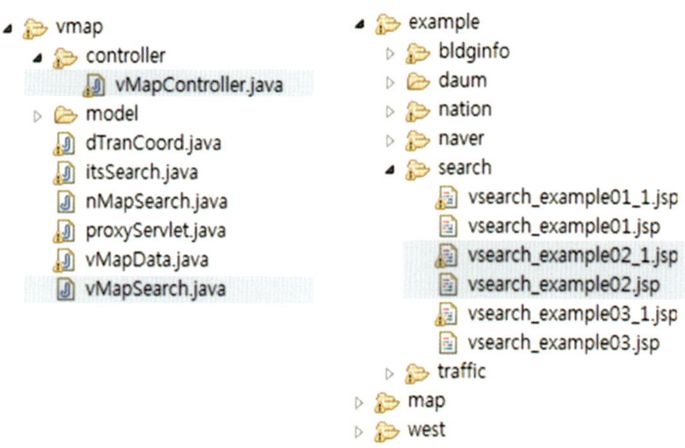

그림 3.4 예제파일 구조

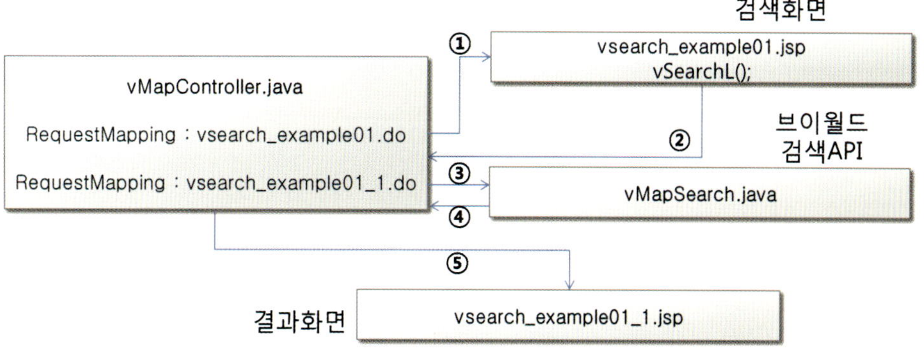

그림 3.5 예제 흐름도

웹 UI의 레이아웃을 나누는 방법은 여러 가지가 있으나 이 예제에서는 가장 많이 사용되는 jQuery를 사용했다. jQuery는 브라우저 호환성이 있는 자바스크립트 라이브러리이며, 클라이언트 측 스크립트를 단순화할 수 있게 설계돼 있다. 자바스크립트에서 jQuery를 활용하기 위해 jQuery 라이브러리를 Import했으며, 레이아웃의 기본적인 CSS는 jQuery에서 제공하는 applyDemoStyles를 사용했다.

1. jQuery 라이브러리를 Import
2. jQuery에서 기본적으로 제공하는 applyDemoStyles로 레이아웃을 설정
3. west 크기 및 초깃값을 "닫힘"이나 "숨김"으로 할 것인가를 결정
4. 센터값의 크기는 auto로 설정한다.
5. div 태그를 생성한다. 이때 class명은 ui-Layout-center, ui-Layout-west 명시

```
<!-- jQuery 레이아웃 라이브러리 Import-->
<script src="http://layout.jquery-dev.com/lib/js/jquery-latest.js"
type="text/javascript"></script>
<script src="http://layout.jquery-dev.com/lib/js/jquery.layout-latest.js"
type="text/javascript"></script>                                    1

<script type="text/javascript">

<!-- 시스템이 시작되면 무조건 실행된다. -->
$(document).ready(function() {
<!-- myLayout이라는 이름으로 레이아웃 크기와 옵션을 설정한다. -->
  myLayout = $('body').layout({
    applyDemoStyles : true                                          2
    ,  west__size: 273
    ,  west__initClosed: false                                      3
    ,  west__initHidden: false
    ,  center__size: "auto"
  });
});
</script>

<!-- class명이 ui-Layout-center로 정의돼 있으면 센터 레이아웃을 가리킨다. -->
<div id="innerLayout" class="ui-layout-center">                     4
    오른쪽 화면
</div>
```

```
<!-- class명이 ui-Layout-west로 정의돼 있으면 서쪽(왼쪽) 레이아웃을 가리킨다. -->
<div class="ui-layout-west">      5
    왼쪽 화면
</div>
```

예제 3.5 화면 구성[7]

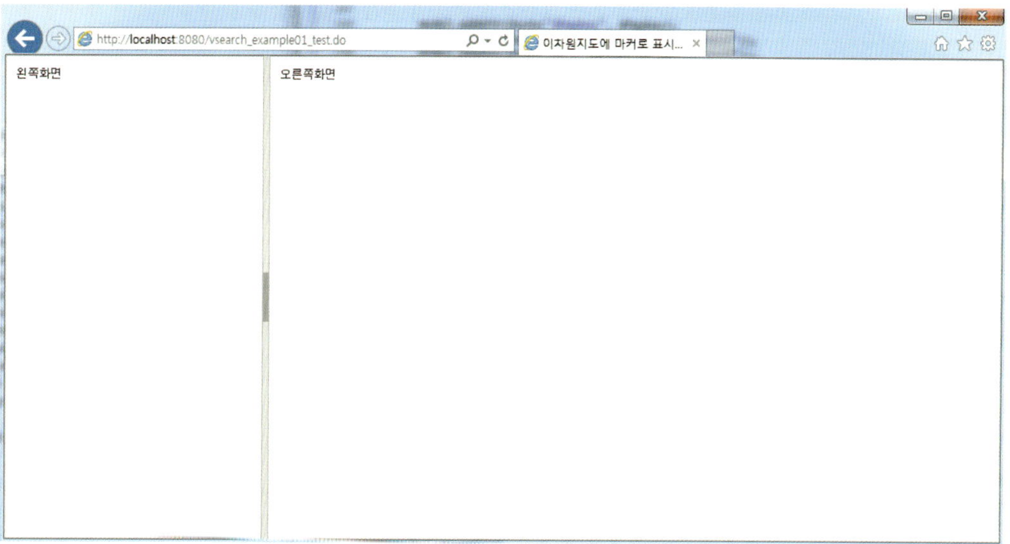

그림 3.6 2단으로 구성된 기본 화면

간단한 2D 지도 서비스를 구현하기 위해 앞장에서 구현한 위치 검색 부분은 좌측 프레임에, 이번 장에서 구현할 2D 지도 화면은 우측 프레임에 위치시켰다. vsearch_example02.jsp의 div 태그 부분을 아래와 같이 수정해 위치 검색 화면을 좌측 프레임에 위치시킨다. 이번 장에서 수정된 위치 검색 부분은 다음 장에 구현할 3D 지도 서비스에서도 동일하게 활용할 예정이다.

1. "웹페이지에 표시하기" 소스를 class이름이 ui-Layout-west인 곳에 입력
2. 결괏값이 왼쪽 레이아웃에 나타남

```
<!-- class명이 ui-layout-west인 div 태그 안에 "웹페이지에 표시하기" 소스를 입력하면 왼쪽 레이아웃에 나타남 -->
```

7 ₩WebContent₩WEB-INF₩jsp₩egovframework₩example₩nation₩vnation_example02.jsp

```
<div class="ui-layout-west">                                                      1, 2
  <div id="westDiv">
    <div id="ajax_indicator" style="display:none">
    로딩중...
    </div>
    <div class="search_terms">
      <div class="search_title">
      <img src="/images/search/searchicon_white.png" class="searchicon_white"/>
      <select id="vCategory">
        <option value="Poi">명칭</option>
        <option value="Jibun">지번</option>
        <option value="Juso">도로명</option>
       </select>
       </div>

…중략…

</div>
```

예제 3.6 화면 구성(좌측 화면)[8]

지도 div 태그를 ui-Layout-center 클래스로 정의된 div 태그 안에 포함시키면 검색 결과를 보여주는 2D 지도 화면이 우측에 위치하게 된다. 이때 2D 지도 화면을 표현하는 div의 id인 vMap을 기억하자.

```
<div id="innerLayout" class="ui-layout-center">
    <div id="vMap" style="width:100%;height:100%"></div>
</div>
```

예제 3.7 화면 구성(우측 화면)[9]

vworld.init() 함수에서는 지도를 그릴 div의 id와 맵의 종류, 2D 지도를 초기화할 때 실행할 함수, 3D 지도를 초기화할 때 전달하는 매개변수 등을 정의하고 환경을 설정하는 역할을 한다. 이 예제에서는 vworld.init() 함수에서 화면을 확대/축소하는 ZoomBar와 전체 지도 화면을 제공하는 Index 맵 등 지도를 제어할 수 있는 도구를 추가했으며, IndexMap의 위치를 우측 하단에 위치하도록 설정했다.

8 ₩WebContent₩WEB-INF₩jsp₩egovframework₩example₩nation₩vnation_example02.jsp
9 ₩WebContent₩WEB-INF₩jsp₩egovframework₩example₩nation₩vnation_example02.jsp

1. 브이월드 지도 변환 기능을 false로 설정
2. 브이월드 초기화 함수 호출
3. 첫 번째 인자값으로 지도 영역의 div 아이디(vMap)를 전달
4. 두 번째 인자값으로 지도의 첫 번째 호출 지도(raster-first: 항공영상)를 전달
5. 세 번째 인자값으로 zoomBar, indexMap, layerSwitch 컨트롤 기능 추가 및 indexMap 위치 설정
6. 브이월드 초기 화면의 중심값과 레벨값 설정

```
$(document).ready(function() {
  myLayout = $('body').layout({
    applyDemoStyles : true
    ,  west__size: 273
    ,  west__initClosed: false                                            1
    ,  west__initHidden: false
    ,  center__size: "auto"
  });
  // true : 배경지도 컨트롤러 생성
  vworld.showMode = false;

  // 지도 영역을 담고 있는 div의 아이디, // 배경 지도의 종류
  vworld.init("vMap", "raster-first",                                     2, 3, 4
    function() {
      // 2D 지도의 초기에 설정되는 함수 및 컨트롤러
      apiMap = this.vmap;

      apiMap.addVWORLDControl("zoomBar");
      apiMap.addVWORLDControl("indexMap");
      apiMap.addVWORLDControl("layerSwitch");                             5
      apiMap.setIndexMapPosition("right-bottom");

      apiMap.setCenterAndZoom(14137025.510094, 4411241.3503068, 8);       6
    }
  );
});
```

예제 3.8 지도 설정[10]

10 ₩WebContent₩WEB-INF₩jsp₩egovframework₩example₩nation₩vnation_example02.jsp

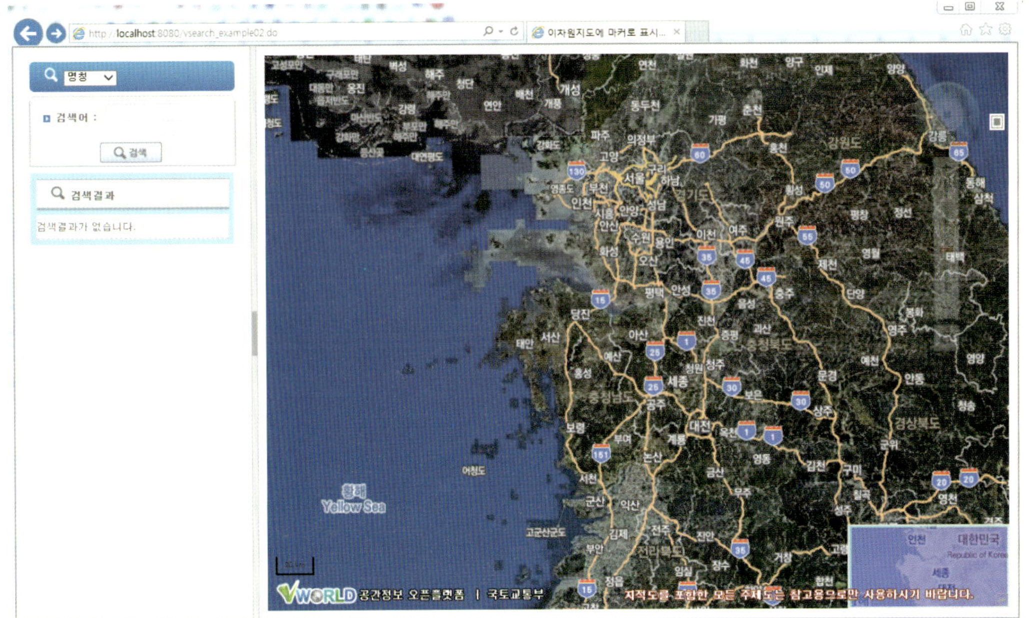

그림 3.7 2단으로 구성된 지도 서비스 화면의 예

전체 검색 결과를 지도 화면에 보여주기

브이월드에서 제공하는 2D 지도 API를 활용해 위치 검색하기의 결과를 지도 화면에 보여주는 부분을 구현한다. 이번 절의 결과물은 전체 지도 서비스 화면의 우측 프레임에 위치하게 된다. 예제에서 2D 지도 화면에는 전체 검색 결과를 마커로 표시하고, 사용자가 마커를 클릭하게 되면 마커가 가리키는 객체의 다양한 정보(주소, 위치, 카테고리 등)를 말풍선을 통해 출력한다. 전체 검색 결과를 한 화면에 출력되기 위해 검색된 결과의 위치 좌푯값(x, y)이 적당한 Bound로 계산되어 출력 화면의 크기와 Zoom-In 레벨이 결정된다.

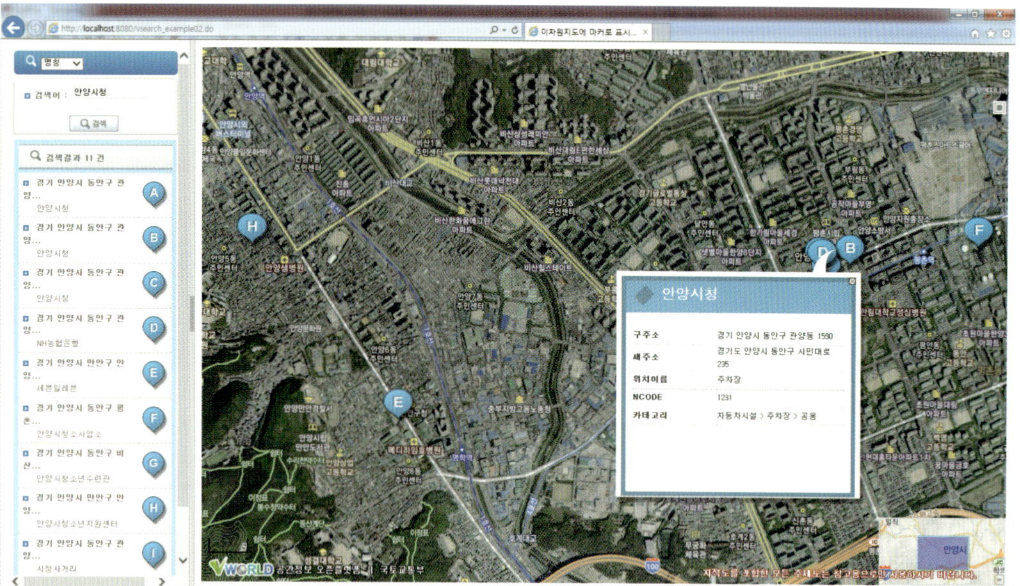

그림 3.8 전체 검색 결과를 지도 화면에 보여주는 예제

위치 검색 API를 사용한 결괏값에는 주소를 비롯해 위치명, 좌푯값, NCODE, PNU 등의 정보가 포함돼 있다. 따라서 검색된 결과물은 좌푯값에 따라 2D 지도 화면 위에 마커를 오버레이해서 보여줄 수 있다. 예제에서는 마커에 마우스 클릭 이벤트를 연결해 클릭 시 구주소, 새주소, 위치명, NCODE, 카테고리 정보를 말풍선으로 보여준다.

앞선 위치 검색하기 예제에서 한 번 검색할 때 최대 10건씩 조회하도록 설정했으므로 검색 이벤트가 발생할 때 지도 위에는 최대 10개씩의 마커 이미지가 화면에 출력돼야 한다. 따라서 예제 소스는 이 부분을 고려해 작성해야 한다. 아래의 소스에서 vSearchL() 함수의 매개변수인 index는 결괏값의 페이지 번호를 의미한다.

```
…중략…

function vSearchL(index){
…중략…
    $.ajax({
      type : "POST",
      async : true,
      url : "/vsearch_example02_1.do",
```

```
        data : params,
        dataType : "html",
        contentType: "application/x-www-form-urlencoded; charset=UTF-8",
        error : function(request, status, error) {
          alert("code : " + request.status + "\r\nmessage : " + request.reponseText);
        },
        success : function(response, status, request) {
          $('#westResult').html(response);

          // 좌푯값과 속성값을 이용해 마커와 속성 정보를 표출하기 위한 함수
          vSearchLmove(category);

        },
  …중략…
  }
```

예제 3.9 결과화면 호출[11]

미리 구현한 vSearchL() 함수는 결괏값을 검색해 westResult라는 div 태그에 저장한다. 이때 westResult 태그에는 좌푯값과 속성값이 설정된다. 이 좌푯값은 vSearchLmove() 함수에서 마커의 위치를 이동하고 지도 화면을 확대/축소하는 데 사용된다.

```
…중략…

<!-- Vsearch_example02_1.jsp에 검색 API의 결과를 input 태그에 hidden type으로 저장한다. -->
<input type="hidden" id="vworldNo" name="vworldNo" value="<c:out value="${status.count}"/>">
<input type="hidden" id="pnu" name="pnu" value="<c:out value="${item.PNU}"/>">
<input type="hidden" id="nameFull" name="nameFull" value="<c:out value="${item.nameFull}"/>">
<input type="hidden" id="nameDp" name="nameDp" value="<c:out value="${item.nameDp}"/>">
<input type="hidden" id="juso" name="juso" value="<c:out value="${item.juso}"/>">
<input type="hidden" id="njuso" name="njuso" value="<c:out value="${item.njuso}"/>">
<input type="hidden" id="rdNm" name="rdNm" value="<c:out value="${item.RD_NM}"/>">
<input type="hidden" id="zipCl" name="zipCl" value="<c:out value="${item.ZIP_CL}"/>">
<input type="hidden" id="nCode" name="nCode" value="<c:out value="${item.NCODE}"/>">
<input type="hidden" id="codeName" name="codeName" value="<c:out value="${item.codeName}"/>">
```

11 ₩WebContent₩WEB-INF₩jsp₩egovframework₩example₩nation₩vnation_example02.jsp

```
<input type="hidden" id="ypos" name="ypos" value="<c:out value="${item.ypos}"/>">
<input type="hidden" id="xpos" name="xpos" value="<c:out value="${item.xpos}"/>">

…중략…
```

예제 3.10 위치 검색 정보 저장[12]

vsearch_example02.jsp에서는 좌푯값과 속성값을 이용해 마커와 속성 정보를 출력하기 위해 vSearchLmove() 함수를 호출한다. 이 예제에서는 검색 API에서 EPSG:4326 좌표계에 의해 좌표 정보를 받았으며, 2D 지도 API는 EPSG:900913 좌표계를 사용하므로 검색 API의 좌표를 2D 지도에 출력하기 위해서는 좌표계 변환이 필요하다. 브이월드는 OpenLayers를 상속받으므로 OpenLayers에서 제공하는 OpenLayers.Geometry.Point(x,y).transform(x1,y2) 함수를 이용해 손쉽게 변환했다.

1. 검색 API에서 제공되는 정보를 저장할 배열 선언
2. 검색 API에서 제공받은 정보를 배열에 저장
3. 2D 지도 좌표에 맞게 좌표를 변환 (EPSG:4326 → EPSG:900913)
4. 말풍선에서 출력할 정보를 HTML로 저장
5. x, y좌표, 말풍선 내용, 마커 이미지 URL을 매개변수로 사용해 마커를 화면에 출력하는 addMarker 함수를 호출
6. 브이월드 마커를 markers라는 객체에 저장
7. markers 객체에 저장돼 있는 브이월드 마커의 extent 값을 가져와 해당 위치로 이동 및 확대

```
function vSearchLmove(kind){

  // 지도상에 표출돼 있는 정보 초기화

  apiMap.initAll();

  // 검색 API의 종류
  var vKind = kind;
  // 검색 API의 속성 데이터를 저장할 배열 선언
  var vx = new Array();
```

12 ₩WebContent₩WEB-INF₩jsp₩egovframework₩example₩nation₩vnation_example02.jsp

```
var vy = new Array();
var vNo = new Array();
var vPnu = new Array();
var vNameFull = new Array();
var vNameDp = new Array();
var vNjuso =  new Array();
var vJuso = new Array();
var vRdNm = new Array();
var vZipCl = new Array();
var vNcode = new Array();
var vCodeName = new Array();                                                        1

// 검색 API의 공통된 속성 정보
var xpos = $("[name=xpos]");
var ypos = $("[name=ypos]");
var vworldNo = $("[name=vworldNo]");
var pnu,nameFull,nameDp,juso,njuso,rdNm,zipCl,nCode,codeName;
// "명칭" 검색 API의 속성 정보
if(vKind == "Poi"){
  pnu = $("[name=pnu]");
  nameFull = $("[name=nameFull]");
  nameDp = $("[name=nameDp]");
  juso = $("[name=juso]");
  njuso = $("[name=njuso]");
  rdNm = $("[name=rdNm]");
  zipCl = $("[name=zipCl]");
  nCode = $("[name=nCode]");
  codeName = $("[name=codeName]");
}
// markers라는 변수에 마커 객체 생성
var markers = new OpenLayers.Layer.Markers( "Markers" );

// 검색 API의 검색 결과 값을 배열에 저장
$("input[name=xpos]").each(function(idx) {
  vx[idx] = xpos.eq(idx).val();
  vy[idx] = ypos.eq(idx).val();
```

```
vNo[idx] = vworldNo.eq(idx).val();
if(vKind == "Poi"){
  vPnu[idx] = pnu.eq(idx).val();
  vNameFull[idx] = nameFull.eq(idx).val();
  vNameDp[idx] = nameDp.eq(idx).val();
  vJuso[idx] = juso.eq(idx).val();                                    2
  vNjuso[idx] = njuso.eq(idx).val();
  vRdNm[idx] = rdNm.eq(idx).val();
  vZipCl[idx] = zipCl.eq(idx).val();
  vNcode[idx] = nCode.eq(idx).val();
  vCodeName[idx] = codeName.eq(idx).val();
}

// 검색 API에서 전송받은 결과 좌표가 EPSG:4326이기 때문에 EPSG:900913으로
// 좌표변환(2D 지도=>EPSG:900913)
var epsg900913 = new OpenLayers.Projection('EPSG:900913');
var epsg4326   = new OpenLayers.Projection('EPSG:4326');
var transCod = new OpenLayers.Geometry.Point(vx[idx], vy[idx]).
                                    transform(epsg4326,epsg900913);   3

// 말풍선에 나올 상세 정보값 및 디자인
var popupContentHTML = "";
if(vKind == "Poi"){
  popupContentHTML += "<div class='popup_area'>";
  popupContentHTML += "<div class='titlePop'>"+vNameFull[idx]+"</div>";
  popupContentHTML += "<div class='clear'></div>";
  popupContentHTML += "<div class='contents'>";
  popupContentHTML += "<div class='detail'>";
  popupContentHTML += "<table class='table'>";
  popupContentHTML += "<tr>";
  popupContentHTML += "<th width='120'>구주소</th>";
  popupContentHTML += "<td>"+vJuso[idx]+"</td>";
  popupContentHTML += "</tr>";
  popupContentHTML += "<tr>";
  popupContentHTML += "<th>새주소</th>";
  popupContentHTML += "<td>"+vNjuso[idx]+"</td>";
  popupContentHTML += "</tr>";
  popupContentHTML += "<tr>";
  popupContentHTML += "<th>위치명</th>";
```

```
        popupContentHTML += "<td>"+vNameDp[idx]+"</td>";
        popupContentHTML += "</tr>";
        popupContentHTML += "<tr>";
        popupContentHTML += "<tr>";
        popupContentHTML += "<th>NCODE</th>";
        popupContentHTML += "<td>"+vNcode[idx]+"</td>";
        popupContentHTML += "</tr>";
        popupContentHTML += "<tr>";
        popupContentHTML += "<th>카테고리</th>";
        popupContentHTML += "<td>"+vCodeName[idx]+"</td>";
        popupContentHTML += "</tr>";
        popupContentHTML += "</table>";
        popupContentHTML += "</div>";
        popupContentHTML += "</div>";
        popupContentHTML += "</div>";
      }                                                                    4
      // 마커 이미지 등록
      var imgUrl = '/images/search/bul_poi_b_'+vNo[idx]+'.png';
      // 지도에 마커를 표출하는 함수
      addMarker(transCod.x, transCod.y, popupContentHTML, imgUrl);         5
      // 지도에 표출된 마커를 markers 객체에 저장
      markers.addMarker(marker);                                           6
    });
    // markers 객체에 저장돼 있는 마커들의 extent 범위로 지도 확대
    apiMap.zoomToExtent(markers.getDataExtent());                          7
  }
```

예제 3.11 마커 출력[13]

vSearchLMove() 함수에서는 마커를 지도 위에 출력하기 위해 addMarker() 함수를 호출하며, 매개변수로 x, y좌표, 말풍선 내용, 마커 이미지에 대한 URL을 가진다. 마커 이미지 URL을 비워두면 브이월드 2D 지도 API에서는 기본 마커 이미지를 제공하지만 이 예제에서는 사용자가 정의한 이미지를 사용한다.

13 ₩WebContent₩WEB-INF₩jsp₩egovframework₩example₩nation₩vnation_example02.jsp

1. 브이월드 마커 객체 생성
2. 마커 아이디 추출
3. 마커 ZIndex 설정
4. 마커를 브이월드 지도에 add
5. 마커 크기를 설정

```
function addMarker(lon, lat, message, imgurl){

  // 브이월드 마커 객체 생성(x좌표, y좌표, 말풍선 내용)
  marker = new vworld.Marker(lon, lat,message,"");                1

  // 마커 이미지 URL이 문자 타입이면 이미지 URL 설정
  if (typeof imgurl == 'string') { marker.setIconImage(imgurl); }

  // 마커 이벤트 아이디
  var size = marker.events.element.id.toString();

  // 마커 이미지 아이디
  size = size + '_innerImage';                                    2

  // 마커 순서 설정
  marker.setZindex(3);                                            3

  apiMap.addMarker(marker);                                       4

  // 마커 크기 설정
  var markerImg = $('#'+size);
  markerImg.width(50);
  markerImg.height(50);                                           5
}
```

예제 3.12 마커 설정[14]

14 ₩WebContent₩WEB-INF₩jsp₩egovframework₩example₩nation₩vnation_example02.jsp

특정 위치에 대한 결과를 지도 화면에 보여주기

앞에서는 위치 검색에 의한 전체 결괏값을 지도 화면에 보여주는 예제를 작성했다. 이번에는 전체 결과 목록 중 하나를 클릭하면 해당 위치로 지도 화면이 이동하고, 클릭한 객체의 정보를 말풍선으로 확인할 수 있게 구현한다.

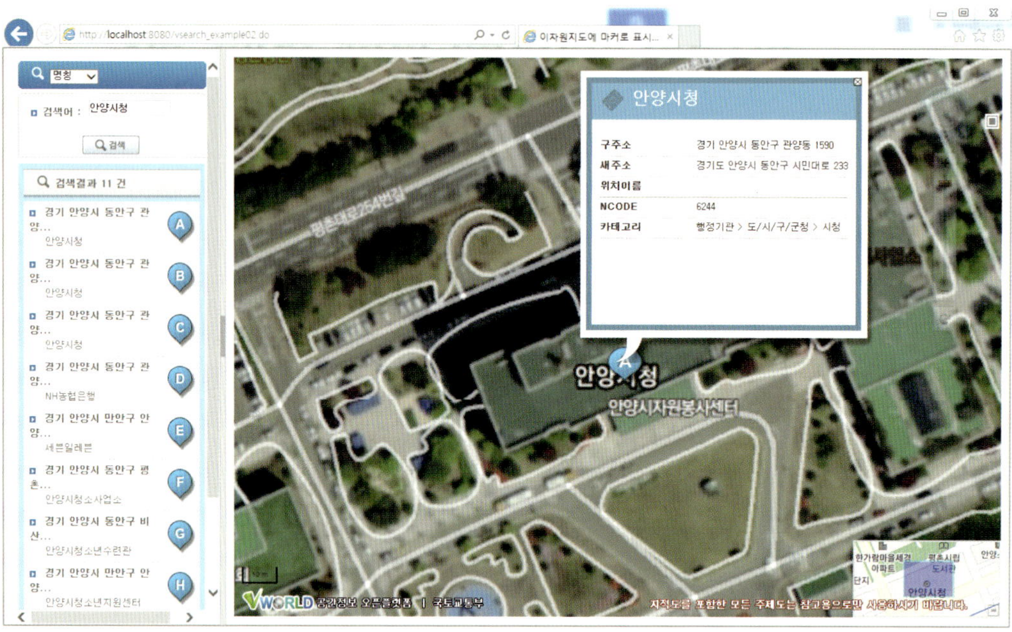

그림 3.9 특정 위치를 지도 화면에 보여주는 예제

아래는 이미지 심볼에 vSearchMove() 함수로 링크를 연결하는 소스코드다. 간단하게 하이퍼링크로 연결하고 다양한 정보를 함께 전송한다.

1. 검색 리스트에 표현되는 이미지 심볼에 vSearchMove()라는 함수로 링크를 설정
2. vSearchMove()에 개별 검색 정보를 매개변수로 반환

```
<td class="link_location">
  <!-- 개별 검색 정보 및 어떤 종류의 API를 사용할지 매개변수로 전송 -->
  <a href="javascript:vSearchMove('<c:out value="${status.count}"/>',        1
                                  '<c:out value="${item.PNU}"/>',
                                  '<c:out value="${item.nameFull}"/>',
                                  '<c:out value="${item.nameDp}"/>',
                                  '<c:out value="${item.juso}"/>',
```

```
                        '<c:out value="${item.njuso}"/>',
                        '<c:out value="${item.RD_NM}"/>',
                        '<c:out value="${item.ZIP_CL}"/>',
                        '<c:out value="${item.NCODE}"/>',
                        '<c:out value="${item.codeName}"/>',
                        '<c:out value="${item.ypos}"/>',
                        '<c:out value="${item.xpos}"/>',
                        'Poi');">                                    2

    <img src="/images/search/bul_poi_b_<c:out value="${status.count}" escapeXml="false"/>.png"
        alt="" class="result_link" />
  </a>
</td>
```

예제 3.13 지명 검색 데이터 저장[15]

전체 검색 결과를 화면에 표시하기 소스와 비교해 특정 위치를 표시하는 소스는 거의 유사하지만 오히려 더 간단하다. 이번에도 좌표 변환이 필요하며, 마커에 표시될 정보를 처리한다. 또한 한 화면에 출력되도록 출력 화면의 크기와 Zoom-In 레벨이 결정된다.

1. 2D 지도 좌표에 맞게 좌표 변환(EPSG:4326 => EPSG:900913)
2. 말풍선에 표현될 정보를 HTML로 저장
3. 마커를 표출할 함수에 x좌표, y좌표, 말풍선 내용, 마커 이미지 URL을 매개변수를 포함해서 호출
4. markers 변수에 마커 객체를 생성해 저장
5. 브이월드 마커를 markers라는 객체에 저장
6. markers 객체에 저장돼 있는 브이월드 마커의 extent 값을 가져와 해당 위치로 이동 및 확대

```
function vSearchMove
(cnt,pnu,nameFull,nameDp,juso,nJuso,rdNm,zipCl,ncode,codeName,ypos,xpos,vKind){

  // 지도상에 표출돼 있는 정보 초기화
  apiMap.initAll();
  // 검색 API에서 전송받은 결과 좌표가 EPSG:4326이기 때문에 EPSG:90009313으로 좌표변환
  var epsg900913 = new OpenLayers.Projection('EPSG:900913');
```

15 ₩WebContent₩WEB-INF₩jsp₩egovframework₩example₩nation₩vnation_example02_1.jsp

```
var epsg4326   = new OpenLayers.Projection('EPSG:4326');
var transCod = new OpenLayers.Geometry.Point(xpos, ypos).transform(epsg4326,epsg900913);   1

// 말풍선에 나올 상세 정보값 및 디자인
var popupContentHTML = "";
if(vKind == "Poi"){
  popupContentHTML += "<div class='popup_area'>";
  popupContentHTML += "<div class='titlePop'>"+nameFull+"</div>";
  popupContentHTML += "<div class='clear'></div>";
  popupContentHTML += "<div class='contents'>";
  popupContentHTML += "<div class='detail'>";
  popupContentHTML += "<table class='table'>";
  popupContentHTML += "<tr>";
  popupContentHTML += "<th width='120'>구주소</th>";
  popupContentHTML += "<td>"+juso+"</td>";
  popupContentHTML += "</tr>";
  popupContentHTML += "<tr>";
  popupContentHTML += "<th>새주소</th>";
  popupContentHTML += "<td>"+nJuso+"</td>";
  popupContentHTML += "</tr>";
  popupContentHTML += "<tr>";
  popupContentHTML += "<th>위치명</th>";
  popupContentHTML += "<td>"+nameDp+"</td>";
  popupContentHTML += "</tr>";
  popupContentHTML += "<tr>";
  popupContentHTML += "<tr>";
  popupContentHTML += "<th>NCODE</th>";
  popupContentHTML += "<td>"+ncode+"</td>";
  popupContentHTML += "</tr>";
  popupContentHTML += "<tr>";
  popupContentHTML += "<th>카테고리</th>";
  popupContentHTML += "<td>"+codeName+"</td>";
  popupContentHTML += "</tr>";
  popupContentHTML += "</table>";
  popupContentHTML += "</div>";
  popupContentHTML += "</div>";
  popupContentHTML += "</div>";
}   2
```

```
    // 마커 이미지 등록
    var imgUrl = '/images/search/bul_poi_b_'+cnt+'.png';
    // 지도에 마커를 표출하는 함수                                  3
    addMarker(transCod.x, transCod.y, popupContentHTML, imgUrl);
    // markers라는 변수에 마커 객체 생성
    var markers = new OpenLayers.Layer.Markers( "Markers" );       4
    // 지도에 표출된 마커를 markers 객체에 저장
    markers.addMarker(marker);                                     5
    // markers 객체에 저장돼 있는 마커들의 extent 범위로 지도 확대
    apiMap.zoomToExtent(markers.getDataExtent());                  6
}
```

예제 3.14 마커 출력[16]

예제 2: 간단한 3D 지도 검색서비스 구현하기

전체 검색 결과를 지도 화면에 보여주기

3D 지도 서비스도 2D 지도 서비스와 동일한 구조로 구성했으며, 앞장에서 구현한 vMapController.java와 vMapSearch.java를 재활용한다. 또한 3D 지도 화면을 보여주기 위해 2개의 JSP 파일을 구현한다. 3D 지도 서비스의 구현은 2D 지도 서비스와 거의 유사하므로 간단히 소스를 소개하고 넘어가겠다.

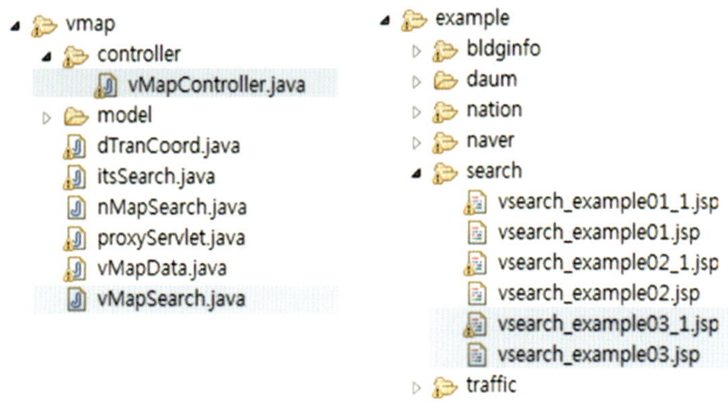

그림 3.10 예제파일 구조

16 ₩WebContent₩WEB-INF₩jsp₩egovframework₩example₩nation₩vnation_example02.jsp

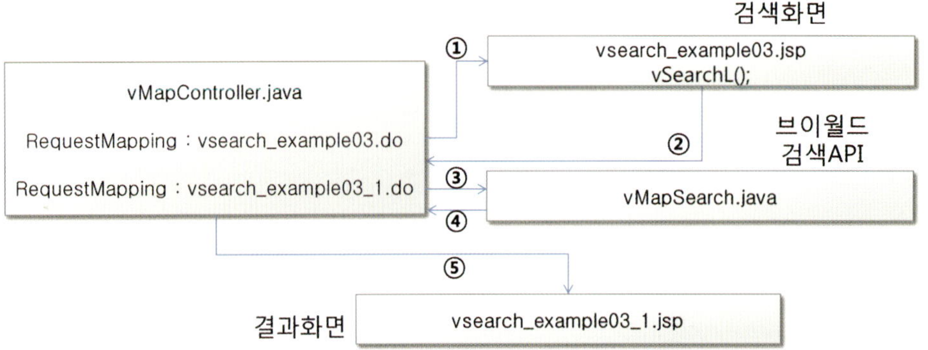

그림 3.11 예제 흐름도

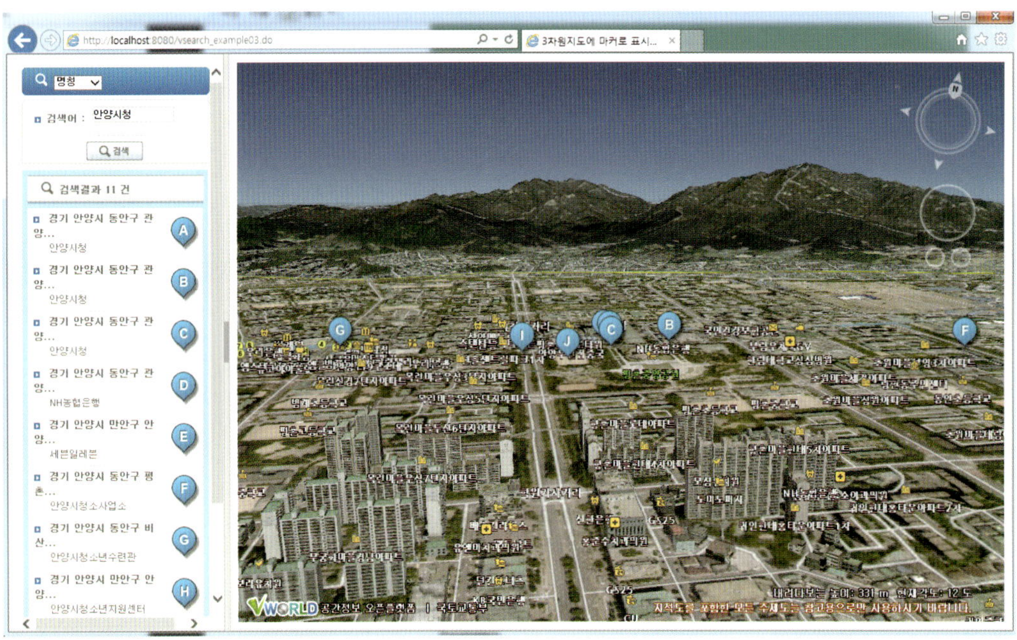

그림 3.12 3차원 지도에 마커로 표현

브이월드 2D 지도에서는 지도 제어를 위해 apiMap을 활용했으며, 브이월드 3D 지도에서는 apiMap3D 변수에 3D 기능을 저장해서 활용한다. 이 예제에서는 apiMap3D 객체를 전역 변수로 선언했다. 지도를 초기화하는 과정에서 2D 지도에서는 raster-first를 인자로 사용했으나 이 지도에서는 3D 지도를 먼저 보여주기 위해 earth-first로 작성된다는 점을 기억하자.

1. 화면 레이아웃 설정
2. 배경지도의 초깃값을 3D 지도로 설정(earth-first)
3. apiMap3D 변수에 3D와 관련된 모든 정보를 저장
4. mapView 변수에 SOPMap 객체를 저장

```
$(document).ready(function() {
  <!-- 레이아웃 설정 -->
  myLayout = $('body').layout({
    applyDemoStyles : true
    ,  west__size:        273
    ,  west__initClosed: false                                          1
    ,  west__initHidden: false
    ,  center__size:      "auto"
  });

  // 배경지도 변환 툴 비활성화
  vworld.showMode = false;
  // 지도가 표출될 div 태그의 아이디, // 3D 지도
  vworld.init("vMap", "earth-first",                                    2
    function() {
    },
  function (obj){
    // 브이월드 3D 지도
    apiMap3D = obj;                                                     3
    // 현재 3D 지도의 레이어 목록 저장
    map3DLayerList = apiMap3D.getLayerList();
    // SOPMap (지도 서비스에 대한 서버 접속, 환경파일 다운로드와 같은 기능이 정의된 클래스) 저장
    mapView = apiMap3D.getView();                                       4
  }
  // 3D 지도 호출 실패
  function (msg){alert('oh my god');}
  );

});
```

예제 3.15 화면 구성[17]

17 ₩WebContent₩WEB-INF₩jsp₩egovframework₩example₩nation₩vnation_example03.jsp

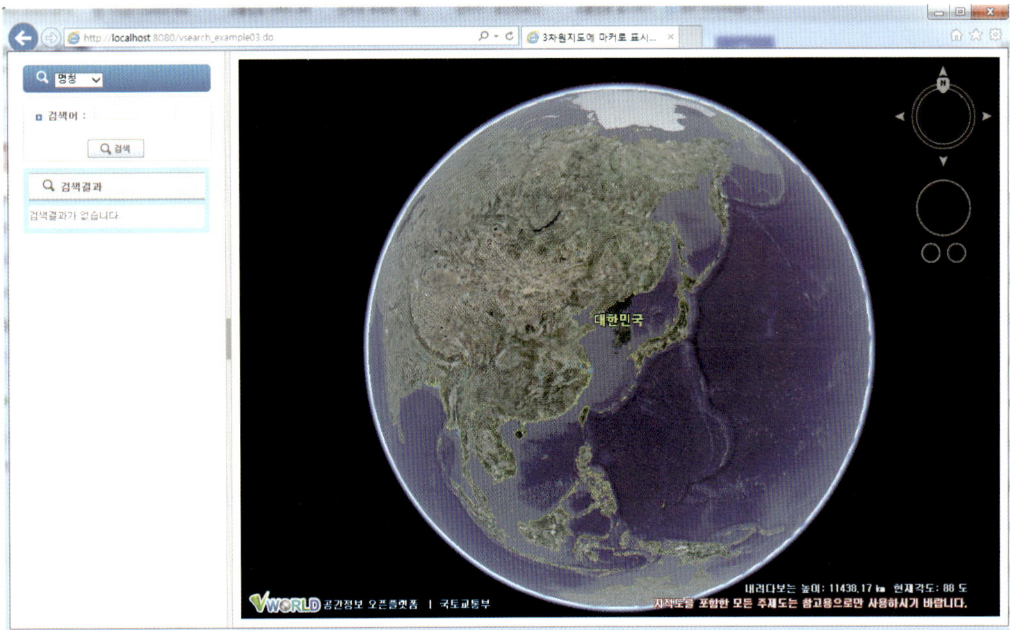

그림 3.13 3D 지도 호출

브이월드 API에서는 rootDiv와 mapType을 설정하고 3D 지도 초기화 매개변수를 설정만 하면 3D 지도를 쉽게 웹페이지에 보여줄 수 있다. 2D 지도 서비스와 마찬가지로 3D 지도 화면 위에 마커를 오버레이해서 보여준다.

```
…중략…

function vSearchL(index){
…중략…
    $.ajax({
      type : "POST",
      async : true,
      url : "/vsearch_example03_1.do",
      data : params,
      dataType : "html",
      contentType: "application/x-www-form-urlencoded; charset=UTF-8",
      error : function(request, status, error) {
        alert("code : " + request.status + "\r\nmessage : " + request.reponseText);
      },
```

```
        success : function(response, status, request) {
          $('#westResult').html(response);

          <!-- 좌푯값과 속성값을 이용해 마커와 속성 정보를 출력하기 위한 함수 -->
          vSearchLmove(category);

        },
  …중략…
  }
```

예제 3.16 결과화면 호출[18]

3차원 지도에서 사용하는 vSearchLmove() 함수의 구조는 2차원 지도 예제에서 작성된 vSearchLmove() 함수와 구조적으로 거의 유사하다. 다만 3차원 객체를 제어하기 위해 함수명이 조금씩 다를 수 있으니 유의하자.

1. 검색 API에서 제공되는 정보를 저장할 배열 선언
2. 검색 API에서 제공받은 정보를 배열에 저장
3. 말풍선에 표현될 정보를 HTML로 저장
4. 마커를 표출할 함수에 x좌표, y좌표, 말풍선 내용, 마커 이미지 URL을 매개변수를 포함해서 호출

```
function vSearchLmove(kind){

  // 검색 API의 종류 // 검색 API의 속성 데이터를 저장할 배열 선언
  var vKind = kind;
  var vx = new Array();
  var vy = new Array();
  var vNo = new Array();
  var vPnu = new Array();
  var vNameFull = new Array();
  var vNameDp = new Array();
  var vNjuso =  new Array();
  var vJuso = new Array();
  var vRdNm = new Array();
```

18 ₩WebContent₩WEB-INF₩jsp₩egovframework₩example₩nation₩vnation_example03.jsp

```
var vZipCl = new Array();
var vNcode = new Array();
var vCodeName = new Array();                                          1

// 검색 API 공통된 속성 정보
var xpos = $("[name=xpos]");
var ypos = $("[name=ypos]");
var vworldNo = $("[name=vworldNo]");
var pnu,nameFull,nameDp,juso,njuso,rdNm,zipCl,nCode,codeName;
// "명칭" 검색 API의 속성 정보
if(vKind == "Poi"){
  pnu = $("[name=pnu]");
  nameFull = $("[name=nameFull]");
  nameDp = $("[name=nameDp]");
  juso = $("[name=juso]");
  njuso = $("[name=njuso]");
  rdNm = $("[name=rdNm]");
  zipCl = $("[name=zipCl]");
  nCode = $("[name=nCode]");
  codeName = $("[name=codeName]");
}
// markers라는 변수에 마커 객체를 생성
var markers = new OpenLayers.Layer.Markers( "Markers" );
// 검색 API 검색 결과 값을 배열에 저장

$("input[name=xpos]").each(function(idx) {
  vx[idx] = xpos.eq(idx).val();
  vy[idx] = ypos.eq(idx).val();

  vNo[idx] = vworldNo.eq(idx).val();
  if(vKind == "Poi"){
    vPnu[idx] = pnu.eq(idx).val();
    vNameFull[idx] = nameFull.eq(idx).val();
    vNameDp[idx] = nameDp.eq(idx).val();
    vJuso[idx] = juso.eq(idx).val();
    vNjuso[idx] = njuso.eq(idx).val();
    vRdNm[idx] = rdNm.eq(idx).val();
    vZipCl[idx] = zipCl.eq(idx).val();
    vNcode[idx] = nCode.eq(idx).val();
```

```
    vCodeName[idx] = codeName.eq(idx).val();
  }                                                                  2


  // 말풍선에 나올 상세 정보값 및 디자인
  var popupContentHTML = "";
  if(vKind == "Poi"){
    popupContentHTML += "<div class='popup_area'>";
    popupContentHTML += "<div class='titlePop'>"+vNameFull[idx]+"</div>";
    popupContentHTML += "<div class='clear'></div>";
    popupContentHTML += "<div class='contents'>";
    popupContentHTML += "<div class='detail'>";
    popupContentHTML += "<table class='table'>";
    popupContentHTML += "<tr>";
    popupContentHTML += "<th width='120'>구주소</th>";
    popupContentHTML += "<td>"+vJuso[idx]+"</td>";
    popupContentHTML += "</tr>";
    popupContentHTML += "<tr>";
    popupContentHTML += "<th>새주소</th>";
    popupContentHTML += "<td>"+vNjuso[idx]+"</td>";
    popupContentHTML += "</tr>";
    popupContentHTML += "<tr>";
    popupContentHTML += "<th>위치명</th>";
    popupContentHTML += "<td>"+vNameDp[idx]+"</td>";
    popupContentHTML += "</tr>";
    popupContentHTML += "<tr>";
    popupContentHTML += "<tr>";
    popupContentHTML += "<th>NCODE</th>";
    popupContentHTML += "<td>"+vNcode[idx]+"</td>";
    popupContentHTML += "</tr>";
    popupContentHTML += "<tr>";
    popupContentHTML += "<th>카테고리</th>";
    popupContentHTML += "<td>"+vCodeName[idx]+"</td>";
    popupContentHTML += "</tr>";
    popupContentHTML += "</table>";
    popupContentHTML += "</div>";
    popupContentHTML += "</div>";
    popupContentHTML += "</div>";
  }                                                                  3
```

```
      // 마커 이미지 등록
      var imgUrl = '/images/search/bul_poi_b_'+vNo[idx]+'.png';
      // 브이월드 3D 지도 초기화
      mapView.mapReset();
      // 딜레이
      setTimeout(function(){
        // 마커를 등록하는 함수를 호출
        addMarker3D(vx[idx], vy[idx], popupContentHTML, imgUrl);                4
      }, 100);
    });
  }
```

예제 3.17 마커 출력[19]

마커를 지도 위에 출력하기 위해 addMarker3D() 함수를 호출하며, 인자로 x, y좌표, 말풍선 내용, 마커 이미지 URL을 전달한다. 소스에서 마커가 실제로 화면에 출력되는 부분은 apiMap3D.getView().addChild(poi,8)이며, 2D 예제와 다르게 마커에 이벤트를 직접 등록해야 하므로 window.sop.earth.addEventListener를 설정했다. 3차원에서는 마커를 Balloon이라고 지칭하며, Balloon의 위치를 설정하기 위해 SOPVec3 객체를 생성하고 좌푯값을 설정한다. Balloon을 화면에 출력하려면 balloon.show(true)와 apiMap3D.setBalloon(balloon,true) 함수를 호출해 Balloon을 추가한다.

1. SOPVec3 객체 생성
2. SOPPoint 객체 생성
3. SOPVec3 객체에 좌푯값 및 고도값 설정
4. SOPPoint 객체에 SOPVec3 객체 등록
5. Symbol 속성 반환
6. 마커 이미지 등록 및 속성 내용 등록
7. 마커 클릭 시 map3DBalloon 함수를 호출하는 이벤트 등록
8. 위치/속성 내용/balloon 크기를 설정하고 3D 지도 화면에 표출

19 ₩WebContent₩WEB-INF₩jsp₩egovframework₩example₩nation₩vnation_example03.jsp

```
function addMarker3D(lon, lat, message, imgurl){
  // 마커 이미지 URL 저장
  var imgCount = 'http://localhost:8080'+imgurl+'';
  // 브이월드 3D 지도가 활성화돼 있다면
  if(apiMap3D != null){
    // plugin에 선언된 사용자 레이어 삭제
    apiMap3D.getUserLayer().removeAll();
    // 2차원 좌표를 입력해 카메라 수평 이동
    apiMap3D.getViewCamera().moveLonLat(lon,lat);
    // 카메라와 지형과의 거리 설정
    apiMap3D.getViewCamera().setAltitude(500);
    // SOPVec3 객체 생성
    var vec4=apiMap3D.createVec3();                                    1
    // "999"라는 아이디를 받아 SOPPoint 객체 생성
    var poi = apiMap3D.createPoint('999');                             2
    // 위도 설정
    vec4.Longitude = lon;
    // 위도 설정
    vec4.Latitude = lat;
    // 고도 설정
    vec4.Altitude = 0;                                                 3
    // 위도, 경도, 고도값을 SOPPoint 객체에 설정
    poi.Set(vec4);                                                     4
    // SOPPoint 심볼 속성 반환
    var sym=poi.getSymbol();
    // Symbol에 등록된 아이콘 반환
    var icon=sym.getIcon();                                            5
    // 마커 경로 이미지 설정
    icon.setNormalIcon(imgCount);
    // Symbol 아이콘 등록
    sym.setIcon(icon);
    // Symbol SOPPoint 객체에 설정
    poi.setSymbol(sym);
    // SOPPoint 객체의 설명 등록
    poi.setDescription(message);
    // SOPObject를 지도 화면에 추가
    apiMap3D.getView().addChild(poi,8);                                6
    // 심볼을 클릭하면 map3DBalloon 함수를 실행하는 이벤트 등록
```

```
    window.sop.earth.addEventListener(poi, "lmouseup", map3DBalloon);        7
  }
}

function map3DBalloon(event){
  if(apiMap3D != null){
    // balloon 닫기
    apiMap3D.closeBalloon();
    // html 태그 말풍선 객체 생성
    var balloon = apiMap3D.createHtmlBalloon();
    // balloon 위치 설정
    balloon.setTarget(event.getTarget());
    // 닫기 버튼 생성
    balloon.setCloseButton(true);
    // 내용 설정
    balloon.setHtmlString(event.getTarget().getDescription());
    // 내용 설정
    balloon.setWidth_(340);
    balloon.setHeight_(315);
    // 브이월드 지도에 balloon 생성
    balloon.show_(true);
    apiMap3D.setBalloon(balloon, true);                                       8
  }
}
```

예제 3.18 마커 설정[20]

20 ₩WebContent₩WEB-INF₩jsp₩egovframework₩example₩nation₩vnation_example03.jsp

그림 3.14 3차원 지도에 마커로 표현

특정 위치에 대한 결과를 지도 화면에 보여주기

앞장에서는 위치 검색에 의한 전체 결괏값을 지도 화면에 보여주는 예제를 작성했다. 이 예제에서는 전체 결과 목록 중 하나를 클릭하면 해당 위치로 지도 화면이 이동하고 말풍선 정보를 확인할 수 있도록 구현한다. 앞 장과 다르게 지도 화면에는 단 하나의 마커만이 출력돼 있음을 확인할 수 있다.

그림 3.15 특정 위치를 3D 지도 화면에 보여주는 예제

1. 말풍선에 표현될 정보를 HTML로 저장

2. 마커를 표출할 함수에 x좌표, y좌표, 말풍선 내용, 마커 이미지 URL을 매개변수를 포함해 호출

```
function vSearchMove
(cnt,pnu,nameFull,nameDp,juso,nJuso,rdNm,zipCl,ncode,codeName,ypos,xpos,vKind){

  // 지도상에 표출돼 있는 정보 초기화
  apiMap.initAll();

  // 말풍선에 나올 상세 정보값 및 디자인
  var popupContentHTML = "";
  if(vKind == "Poi"){
    popupContentHTML += "<div class='popup_area'>";
    popupContentHTML += "<div class='titlePop'>"+nameFull+"</div>";
    popupContentHTML += "<div class='clear'></div>";
    popupContentHTML += "<div class='contents'>";
    popupContentHTML += "<div class='detail'>";
    popupContentHTML += "<table class='table'>";
    popupContentHTML += "<tr>";
    popupContentHTML += "<th width='120'>구주소</th>";
    popupContentHTML += "<td>"+juso+"</td>";
    popupContentHTML += "</tr>";
    popupContentHTML += "<tr>";
    popupContentHTML += "<th>새주소</th>";
    popupContentHTML += "<td>"+nJuso+"</td>";
    popupContentHTML += "</tr>";
    popupContentHTML += "<tr>";
    popupContentHTML += "<th>위치명</th>";
    popupContentHTML += "<td>"+nameDp+"</td>";
    popupContentHTML += "</tr>";
    popupContentHTML += "<tr>";
    popupContentHTML += "<tr>";
    popupContentHTML += "<th>NCODE</th>";
    popupContentHTML += "<td>"+ncode+"</td>";
    popupContentHTML += "</tr>";
    popupContentHTML += "<tr>";
    popupContentHTML += "<th>카테고리</th>";
    popupContentHTML += "<td>"+codeName+"</td>";
    popupContentHTML += "</tr>";
```

```
      popupContentHTML += "</table>";
      popupContentHTML += "</div>";
      popupContentHTML += "</div>";
      popupContentHTML += "</div>";
    }                                                                    1

    // 마커 이미지 등록
    var imgUrl = '/images/search/bul_poi_b_'+cnt+'.png';
    // 브이월드 3D 지도 초기화
    mapView.mapReset();
    // 마커를 등록하는 함수를 호출
    addMarker3D(xpos, ypos, popupContentHTML, imgUrl);                   2
  }
```

예제 3.19 마커 디자인[21]

외부 WMTS 매시업

최근에는 고해상도 항공사진을 비롯해 대용량 공간정보가 생산됨에 따라 제한된 네트워크와 하드웨어 환경에서 공간정보를 빠르게 처리하고 화면에 출력하기 위해 지도를 타일(Tile)과 같이 나누어 서비스하는 방법이 널리 사용되고 있다. 특히 국가표준기구인 OGC에서는 웹 환경에서 타일링 서비스를 제공하는 WMTS(Web Map Tiling Service)를 표준으로 제정하기도 했다. 브이월드 오픈API에서는 브이월드 지도 위에 외부 WMTS의 지도 화면을 매시업할 수 있도록 지원한다. 이번 장에서는 사용자가 브이월드 오픈API에 WMTS로 획득 가능한 교통소통정보를 매시업하는 간단한 예제를 만들어 본다.

예제 1: 교통소통정보 매시업하기

국토교통부에서 운영하는 국가공간정보센터(http://openapi.its.go.kr/api/openApi)에서는 교통정보 관련 콘텐츠 및 데이터를 누구나 쉽게 활용하고 웹 서비스 및 애플리케이션 개발을 지원하기 위해 오픈API를 제공하고 있다. 구현할 예제는 브이월드 지도 화면을 좌측 프레임에 보여주고, 우측 프레임에 국가공간정보센터에서 제공하는 소통정보를 선택할 수 있는 체크박스를 구성한다. 또한 체크박스를 선택할 때 브이월드 배경지도에 타일로 구성된 교통소통정보 레이어를 오버레이해서 보여주게 한다.

21 ₩WebContent₩WEB-INF₩jsp₩egovframework₩example₩nation₩vnation_example03.jsp

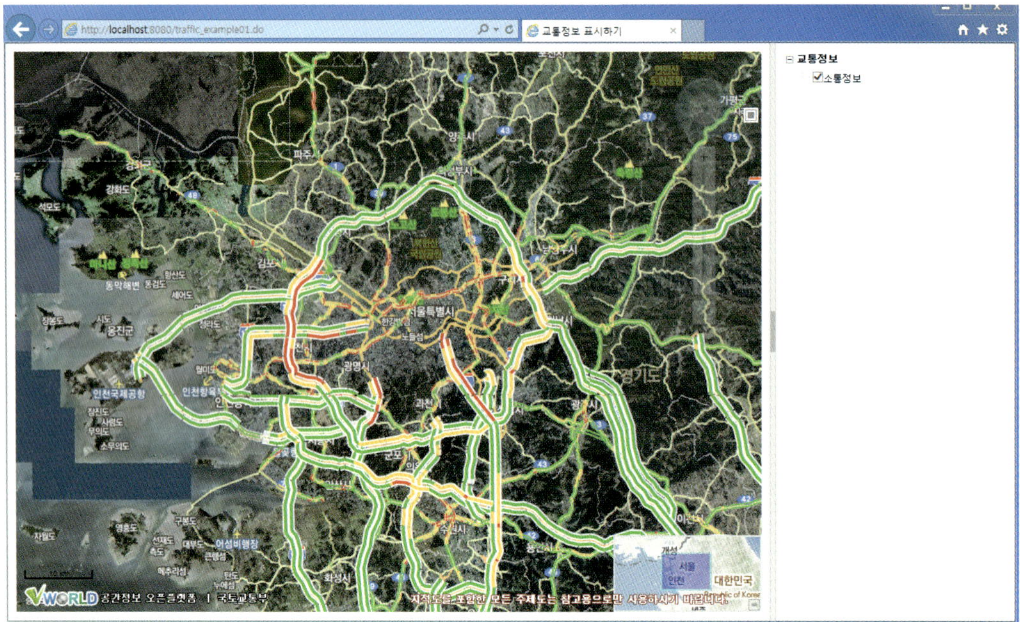

그림 3.16 교통소통정보 구현화면

이를 위해 이번 예제에서는 크게 1개의 JSP 파일과 1개의 자바 파일로 구성했다. vMapController.java는 RequestMapping에 의해 Traffic_example01.jsp를 호출한다. Traffic_example01.jsp는 교통소통정보를 보여주는 간단한 예제다.

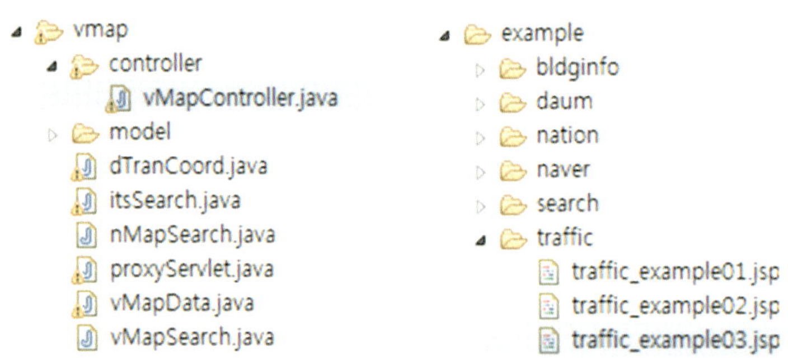

그림 3.17 예제파일 구조

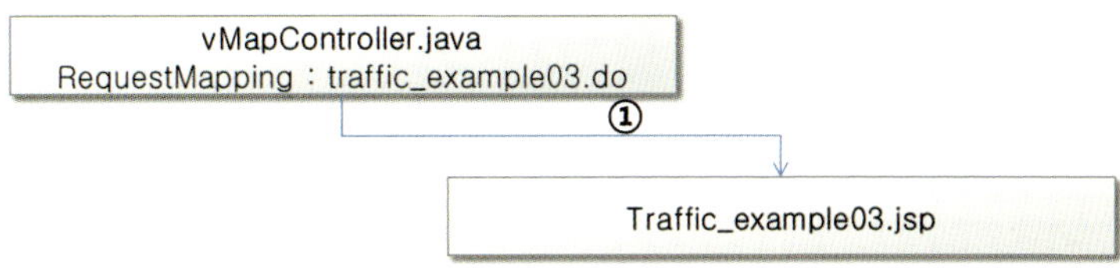

그림 3.18 예제 흐름도

지도 페이지 레이아웃

지도 페이지의 화면은 이전 예제와 거의 유사하다. 단 이 예제에서는 지도 화면을 좌측 프레임에 위치시키며, 교통 소통정보에 관한 지도를 제어할 수 있는 체크박스를 우측 프레임에 위치시키기 위해 div 태그의 클래스명을 ui-Layout-east로 명시한다.

1. jQuery 라이브러리를 Import한다.
2. 레이아웃을 만든다(jQuery에서 기본적으로 제공하는 applyDemoStyles로 설정).
3. east 크기 및 초깃값을 "닫힘"/"숨김"으로 할 것인가를 결정한다(예제에서는 false).
4. 센터값의 크기를 설정한다.
5. div 태그를 생성한다. 이때 class명은 ui-Layout-center, ui-Layout-east로 명시한다.

```
<!-- jQuery 레이아웃 라이브러리 Import -->
<script src="http://layout.jquery-dev.com/lib/js/jquery-latest.js" type="text/javascript"></
script>
<script src="http://layout.jquery-dev.com/lib/js/jquery.layout-latest.js" type="text/
javascript"></script>                                                              1

<script type="text/javascript">
…중략…
myLayout = $('body').layout({
  // 레이아아웃 스타일 설정
  applyDemoStyles : true                                                           2
  , east__size:          300
  , east__initClosed: false                                                        3
,   east__initHidden: false
  , center__size:      "auto"                                                      4
});

…중략…
</script>
```

```
<!-- class명이 ui-Layout-center로 정의돼 있으면 센터 레이아웃을 가리킨다.-->
<div id="innerLayout"⑤ class="ui-layout-center">                    5
    <div id="vMap" style="width:100%;height:100%"></div>
</div>

<!-- class명이 ui-Layout-east로 정의돼 있으면 동쪽(오른쪽) 레이아웃을 가리킨다. -->
<div class="ui-layout-east">                                           5
    레이어 제어 화면
</div>
```

예제 3.20 화면 구성[22]

이 예제에서는 체크박스가 있는 우측 프레임을 숨길 수 있는 토글 기능을 추가했다. 그러나 토글을 하게 되면 좌측에 위치해 있던 지도 화면이 웹페이지 전체로 확대돼야 하지만 아래의 그림과 같이 우측에 여백이 남는 현상이 발생한다.

토글 후(버그 발생)

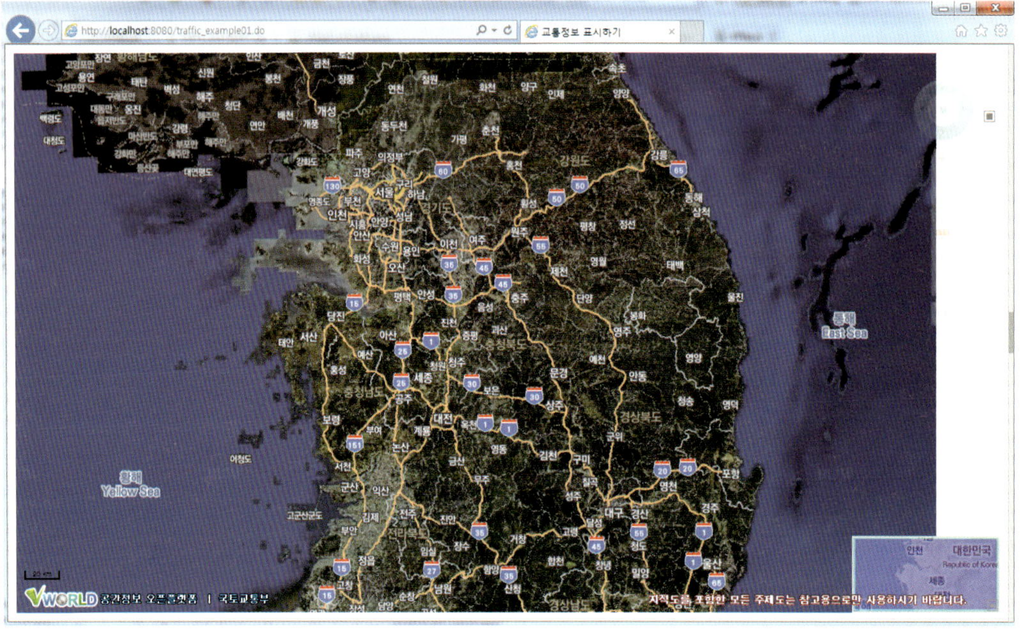

22 ₩WebContent₩WEB-INF₩jsp₩egovframework₩example₩traffic₩traffic_example01.jsp

토글 후(버그 처리)

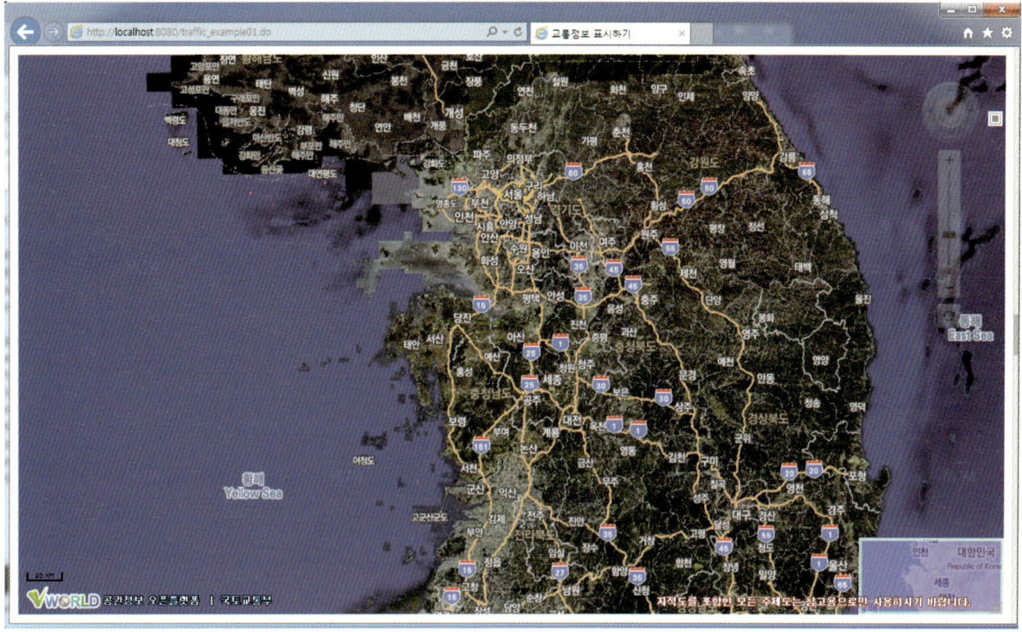

그림 3.19 우측 프레임 토글 이벤트 화면

이 현상은 화면에 출력되는 지도가 이미지로 구성돼 있기 때문에 화면의 크기가 조정되면 그 크기에 따라 다시 그려 줘야 하기 때문이다. 그러므로 지도의 크기가 조정될 때마다 다시 그려주는 이벤트를 추가해야 한다. 이를 위해 apiMap.updateSize()를 호출해 지도 크기를 업데이트하게 한다.

1. 센터에 레이아웃에 onresize라는 이벤트를 활성화
2. onresize 이벤트에 resizeCenter 함수를 등록
3. apiMap(브이월드 지도)에 화면 크기 업데이트

```
myLayout = $('body').layout({
  applyDemoStyles : true
  , east__size:          300
  , east__initClosed: false
  , east__initHidden: false
  <!-- 웹페이지만 자동으로 화면이 조정-->
  /*, center__size:      "auto"*/
  <!-- 중앙 화면의 크기가 조정될 때 resizeCenter() 함수를 실행 -->
```

```
  , center:{
      onresize : resizeCenter                                           1, 2
  }
});

…중략…

function resizeCenter(){
  // apiMap, 즉 브이월드 지도에 대한 크기를 업데이트
  apiMap.updateSize();                                                  3
}
```

예제 3.21 토글시 문제해결[23]

따라서 다른 UI 프레임워크를 사용할 때도 항상 지도 크기가 조정되면 updateSiez() 함수를 통해 화면에 지도를 출력할 때 버그가 발생하지 않도록 유의하자.

우측 프레임의 레이어 제어 창은 jQuery를 이용해 트리 구조를 생성하기 위해 jQuery.treeview.js를 가져와야 한다. 트리 구조는 HTML 태그에서 <UL>이나 <LI> 등을 이용해 간단히 출력할 수 있다.

1. 트리 구조를 쓰기 위해 jQuery에서 제공하는 CSS와 자바스크립트 플러그인 Import
2. 트리 구조를 사용할 아이디를 tree로 정의하고 옵션을 설정
3. 트리 구조를 정의할 때 id를 tree로 정의했기 때문에 ul 태그의 아이디를 tree라고 정의

```
<!-- 트리 구조 디자인(CSS) -->
<link rel="stylesheet" href="http://jquery-plugins.bassistance.de/treeview/jquery.treeview.css"
/>
<!-- jQuery에서 제공하는 트리 구조 플러그인 -->
<script src="http://jquery-plugins.bassistance.de/treeview/jquery.treeview.js" type="text/
javascript"></script>                                                   1

$(document).ready(function() {
  <!-- 트리 구조 설정-->
  $("#tree").treeview({
    collapsed: true,                                                    2
    animated: "medium",
```

23 ₩WebContent₩WEB-INF₩jsp₩egovframework₩example₩traffic₩traffic_example01.jsp

```
    persist: "location"
  });
});

<div class="ui-layout-east">
  <!-- 트리 구조 html -->
  <ul id="tree">                                                    3
    <li>
    <strong>트리메뉴1</strong>
      <ul>
        <li>소메뉴1</li>
        <li>소메뉴2</li>
        <li>소메뉴3</li>
      </ul>
    </li>
    <li>
    <strong>트리메뉴2</strong>
      <ul>
        <li>소메뉴1</li>
        <li>소메뉴2</li>
        <li>소메뉴3</li>
        <li>소메뉴4</li>
      </ul>
    </li>
  </ul>
</div>
```

예제 3.22 레이어 제어 트리구조[24]

24 ₩WebContent₩WEB-INF₩jsp₩egovframework₩example₩traffic₩traffic_example01.jsp

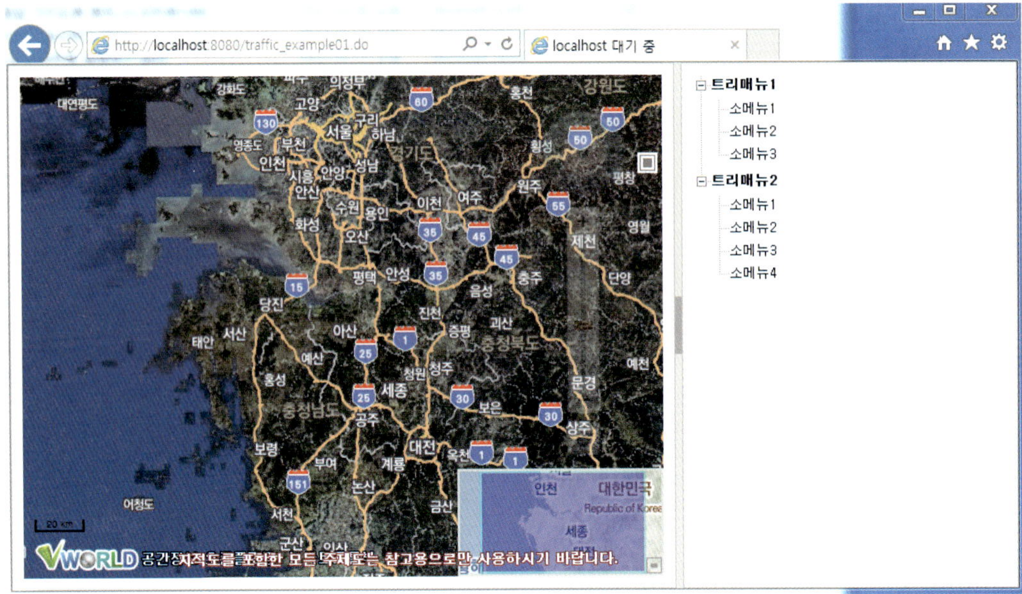

그림 3.20 레이어 제어 트리 구조

이제 실제 교통소통정보를 호출하고 정보를 지도에 출력하는 부분을 구현하자. 교통정보센터에서 제공하는 교통소통정보는 TMS(Tile Map Service)다. 브이월드 2D API는 OpenLayers 2.13 버전을 상속받았으므로 교통소통정보는 Openlayers.Layers.WMTS() 함수를 이용해 브이월드 지도 위에 간단히 오버레이할 수 있다.

1. input 박스를 만들고 id 값으로 NTrafficInfo, value 값으로 NTrafficInfo를 정의
2. 처음 상태를 unchecked라고 정의한다.
3. input 박스를 클릭했을 때 reloadLayers()라는 함수를 호출한다.
4. input 박스가 체크돼 있으면 교통소통정보를 호출한다.
5. 호출한 교통소통정보를 브이월드 지도에 추가한다.
6. input 박스에 체크돼 있지 않으면 브이월드 지도에서 교통소통정보를 제거한다.

```
<div class="ui-layout-east">
  <ul id="tree">
    <li>
    <strong>트리메뉴1</strong>
      <ul>
```

```
        <li> 
         <!—input 박스를 만들고 reloadLayers() 함수를 onClick 이벤트에 등록한다.-->
         <input type="checkbox" unchecked id="NTrafficInfo" value="NTrafficInfo"     1, 2, 3
onclick="reloadLayers(this.value,this.checked)">
        소통정보
      </li>
      <li>소메뉴2</li>
      <li>소메뉴3</li>
    </ul>
  </li>
  <li>
    <strong>트리메뉴2</strong>
      <ul>
        <li>소메뉴1</li>
        <li>소메뉴2</li>
        <li>소메뉴3</li>
        <li>소메뉴4</li>
      </ul>
    </li>
  </ul>
</div>

function reloadLayers(layerName,isCheck){
  // input 박스가 체크되면 if 문 안으로 동작
  if(isCheck){
    // 교통소통정보를 호출하는 URL
    var GeoServerAddr = 'http://61.43.91.75:8088/MLTMServlet';

    // 교통소통정보를 호출하기 위한 방법
    var matrixIds = new Array(21);
    for (var i=0; i<21; ++i) {
      matrixIds[i] = "EPSG:900913:" + i;
    }

    NTrafficInfo = new OpenLayers.Layer.WMTS({
      // 교통소통정보 이름 정의
      name: 'NTrafficInfo',
      // 교통소통정보를 호출하는 URL
```

```
      url: GeoServerAddr+"/wmts",
      // 교통소통정보 레이어 이름
      layer: 'STD_LINK',
      // 스타일은 null
      style: '_null',
      // 좌표는 EPSG:900913
      matrixSet: 'EPSG:900913',
      // 좌표는 EPSG:900913
      matrixIds: matrixIds,
      // 리턴받을 결과 형식
      format: 'image/gif',
      // 기본 레이어 설정 여부
      isBaseLayer: false
    });                                                        4
    // 브이월드 지도에 교통소통정보를 추가
    apiMap.addLayer(NTrafficInfo);                             5
  }else{
    // 브이월드 지도에서 교통소통정보를 제거
    apiMap.removeLayer(NTrafficInfo);                          6
  }
}
…중략…
```

예제 3.23 교통소통정보 제어[25]

이 예제에서는 OpeLayers.Layer.WMTS() 함수를 호출해 지도정보를 NTrafficInfo라는 변수에 저장한다. 또한 apiMap.addLayer() 함수에 NTrafficInfo를 추가해 브이월드 지도 위에 교통소통정보를 간단하게 오버레이할 수 있음을 확인할 수 있다. 이처럼 어떠한 TMS 서비스도 호출하는 규칙만 알면 브이월드에서는 오버레이해서 정보를 확인할 수 있다.

25 ₩WebContent₩WEB-INF₩jsp₩egovframework₩example₩traffic₩traffic_example01.jsp

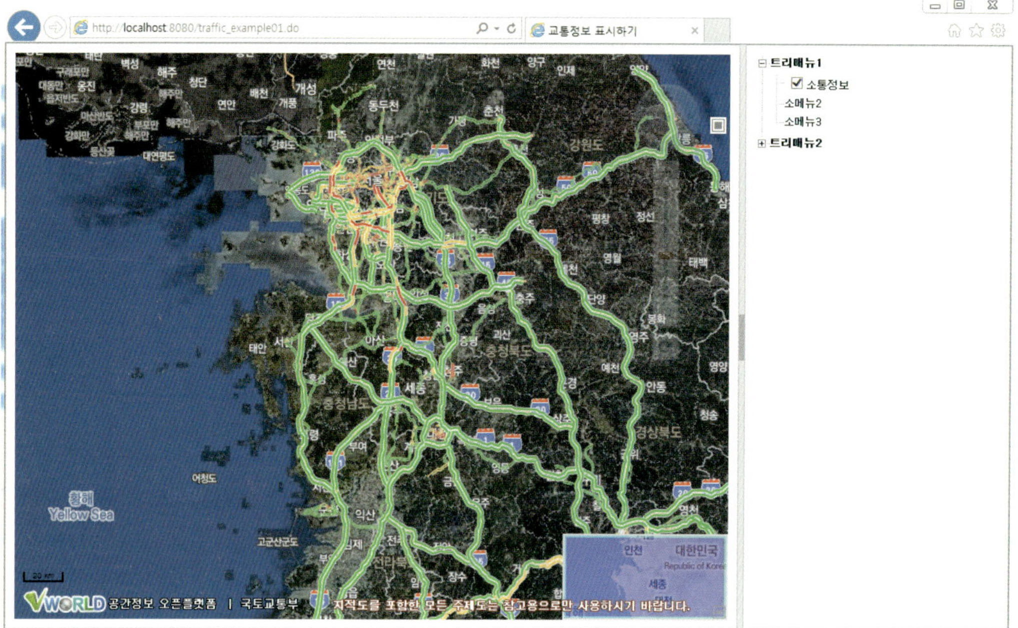

그림 3.21 교통소통정보 표출

외부 REST API 매시업

브이월드를 비롯해 많은 민간/공공 기관에서는 오픈API를 활용해 정보를 공유하고 있다. 브이월드에서는 타 기관에서 제공하는 오픈API의 정보를 매시업해서 간단하게 지도 서비스를 구현할 수 있다. 이번에는 교통정보센터에서 제공하는 REST API를 이용해 공사정보와 CCTV 정보를 매시업하는 예제를 만들어 본다. 타 서버에서 제공하는 오픈API를 활용하기 위해서는 반드시 해당 오픈API를 먼저 이해할 필요가 있다. 교통정보센터에서도 오픈API를 제공하고 있으니 데이터 접근법이나 사용법을 참고하자.

예제 1 : 공사정보 매시업하기

공사정보 매시업과 CCTV 매시업 예제는 크게 1개의 JSP 파일과 1개의 자바 파일로 구성했다. vMapController.java는 RequestMapping에 의해 Traffic_example02.jsp를 호출한다. Traffic_example02.jsp는 공사정보와 CCTV연계를 보여주는 간단한 예제다.

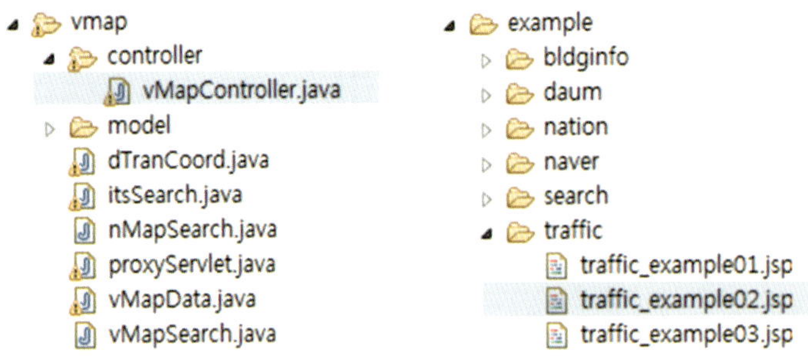

그림 3.22 예제파일 구조

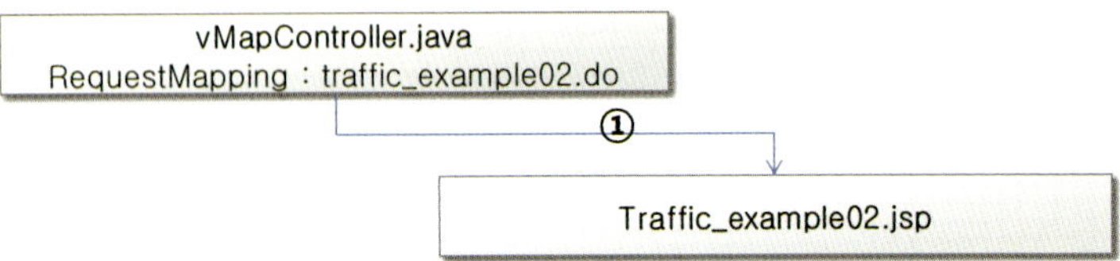

그림 3.23 예제 흐름도

이번 예제에서는 교통정보센터에서 공사정보를 요청하기 위한 API 활용법을 간단히 소개한다. 교통정보센터에서 공개키를 부여받아야 API를 활용할 수 있으며, 좌표를 포함해 총 8개의 변수에 의해 데이터를 요청할 수 있다. 또한 출력 정보에는 공사위치를 포함해 공사 시작일, 종료일, 공사 상황정보 메시지, 우회정보 메시지 등 공사와 관련한 다양한 정보를 취득할 수 있다.

공사정보 요청 URL

```
http://openapi.its.go.kr/api/NEventIdentity/
```

표 3.4 요청변수

요청 변수	값	설명
key	string	공개키
ReqType	string	boundary 요청 여부(2)
type	string	도로정보(its: 국도, ex: 고속도로)
EventIdentity	string	
MinX	double	boundary MinX
MinY	double	boundary MinY
MaxX	double	boundary MinX
MaxY	double	boundary MinY

표 3.5 출력 결과 필드

출력 변수	값	설명
CoordType	string	좌표 타입
DataCount	int	공사정보 개수
type	string	도로정보(its: 국도, ex: 고속도로)
EventId	string	공사 고유 식별번호
EventType	string	공사정보 유형
CoordX	double	경도 좌표
CoordY	double	위도 좌표
LanesBlockType	string	공사로 인한 차로 차단 방법 0: 통제 없음 1: 갓길 통제 2: 차로 부분 통제 3: 전면 통제
LenesBlocked	string	공사로 인해 차단된 차로 수
EventStartDay	string	공사 시작일
EventEndDay	string	공사 종료일
EventStartTime	string	공사 실제 개시 시간
EventEndTime	string	공사 실제 종료 시간
EventStatusMsg	string	공사 상황정보 메시지
ExpectedCnt	int	우회 정보개수
ExpecteDetourMsg	string	우회 정보 메시지
EventDirection	string	진행 방향

이 예제에서는 교통정보센터에서 제공하는 공사정보를 브이월드 화면에 매시업한다. 이전과 마찬가지로 지도 화면은 좌측 프레임에 위치시키며, 공사정보는 국도와 고속도로를 구분해 우측 프레임에 체크박스로 선택하게 한다.

1. 트리 구조 교통정보 안에 공사정보(국도) input 태그를 만들고 reloadLayers() 함수를 onClick 이벤트에 등록한다.
2. 트리 구조 교통정보 안에 공사정보(고속도로) input 태그를 만들고 reloadLayers() 함수를 onClick 이벤트에 등록한다.

```
<ul id="tree">
  <li>
    <strong>교통정보</strong>
    <ul>
      <!-- reloadLayers() 함수를 호출(value, 체크 여부 정보) -->
      <li> <input type="checkbox" unchecked id="NEventIdentityIts"
value="NEventIdentityIts" onclick="reloadLayers(this.value,this.checked)">공사정보(국도)    1
      </li>
      <li> <input type="checkbox" unchecked id="NEventIdentityEx" value="NEventIdentityEx"
onclick="reloadLayers(this.value,this.checked)">공사정보(고속도로)    2
      </li>
</ul>
…중략…
```

예제 3.24 공사정보 체크박스[26]

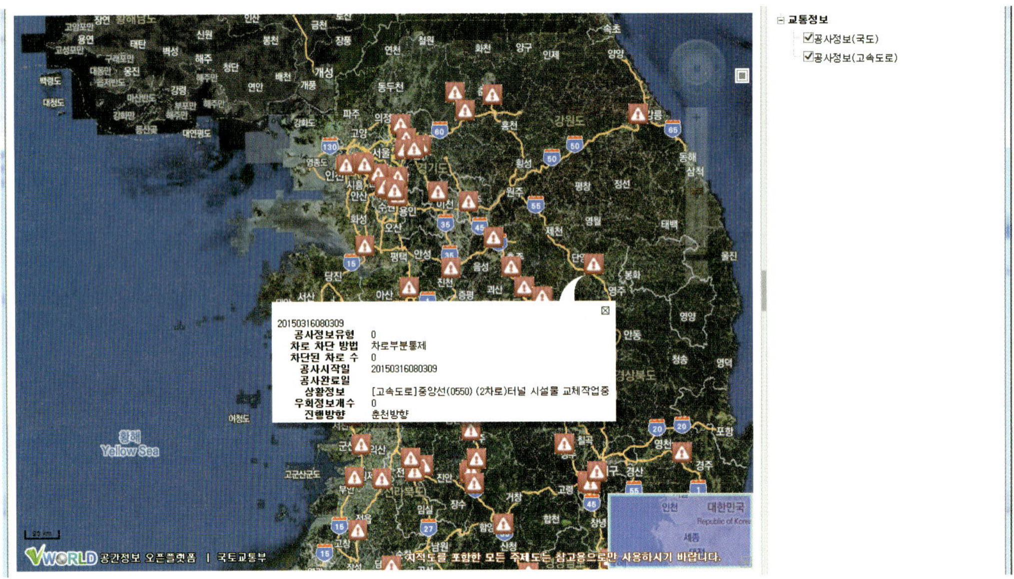

그림 3.24 공사정보 마커 표출 및 말풍선 출력

reloadLayers()는 체크박스로 선택된 정보에 따라 getNEventID()를 호출해 국도나 고속도로의 공사정보를 요청한다.

26 ₩WebContent₩WEB-INF₩jsp₩egovframework₩example₩traffic₩traffic_example02.jsp

```
// 레이어 이름과 체크 여부 정보
function reloadLayers(layerName,isCheck){

  if(layerName == "NEventIdentityIts"){
    if(isCheck){
      // 공사정보 국도 호출 함수
      getNEventId('its');
    }else{
      // 공사정보 국도 삭제
      groupMarker.removeGroup(layerName);
    }
  }else if(layerName == "NEventIdentityEx"){
    if(isCheck){
      // 공사정보 고속도로 호출 함수
      getNEventId('ex');
    }else{
      // 공사정보 고속도로 삭제
      groupMarker.removeGroup(layerName);
    }
  }

}
```
예제 3.25 공사정보 레이어 확인 및 체크정보 판별[27]

getNEventID() 함수는 실제로 교통정보센터 API에 접근해 정보를 요청하고, 반환된 결괏값에 의해 브이월드 지도 위에 오버레이하는 작업을 수행한다. 기본적으로 브이월드에 정보를 매시업해서 오버레이하는 방법은 2D 지도 서비스 구현하기와 거의 유사하다. 2D 지도 서비스 구현하기에서는 브이월드 지도 위에 검색 API에 의한 정보를 매시업했으며, 이 예제에서는 브이월드 지도 위에 교통정보센터 API에서 취득한 정보를 매시업한다. 단, 유의할 점은 각 포털 사이트에서 제공하는 공간정보의 좌표참조체계는 각기 다를 수 있으므로 좌표변환이 필요한지를 반드시 고려해야 한다는 점이다.

1. 국도 정보인지 고속 국도정보인지 "kind" 값으로 판별
2. 공사정보를 받기 위한 배열 객체 선언
3. 공사정보 호출

27 ₩WebContent₩WEB-INF₩jsp₩egovframework₩example₩traffic₩traffic_example02.jsp

4. 호출이 성공하면 호출된 내용에 따라 그룹마커 객체 생성
5. 공사정보의 null 처리 후에 선언된 배열에 저장
6. 받아온 좌표정보가 EPSG:4326이기 때문에 EPSG:900913으로 좌표 변환
7. 말풍선에 담아 올 정보를 HTML 태그에 저장
8. 그룹마커 함수를 호출

```
function getNEventId(kind){

  // 공사정보를 받기 위한 배열
  var eventid = new Array;
  var eventtype = new Array();
  var lanesblocktype = new Array();
  var lanesblocked = new Array();
  var eventstartday = new Array();
  var eventendday = new Array();
  var eventstarttime = new Array();
  var eventendtime = new Array();
  var eventstatusmsg = new Array();
  var expectedcnt = new Array();
  var expecteddetourmsg = new Array();
  var eventdirection = new Array();
  var coordy = new Array();
  var coordx = new Array();                                    2

  // 도로 type
  var type = kind;                                             1

  $.ajax({
    type : "POST",
    async : true,
    url :
<!-- 크로스도메인 버그 해결 -->, <!-- 공사정보 요청 -->
"/proxy/proxy.jsp?url="+escape("http://openapi.its.go.kr/api/NEventIdentity?
key=1412568714281&ReqType=2&MinX=126.100000&MaxX=130.890000&MinY=34.100000&MaxY=39.100000&type
="+type),
    dataType : "xml",
    contentType: "application/x-www-form-urlencoded; charset=UTF-8",
```

```
    error : function(request, status, error) {
      alert("code : " + request.status + "\r\nmessage : " + request.reponseText);
    },                                                                          3
    success : function(object) {                                                4
      if(object != null){
        // 요청해서 받은 정보를 data 변수에 저장
        var data = object.getElementsByTagName('data');
        // 국도인지 고속도로인지 판별해 그에 맞게 그룹마커 아이디를 부여해 그룹마커 객체를 생성
        if(type == 'its'){
          groupMarker = new vworld.GroupMarker('NEventIdentityIts');            4
        }else{
          groupMarker = new vworld.GroupMarker('NEventIdentityEx');             4
        }

        // 공사정보에 길이만큼 반복
        for(var i=0;i<data.length;i++){
        // 공사정보를 속성값을 배열에 저장(null 값 체크)
          if(data[i].getElementsByTagName('eventid')[0].firstChild == null){
            eventid[i] = "";
          }else{
           eventid[i] = data[i].getElementsByTagName('eventid')[0].firstChild.nodeValue;
          }
…중략…

          // 좌표 x, y값을 배열에 저장
          coordy[i] =    data[i].getElementsByTagName('coordy')[0].firstChild.nodeValue;
          coordx[i] = data[i].getElementsByTagName('coordx')[0].firstChild.nodeValue;    5

          // EPSG:900913 객체를 생성
          var epsg900913 = new OpenLayers.Projection('EPSG:900913');
          // EPSG:4326 객체를 생성
          var epsg4326   = new OpenLayers.Projection('EPSG:4326');
          // 공사정보 좌푯값(EPSG:4326)을 EPSG:900913으로 좌표변환
          var transCod = new OpenLayers.Geometry.Point(coordx[i],                 6
                            coordy[i]).transform(epsg4326,epsg900913);
          var popupContentHTML = "";
          popupContentHTML += "<div class='popup_area'>";
          // 공사 고유 식별번호
          popupContentHTML += "<div class='titlePop'>"+eventid[i]+"</div>";
```

```
popupContentHTML += "<div class='clear'></div>";
popupContentHTML += "<div class='contents'>";
popupContentHTML += "<div class='detail'>";
popupContentHTML += "<table class='table'>";
popupContentHTML += "<tr>";
popupContentHTML += "<th width='120'>공사정보유형</th>";
// 공사정보 유형
popupContentHTML += "<td>"+eventtype[i]+"</td>";
popupContentHTML += "</tr>";
popupContentHTML += "<tr>";
popupContentHTML += "<th width='120'>차로 차단 방법</th>";
// "lanesblocktype[i]" 값(0: 통제 없음, 1: 갓길 통제, 2: 차로 부분 통제, 3: 전면 통제)
if(lanesblocktype[i] == 0){
  popupContentHTML += "<td>통제없음</td>";
}else if(lanesblocktype[i] == 1){
  popupContentHTML += "<td>갓길통제</td>";
}else if(lanesblocktype[i] == 2){
  popupContentHTML += "<td>차로부분통제</td>";
}else{
  popupContentHTML += "<td>전면통제</td>";
}
popupContentHTML += "</tr>";
popupContentHTML += "<tr>";
popupContentHTML += "<th width='120'>차단된 차로 수</th>";
// 차단된 차로 수
popupContentHTML += "<td>"+lanesblocked[i]+"</td>";
popupContentHTML += "</tr>";
popupContentHTML += "<tr>";
popupContentHTML += "<th width='120'>공사시작일</th>";
// 공사시작일
popupContentHTML += "<td>"+eventstartday[i]+"</td>";
popupContentHTML += "</tr>";
popupContentHTML += "<tr>";
popupContentHTML += "<th width='120'>공사완료일</th>";
// 공사완료일
popupContentHTML += "<td>"+eventendday[i]+"</td>";
popupContentHTML += "</tr>";
popupContentHTML += "<tr>";
popupContentHTML += "<th width='120'>상황정보</th>";
```

```
            // 상황정보
            popupContentHTML += "<td>"+eventstatusmsg[i]+"</td>";
            popupContentHTML += "</tr>";
            popupContentHTML += "<tr>";
            popupContentHTML += "<th width='120'>우회정보개수</th>";
            // 우회 정보 개수
            popupContentHTML += "<td>"+expectedcnt[i]+"</td>";
            popupContentHTML += "</tr>";
            popupContentHTML += "<tr>";
            popupContentHTML += "<th width='120'>진행방향</th>";
            // 진행 방향
            popupContentHTML += "<td>"+eventdirection[i]+"</td>";
            popupContentHTML += "</tr>";
            popupContentHTML += "</table>";
            popupContentHTML += "</div>";
            popupContentHTML += "</div>";
            popupContentHTML += "</div>";                                7

            var imgUrl = "/images/icon_construction.png";

            // 국도인지 고속도로인지 판별해 그룹마커 함수를 호출
            if(type == 'its'){
              groupAddMarker('NEventIdentityIts', transCod.x, transCod.y,
                  '',popupContentHTML, imgUrl);                             8
            }else{
              groupAddMarker('NEventIdentityEx', transCod.x, transCod.y,
                  '',popupContentHTML, imgUrl);                             8
            }
          }
        }else{
          alert("공사정보가 없습니다.");
        }
      }
    });
  }
```

예제 3.26 공사정보 호출 및 그룹마커 생성[28]

28 ₩WebContent₩WEB-INF₩jsp₩egovframework₩example₩traffic₩traffic_example02.jsp

공사정보, CCTV는 공통적으로 GroupMarker 클래스를 이용해 마커를 생성하고, 지도에 출력했다. 기본 마커 클래스인 Maker를 사용하면 공사정보, CCTV가 하나의 같은 마커로 인식되기 때문에 마커를 개별적으로 ON/OFF하는 제어가 어렵다. 하지만 GroupMarker을 사용하면 레이어마다 그룹을 묶어서 id를 설정할 수 있기 때문에 개별 마커를 손쉽게 제어하는 것이 가능하다.

1. 그룹마커 객체 설정(그룹명, 좌표, 글 제목, 글 내용, 마커 이미지 URL)
2. addMarker를 통해 브이월드 지도에 그룹마커를 추가한다.

```
function groupAddMarker(groupName, lon, lat,title, desc, imgurl){
  // 그룹마커 객체가 생성됐으면 분기문 안으로 들어감
  if(groupMarker != undefined){
    // 그룹마커 설정(그룹명, 좌표, 글 제목, 글 내용, 마커 이미지 URL)
    var marker = groupMarker.addMarker(groupName, lon, lat,title, desc, imgurl);   1
    // 그룹마커 객체 설정값이 있으면 분기문 안으로 들어감
    if(marker != undefined){
      // 마커 이미지 URL이 String 형이면 marker 변수에 마커 이미지 URL을 설정
      if (typeof imgurl == 'string') {marker.setIconImage(marker.icon.url);}
      // 브이월드 지도에 추가
      apiMap.addMarker(marker);   2
    }
  } else {
    alert('생성된 그룹이 없습니다.');
  }
}
```

예제 3.27 마커 추가[29]

예제 2: 2D 지도에 CCTV 매시업하기

이번에는 교통정보센터에서 CCTV 정보를 요청하기 위한 API 활용법을 간단히 소개하고자 한다. 교통정보센터에서는 공개키를 부여받아야 API를 사용할 수 있으며, 좌표를 포함해 총 8개의 변수를 통해 데이터를 요청할 수 있다. 또한 출력 정보에는 CCTV 설치 지점 명칭, CCTV 해상도, CCTV 위치를 포함해 CCTV 영상의 URL 주소를 포함한다. CCTV 영상 요청 URL의 주소가 앞에서 다룬 공사정보 요청 URL과 다르다는 점을 기억하자.

29 ₩WebContent₩WEB-INF₩jsp₩egovframework₩example₩traffic₩traffic_example02.jsp

CCTV 영상 요청 URL

```
http://openapi.its.go.kr/api/NCCTVinfo/
```

표 3.6 요청변수

요청 변수	값	설명
key	string	공개 키
ReqType	string	boundary 요청 여부(2)
type	string	도로정보(its: 국도, ex: 고속도로)
CCTVinfo	string	
MinX	double	boundary MinX
MinY	double	boundary MinY
MaxX	double	boundary MinX
MaxY	double	boundary MinY

표 3.7 출력 결과 필드

출력 변수	값	설명
CoordType	string	좌표 타입
DataCount	int	공사정보 개수
CoordX	double	경도 좌표
CoordY	double	위도 좌표
CCTVtype	string	1: 실시간 스트리밍 2: 동영상 파일 3: 정지 영상
FileCreateTime	string	
CCTVFormat	string	
CCTVResolution	string	CCTV 해상도
RoadSectionId	string	도로구간의 고유 식별번호
CCTVName	string	CCTV 설치 지점 명칭
CCTVurl	string	CCTV 영상의 url 주소

이 예제에서는 교통정보센터에서 제공하는 CCTV 정보 및 CCTV 영상을 브이월드 화면에 매시업한다. 이전과 마찬가지로 지도 화면은 좌측 프레임에 위치시키며 CCTV 정보는 국도와 고속도로를 구분해 우측 프레임에 체크박스로 선택하게 한다.

1. 트리 구조 교통정보 안에 CCTV(국도) input 태그를 만들고 reloadLayers() 함수를 onClick 이벤트에 등록
2. 트리 구조 교통정보 안에 CCTV(고속도로) input 태그를 만들고 reloadLayers() 함수를 onClick 이벤트에 등록

```
<ul id="tree">
  <li>
    <strong>교통정보</strong>
    <ul>
      <!-- reloadLayers() 함수를 호출(value, 체크 여부  정보) -->
      <li> <input type="checkbox" unchecked id="NCCTVIts" value=" NCCTVIts"     1
onclick="reloadLayers(this.value,this.checked)">CCTV(국도)
      </li>
      <li> <input type="checkbox" unchecked id="NCCTVEx " value="NCCTVEx"     2
onclick="reloadLayers(this.value,this.checked)">CCTV(고속도로)
      </li>
</ul>
```

예제 3.28 CCTV영상 체크박스[30]

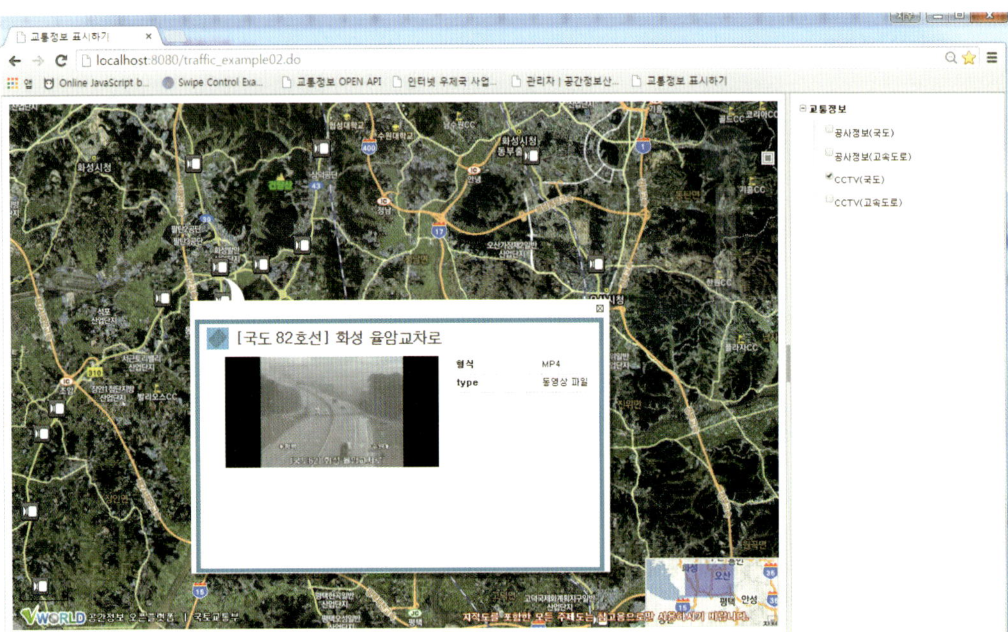

그림 3.25 CCTV 마커 표출 및 CCTV 영상 출력

30 ₩WebContent₩WEB-INF₩jsp₩egovframework₩example₩traffic₩traffic_example02.jsp

reloadLayers는 체크박스로 선택된 정보에 따라 getCCTV()를 호출해 국도나 고속도로의 공사정보를 요청한다.

```
// 레이어 이름과 체크 여부 정보
function reloadLayers(layerName,isCheck){

  if(layerName == "NCCTVIts"){
    if(isCheck){
      // CCTV 영상 국도 호출 함수
      getCctv('its');
    }else{
      // CCTV 영상 국도 삭제
      groupMarker.removeGroup(layerName);
    }
  }else if(layerName == "NCCTVEx"){
    if(isCheck){
      // CCTV 영상 고속도로 호출 함수
      getCctv ('ex');
    }else{
      // CCTV 영상 고속도로 삭제
      groupMarker.removeGroup(layerName);
    }
  }
}
```

예제 3.29 CCTV 영상 레이어 확인 및 체크 정보 판별[31]

getCCTV() 함수는 실제로 교통정보센터 API에 접근해 정보를 요청하고, 반환된 결괏값에 의해 브이월드 지도 위에 오버레이하는 작업을 수행한다. 기본적으로 브이월드에 정보를 매시업해서 오버레이하는 방법은 공사정보 매시업하기와 거의 유사하다. 다만 이 예제에서는 HTML의 〈embed〉 태그를 이용해 말풍선에 CCTV 화면을 재생한다.

31 ₩WebContent₩WEB-INF₩jsp₩egovframework₩example₩traffic₩traffic_example02.jsp

1. 국도 정보인지 고속 국도 정보인지 “kind” 값으로 판별
2. CCTV 영상을 받기 위한 배열 객체 선언
3. CCTV 영상 호출
4. 호출이 성공하면 호출된 내용에 따라 그룹마커 객체를 생성
5. CCTV 영상 정보를 선언된 배열에 저장
6. 받아온 좌표정보가 EPSG:4326이기 때문에 EPSG:900913으로 좌표 변환
7. 말풍선에 담아 올 정보를 HTML 태그에 저장
8. 그룹마커 함수를 호출

```
// CCTV 영상을 받기 위한 배열
var cctvtype = new Array();
var cctvurl = new Array();
var coordy = new Array();
var coordx = new Array();
var cctvformat = new Array();
var cctvname = new Array();                                    2

// 도로 type
var type = kind;                                               1

$.ajax({
  type : "POST",
  async : true,
  <!-- 크로스도메인 버그 해결 -->, <!—CCTV 영상 요청-->
  url : "/proxy/proxy.jsp?url="+escape("http://openapi.its.go.kr/api/
NCCTVInfo?key=1412568714281&ReqType=1&MinX=126.100000&
MaxX=130.890000&MinY=34.100000&MaxY=39.100000&type="+type),   3
  dataType : "xml",
  contentType: "application/x-www-form-urlencoded; charset=UTF-8",
  error : function(request, status, error) {
    alert("code : " + request.status + "\r\nmessage : " + request.reponseText);
  },
  success : function(object) {
    // 요청해서 받은 정보 data 변수에 저장
    var data = object.getElementsByTagName('data');
```

```
// 국도인지 고속도로인지 판별해 그에 맞게 그룹마커 아이디를 부여해 그룹마커 객체를 생성
if(type == 'its'){
  groupMarker = new vworld.GroupMarker('NCCTVIts');    4
}else{
  groupMarker = new vworld.GroupMarker('NCCTVEx');    4
}

// CCTV 영상 길이만큼 반복
for(var i=0;i<data.length;i++){
  // CCTV 영상 정보를 배열에 저장
  cctvtype[i] = data[i].getElementsByTagName('cctvtype')[0].firstChild.nodeValue;
  cctvurl[i] = data[i].getElementsByTagName('cctvurl')[0].firstChild.nodeValue;
  coordy[i] = data[i].getElementsByTagName('coordy')[0].firstChild.nodeValue;
  coordx[i] = data[i].getElementsByTagName('coordx')[0].firstChild.nodeValue;
  cctvformat[i] = data[i].getElementsByTagName('cctvformat')[0].firstChild.nodeValue;
  cctvname[i] = data[i].getElementsByTagName('cctvname')[0].firstChild.nodeValue;    5

  // EPSG:900913 객체를 생성
  var epsg900913 = new OpenLayers.Projection('EPSG:900913');
  // EPSG:4326 객체를 생성
  var epsg4326 = new OpenLayers.Projection('EPSG:4326');
  // EPSG:4326=>EPSG:900913으로 좌표변환
  var transCod = new OpenLayers.Geometry.Point(coordx[i], coordy[i]).
transform(epsg4326,epsg900913);    6

  // CCTV 영상 정보를 popupContentHtml에 저장
  var popupContentHTML = "";
  popupContentHTML += "<div class='popup_area1'>";
  popupContentHTML += "<div class='titlePop1'>"+cctvname[i]+"</div>";
  popupContentHTML += "<div class='clear1'></div>";
  popupContentHTML += "<div class='contents1'>";
  popupContentHTML += "<div class='img1'><embed src='"+cctvurl[i]+"'
showstatusbar='true'></div>";
  popupContentHTML += "<div class='detail1'>";
  popupContentHTML += "<table class='table1'>";
  popupContentHTML += "<tr>";
  popupContentHTML += "<th width='120'>형식</th>";
  popupContentHTML += "<td>"+cctvformat[i]+"</td>";
  popupContentHTML += "</tr>";
```

```
        popupContentHTML += "<tr>";
        popupContentHTML += "<th>type</th>";
        //cctvtype[i] 변수에 저장된 값(1: 실시간 스트리밍, 2: 동영상 파일, 3: 정지영상)
        if(cctvtype[i] == 1){
          popupContentHTML += "<td>실시간 스트리밍</td>";
        }else if(cctvtype[i] == 2){
          popupContentHTML += "<td>동영상 파일</td>";
        }else{
          popupContentHTML += "<td>정지영상</td>";
        }
        popupContentHTML += "</tr>";
        popupContentHTML += "</table>";
        popupContentHTML += "</div>";
        popupContentHTML += "</div>";
        popupContentHTML += "</div>";                                    7

        var imgUrl = "http://map.vworld.kr/images/symbol/ico_cctv_dark_small.png";

        // 국도인지 고속도로인지 판별해 그룹마커 함수를 호출
        if(type == 'its'){
          groupAddMarker('NCCTVIts', transCod.x, transCod.y, '',
popupContentHTML, imgUrl);                                               8
        }else{
          groupAddMarker('NCCTVEx', transCod.x, transCod.y, '',
popupContentHTML, imgUrl);                                               8
        }
      }
    }
  });
}
```

예제 3.30 CCTV 영상 호출 및 그룹마커 생성[32]

32 ₩WebContent₩WEB-INF₩jsp₩egovframework₩example₩traffic₩traffic_example02.jsp

예제 3: 3D 지도에 CCTV 매시업하기

앞에서는 공간정보센터의 공사정보나 CCTV 정보를 브이월드 2D 지도 위에 매시업하는 예제를 살펴봤다. 이와 마찬가지로 타 API에서 제공하는 정보를 3D 지도에 매시업하는 것이 가능하다. 이 예제에서는 앞에서 활용한 CCTV 정보를 3D 지도에 매시업하는 법을 살펴본다.

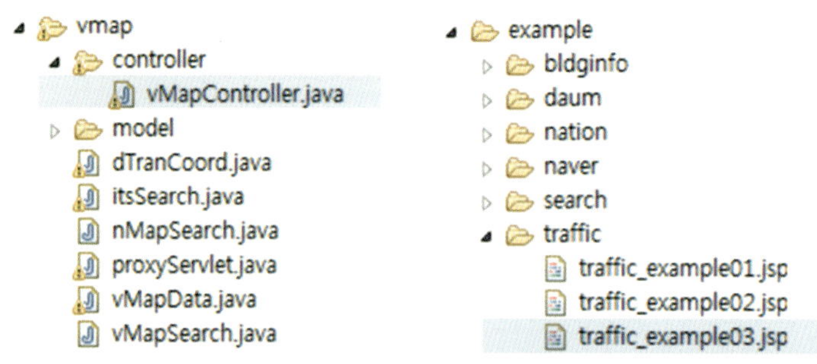

그림 3.26 예제파일 구조

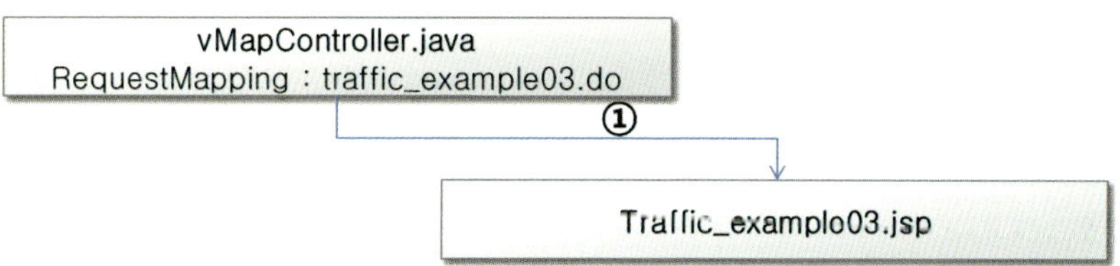

그림 3.27 예제 흐름도

3D API를 이용해 지도 화면을 출력하려면 vworld.init() 초기화 함수의 raster-first 인자를 earth-first로 변경해야 한다. 또한 향후에 2D 지도와 3D 지도를 모두 구현할 때 지도 컨트롤을 구분하기 위해 이 예제에서는 지도 컨트롤을 위한 Map 객체를 apiMap가 아닌 apiMap3D로 변경했다.

```
// 3차원 지도 모드
vworld.init("vMap", "earth-first",
  function() {}
  ,function (obj){
    // 브이월드 플러그인에 접근할 수 있는 기능
    apiMap3D = obj;
    // 플러그인에 있는 레이어 목록을 반환하는 함수
    map3DLayerList = apiMap3D.getLayerList();
```

```
      // 3차원 화면에 접근할 수 있는 함수
      mapView = apiMap3D.getView();
    }
    ,function (msg){alert('oh my god');}
);
```

예제 3.31 3차원 초기화 설정[33]

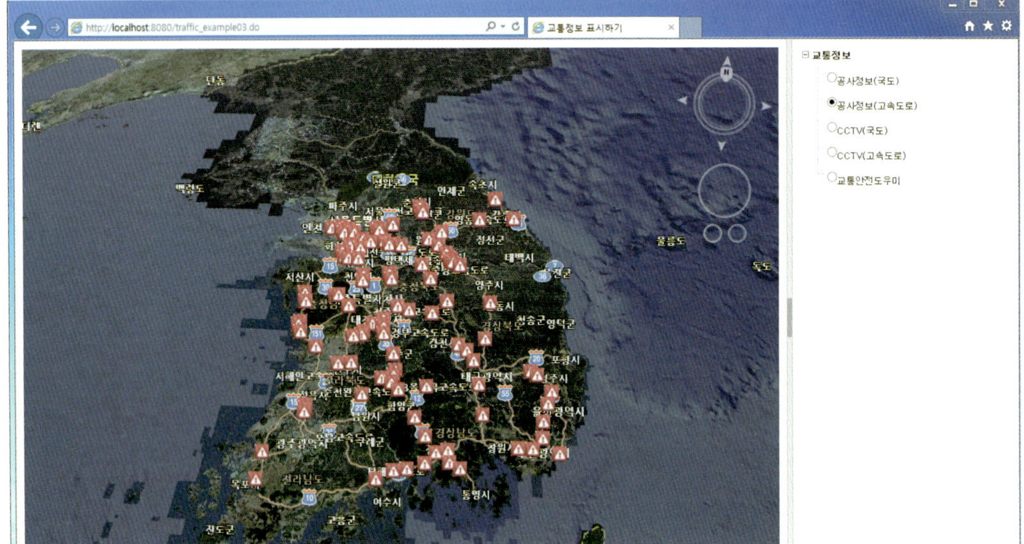

그림 3.28 공사정보 마커 정보 오버레이

reloadLayers() 함수는 라디오 버튼으로 선택된 정보에 따라 getCctv() 함수를 호출해 국도나 고속도로의 공사정보를 요청하는 역할을 수행한다. 라디오 버튼에서 선택이 해제될 때는 매시업한 정보를 지우기 위해 reloadLayers() 함수에서 mapView.mapReset() 함수를 호출한다. 참고로 앞의 예제에서는 2차원 지도에서 정보를 지우기 위해 groupMarker.removeGroup() 함수를 호출했다.

```
function reloadLayers(layerName,isCheck){
  if(layerName == "NCCTVIts"){
    if(isCheck){
      // 지도 초기화
```

33 ₩WebContent₩WEB-INF₩jsp₩egovframework₩example₩traffic₩traffic_example03.jsp

```
        mapView.mapReset();
        // cctv 정보 호출
        getCctv('its');
      }else{
        mapView.mapReset();
      }
    }else if(layerName == "NCCTVEx"){

  …중략…
  }
```

예제 3.32 공사정보 레이어 확인 및 체크 정보 판별[34]

이 예제에서 CCTV 정보를 요청해 브이월드에 매시업하는 getCctv() 함수의 구현은 2D 지도와 유사하다. 단, 마커를 표시하기 위해 함수를 호출하는 방법이 다르므로 이 예제에서는 2D 예제에서 호출한 groupAddMarker()가 아닌 layerMarker3D()를 정의해 호출했다는 점을 눈여겨보자.

1. 국도 정보인지 고속 국도 정보인지 "kind" 값으로 판별
2. CCTV 영상을 받기 위한 배열 객체 선언
3. CCTV 영상 호출
4. CCTV 영상 정보를 선언된 배열에 저장
5. 말풍선에 담아 올 정보를 HTML 태그에 저장
6. 마커 함수를 호출

```
function getCctv(kind){

  // CCTV 영상을 받기 위한 배열
  var cctvtype = new Array();
  var cctvurl = new Array();
  var coordy = new Array();
  var coordx = new Array();
  var cctvformat = new Array();
  var cctvname = new Array();                                    2
```

34 ₩WebContent₩WEB-INF₩jsp₩egovframework₩example₩traffic₩traffic_example03.jsp

```
  // 도로 type
  var type = kind;                                                    1

  $.ajax({
    type : "POST",
    async : true,
    <!-- 크로스도메인 버그 해결-->
    <!-- CCTV 영상 요청 -->
    url : "/proxy/proxy.jsp?url="
          +escape("http://openapi.its.go.kr/api/NCCTVInfo?key=
          1412568714281&ReqType=1&MinX=126.100000&MaxX=130.890000&
          MinY=34.100000&MaxY=39.100000&type="+type),
    dataType : "xml",
    contentType: "application/x-www-form-urlencoded; charset=UTF-8",
    error : function(request, status, error) {
      alert("code : " + request.status + "\r\nmessage : " +
request.reponseText);
    },                                                                3
    success : function(object) {
      // 요청해서 받은 정보를 data 변수에 저장
      var data = object.getElementsByTagName('data');
      // CCTV 영상의 길이만큼 반복
      for(var i=0;i<data.length;i++){
        // CCTV 영상 정보를 배열에 저장
        cctvtype[i] = data[i].getElementsByTagName('cctvtype')[0].firstChild.nodeValue;
        cctvurl[i] = data[i].getElementsByTagName('cctvurl')[0].firstChild.nodeValue;
        coordy[i] = data[i].getElementsByTagName('coordy')[0].firstChild.nodeValue;
        coordx[i] = data[i].getElementsByTagName('coordx')[0].firstChild.nodeValue;
        cctvformat[i] = data[i].getElementsByTagName('cctvformat')[0].firstChild.nodeValue;
        cctvname[i] = data[i].getElementsByTagName('cctvname')[0].firstChild.nodeValue;   4


        // CCTV 영상 정보를 popupContentHtml에 저장
        var popupContentHTML = "";
        popupContentHTML += "<div class='popup_area1'>";
        popupContentHTML += "<div class='titlePop1'>"+cctvname[i]+"</div>";
        popupContentHTML += "<div class='clear1'></div>";
        popupContentHTML += "<div class='contents1'>";
```

```
        popupContentHTML += "<div class='img1'><embed src='"+cctvurl[i]+"'
showstatusbar='true'></div>";
        popupContentHTML += "<div class='detail1'>";
        popupContentHTML += "<table class='table1'>";
        popupContentHTML += "<tr>";
        popupContentHTML += "<th width='120'>형식</th>";
        popupContentHTML += "<td>"+cctvformat[i]+"</td>";
        popupContentHTML += "</tr>";
        popupContentHTML += "<tr>";
        popupContentHTML += "<th>type</th>";
        // cctvtype[i] 변수에 저장된 값(1: 실시간 스트리밍, 2: 동영상 파일, 3: 정지영상)
        if(cctvtype[i] == 1){
          popupContentHTML += "<td>실시간 스트리밍</td>";
        }else if(cctvtype[i] == 2){
          popupContentHTML += "<td>동영상 파일</td>";
        }else{
          popupContentHTML += "<td>정지영상</td>";
        }
        popupContentHTML += "</tr>";
        popupContentHTML += "</table>";
        popupContentHTML += "</div>";
        popupContentHTML += "</div>";
        popupContentHTML += "</div>";                                       5

        var imgUrl = "http://map.vworld.kr/images/symbol/ico_cctv_dark_small.png";

        // 3D 지도 마커 호출
        layerMarker3D('cctv', coordx[i], coordy[i], popupContentHTML, imgUrl);     6
      }
    }
  });
}
```

예제 3.33 CCTV 영상 호출 및 마커 생성[35]

35 ₩WebContent₩WEB-INF₩jsp₩egovframework₩example₩traffic₩traffic_example03.jsp

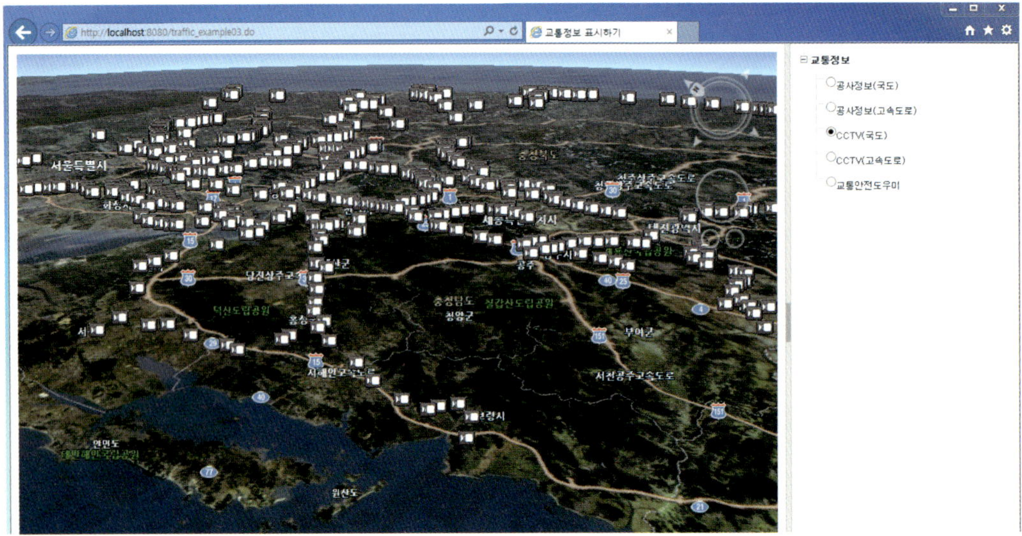

그림 3.29 CCTV 마커 표출

외부 WMS 매시업

앞 장에서는 외부 REST API를 이용해 제공받은 정보를 브이월드 지도에 매시업하는 예제를 살펴봤다. 일반적으로 REST API를 제공하는 각 기관이나 업체에서는 기관별 특수성을 반영해 오픈API 명칭이나 정보제공 규칙을 지정한다. 따라서 사용자가 오픈API를 제공하는 각 시스템에서 API를 활용하기 위해서는 포털에서 제공하는 가이드라인이나 사용법을 반드시 학습해야 하며, 타 시스템의 API의 활용을 위해 기존에 개발한 함수는 재활용하기 어렵다는 단점이 있다. 이러한 문제를 해결하기 위해 국제표준기구인 OGC와 ISO에서는 공간정보 화면을 웹에서 가시화하는 WMS(Web Map Service) 인터페이스와 공간정보 원천 데이터를 웹을 통해 제공하는 WFS(Web Feature Service) 인터페이스를 표준으로 제정했다. 또한 국내에서도 이러한 표준을 준용해 국내표준으로 개발했으며, 많은 업체가 WMS, WFS의 표준 API에 의해 서비스를 제공하고 있다. 표준화된 방법에 의해 오픈API를 제공하면 사용자는 개별 오픈API를 공부할 필요가 없으며, 기존에 만들어 놓은 함수를 재활용할 수 있다는 장점이 있다.

브이월드에서는 지도 API와 데이터 API뿐 아니라, WMS와 WFS API를 제공한다. 또한 외부에서 제공하는 WMS와 WFS API에 의해 획득한 공간정보는 브이월드 지도 API와 쉽사리 결합할 수 있는 환경으로 설계돼 있다. 이 예제에서는 브이월드에서 제공하는 WMS와 외부 서버의 WMS에서 획득한 정보를 브이월드 지도에 매시업하는 간단한 예제를 만들어 본다.

예제 1: 2D/3D 지도에 기본수준점 매시업하기

현재 브이월드에서는 WMS API를 통해 총 71종의 주제도를 제공하고 있다. 브이월드 WMS API에서 제공하는 공간정보의 목록은 아래 주소에서 확인할 수 있다.

- http://dev.vworld.kr/dev/dv_wmsguide_s001.do

이번에 구현할 예제는 REST API 구현예제와 같이 브이월드 지도 화면을 좌측 프레임에 보여주고, 우측 프레임에는 브이월드 지도 화면에 매시업을 할 공간정보 목록을 CheckBox로 보여준다. 이때 공간정보 목록 중 기본수준점 정보는 격자형 해양정보관리 시스템에서 제공하는 외부 WMS API를 통해 획득하며, 새주소건물, 교통시설, 소방서 관할구역 정보 등은 브이월드 WMS API를 통해 획득한다.

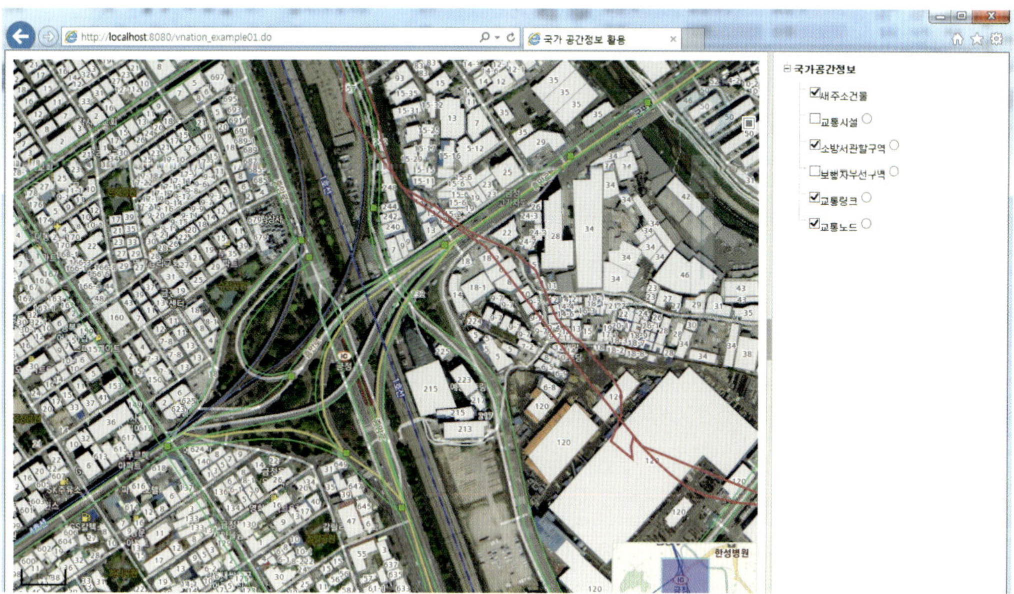

그림 3.30 구현 화면

이를 위해 이 예제에서는 크게 1개의 JSP 파일과 1개의 자바 파일로 구성했다. vMapController.java는 RequestMapping에 의해 vnation_example01.jsp를 호출한다. vnation_example01.jsp는 WMS로 공간정보를 획득해 브이월드 지도 화면에 매시업하는 간단한 예제다.

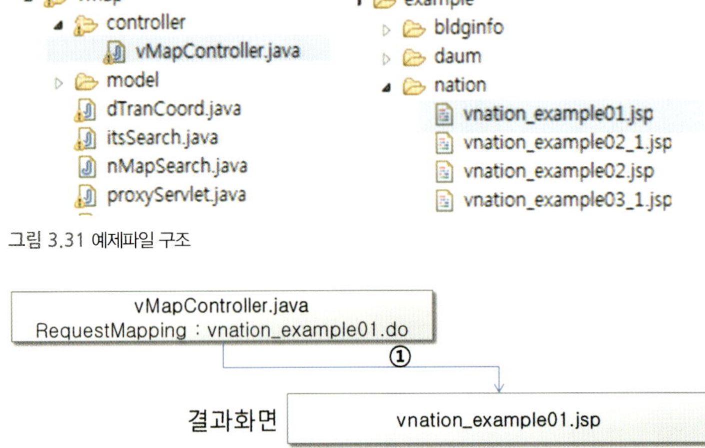

그림 3.31 예제파일 구조

그림 3.32 예제 흐름도

지도 화면에 매시업할 공간정보 목록은 우측 프레임에 Tree 구조로 나열하며, CheckBox로 매시업 여부를 결정한다. 소스코드를 살펴보면 CheckBox 타입의 Input 태그에서 value 속성은 WMS 서버에서 가져올 공간정보 레이어의 이름으로 설정했다. CheckBox를 선택하면 해당되는 공간정보 레이어를 불러오기 위해 reloadLayers() 함수가 호출된다.

1. 트리구조 국가정보 안에 외부 레이어 기본수준점 input 태그를 만들고 만들고 reloadLayers( ) 함수를 onClick 이벤트에 등록
2. 트리구조 국가정보 안에 새주소건물 input 태그를 만들고 만들고 reloadLayers( ) 함수를 onClick 이벤트에 등록
3. 트리구조 국가정보 안에 교통시설 input 태그를 만들고 만들고 reloadLayers( ) 함수를 onClick 이벤트에 등록
4. 트리구조 국가정보 안에 소방서관할구역 input 태그를 만들고 만들고 reloadLayers( ) 함수를 onClick 이벤트에 등록
5. 트리구조 국가정보 안에 보행자 우선구역 input 태그를 만들고 만들고 reloadLayers( ) 함수를 onClick 이벤트에 등록
6. 트리구조 국가정보 안에 교통링크 input 태그를 만들고 만들고 reloadLayers( ) 함수를 onClick 이벤트에 등록
7. 트리구조 국가정보 안에 교통노드 input 태그를 만들고 만들고 reloadLayers( ) 함수를 onClick 이벤트에 등록

```
<ul id="tree">
  <li>
    <strong>국가공간정보</strong>
    <ul>
      <!-- 격자형해양정보관리 시스템의 WMS서비스 -->
      <li> <input type="checkbox" unchecked id="geotwo_postgis:og_tbm_ls" value="geotwo_
postgis:og_tbm_ls" onclick="reloadLayers(this.value,this.checked)">기본수준점(TBM)    1
      </li>
```

```
      <!-- 브이월드에서 제공하는 WMS서비스 -->
      <li> <input type="checkbox" unchecked id="LT_C_SPBD" value="LT_C_SPBD"
onclick="reloadLayers(this.value,this.checked)">새주소건물 2
      </li>

      <li> <input type="checkbox" unchecked id="LT_C_UPISUQ152" value=
"LT_C_UPISUQ152" onclick="reloadLayers(this.value,this.checked)">교통시설 3
      </li>

      <li> <input type="checkbox" unchecked id="LT_C_USFSFFB" value="LT_C_USFSFFB"
onclick="reloadLayers(this.value,this.checked)">소방서관할구역 4
      </li>

      <li> <input type="checkbox" unchecked id="LT_C_TDWAREA" value="LT_C_TDWAREA"
onclick="reloadLayers(this.value,this.checked)">보행자우선구역 5
      </li>

      <li> <input type="checkbox" unchecked id="LT_L_MOCTLINK" value="LT_L_MOCTLINK"
onclick="reloadLayers(this.value,this.checked)">교통링크 6
      </li>

      <li> <input type="checkbox" unchecked id="LT_P_MOCTNODE" value="LT_P_MOCTNODE"
onclick="reloadLayers(this.value,this.checked)">교통노드 7
      </li>
    </ul>
  </li>
</ul>
```

예제 3.34 레이어 제어창[36]

reloadLayers() 함수는 WMS 서버와 연결해 지도 화면(공간정보)을 요청하고, 반환된 결과 화면을 브이월드 2D 지도에 매시업하는 기능을 수행한다. 브이월드는 OpenLayers를 상속받으므로 OpenLayers에서 제공하는 OpenLayers.Layer.WMS() 함수를 이용해 간단하게 외부 WMS 서버에 공간정보를 요청할 수 있다. OpenLayers.Layer.WMS() 함수의 인자는 이름, 주소, layers, format, srs(좌표계) 등으로 구성되며, 반환된 지도 레이어는 apiMap.addLayer() 함수를 이용해 apiMap에 추가한다.

36 /WebContent/WEB-INF/jsp/egovframework/example/nation/vnation_example01.jsp

1. 레이어 이름과 체크 유무 상황의 정보를 이용하여 분기문 처리
2. 레이어 이름이 “geotwo_postgis:og_tbm_ls”이면 외부 WMS를 요청하고 브이월드 지도에 추가
3. 레이어 이름이 브이월드에서 제공하는 국가공간정보이면 “showThemeLayer” 또는 “hideThemeLayer”를 이용하여 WMS 요청을 하고 레이어를 삭제

```
function reloadLayers(layerName,isCheck){
  // 주제도 이름이 "geotwo_postgis:og_tbm_ls"이면 분기문 처리
  if(layerName == "geotwo_postgis:og_tbm_ls"){          1
    if(isCheck){
      // 외부 WMS 요청
      impLayer = new OpenLayers.Layer.WMS('해양정보',
        'http://www.khoa.go.kr/oceangrid/cmm/proxyRun.do?call=wms&', {
        'layers': layerName,
        'format': 'image/png',
        'srs': 'EPSG:900913',
        'exceptions': "text/xml",
        'version': '1.3.0',
        'transparent': true
      }, {
        'isBaseLayer': false,
        'singleTile': false,
        'visibility': true
      });
      // 요청한 데이터 브이월드 지도에 add
      apiMap.addLayer(impLayer);          2
    }else{
      // 해양정보레이어 삭제
      apiMap.removeLayer(impLayer);
    }
  }else{
    if(isCheck){
      // 브이월드 국가공간정보 레이어 WMS요청
      apiMap.showThemeLayer(layerName, {layers:layerName});          3
    }else{
      // 브이월드 국가공간정보 레이어 삭제
      apiMap.hideThemeLayer(layerName);          3
    }
```

```
    }
  }
```
예제 3.35 WMS 서버와 연결[37]

브이월드 2차원 지도뿐 아니라 3차원 지도에서도 외부 WMS에서 반환되는 정보를 매시업할 수 있다. 아래의 예제에서는 vworld.init() 함수에서 mapType을 raster-first로 지정했으므로 예제를 구현하면 배경화면지도가 출력되지만 지도 화면의 토글 버튼을 클릭해 간단히 3D 지도로 전환할 수 있다. vworld.init() 함수에서는 WMS 서버와 연결해 데이터를 요청하기 위해 layerLoad() 함수를 호출한다.

1. apiMap3D 변수에 브이월드 3차원 객체 저장
2. 3D 지도에서 사용할 레이어 객체를 생성
3. WMS 서비스를 호출하기 위한 함수를 호출

```
vworld.init("vMap", "raster-first",
  function() {
    apiMap = this.vmap;
 }
    ,function (obj){
      // apiMap3D변수에 3D 함수 저장
      apiMap3D = obj;                                   1
      // 3D지도에 사용하는 레이어 객체 생성
      map3DLayerList = apiMap3D.getLayerList();         2
      // WMS 레이어를 호출할 함수
      layerLoad();                                      3
    }
    ,function (msg){alert('oh my god');}


);
```
예제 3.36 3차원 지도 설정[38]

37 /WebContent/WEB-INF/jsp/egovframework/example/nation/vnation_example01.jsp
38 /WebContent/WEB-INF/jsp/egovframework/example/nation/vnation_example01.jsp

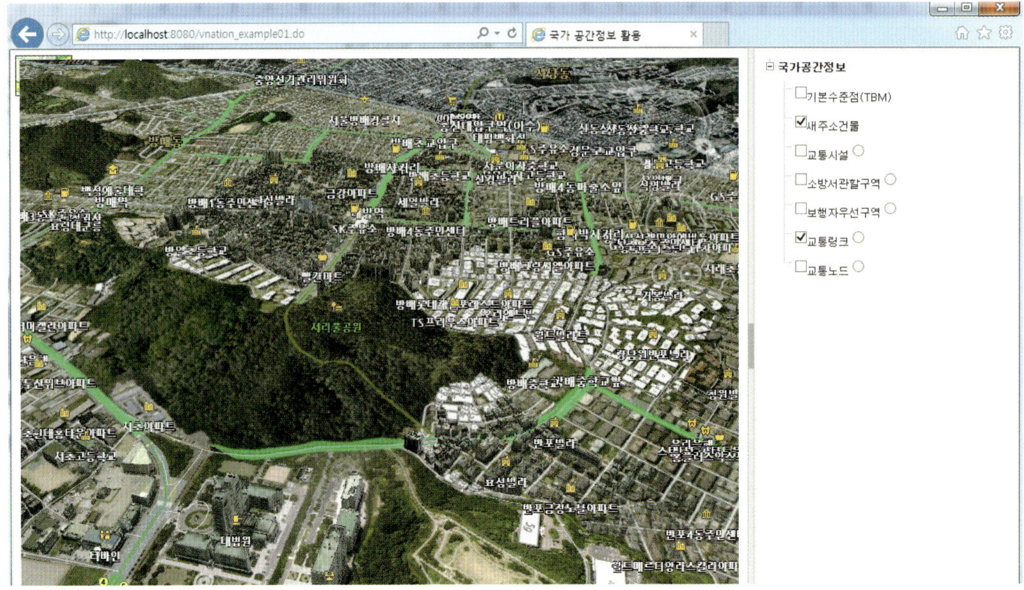

그림 3.33 구현 화면

WMS는 표준 API이므로 브이월드 오픈API에서 브이월드 WMS 서비스를 요청하는 방법과 타 서버의 WMS 서비스를 요청하는 방법은 동일하다. 브이월드 WMS 서버 혹은 타 WMS 서버에 접근하기 위해서는 SOPLayers.setconnectionWMS()를 호출해야 한다. 또한 WMS 서버에서 요청하고자 하는 공간정보 레이어를 지정하기 위해 SOPLyaers.setLayersWMS()를 호출해 레이어명을 입력해야 하며, 그 밖에 지도 화면(공간정보)을 가시화하기 위한 레이어 레벨이나 호출할 레이어의 타일 크기를 지정하기 위해 SOPLayers.setLevelWMS() 함수와 SOPLayers.setTileSizeWMS() 함수를 호출한다. WMS에 대한 접근 주소와 요청할 Layer의 설정이 완료되면 사용자가 정의한 LayerVisibility() 함수를 호출해 WMS에서 호출한 지도 화면을 브이월드 지도에 매시업한다.

1. WMS 레이어 객체를 생성하는 함수를 호출해 변수에 저장
2. WMS 호출 URL 설정
3. WMS 레이명 설정
4. WMS 레이어 스타일을 설정
5. WMS 이미지 타일 크기를 설정
6. WMS 레이어가 보여질 레벨을 설정
7. 레이어 VISIBLE 속성을 설정하는 함수를 호출

```
function layerLoad(){
  if(map3DLayerList != null) {

    // 브이월드에서 제공하는 wms호출,
    // 플러그인에 WMS데이터를 그리기 위한 레이어를 생성하는 함수 호출
    SOPLayer1 = createWMSLayer("LT_C_SPBD");                                    1
    // WMS서버에 접속
    SOPLayer1.setConnectionWMS("2d.vworld.kr", 8895, "/2DCache/gis/map/WMS?");  2
    // 호출할 레이어명 설정
    SOPLayer1.setLayersWMS("LT_C_SPBD");                                        3
    // 호출 할 레이어 스타일 설정
    SOPLayer1.setStylesWMS("LT_C_SPBD_NL");                                     4
    // 타일사이즈 설정
    SOPLayer1.setTileSizeWMS(256);                                              5
    // 타일사이즈 설정
    SOPLayer1.setLevelWMS(13, 15);                                              6
    // 보여질 레벨 설정
    Layervisibility('LT_C_SPBD',false);                                         7

    SOPLayer2 = createWMSLayer("LT_C_UPISUQ152");
    SOPLayer2.setConnectionWMS("2d.vworld.kr", 8895, "/2DCache/gis/map/WMS?");
    SOPLayer2.setLayersWMS("LT_C_UPISUQ152");
    SOPLayer2.setStylesWMS("LT_C_UPISUQ152");
    SOPLayer2.setTileSizeWMS(256);
    SOPLayer2.setLevelWMS(14, 17);
    Layervisibility('LT_C_UPISUQ152',false);

    SOPLayer3 = createWMSLayer("LT_C_USFSFFB");
    SOPLayer3.setConnectionWMS("2d.vworld.kr", 8895, "/2DCache/gis/map/WMS?");
    SOPLayer3.setLayersWMS("LT_C_USFSFFB");
    SOPLayer3.setStylesWMS("LT_C_USFSFFB");
    SOPLayer3.setTileSizeWMS(256);
    SOPLayer3.setLevelWMS(13, 15);
    Layervisibility('LT_C_USFSFFB',false);

    SOPLayer4 = createWMSLayer("LT_C_TDWAREA");
    SOPLayer4.setConnectionWMS("2d.vworld.kr", 8895, "/2DCache/gis/map/WMS?");
    SOPLayer4.setLayersWMS("LT_C_TDWAREA");
    SOPLayer4.setStylesWMS("LT_C_TDWAREA");
    SOPLayer4.setTileSizeWMS(256);
```

```
    SOPLayer4.setLevelWMS(12, 15);
    Layervisibility('LT_C_TDWAREA',false);

    SOPLayer5 = createWMSLayer("LT_L_MOCTLINK");
    SOPLayer5.setConnectionWMS("2d.vworld.kr", 8895, "/2DCache/gis/map/WMS?");
    SOPLayer5.setLayersWMS("LT_L_MOCTLINK");
    SOPLayer5.setStylesWMS("LT_L_MOCTLINK_3D");
    SOPLayer5.setTileSizeWMS(256);
    SOPLayer5.setLevelWMS(12, 15);
    Layervisibility('LT_L_MOCTLINK',false);

    SOPLayer6 = createWMSLayer("LT_P_MOCTNODE");
    SOPLayer6.setConnectionWMS("2d.vworld.kr", 8895, "/2DCache/gis/map/WMS?");
    SOPLayer6.setLayersWMS("LT_P_MOCTNODE");
    SOPLayer6.setStylesWMS("LT_P_MOCTNODE_3D");
    SOPLayer6.setTileSizeWMS(256);
    SOPLayer6.setLevelWMS(12, 15);
    Layervisibility('LT_P_MOCTNODE',false);

    // 외부 WMS호출
    SOPLayer7 = createWMSLayer("geotwo_postgis:og_tbm_ls");
    SOPLayer7.setConnectionWMS("www.khoa.go.kr", 80,
      "/oceangrid/cmm/proxyRun.do?call=wms&");
    SOPLayer7.setLayersWMS("geotwo_postgis:og_tbm_ls");
    SOPLayer7.setTileSizeWMS(256);
    SOPLayer7.setLevelWMS(8, 15);
    Layervisibility('geotwo_postgis:og_tbm_ls',false);
  }
}
```

예제 3.37 3차원 레이어 설정[39]

이 예제에서는 다수의 WMS 서버로부터 반복적인 지도 요청에 따라 소스코드를 단순화하고 구조화하기 위해 사용자 정의 함수를 구현했다. createWMSLayers() 함수는 WMS 요청에 의해 지도레이어를 생성하며, Layervisibility() 함수는 레이어의 상태를 반환한다.

39 /WebContent/WEB-INF/jsp/egovframework/example/nation/vnation_example01.jsp

1. WMS 데이터를 그리기 위한 레이어 생성
2. 레이어명에 해당하는 레이어 반환
3. 서비스되고 있는 레이어 상태 반환
4. 레이어 상태(ON/OFF) 설정
5. 지도의 종류에 따라 레이어 제어 함수 조정

```
function createWMSLayer(layername){
  if(map3DLayerList != null) {
    // 플러그인에 WMS데이터를 그리기 위한 레이어 생성
    var wmsLayer = map3DLayerList.createWMSLayer(layername);                1

    if(wmsLayer==null){
      // 레이어명에 해당하는 레이어 반환
      wmsLayer=map3DLayerList.nameAtLayer(layername);                     2
      // 호출시점까지 적용되어 있던 WMS데이터를 삭제하고 새로운 REQUEST로 데이터 호출
      map3DLayerList.nameAtLayer(layername).clearWMSCashe();
    }
    return wmsLayer;
  }
}

function Layervisibility(name,visibility){

  if(apiMap3D != null){
    // 서비스가 되고 있는 레이어 상태 반환
    var vis = map3DLayerList.getVisible(name);                            3
    if(visibility == true){
      // 레이어 상태 보임
      vis = apiMap3D.SOPVISIBLE_ON;
    }else{
    // 레이어 상태 안보임
      vis = apiMap3D.SOPVISIBLE_OFF;
    }
  // 서비스되고 있는 레이어 ON/OFF
    map3DLayerList.setVisible(name, vis);                                 4
  }
}
```

```
function reloadLayers(layerName,isCheck){
  if(layerName == "geotwo_postgis:og_tbm_ls"){
    if(isCheck){
    // 3차원 지도일 때
      if (vworld.getMode() == 2){                                                    5
      // 레이어 ON
        Layervisibility(layerName, true);
      }else{
        impLayer = new OpenLayers.Layer.WMS('해양정보',
          'http://www.khoa.go.kr/oceangrid/cmm/proxyRun.do?call=wms&', {
            'layers': layerName,
            'format': 'image/png',
            'srs': 'EPSG:900913',
            'exceptions': "text/xml",
            'version': '1.3.0',
            'transparent': true
          },
          {
            'isBaseLayer': false,
            'singleTile': false,
            'visibility': true
          });
        apiMap.addLayer(impLayer);
      }
    }else{
    // 3차원지도일 때 레이어 OFF
      if(vworld.getMode() == 2){                                                     5
        Layervisibility(layerName, false);
      }else{
        apiMap.removeLayer(impLayer);
      }
    }
  }else{
    if(isCheck){
      if(vworld.getMode() == 2){                                                     5
        Layervisibility(layerName, true);
      }else{
        apiMap.showThemeLayer(layerName, {layers:layerName});
      }
```

```
    }else{
      if(vworld.getMode() == 2){
        Layervisibility(layerName, false);
      }else{
        apiMap.hideThemeLayer(layerName);
      }
    }
  }
}
```

예제 3.38 레이어 제어창[40]

아래의 그림은 외부 WMS에서 요청한 기본수준점 정보를 브이월드 지도 위에 매시업한 화면이다. 그림에서 초록색 점은 기본수준점 정보를 가리킨다.

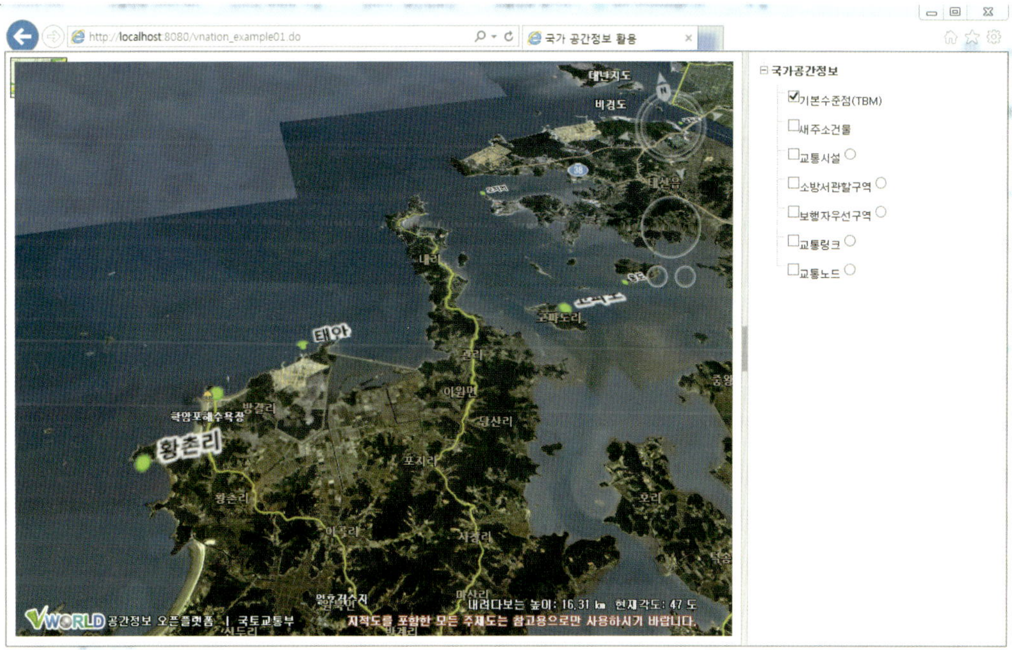

그림 3.34 구현 화면

40 /WebContent/WEB-INF/jsp/egovframework/example/nation/vnation_example01.jsp

브이월드 데이터 API를 활용한 공간검색 서비스

지금까지는 특정 건물이나 위치를 찾기 위해 명칭(POI)이나 새주소, 구주소에 의한 검색 API를 활용했다. 그러나 찾고자 하는 장소의 정확한 명칭을 알지 못하거나 정확한 대상을 지정하지 않고도 특정 위치에 있는 장소를 검색하고 싶을 때가 있다. 가령, 가고 싶은 식당이 있다면 식당명을 POI 검색으로 찾으면 되지만 현재 내 위치에서 가장 가까운 식당을 찾고 싶다면 POI 검색으로는 불가능하다. 이러한 경우 브이월드 지도 API에서 공간 검색을 통해 조회할 수 있다. 간단히 설명하자면 내 위치를 기준으로 1km 반경에 위치한 음식점을 찾기 위해서는 중심점의 좌표가 내 위치이고, 반경이 1km인 원과 위치적으로 중첩되는(Overlap) 음식점을 검색하면 될 것이다. 이번에는 사용자가 점(Point), 선(Curve), 면(Surface), 원(Circle) 등의 공간 검색으로 원하는 위치 정보를 획득하는 간단한 예제를 만들어 본다.

예제 2: 2D 공간검색 서비스 구현하기

이 장의 예제에서는 지도 화면에서 사용자가 찾고자하는 지도 레이어를 클릭하고, 사용자가 원하는 위치에 점, 선, 면, 원 등의 모양을 그리면 해당되는 지도 레이어에서 사용자가 그린 도형과 겹치는 지역을 결과 목록에 보여준다. 사용자는 공간 검색을 위해 점, 선, 면, 원, 버퍼 중 한 가지를 선택할 수 있으며 사용자가 선택한 공간정보 레이어에서 공간적으로 중첩되는 객체가 결괏값으로 도출된다.

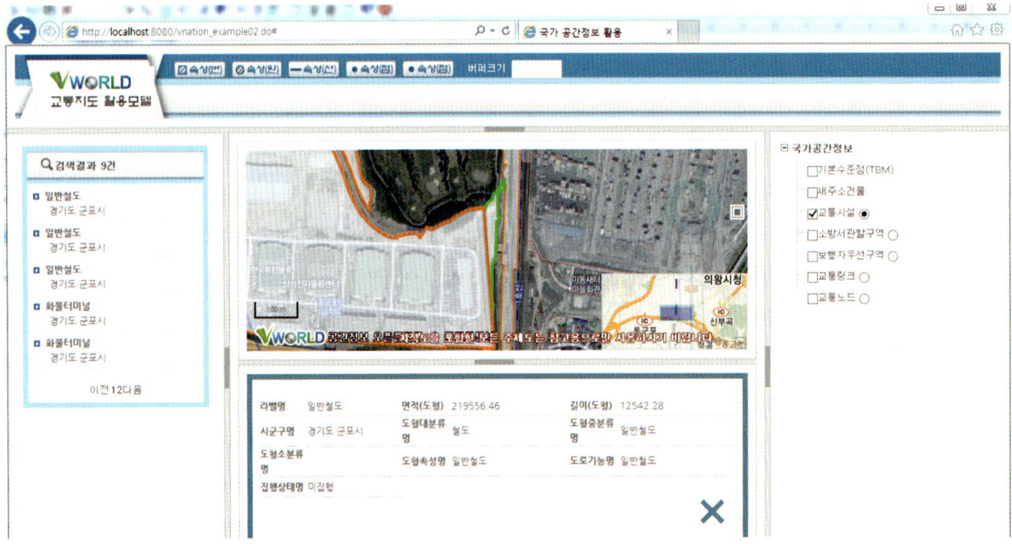

그림 3.35 구현 화면

이를 위해 이번 예제에서는 크게 2개의 JSP 파일과 2개의 자바 파일로 구성했다. vnation_example02.jsp는 검색을 위한 입력화면에 해당하고, vnation_exampleo02_1.jsp는 검색 결과를 화면에 출력하는 기능을 수행한다. vMapData.java는 공간 검색 기능을 제공하며, vMapController.java는 RequestMapping 등의 기능을 지원한다.

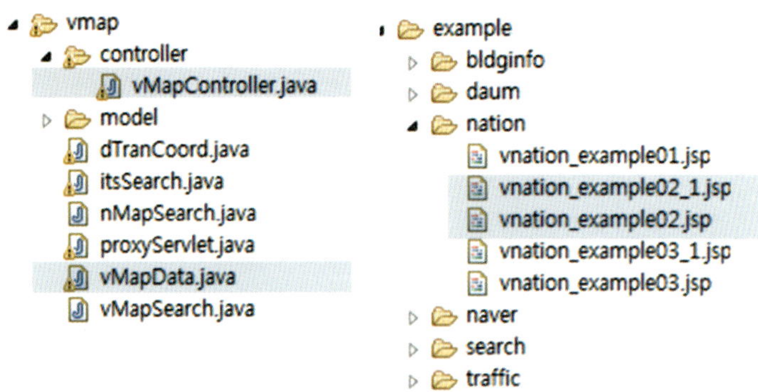

그림 3.36 예제파일 구조

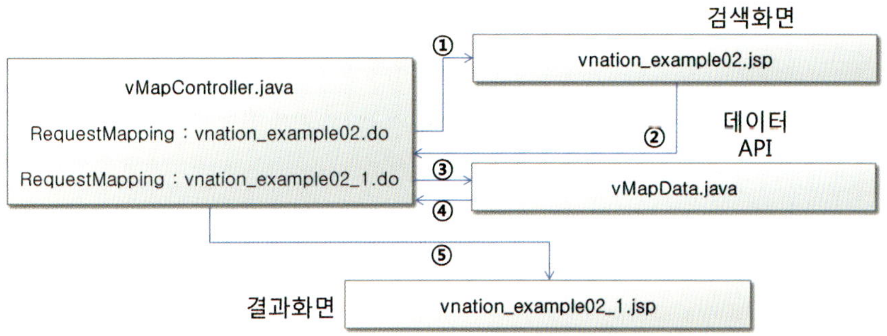

그림 3.37 예제 흐름도

화면 구성

이 예제에서는 화면을 총 4개의 프레임으로 구성한다. 먼저 UI의 body를 기준으로 북쪽, 서쪽, 중앙으로 나누고 중앙 영역을 다시 위, 아래로 나눈다. 브이월드 지도 화면은 중앙 프레임에 보여주고, 우측 프레임에는 찾고자하는 공간정보의 레이어 목록을 선택할 수 있는 Radio Button과 지도 화면에 매시업할 공간정보의 레이어 목록을 선택할 수 있는 Check Box로 구성한다. 또한 화면의 최상단에는 공간 검색을 위한 도구(점, 선, 면, 원, 버퍼)를 선택할 수 있는 버튼을 추가했으며, 검색에 의한 결과 목록은 좌측 프레임에 구성했다. 사용자는 공간 검색 도구에 의해 지도에 그려진 도형과 위치적으로 중첩되는 지역을 좌측 프레임에 표시하며, 좌측 프레임의 개별 결괏값을 클릭했을 때 상세한 속성 정보가 화면의 중앙 하단에 나타나게 한다.

1. UI의 body 기준으로 레이아웃을 나눈다(북쪽, 서쪽, 중앙)
2. 브이월드 지도 초기 설정 및 지도 호출
3. body의 기준으로 나눈 중앙 영역을 세부 레이아웃으로 나눔(중앙, 남쪽)
4. 동쪽 레이아웃에 들어갈 트리구조를 설정
5. 각 레이아웃에 맞게 소스를 작성

```
$(document).ready(function() {
  myLayout = $('body').layout({
    applyDemoStyles:true
    // 레이아웃 구성(북, 서, 동, 중앙)
    ,north__size:"auto"
    ,north__initClosed:false
    ,north__initHidden:false
    ,east__size:300
    ,east__initClosed:false                                  1
    ,east__initHidden:false
    ,west__size:273
    ,west__initClosed:false
    ,west__initHidden:false
    ,center:{
      onresize : resizeCenter
    }
  });

 // 지도 초기 설정
  vworld.showMode = false;
  vworld.init("vMap", "raster-first",
    function() {
      apiMap = this.vmap;
                                                             2

      apiMap.addVWORLDControl("zoomBar");
      apiMap.addVWORLDControl("indexMap");
      apiMap.addVWORLDControl("layerSwitch");
```

```
        apiMap.setIndexMapPosition("right-bottom");
                                                                2
        apiMap.setCenterAndZoom(14137025.510094, 4411241.3503068, 8);
    }
);
// 아이디가 innerLayout인 레이아웃 영역을 세부 레이아웃으로 구성(중앙, 남쪽)
  myInnerLayout = $('#innerLayout').layout({
    applyDefaultStyles: true
    ,south__size : 280
    ,south__initClosed: true
    ,south__initHidden: false                                   3
    ,center:{
      onresize : resizeCenter
    }
  });

// 트리구조
  $("#tree").treeview({
    collapsed: true,                                            4
    animated: "medium",
    persist: "location"
  });
});

<!-- 레이아웃 중앙 -->
<div id="innerLayout" class="ui-layout-center">                 5
<!-- 세부 레이아웃의 중앙 -->
  <div id="innerLayoutCenter" class="ui-layout-center">         5
    <div id="vMap" style="width:100%;height:100%"></div>
    <div id="dataDiv" style="display:none"></div>
</div>
<!-- 세부 레이아웃의 남쪽 -->
  <div class="ui-layout-south" id="vDataResult">                5
  </div>
</div>
<!-- 레이아웃 동쪽 -->
<div class="ui-layout-east">                                    5
  <ul id="tree">
    <li>
```

```
      <strong>국가공간정보</strong>
      <ul>
        <li> <input type="checkbox" unchecked id="geotwo_postgis:og_tbm_ls"
            value="geotwo_postgis:og_tbm_ls"
            onclick="reloadLayers(this.value,this.checked)">
            기본수준점(TBM)
        </li>
…중략…
      </ul>
    </li>
  </ul>
</div>
<div class="ui-layout-north">                                                    5
  <div class="header_wrapper">
  <h1><img src="/images/title.png" border="0" class="title_img" /></h1>
    <div>
      <ul class="top_btn">
        <li>
          <a href="#" class="topbtn_polyon" onclick="getWfsValue('polygon');"
             title="면검색"></a>
        </li>
 …중략…
      </ul>
    </div>
  </div>
</div>
<!-- 레이아웃 서쪽 -->
<div class="ui-layout-west">
  <div id="westDiv">
    <div id="ajax_indicator" style="display:none">
      로딩중...
    </div>
    <div id="westResult">
      <div class="search_result">
        <div class="result_title">
        <img src="/images/search/searchicon_black.png" alt="" class="searchicon_black"/>
          검색 결과
        </div>
```

…중략…

```
</div>
```

예제 3.39 레이어 제어창[41]

공간 검색을 위한 도형 그리기

이 예제에서는 사용자가 원하는 위치와 범위를 선택해 공간 검색을 수행한다. 이때 검색하려는 범위를 사용자가 직관적으로 이해하기 쉽게 만들려면 지도 화면 위에 실제 검색하려는 범위를 그려줄 필요가 있다. 먼저, 점 · 선 · 면 · 원 · 버퍼 중 공간 검색을 위한 도구를 선택할 수 있도록 화면 UI의 최상단에 HTML 태그로 버튼을 구현한다. 버튼을 클릭하면 공간 검색을 위한 검색도형을 그리기 위해 getWfsValue() 함수를 호출한다. getWfsValue() 함수에서는 점 · 선 · 면 등의 검색 옵션에 따라 도형 객체를 생성하고, 마우스 이벤트를 등록한다. 마우스 이벤트는 pClickControl을 생성해서 지정하며, apiMap.addControl() 함수를 이용해 지도 화면에 이벤트를 등록한다.

1. 공간 조회의 종류별로 분기
2. 측정 설정
3. 점, 선, 면, 버퍼의 종류에 따라 측정 객체 생성
4. 측정 객체에서 얻은 정보를 이용할 함수 이벤트 등록
5. 설정한 값을 브이월드에 추가하고 활성화
6. 측정해서 나온 데이터 중 공간 데이터만 추출
7. 추출한 공간 데이터를 벡터 객체에 포함해 생성
8. 벡터 데이터를 브이월드 지도에 추가

```
<ul class="top_btn">
  <!-- 공간 조회 UI -->
  <li><a href="#" class="topbtn_polyon" onclick="getWfsValue('polygon');"></a>
  </li>
  <li><a href="#" class="topbtn_radius" onclick="getWfsValue('radius');"></a>
  </li>
  <li><a href="#" class="topbtn_line" onclick="getWfsValue('line');"></a>
  </li>
```

41 /WebContent/WEB-INF/jsp/egovframework/example/nation/vnation_example02.jsp

```
<li><a href="#" class="topbtn_point" onclick="getWfsValue('info');"></a>
</li>
<li><a href="#" class="topbtn_point" onclick="getWfsValue('buffer');"></a>
</li>
<li>
  <span style="padding:1px 3px 0 10px;"><font color="white">버퍼크기</font></span>
  <input id="cRadius" style="width:60px;"></input>
</li>
</ul>

function getWfsValue(control){
  // 지도 초기화
  apiMap.init();
  // 측정 컨트롤을 정의할 변수
  pClickControl = null;
  // 공간 조회 방법 index
  dataControl = control;

  // 분석 옵션: persist=> 측정 유지
  var pointOptions = {persist:true};
  var lineOptions = {persist:true};
  var polygonOptions = {persist:true};                                              2
  var radiusOptions = {persist:true};
  if(dataControl == "polygon"){                                                    1
    if (pClickControl == null) {
      // 면 측정 객체 생성
      pClickControl = new OpenLayers.Control.Measure(OpenLayers.Handler.Polygon,  3
          {handlerOptions:polygonOptions});
      // 이벤트 등록(getWfsclick())
      pClickControl.events.on({"measure": getWfsclick});                           4
      // 브이월드 지도에 측정 컨트롤을 추가
      apiMap.addControl(pClickControl);                                            5
    }
  }else if(dataControl == "radius"){
    if (pClickControl == null) {
      // 원 측정 객체 생성
      pClickControl = new OpenLayers.Control.Measure(OpenLayers.Handler.RegularPolygon,{handler
Options:radiusOptions});
```

```
      pClickControl.events.on({"measure": getWfsclick});
      apiMap.addControl(pClickControl);
    }
  }else if(dataControl == "line"){
    if (pClickControl == null) {
      // 선 측정 객체 생성
      pClickControl = new OpenLayers.Control.Measure(OpenLayers.Handler.Path,
          {handlerOptions:lineOptions, partialDelay:100});
      pClickControl.events.on({"measure": getWfsclick});
      apiMap.addControl(pClickControl);
    }
  }else if(dataControl == "info"){
    if (pClickControl == null) {
      // 점 측정 객체 생성
      pClickControl = new OpenLayers.Control.Measure(OpenLayers.Handler.Point,
          {handlerOptions:pointOptions});
      pClickControl.events.on({"measure": getWfsclick});
      apiMap.addControl(pClickControl);
    }
  }else if(dataControl == "buffer"){
    if (pClickControl == null) {
      // 점 측정 객체 생성(버퍼로 이용)
      pClickControl = new OpenLayers.Control.Measure(OpenLayers.Handler.Point,
            {handlerOptions:pointOptions});
      pClickControl.events.on({"measure": getWfsclick});
      apiMap.addControl(pClickControl);
    }
  }

// 등록된 측정 이벤트를 활성화
  pClickControl.activate();                                        5
}

function getWfsclick(evt){
  // 측청 이벤트에서 제공받은 데이터를 getWfsPoints에 저장
  getWfsPoints = evt;
  // getWfsPoints에 있는 지오메트리 값
  alert(getWfsPoints.geometry);                                    5
```

```
  // 벡터 객체 생성
  var lineFeature = new OpenLayers.Feature.Vector(getWfsPoints.geometry.clone());   6
  // 백터 스타일 저장
  lineFeature.style = sketchSymbolizers['Polygon'];   7
  // 브이월드 지도에 벡터를 추가
  apiMap.vectorLayer.addFeatures([lineFeature]);   8
}
```

예제 3.40 공간 조회[42]

아래의 그림은 사용자가 임의의 면(Polygon)을 브이월드 지도 위에 그리고, 도형의 좌푯값을 화면에 출력하는 화면이다. 브이월드 지도 위에 그려진 도형은 좌푯값을 가지며, 이를 확인하기 위해 alert() 함수를 이용해 메시지 박스에 좌푯값을 출력하도록 예제 소스를 수정했다.

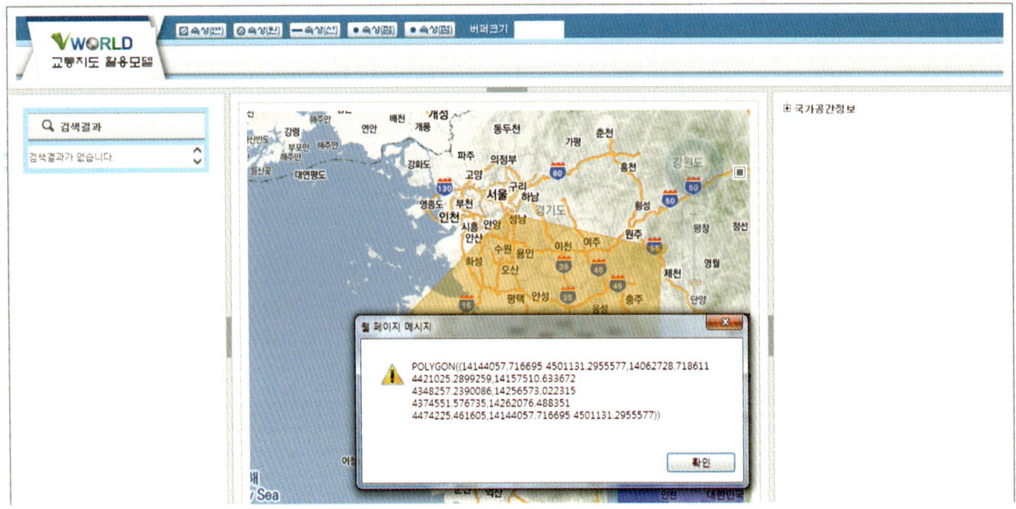

그림 3.38 공간검색 요청을 위한 도형의 좌푯값 출력 화면

점, 선, 면에 의한 공간 검색과 다르게 버퍼 조회는 사용자가 그린 도형에서 버퍼의 크기만큼 측정 범위가 변화하므로 추가적인 계산 과정이 필요하다. 이 예제에서는 점에 대한 버퍼만 구현하며, 점에 버퍼를 주게 되면 버퍼 크기를 반지름으로 가지는 원(Circle) 모양이 된다. 다만 이 예제에서는 소스를 간단히 구현하기 위해 원 모양의 버퍼가 아닌 원 모양의 버퍼를 BBOX 형태로 구현해 버퍼 연산을 수행한다.

42 /WebContent/WEB-INF/jsp/egovframework/example/nation/vnation_example02.jsp

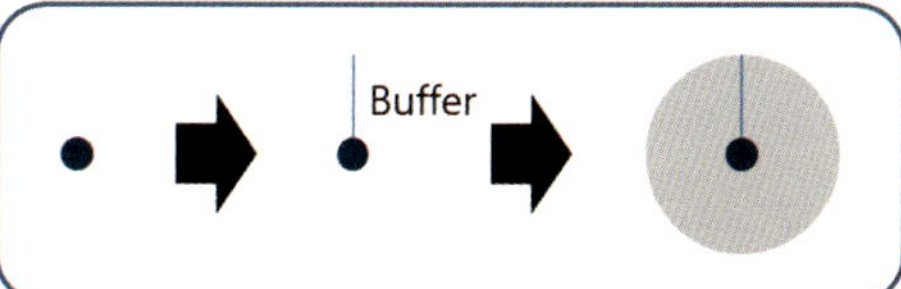

그림 3.39 버퍼

1. 버퍼 길이 값 추출
2. 좌푯값, 버퍼 길이, 스타일을 이용해 Circle 객체 생성
3. Circle 객체의 id값 추출
4. Circle 객체의 id 값을 이용해 bound 값 추출
5. createBounds() 함수에 bound 값 전송
6. bound 값을 배열에 저장
7. 배열에 저장된 bound 값과 정의된 스타일 값을 이용해 Polygon 객체 생성
8. 생성한 Polygon 객체 브이월드 지도에 addFeatures를 수행

```
var Circle = null;
var tCircle;
function getWfsclick(evt){
  // 측청 이벤트 결괏값
  getWfsPoints = evt;
  // 버퍼 크기
  var radius = document.getElementById("cRadius").value;        1

  // 버퍼 크기의 값이 ""이면 1000m로 설정
  if(radius != ""){
  } else {
    radius = 1000;
  }

// 버퍼조회이면
if(dataControl == "buffer"){
   // 브이월드 Circle 클래스에 좌푯값, 버퍼 길이, 버퍼 스타일을 등록하고 객체를 생성
   Circle = new vworld.Circle({x:getWfsPoints.geometry.x,
       y:getWfsPoints.geometry.y}, radius, selFeature);          2
```

```
    // 버퍼의 아이디 추출
    tCircle = Circle.getFeatureById(Circle.id);                                    3

  // 버퍼 아이디를 이용해 bounud 값을 추출한 후 createBounds() 함수를 호출
    createBounds(tCircle.getBounds());                                             4, 5
  }
}

function createBounds(bounds)
  var points = [];
  // points 배열에 bound 값 저장
  points.push(new OpenLayers.Geometry.Point(bounds.left, bounds.top));
  points.push(new OpenLayers.Geometry.Point(bounds.right, bounds.top));
  points.push(new OpenLayers.Geometry.Point(bounds.right, bounds.bottom));        6
  points.push(new OpenLayers.Geometry.Point(bounds.left, bounds.bottom));
  // bound 스타일
  var style = {strokeColor: "#00FF00", fillColor: "#00FF00", strokeOpacity: 1,
      fillOpacity:0.1, strokeWidth: 2};
  // Polygon 객체에 bound 값과 스타일을 등록하고 객체 생성
  var poly = new vworld.Polygon(points, style);                                   7
  // Polygon 객체 브이월드에 추가
  apiMap.vectorLayer.addFeatures([poly]);                                         8
}

// Circle 클래스 스타일
var selFeature = {
  strokeWidth: 4,
  strokeOpacity: 1,
  strokeColor: "#20c02f",
  fillColor: "#fff",
  fillOpacity: 0.6
};
```

예제 3.41 버퍼 공간 조회[43]

43 /WebContent/WEB-INF/jsp/egovframework/example/nation/vnation_example02.jsp

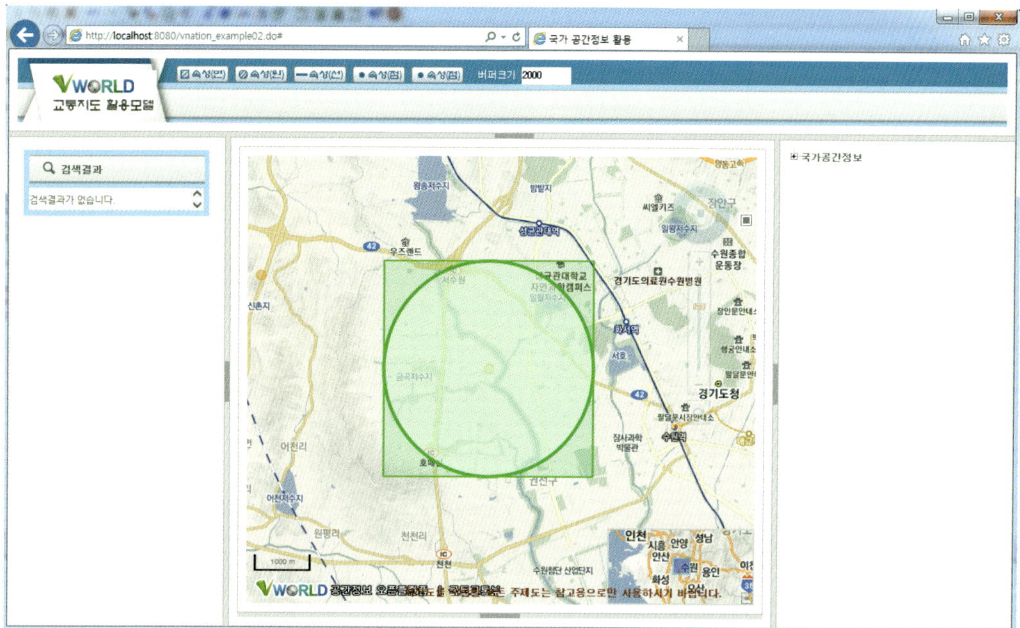

그림 3.40 버퍼를 이용한 공간 검색 화면

지금까지는 공간 검색을 위해 도형을 지도 화면에 출력하고 사용자가 그린 도형의 좌푯값을 추출하는 기능을 구현했다. 이제 이 좌푯값을 이용해 브이월드에서 제공하는 공간정보 중 사용자가 그린 도형과 위치적으로 중첩되는 정보를 도출하는 부분을 구현한다. 데이터를 JSON으로 처리하기 위해 OpenLayers.Format.JSON() 객체를 생성하며, features 변수에 저장한다. 최종적으로 getWfsclick() 함수에서는 사용자가 정의한 getWfsList() 함수를 호출해 페이징된 검색 결과를 출력한다.

1. 면/선/점 분석이나 버퍼 분석에 의한 좌푯값을 추출
2. 결과 값에 따라 데이터 API를 호출
3. 데이터 API에서 추출한 데이터를 features 변수에 저장
4. features 값을 이용해 페이징 처리
5. features 값을 이용해 데이터 정렬
6. features 값을 이용해 데이터를 정제한 후 배열에 저장
7. 결괏값을 UI에 표출하기 위한 함수 호출

```
// 페이징 초깃값 설정
var pageInfo = {
  totalRecord : 0,
  totalPage  :  0,
  pageIndex  :  1,
  nextPage   :  0,
  prePage:  0,
  pageUnit   :  5,
  pageSize   :  5
};
var Circle = null;
var tCircle;
function getWfsclick1(evt){
  // 측정 데이터
  getWfsPoints = evt;

  // 면/선/점 벡터 모양
  var lineFeature = new OpenLayers.Feature.Vector(getWfsPoints.geometry.clone());
  lineFeature.style = sketchSymbolizers['Polygon'];
  apiMap.vectorLayer.addFeatures([lineFeature]);

  // 버퍼 길이
  var radius = document.getElementById("cRadius").value;

  // 버퍼 길이 값이 없을 때 기본값
  if(radius != ""){
  } else {
    radius = 1000;
  }

  // 버퍼 공간 조회이면 bound를 추출해 "tCirCle" 변수에 저장
  if(dataControl == "buffer"){
    Circle = new vworld.Circle({x:getWfsPoints.geometry.x,
        y:getWfsPoints.geometry.y}, radius, selFeature);
    tCircle = Circle.getFeatureById(Circle.id);
    createBounds(tCircle.getBounds());
  }
```

```
// 데이터 API에 보낼 파라미터
var params = "";
params += "apiKey=369C4265-766B-31D6-9469-8FB5ECC1BE17";
// 버퍼 공간 조회일 경우 BBOX 값을 보내고 다른 공간 조회는 값 그대로 저장
if(dataControl == "buffer"){
  params += "&geometry=BBOX("+tCircle.getBounds()+")" ;                    1
}else{
  params += "&geometry=" + getWfsPoints.geometry;                          1
}

params += "&pageIndex=" + pageInfo.pageIndex;
params += "&domain=localhost:8080";
params += "&output=json";
params += "&srsName=EPSG:900913";
params += "&layerUrl="+findLayerName+"/data";

$.ajax({
  // 데이터 API 파라미터 전송
  type : "POST",
  async : true,
  url : "/vnation_example02_1.do",                                         2
  data : params,
  dataType : "html",
  contentType: "application/x-www-form-urlencoded; charset=UTF-8",
  error : function(request, status, error) {
    alert("code : " + request.status + "\r\nmessage : " + request.reponseText);
  },
  // 전송이 성공해서 결괏값이 받아지면
  success : function(response, status, request) {
    $('#dataDiv').html(response);

    var features;
    var json_str = $("#vGml").val();
    var geoJson = eval("(" + json_str + ")");
    var code = geoJson.header['resultCode'];
  // 브이월드 데이터 API 에서 오류 발생 시 경고창 호출
    if(code != '200'){
      alert(geojson.header['resultMsg']);
```

```
  return;
}
// GeoJSON 객체 생성
var geojson_format = new OpenLayers.Format.GeoJSON();
// 데이터 API에서 받아온 정보를 GeoJSON으로 분석해 features 변수에 저장
features = geojson_format.read(geoJson.featureCollection);    3
if(features.length < 1){
  alert("검색된 데이터가 없습니다.");
  return;
}

// 페이지 정보값을 추출해 저장
pageInfo.pageIndex = geoJson.paginationInfo['pageIndex'];
pageInfo.totalPage = geoJson.paginationInfo['totalPageCount'];
pageInfo.totalRecord = geoJson.paginationInfo['totalRecordCount'];
pageInfo.pageUnit    = geoJson.paginationInfo['pageUnit'];
// 페이징 처리
if(pageInfo.pageIndex < pageInfo.totalPage){
  pageInfo.nextPage = parseInt(pageInfo.pageIndex) + 1;
}else{
  pageInfo.nextPage = 0;
}
if(1 < pageInfo.pageIndex  && 1 < pageInfo.totalPage){    4
  pageInfo.prePage = parseInt(pageInfo.pageIndex) - 1;
}else{
  pageInfo.prePage = 0;
}

// 공간정보 id를 이용해 정렬
features.sort(function(a,b){
  var aval = a.fid.split('.')[0];
  var bval = b.fid.split('.')[0];    5
  return aval < bval ? -1: aval==bval? 0:1;
});

vworldInfo.group = [];
var initGroup = false;
var curAlias = "";
```

```
    var curFeats = [];
    var curGroup = "";
    var tabCount =0;
    for(var i=0;i< features.length;i++) {

    // 데이터 API 정보를 배열에 저장
      initGroup = false;
      var tmpgroup = features[i].fid.split('.')[0];
      if (curGroup == "" || curGroup != tmpgroup) {
        if (curGroup != "") {
          vworldInfo.group.push({"alias":curAlias,"layer":curGroup,"features":curFeats});
          tabCount ++;
        }
        initGroup = true;
        curFeats = [];
        curAlias = "";
        curGroup = tmpgroup;                                                        6
      }

      if (initGroup){
        if (curAlias == '') {curAlias = curGroup;}
      }
      curFeats.push(features[i]);
      if (i == features.length -1) {
        vworldInfo.group.push({"alias":curAlias,"layer":curGroup,"features":curFeats});
        tabCount ++;
      }
    }

    // 결괏값을 표출하기 위한 함수 호출
    getWfsList(pageInfo.totalRecord);                                               7
    features= null;

  },
  beforeSend: function() {
    $('#west_indicator').show().fadeIn('fast');
  },
  complete: function() {
```

```
        $('#west_indicator').fadeOut();
      }
    });
  }
```

예제 3.42 데이터 API 호출 및 결과 화면 출력[44]

getWfsList() 함수는 공간 검색에 따른 결과목록을 화면 좌측 프레임에 출력하고, 중앙 상단에 있는 브이월드 지도 위에 벡터 형태로 출력한다. 검색 결과는 getClickWfs() 함수에서 vworldInfo.group 변수에 저장됐으며, apiMap 객체에서 apiMap.vectorLayer.addFeatures() 함수를 호출해 간단하게 지도 위에 출력할 수 있다. 또한 화면의 좌측에도 검색 목록을 출력한다. 이때 사용자가 검색하고자 하는 레이어 정보마다 저장하고 있는 속성이 다르므로 분기문에 의해 출력 형태를 구분했다.

1. 지도 화면에 웹 페이지에 표출된 결괏값에 맞게 벡터 오버레이
2. features 정보를 이용해 웹페이지에 정보 표출

```
function getWfsList(count){

  var groupid   = 0;
  var content = "";

  // 결과 값으로 표출된 데이터 벡터 표시
  apiMap.vectorLayer.addFeatures(vworldInfo.group[groupid].features);                    1

  content += "<div class='search_result'>";
  content += "<div class='result_title'>";
  content += "<img src='/images/search/searchicon_black.png' alt=''
  class='searchicon_black'/>";
  // 총 검색 결과 개수
  content += "검색 결과 <span>"+count+"건</span>";
  content += "</div>";
  content += "<div class='result_space'>";
  content += "<div class='scroll'>";
  content += "<table cellspacing='0' cellpadding='0' class='result_box'>";
```

44 /WebContent/WEB-INF/jsp/egovframework/example/nation/vnation_example02.jsp

```
// 교통시설 레이어
if(findLayerName == 'upisuq152'){
  // features 길이까지 반복
  for(var idx=0; idx<vworldInfo.group[groupid].features.length; idx++){

    // features에서 feature 변수에 속성값 저장
    var feature = vworldInfo.group[groupid].features[idx];
    // 공간 id를 gid 변수에 저장
    var gid = feature.fid.split(".")[1];
    // 결괏값 표출
    content += "<tr id='"+gid+"' onclick='javascript:drawFeature("+
       groupid+","+idx+",\""+gid+"\");'>";
    content += "<td class='result_name'>
       <img src='/images/search/list-st.png' alt='' class='list-st'/>";
    content += "<strong>"+(feature.attributes["DGM_NM"]==null?"-"
       :feature.attributes["DGM_NM"])+"</strong><br/>";
    content += "<p style='padding-left:20px;'>"+(feature.attributes["SIG_NAM"]==null?"-"
       :feature.attributes["SIG_NAM"])+"</p>";
    content += "</td>";
    content += "<td class='link_location'>";
    content += "</td>";
    content += "</tr>";
  }
// 소방서 관할구역 레이어
}else if(findLayerName == 'usfsffb'){
  for(var idx=0; idx<vworldInfo.group[groupid].features.length; idx++){

    var feature = vworldInfo.group[groupid].features[idx];
    var gid = feature.fid.split(".")[1];
    // 지도 개별 이동 함수 호출
    content += "<tr id='"+gid+"'onclick='javascript:drawFeature("+
       groupid+","+idx+",\""+gid+"\");'>";
    content += "<td class='result_name'>
       <img src='/images/search/list-st.png' alt='' class='list-st'/>";
    content += "<strong>"+(feature.attributes["WARD_NM"]==null?"-"
       :feature.attributes["WARD_NM"])+"</strong><br/>";
    content += "<p style='padding-left:20px;'>"+(feature.attributes["WARD_ID"]==null?"-"
       :feature.attributes["WARD_ID"])+"</p>";
```

```
        content += "</td>";
        content += "<td class='link_location'>";
        content += "</td>";
        content += "</tr>";
    }
// 보행자우선구역 레이어
}else if(findLayerName == 'tdwarea'){
    for(var idx=0; idx<vworldInfo.group[groupid].features.length; idx++){

        var feature = vworldInfo.group[groupid].features[idx];
        var gid = feature.fid.split(".")[1];
        content += "<tr id='"+gid+"' onclick='javascript:drawFeature("+groupid+",
            "+idx+",\""+gid+"\");'>";
        content += "<td class='result_name'>
            <img src='/images/search/list-st.png' alt='' class='list-st'/>";
        content += "<strong>"+(feature.attributes["SAUP_NAME"]==null?"-"
            :feature.attributes["SAUP_NAME"])+"</strong><br/>";
        content += "<p style='padding-left:20px;'>"+
            (feature.attributes["SAUP_GUBUN"]==null?"-"
            :feature.attributes["SAUP_GUBUN"])+"</p>";
        content += "</td>";
        content += "<td class='link_location'>";
        content += "</td>";
        content += "</tr>";
    }
// 교통링크 레이어
}else if(findLayerName == 'moctlink'){
    for(var idx=0; idx<vworldInfo.group[groupid].features.length; idx++){

        var feature = vworldInfo.group[groupid].features[idx];
        var gid = feature.fid.split(".")[1];
        content += "<tr id='"+gid+"' onclick='javascript:drawFeature("+
            groupid+","+idx+",\""+gid+"\");'>";
        content += "<td class='result_name'>
            <img src='/images/search/list-st.png' alt='' class='list-st'/>";
        content += "<strong>"+(feature.attributes["ROAD_NAME"]==null?"-"
            :feature.attributes["ROAD_NAME"])+"</strong><br/>";
        content += "<p style='padding-left:20px;'>"+
```

```
        (feature.attributes["RD_TYPE_H"]==null?"-":
        feature.attributes["RD_TYPE_H"])+"</p>";
      content += "</td>";
      content += "<td class='link_location'>";
      content += "</td>";
      content += "</tr>";
  }
// 교통노드 레이어
}else if(findLayerName == 'moctnode'){
  for(var idx=0; idx<vworldInfo.group[groupid].features.length; idx++){

      var feature = vworldInfo.group[groupid].features[idx];
      var gid = feature.fid.split(".")[1];
      content += "<tr id='"+gid+"' onclick='javascript:drawFeature("+
        groupid+","+idx+",\""+gid+"\");'>";
      content += "<td class='result_name'>
        <img src='/images/search/list-st.png' alt='' class='list-st'/>";
      content += "<strong>"+(feature.attributes["NODE_NAME"]==null?"-"
        :feature.attributes["NODE_NAME"])+"</strong><br/>";
      content += "<p style='padding-left:20px;'>"+
        (feature.attributes["ND_TYPE_H"]==null?"-"
        :feature.attributes["ND_TYPE_H"])+"</p>";
      content += "</td>";
      content += "<td class='link_location'>";
      content += "</td>";
      content += "</tr>";
  }
}

content += "</table>";
content += "<br>";
content += "<div style='margin:1px 0 5px 0;text-align:center;letter-spacing:1px;'>";
// 페이징 처리할 함수
content += jsPagination("jsPage");
content += "</div>";
content += "</div>";
content += "</div>";
content += "</div>";
```

```
  // 모든 결괏값을 westResult 태그에 innerHtml를 통해 삽입
  $('#westResult').html(content);                                    2

  // 측정 이벤트 비활성화
  pClickControl.deactivate();
}
```

예제 3.43 데이터 API 호출 및 결과 화면에 표출[45]

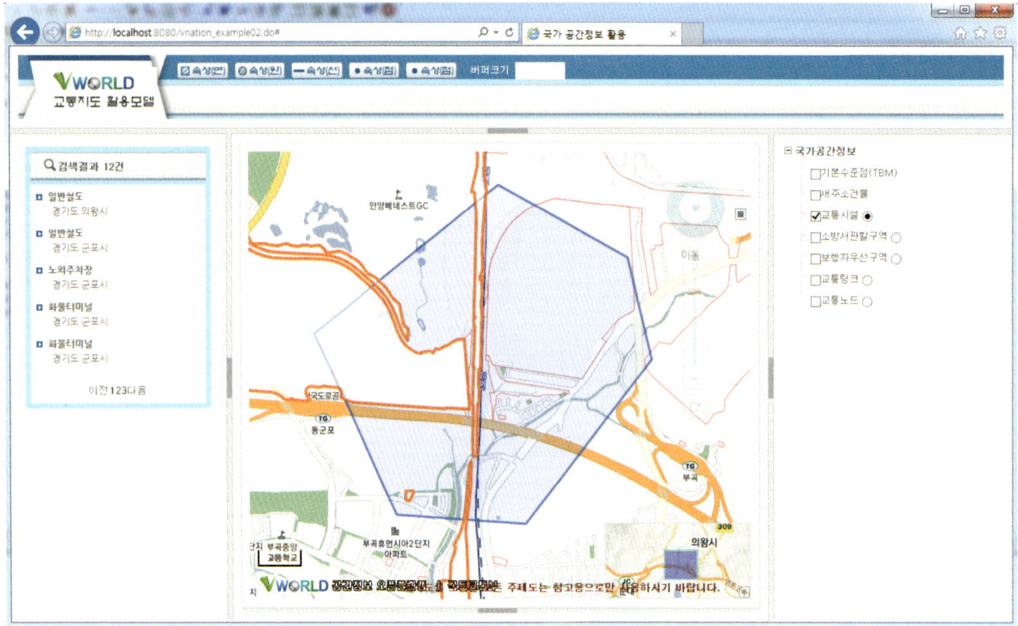

그림 3.41 공간 검색을 이용한 결과 화면 출력

아래의 jsPagination() 함수는 검색 결과를 페이지 단위로 처리해 검색 결과를 출력할 페이지를 제어하는 부분이다. 앞에서 페이지를 5로 설정했으므로 5개씩 결괏값이 화면에 출력된다. 또한 이 함수에는 사용자가 페이지 번호나 '다음', '이전' 버튼을 클릭할 때 화면에 출력할 페이지 인덱스를 결정한다. 아래의 소스에서는 하나의 화면에 출력될 결과를 5건씩 5페이지로 구성하도록 페이징 처리를 하였다.

45 /WebContent/WEB-INF/jsp/egovframework/example/nation/vnation_example02.jsp

```
function jsPagination(jsfunc)
{
  var content = "";
  // 페이지 블럭
  pageBlock  = parseInt((pageInfo.pageIndex-1) / pageInfo.pageSize);
  // 시작 페이지
  pageStart  = (pageBlock * pageInfo.pageSize) + 1;
  // 끝 페이지
  pageEnd    = (pageBlock * pageInfo.pageSize) + pageInfo.pageSize;
  // 이전 페이지 블럭
  preBlock   = (pageStart - 1) < 1 ? 0 : pageStart - 1;
  // 다음 페이지 블럭
  nextBlock  = (pageEnd + 1) > pageInfo.totalPage ? 0 : pageEnd + 1;

  // preBlock 값이 있으면 이전 페이지 이벤트 활성화
  if(preBlock > 0){
    content += "<a title='이전' href='javascript:"+jsfunc+"(" + preBlock + ");'
         class='pre'>이전</a>";
  }else{
    content += "<span class='pre'>이전</span>";
  }

  // pageStart부터 pageEnd까지 반복하면서 페이지 이벤트 활성화
  for(var i=pageStart; i<=pageEnd; i++){

    if(pageInfo.totalPage < i){
      break;
    }
    var first;
    var last;
    if(i == pageStart){
      first = " class='first-child' ";
    }
    if(i == pageEnd){
      last = " class='last-child' ";
    }
    if(i == pageInfo.pageIndex){
      content += "<strong"+first + last +">"+i+"</strong>";
    }else{
```

```
      content += "<a "+first + last +" href='javascript:"+jsfunc+"(" + i + ");'>"+i+"</a>";
    }
  }

  // nextBlock 값이 있으면 다음 페이지 이벤트 활성화
  if(nextBlock > 0){
    content += "<a title='다음' href='javascript:"+jsfunc+"(" + nextBlock + ");'
         class='next'>다음</a>";
  }else{
    content += "<span class='next'>다음</span>";
  }
  return content;
}

// 페이지가 변화할 때마다 데이터 API 호출
function jsPage(index){
  apiMap.vectorLayer.removeFeatures(vworldInfo.group[0].features);
  pageInfo.pageIndex = index;
  getWfsclick(getWfsPoints);
}
```

예제 3.44 페이징 처리[46]

아래의 그림은 페이징 처리에 의한 화면 예제를 보여준다. (a) 그림은 공간 검색에 따른 결과 화면 중 1페이지의 검색 목록을 보여주며, 지도 화면에는 1페이지의 검색 목록과 일치하는 도형 벡터를 매시업했다. (b) 그림은 2페이지의 검색 목록을 보여주며, 마찬가지로 지도 화면에는 2페이지의 검색 목록과 일치하는 도형 벡터를 매시업했다. 이 때, (a)의 지도화면과 (b)의 지도화면에 출력된 주황색의 도형 벡터가 다르다는 것을 주목하자. (a) 화면은 1페이지의 검색결과가, (b) 화면은 2페이지의 검색결과가 지도화면에 출력되었다.

46 /WebContent/WEB-INF/jsp/egovframework/example/nation/vnation_example02.jsp

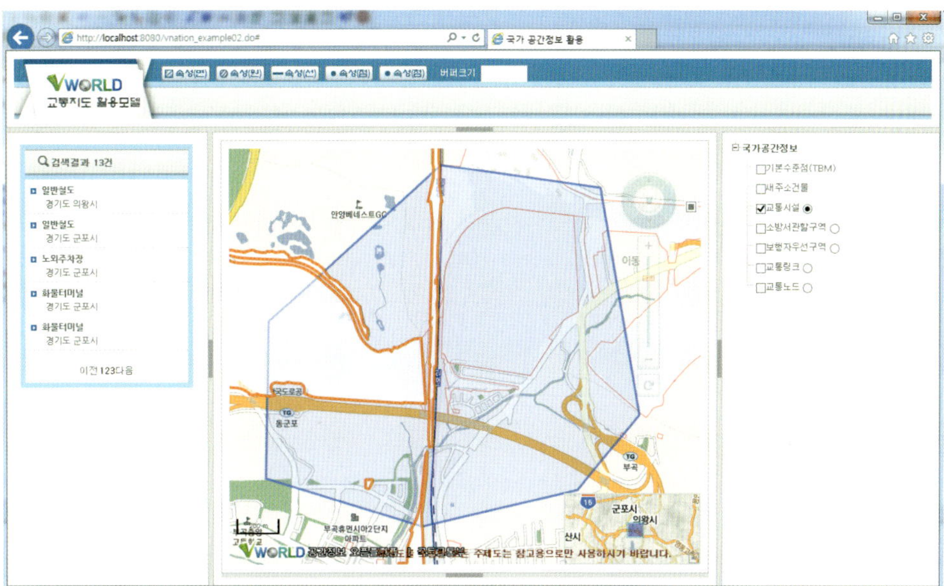

그림 3.42 (a) 공간검색을 이용한 1페이지 결과화면 출력

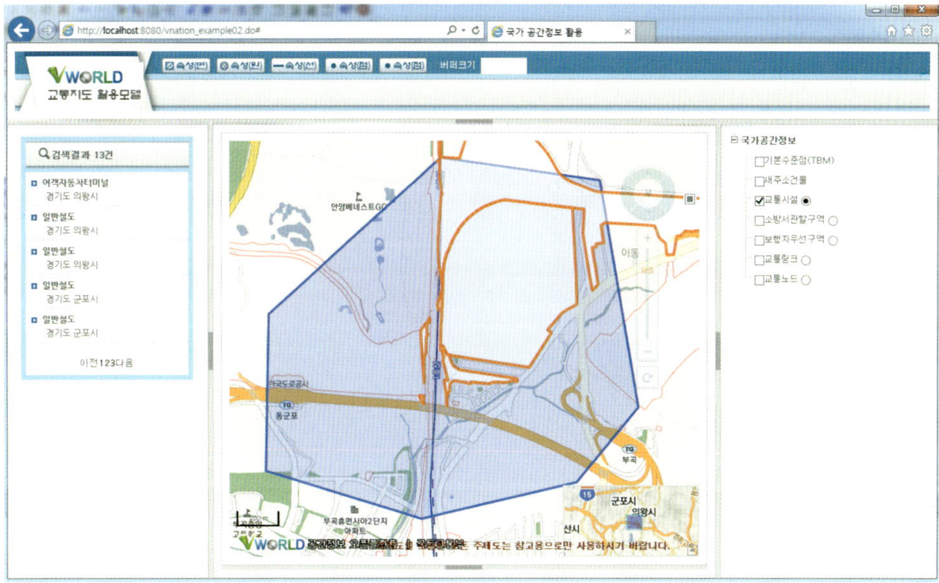

그림 3.43 (b) 공간검색을 이용한 2페이지 결과화면

좌측 프레임의 결과 목록 중 한 개를 선택하면 drawFeature() 함수에 의해 해당되는 공간정보의 상세한 속성 정보가 출력되고, 해당 위치로 이동하는 기능을 수행한다.

1. groupId, idx, fid 값을 이용해 feature 값 추출
2. 레이어별로 feature 값을 이용해 지도에 표시
3. 레이어별로 feature 값을 이용해 속성값 추출
4. 추출한 데이터 웹 페이지에 표출

```
function drawFeature(groupid, idx, fid){

  // 남쪽 레이아웃 비활성화
  closeLayout();

  // feature를 지도에 표시
  var selectedFeat = apiMap.vectorLayer.getFeatureById(preFeatId);
  if (selectedFeat){
    selectedFeat.style = searchFeature;
    apiMap.vectorLayer.addFeatures([selectedFeat]);
  }

  var feature;
  if(vworldInfo.group){
    // 개별 features의 정보를 feature 변수에 저장
    feature = vworldInfo.group[groupid].features[idx];    1

    // feature 스타일
    if(findLayerName == 'moctnode'){
      feature.style = selFeatureP;
    }else{
      feature.style = selFeature;
    }

    // 개별 feature를 지도에 표시
    apiMap.vectorLayer.addFeatures([feature]);    2

    preFeatId = feature.id;

    if (groupid >= vworldInfo.group.length || groupid == null) {groupid = 0; }
      if (idx >= vworldInfo.group[groupid].length || idx == null) {idx = 0;}
```

```
        // 개별 features의 정보를 feature 변수에 저장
        var feature = vworldInfo.group[groupid].features[idx];
        // 개별 features bound 값을 bounds 변수에 저장
        var bounds = feature.geometry.getBounds();
        var content = "";
        if(findLayerName == 'upisuq152'){
          var dgm_nm = "", dgm_ar = "", dgm_lt = "", sig_nam = "", lcl_nam = "",
mls_nam = "", scl_nam = "", atr_nam = "", pmi_nam = "", exc_nam = "";

          // feature 속성에 따라 변수에 저장
          for (var k in feature.attributes) {
            if (k.toUpperCase() == "DGM_NM") {
              dgm_nm = feature.attributes[k];
            }
            if (k.toUpperCase() == "DGM_AR") {
              dgm_ar = feature.attributes[k];
            }
 …중략…
          }
          // 표출할 속성값을 content 변수에 저장
          content += "<div class='popup_area'>";
          content += "<div class='contents'>";
          content += "<div class='detail'>";
          content += "<table class='table'>";
          content += "<tr>";
          content += "<th width='120'>라벨명</th>";
          content += "<td width='250'>"+dgm_nm+"</td>";
          content += "<th width='120'>면적(도형)</th>";
          content += "<td width='250'>"+dgm_ar+"</td>";
          content += "<th width='120'>길이(도형)</th>";
          content += "<td width='250'>"+dgm_lt+"</td>";
          content += "</tr>";
          content += "<tr>";
          content += "<th>시군구명</th>";
          content += "<td>"+sig_nam+"</td>";
          content += "<th>도형대분류명</th>";
          content += "<td>"+lcl_nam+"</td>";
          content += "<th>도형중분류명</th>";
```

```
    content += "<td>"+mls_nam+"</td>";
    content += "</tr>";
    content += "<tr>";
    content += "<th>도형소분류명</th>";
    content += "<td>"+scl_nam+"</td>";
    content += "<th>도형속성명</th>";
    content += "<td>"+atr_nam+"</td>";
    content += "<th>도로기능명</th>";
    content += "<td>"+atr_nam+"</td>";
    content += "</tr>";
    content += "<tr>";
    content += "<th>집행상태명</th>";
    content += "<td>"+exc_nam+"</td>";
    content += "</tr>";
    content += "</table>";
    content += "</div>";
    content += "<div class='close_f' onclick='closeLayout();'>
          <img src='/images/btn_close_popup.png'></div>";
    content += "</div>";
    content += "</div>";
    // 남쪽 레이아웃 활성화
    myInnerLayout.show('south');
  }else if(findLayerName == 'tdwarea'){
    var saup_name = "", saup_gubun = "", year_saup = "", year_dsgn = "",
          saup_area = "";
    for (var k in feature.attributes) {
      if (k.toUpperCase() == "SAUP_NAME") {
        saup_name = feature.attributes[k];
      }
      if (k.toUpperCase() == "SAUP_GUBUN") {
        saup_gubun = feature.attributes[k];
      }
      if (k.toUpperCase() == "YEAR_SAUP") {
        year_saup = feature.attributes[k];
      }
      if (k.toUpperCase() == "YEAR_DSGN") {
        year_dsgn = feature.attributes[k];
      }
```

```
          if (k.toUpperCase() == "SAUP_AREA") {
            saup_area = feature.attributes[k];
          }
        }
        content += "<div class='popup_area'>";
```
…중략…
```
        myInnerLayout.show('south');
      }else if(findLayerName == 'moctlink'){
        var link_id = "", road_name = "", max_spd = "", rd_rank_h = "",
              rd_type_h = "", rest_veh_h = "", rest_w = "", rest_h = "", remark = "";
        for (var k in feature.attributes) {
          if (k.toUpperCase() == "LINK_ID") {
            link_id = feature.attributes[k];
          }
```
…중략…
```
        }
        content += "<div class='popup_area'>";
        content += "<div class='contents'>";
        content += "<div class='detail'>";
```
…중략…
```
        myInnerLayout.show('south');
      }else if(findLayerName == 'moctnode'){
        var node_id = "", node_name = "", nd_type_h = "", turn_type = "", remark = "";
        for (var k in feature.attributes) {
          if (k.toUpperCase() == "NODE_ID") {
            node_id = feature.attributes[k];
          }
          if (k.toUpperCase() == "NODE_NAME") {
            node_name = feature.attributes[k];
          }
          if (k.toUpperCase() == "ND_TYPE_H") {
            nd_type_h = feature.attributes[k];
          }
          if (k.toUpperCase() == "TURN_TYPE") {
            turn_type = feature.attributes[k];
          }
          if (k.toUpperCase() == "REMARK") {
```

```
                remark = feature.attributes[k];
              }
            }
            content += "<div class='popup_area'>";
…중략…
            myInnerLayout.show('south');
          }
          // bound 값을 이용해 지도 확대
          apiMap.zoomToExtent(bounds);
          // 결괏값을 vDataResult 태그에 innerHtml을 통해 삽입
          $('#vDataResult').html(content);                                    4
    }else{
      alert("검색 영역이 취소되어 위치를 파악 할 수 없습니다.");
    }
  }

  function closeLayout(){
    // 남쪽 레이아웃 비활성화로 인한 지도 화면 크기 갱신
    myInnerLayout.hide('south');
    apiMap.updateSize();
  }

  <div id="innerLayout" class="ui-layout-center">
    <div id="innerLayoutCenter" class="ui-layout-center">
      <div id="vMap" style="width:100%;height:100%"></div>
      <div id="dataDiv" style="display:none"></div>
    </div>
    <!-- 결괏값 표출 레이아웃 -->
    <div class="ui-layout-south" id="vDataResult">
    </div>
  </div>
```

예제 3.45 지도 이동 및 결과 상세보기[47]

47 /WebContent/WEB-INF/jsp/egovframework/example/nation/vnation_example02.jsp, /WebContent/WEB-INF/jsp/egovframework/example/nation/vnation_example02.jsp

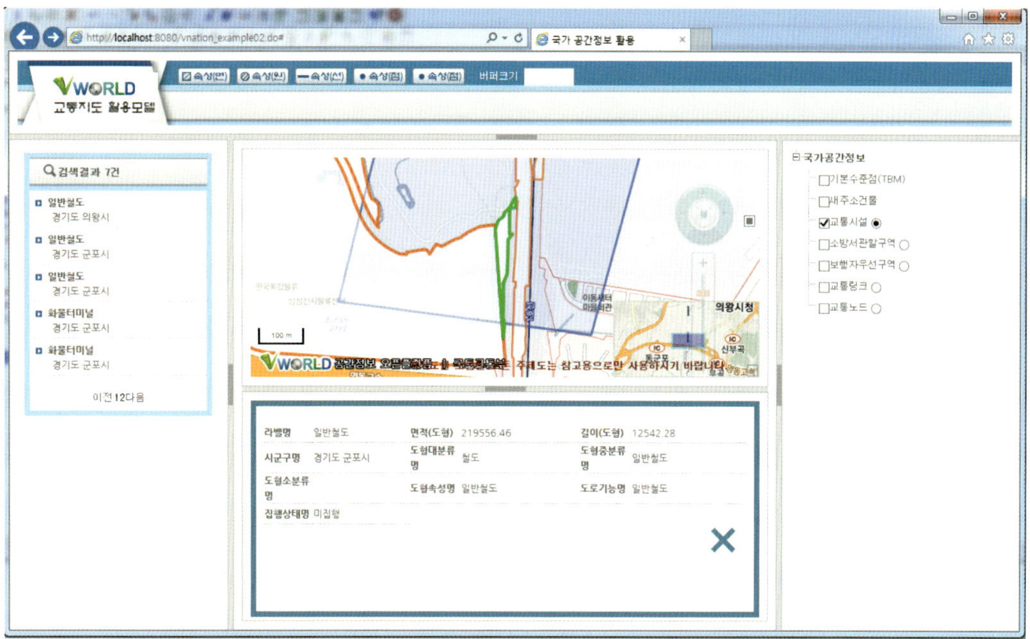

그림 3.44 개별 검색 결과에 대한 상세 속성 정보 출력화면(화면의 중앙 하단)

지금까지는 데이터 API에서 공간정보를 받는다는 가정하에 화면 UI에서 반환된 공간정보를 출력하고 처리하는 부분을 설명했다. 아래의 소스는 데이터 API를 사용해 브이월드와 연결하고 실제 데이터를 요청해 결과 값을 받는 부분을 구현한다. 데이터 API를 사용하는 방법은 검색 API를 사용하는 방법과 크게 다르지 않다. 이 부분을 처리하는 곳은 spaceNdata 클래스로서, doSearch() 함수를 실행하면 pageIndex와 pageUnit, srsName, geometry 등을 이용해 지도(공간정보) 요청 URL을 작성해 데이터를 요청한다.

1. 데이터 API 호출 함수에 대한 객체 생성
2. 호출 파라미터 전송
3. 결괏값 저장

```
@RequestMapping(value="/vnation_example02_1.do")
protected String vnation_example02_1(Map<String, Object> commandMap, ModelMap model) throws
Exception {
```

```
    // 데이터 API 파라미터 저장
    int pageIndex = Integer.parseInt((String)commandMap.get("pageIndex"));
    int pageUnit = Integer.parseInt((String)commandMap.get("pageUnit"));

    String apiKey = (String)commandMap.get("apiKey");
    String output = (String)commandMap.get("output");
    String domain = (String)commandMap.get("domain");
    String srsName = (String)commandMap.get("srsName");
    String geometry = (String)commandMap.get("geometry");
    String layerUrl = (String)commandMap.get("layerUrl");

  // 데이터 API 객체 생성
    spaceNdata spacendata = new spaceNdata(apiKey, pageIndex, pageUnit,
                                        output, domain, srsName);           1

  // 호출할 데이터 API 종류 및 지오메트리를 전송하고 결괏값을 "list"에 저장
    List list = vMapData.doSearch(geometry, layerUrl);                      2

  // 결괏값을 modelMap에 저장
    model.addAttribute("resultList", list);                                 3

    return "/example/nation/vnation_example02_1";
  }
```

예제 3.46 지도 이동 및 결과 상세보기[48]

검색 API에서는 검색을 위해 파라미터 q를 활용해 POI나 구주소, 새주소를 주요 입력값으로 요청했음을 기억하자. 이와 대조적으로 데이터 API에서는 geometry를 주요 입력값으로 요청한다. URL 요청문이 완성되면 URLConnection.openConnection()를 호출해 실제 브이월드 데이터 API를 사용하게 된다. doSearch() 함수에서는 각각의 결괏값을 StringBuffer인 trancoodLine에 저장하고, 다시 전체 결과는 resultList에 추가되어 데이터 API에 의한 결괏값을 반환하게 된다.

1. 호출 할 URL 생성
2. 데이터 API 호출

48 /src/main/java/egovframework/got/vmap/controller/vMapController.java

3. 호출해서 나온 결괏값을 ArrayList에 저장

4. 저장한 값을 리턴

```
public class vMapdata
{
  // 호출 파라미터 초깃값
  private String url = "http://apis.vworld.kr/2ddata/";
  private String key = "369C4265-766B-31D6-9469-8FB5ECC1BE17";
  private String output = "xml";
  private String domain = "localhost";
  private int pageIndex = 1;
  private int pageUnit = 10;
  private String srsName = "EPSG:900913";

public vMapdata(String key, int pageIndex, int pageUnit, String output, String domain, String
srsName)
{
  // 사용자가 지정한 호출 파라미터
  this.key = key;
  this.pageIndex = pageIndex;
  this.pageUnit = pageUnit;
  this.output = output;
  this.domain = domain;
  this.srsName = srsName;
}

public ArrayList doSearch(String geometry, String layerUrl) throws IOException,
ParserConfigurationException, SAXException, TransformerFactoryConfigurationError,
TransformerException
{
  ArrayList resultList = new ArrayList();
  this.url = this.url+layerUrl;
  // URL 및 파라미터 저장
  StringBuffer sendURL = new StringBuffer(this.url);
  sendURL.append("?geometry=" + URLEncoder.encode(geometry, "UTF-8"));
  sendURL.append("&apiKey=" + this.key);                                1
  sendURL.append("&pageIndex=" + this.pageIndex);
```

```
    sendURL.append("&pageUnit=" + this.pageUnit);
    sendURL.append("&domain=" + this.domain);                          1
    sendURL.append("&output=" + this.output);
    sendURL.append("&srsName=" + this.srsName);

    // URL 호출 및 결괏값을 br 변수에 저장
    URL url = new URL(sendURL.toString());

    URLConnection conn = url.openConnection();                          2
    BufferedReader br = new BufferedReader(new InputStreamReader(conn.getInputStream(), "UTF-
  8"));
    String inputLine;
    StringBuffer trancoodLine = new StringBuffer();
      // 결괏값을 ArrayList에 저장
      while ((inputLine = br.readLine()) != null) {
        trancoodLine.append(inputLine);
      }
      resultList.add(trancoodLine);                                     3

     return resultList;                                                 4

  }
```

예제 3.47 데이터 API 호출 및 결괏값 저장[49]

예제 2: 3D 공간검색 서비스 구현하기

공간 검색 기능은 2D 지도뿐 아니라 3D 지도에서도 구현할 수 있다. 3D 예제에서는 2D 지도와 동일하게 화면을 구성해 3D 지도를 화면에 출력한다. 단, 이 예제에서는 공간 검색 중 점(Point)를 이용한 검색 기능만 구현한다.

49 /src/main/java/egovframework/got/vmap/vmap/model/vMapdata.java

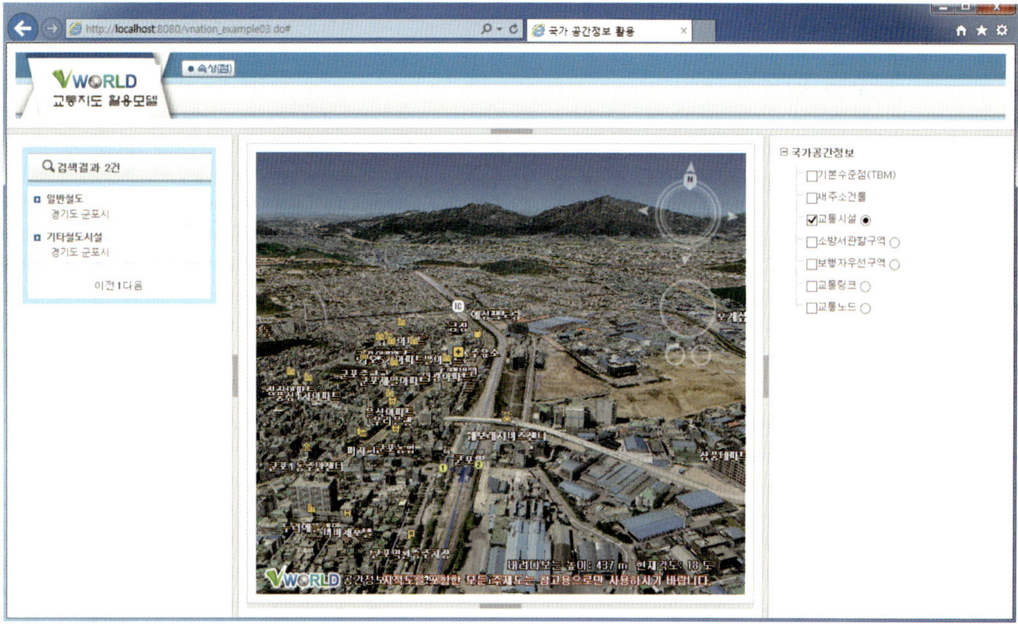

그림 3.45 구현화면

vnation_example03.jsp는 검색을 위한 입력화면에 해당하고, vnation_example03_1.jsp는 검색 결과를 화면에 출력하는 기능을 수행한다. vMapData.java는 공간 검색 기능을 제공하며, vMapController.java는 RequestMapping 등의 기능을 지원한다.

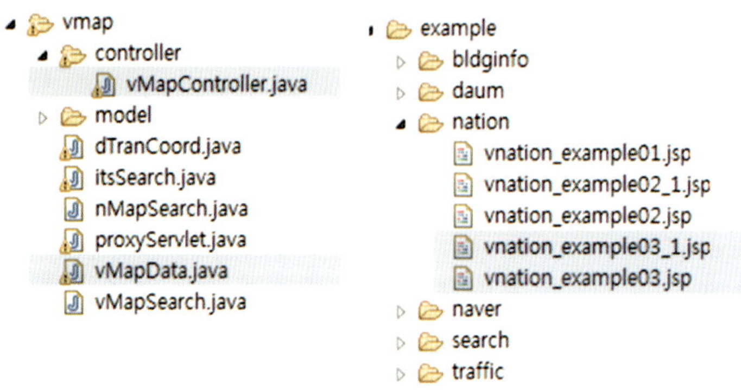

그림 3.46 예제파일 구조

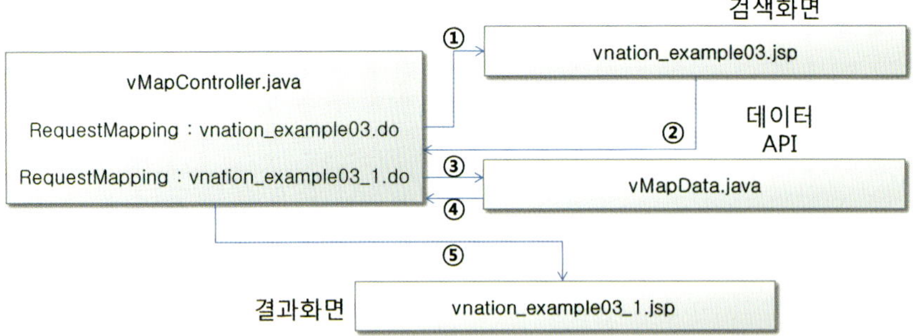

그림 3.47 예제 흐름도

2D 지도 화면에서 구현한 데이터 API 호출 함수를 활용하면 3D 지도에서도 국가공간정보의 속성 정보를 확인할 수 있다. 3D 지도 API에서는 공간 검색을 위한 마우스 이벤트를 추가하기 위해 window.sop.earth.addEventListener() 함수를 호출하며, apiMap3D 지도 화면에서 마우스 버튼 클릭 이벤트(lmouseup)가 발생하면 getWfsclick()를 호출하도록 등록한다. 그 밖의 부분은 2D 지도에서 구현한 것과 거의 유사하다.

1. 국가공간 속성 정보를 확인하고 싶은 레이어 설정
2. 국가공간정보에 대해 "lmouseup" 이벤트가 발생했을 때 해당 좌표를 추출
3. 추출한 좌푯값과 레이어 값으로 데이터 API 호출
4. 데이터 API에서 추출한 정보값을 화면에 표출

```
<!-- 교통시설 레이어 체크 박스(wms 레이어on/off) -->
<li> <input type="checkbox" unchecked id="LT_C_UPISUQ152" value="LT_C_UPISUQ152"
onclick="reloadLayers(this.value,this.checked)">교통시설
<!-- 레이어 이름을 설정하기 위한 함수 호출 태그-->
<input type="radio" name="order" value="upisuq152" onclick="getWfsFindLayer(this.value)"/>
</li>

// 데이터 속성을 조회하기 위한 레이어 설정
function getWfsFindLayer(wfsFindLayer){
  findLayerName = wfsFindLayer;                                                    1
}

function getWfsValue(control){
```

```
    dataControl = control;
    if(dataControl == "info"){
      // 3D 지도에서 lmouseup 이벤트 발생 시 getWfsclick() 함수를 호출
      window.sop.earth.addEventListener(apiMap3D, "lmouseup", getWfsclick);
    }else{
      alert("지원하지 않는 분석입니다.");
    }
  }

  function getWfsclick(evt){
    // 3D 지도 초기화
    mapView.mapReset();
    // 3D 지도 lmouseup 이벤트 삭제
    window.sop.earth.removeEventListener(apiMap3D, "lmouseup", getWfsclick);
    // 좌푯값 추출
    getWfsPoints = evt.getMapCoordinate(); 2

    // 데이터 API 파라미터
    var params = "";
    params += "apiKey=369C4265-766B-31D6-9469-8FB5ECC1BE17";
    params += "&geometry=POINT("+getWfsPoints.Longitude+" "+getWfsPoints.Latitude+")";
    params += "&pageIndex=" + pageInfo.pageIndex;
    params += "&pageUnit=" + pageInfo.pageUnit;
    params += "&domain=localhost:8080"; 3
    params += "&output=json";
    params += "&srsName=EPSG:4326";
    params += "&layerUrl="+findLayerName+"/data";

    $.ajax({
      type : "POST",
      async : true,
      url : "/vnation_example03_1.do", 3
      data : params,
      dataType : "html",
      contentType: "application/x-www-form-urlencoded; charset=UTF-8",
      error : function(request, status, error) {
        alert("code : " + request.status + "\r\nmessage : " + request.reponseText);
      },
```

```
success : function(response, status, request) {

// dataDiv 태그에 결괏값을 innerHtml을 통해 삽입
$('#dataDiv').html(response);

// 추출한 데이터 정제
var features;
var json_str = $("#vGml").val();
var geoJson = eval("(" + json_str + ")");
var code = geoJson.header['resultCode'];
if(code != '200'){
  alert(geojson.header['resultMsg']);
  return;
}
var geojson_format = new OpenLayers.Format.GeoJSON();
features = geojson_format.read(geoJson.featureCollection);
if(features.length < 1){
  alert("검색된 데이터가 없습니다.");
  return;
}

// 페이지 정보
pageInfo.pageIndex = geoJson.paginationInfo['pageIndex'];
pageInfo.totalPage = geoJson.paginationInfo['totalPageCount'];
pageInfo.totalRecord   = geoJson.paginationInfo['totalRecordCount'];
pageInfo.pageUnit      = geoJson.paginationInfo['pageUnit'];
if(pageInfo.pageIndex < pageInfo.totalPage){
  pageInfo.nextPage = parseInt(pageInfo.pageIndex) + 1;
}else{
  pageInfo.nextPage = 0;
}
if(1 < pageInfo.pageIndex  && 1 < pageInfo.totalPage){
  pageInfo.prePage = parseInt(pageInfo.pageIndex) - 1;
}else{
  pageInfo.prePage = 0;
}

features.sort(function(a,b){
```

```
    var aval = a.fid.split('.')[0];
    var bval = b.fid.split('.')[0];
    return aval < bval ? -1: aval==bval? 0:1;
});

vworldInfo.group = [];

var initGroup = false;
var curAlias = "";
var curFeats = [];
var curGroup = "";
var tabCount =0;
for(var i=0;i< features.length;i++) {

    initGroup = false;
    var tmpgroup = features[i].fid.split('.')[0];
    if (curGroup == "" || curGroup != tmpgroup) {
        if (curGroup != "") {
            vworldInfo.group.push({"alias":curAlias,"layer":curGroup,"features":curFeats});
            tabCount ++;
        }
        initGroup = true;
        curFeats = [];
        curAlias = "";
        curGroup = tmpgroup;
    }
    if (initGroup){
        if (curAlias == '') {curAlias = curGroup;}
    }
    curFeats.push(features[i]);
    if (i == features.length -1) {  vworldInfo.group.push({"alias":curAlias,"layer":curGroup,
        "features":curFeats});
        tabCount ++;
    }
}

// 추출한 데이터 화면에 표출하는 함수를 호출
getWfsList(pageInfo.totalRecord);                                                    4
```

```
        features= null;
    });
}
```

예제 3.48 속성 정보 가져오기[50]

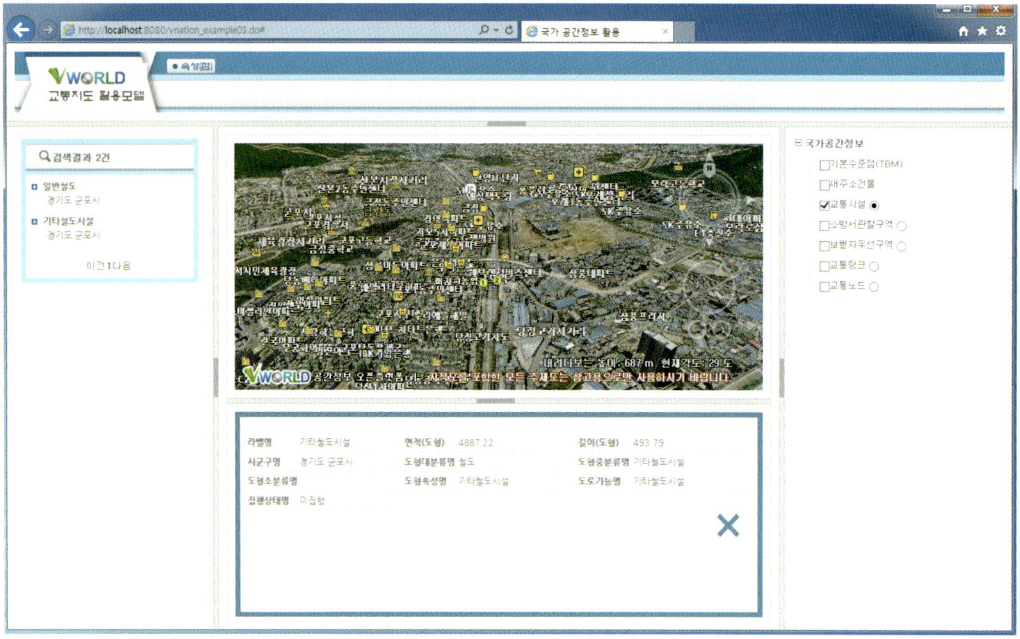

그림 3.48 교통시설에 대한 상세 속성 정보 출력 화면

WFS API를 활용한 공간검색 서비스

예제 1: 건축물 부동산 실거래가 확인서비스 구현하기

앞에서는 브이월드 Data API를 활용해 사용자가 원하는 위치의 공간정보를 요청하는 예제를 구현했다. 브이월드에서는 데이터를 요청하기 위해 Data API 외에도 표준 인터페이스인 WFS API를 제공한다. 따라서 이번에는 사용자가 부동산 실거래가를 확인하기 위해 WFS API에 의한 공간 검색을 수

50 /WebContent/WEB-INF/jsp/egovframework/example/nation/vnation_example03.jsp

행하는 간단한 예제를 만들어 본다. 단, 이 예제에서는 WFS API에서 제공하는 BBOX 파라미터를 활용한 공간 검색을 구현한다. 사용자가 브이월드 화면에 점(Point) 검색을 요청하면 점을 적당한 크기의 BBOX로 확장해 WFS API 서버에 공간정보를 요청한다. WFS에 대한 정보는 아래의 OGC 홈페이지에서 확인할 수 있다.

- http://www.opengeospatial.org/standards/wfs

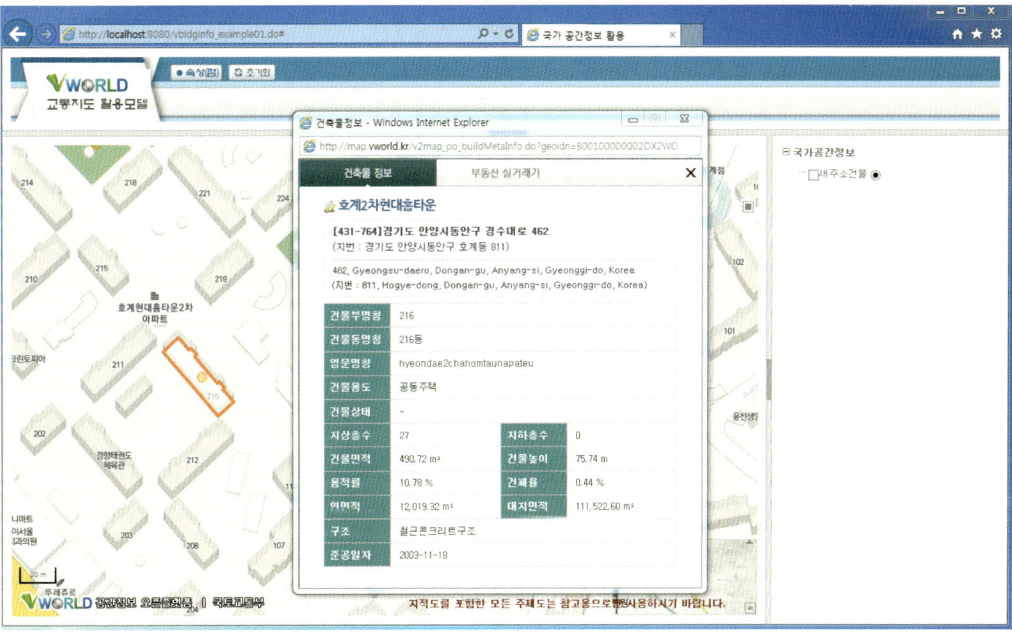

그림 3.49 건축물 정보 조회(2D)

이를 위해 이번 예제에서는 크게 1개의 JSP 파일과 1개의 자바 파일로 구성했다. vMapController.java는 RequestMapping에 의해 vbldginfo_example01.jsp를 호출한다. vbldginfo_example01.jsp는 WFS API를 활용해 부동산 실거래가를 확인하는 간단한 예제다.

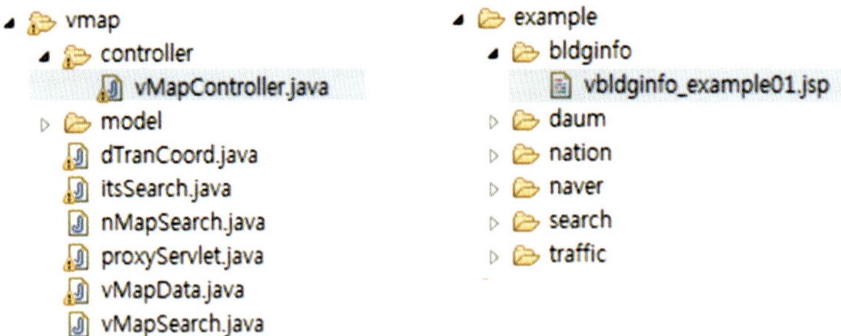

그림 3.50 예제파일 구조

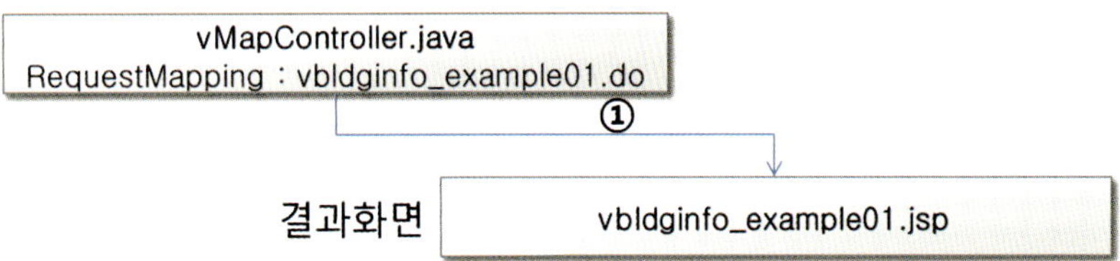

그림 3.51 예제 흐름도

이번 예제에서는 앞의 공간 검색 예제와 마찬가지로 getWfsValue() 함수를 이용해 마우스 이벤트를 등록한다. 다만 앞의 예제에서는 다양한 공간 검색을 구현했으나 이 예제에서는 점에 의한 BBOX 검색만 지원하므로 비교적 짧은 소스로 구현할 수 있다.

1. 점 측정 객체 생성
2. 측정 객체에서 얻은 정보를 이용할 함수 이벤트 등록
3. 설정한 값을 브이월드에 추가하고 활성화

```
function getWfsValue(){
// 지도 초기화
apiMap.init();
// 측정컨트롤을 정의할 변수
  pClickControl = null;

  var pointOptions = {persist:true};

if (pClickControl == null) {
    // 점 측정 객체 생성
```

```
    pClickControl = new OpenLayers.Control.Measure(OpenLayers.Handler.Point,
         {handlerOptions:pointOptions});                                        1
    pClickControl.events.on({"measure": getWfsclick});                          2
    apiMap.addControl(pClickControl);                                           3
  }

 // 등록된 측정 이벤트를 활성화
  pClickControl.activate();                                                     3
 }
```

예제 3.49 공간 검색[51]

getWfsclick() 함수에서는 점(Point)을 BBOX로 확장한다. WFS API에 의해 데이터를 호출하기 위해서는 URL 요청문을 작성하고 OpenLayers.Util.extend() 함수를 이용해 공간 검색을 수행한다. 결괏값은 bldgList() 함수를 호출해 처리한다.

WFS에서는 표준 데이터 포맷인 GML(Geographic Markup Language)에 의해 결괏값이 반환되며, OpenLayers에서는 GML 포맷을 처리하는 기능을 지원하므로 사용자는 간편하게 GML 데이터를 처리할 수 있다. 또한 브이월드에서는 부동산실거래를 출력하는 API를 내부적으로 구현하고 있으므로 사용자가 결과 화면을 구현할 필요없이 이를 이용해 간편하게 결과 화면을 출력할 수 있다.

1. 좌푯값 데이터를 이용해 pixel 값을 추출
2. pixel 값에 버퍼를 줌
3. 버퍼값을 셋팅한 pixel 값을 이용해 BBOX값을 만듦
4. WFS 파라미터를 만들고 WFS를 호출
5. 호출 성공 시 결괏값에서 GEOIDN 값을 추출
6. GEOIDN 값을 이용해 브이월드에서 제공되는 건축물/실거래가 웹 페이지를 호출
7. 호출 실패 시 실패 원인을 출력

```
 function getWfsclick(evt){
   getWfsPoints = evt;
```

51 /WebContent/WEB-INF/jsp/egovframework/example/bldginfo/vbldginfo_example01.jsp

```
// lonLatPosition 변수에 좌푯값 저장
var lonLatPosition = new OpenLayers.LonLat(getWfsPoints.geometry.x, getWfsPoints.geometry.y);
// 좌푯값을 이용해 픽셀값 추출
var px = apiMap.getPixelFromLonLat(lonLatPosition);                                 1
// 픽셀에 버퍼를 주고 그 값을 pixel 변수에 저장
var pixel = new OpenLayers.Pixel(px.x - 4, px.y + 4);                                2
// pixel을 이용해 bound min 값 추출
var min = thisMap.getLonLatFromPixel(pixel);
// 픽셀에 버퍼를 주고 그 값을 pixel 변수에 저장
var pixel = new OpenLayers.Pixel(px.x + 4, px.y - 4);
// pixel을 이용해 bound max 값 추출
var max = thisMap.getLonLatFromPixel(pixel);
// BBOX                                                                                3
var MinX = Math.abs(min.lon);
var MinY = Math.abs(min.lat);
var MaxX = Math.abs(max.lon);
var MaxY = Math.abs(max.lat);

// WFS 파라미터
var SearchPoint = MinX + "," + MinY + "," + MaxX + "," + MaxY;
var filterText = "BBOX=" + SearchPoint;
var params = "TYPENAME=LT_C_BLDGMETA";
params += "&" + filterText;
params += "&propertyname=(GEOIDN,UID,PNU,ag_geom),&MAXFEATURES=1";
params += "&SERVICE=WFS";
params += "&REQUEST=GetFeature";
params += "&SRSNAME=EPSG:900913";
params += "&OUTPUT=text/xml;subType=gml/3.1.1/profiles/gmlsf/1.0.0/0";
params += "&VERSION=1.1.0";                                                           4
params += "&EXCEPTIONS=text/xml";
params += "&apiKey=369C4265-766B-31D6-9469-8FB5ECC1BE17";

// WFS 호출
var reqConfig = OpenLayers.Util.extend({
  url: "/proxy/proxy.jsp?url=http://2d.vworld.kr:8895/2DCache/gis/map/WFS?",
  data: params,
  headers: {
    "Content-Type": "text/plain"
```

```
    },
    // 성공했을 때 호출하는 함수
    success: bldgList,
    // 실패했을 때 호출하는 함수
    failure: bldgErr,
    scope: this                                                                    4
    }, {
    method: "POST"
  });
    OpenLayers.Request.issue(reqConfig);

}

function bldgList(response){
// GML FORMAT 객체 생성
var g = new OpenLayers.Format.GML();
// GML FORMAT 형식으로 데이터 저장
var features = g.read(response.responseText);
// features 값으로 브이월드 지도에 표시
  apiMap.vectorLayer.addFeatures(features);
  var geoidn;
    if (features != null && features.length > 0) {
      for(var i=0;i<features.length;i++) {
        for (var j in features[i].attributes) {
          // GEOIDN 컬럼을 추출해 키값으로 사용
          if(j.toUpperCase() == "GEOIDN"){
            geoidn = features[i].attributes[j];                                    5
            // 브이월드에서 제공하는 건축물/부동산 실거래가 웹페이지
            var paramStr = "geoidn="+geoidn;
            // 브이월드에 키값을 이용해 건출물/부동산실거래가 웹페이지 호출
            window.open("http://map.vworld.kr/v2map_po_buildMetaInfo.do?"+paramStr,'bldgList',   6
                "width=500, height=520");
        }
      }
    }
  }
}
```

```
// WFS 오류 발생 시 오류 내용을 출력
function bldgErr(e){                                          7
  alert(e);
}
```

예제 3.50 WFS 호출[52]

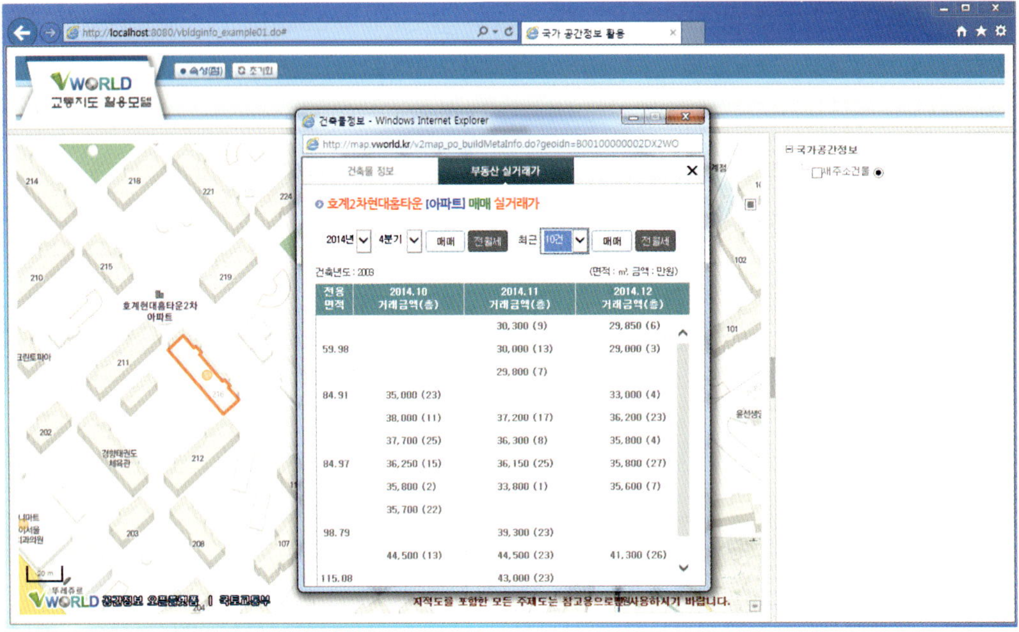

그림 3.52 부동산 실거래가 조회 화면

이번에는 3D 지도에서 건축물대장과 부동산실거래가 정보를 확인하는 방법을 살펴보자. WFS를 호출하는 부분은 동일하며, 단지 3D API에서는 마우스 이벤트를 등록할 필요가 있다.

1. 3D 지도 마우스업 이벤트를 등록
2. 3D 지도에서 이벤트 사용 시 bldgCall 함수를 호출
3. 선택된 객체의 색상을 설정 및 표현
4. 건물 모델 값을 추출해 건축물대장 호출

52 /WebContent/WEB-INF/jsp/egovframework/example/bldginfo/vbldginfo_example01.jsp

```
function getWfsValue(control){
  dataControl = control;
  // 3D 지도이면
  if(vworld.getMode() == 2){
    // 마우스 왼쪽업 이벤트 등록(이벤트 발생 시 bldgCall() 함수를 호출)
    window.sop.earth.addEventListener(apiMap3D, "lmouseup", bldgCall);    1
  }else{
…중략…
  }
}
function bldgCall(evt){    2
  // 마우스 모드가 이동(1)일 때
  if(mapView.getWorkMode() == 1){

    // 이벤트 객체를 map3DEventLast 변수에 저장
    map3DEventLast = evt;
    if(map3DEventLast != null){
      // 건물모델 하이라이트 이벤트 함수 호출
      setSetSelectObject(map3DEventLast);    3
    }
    // 마우스 타깃이 된 지도가 시설물일 경우
    if(map3DEventLast.getTargetLayer().getName() == "facility_build"){

      // 타깃이 된 모델 아이디 추출
      var paramStr = "uid="+map3DEventLast.getTarget().getId();
      // 건축물대장 호출
      window.open("http://map.vworld.kr/v2map_po_buildMetaInfo.do?"+paramStr,'bldgCall',    4
        "width=500, height=520");

      // 이벤트 초기화
      map3DEventLast = null;
      // 마우스 왼쪽업 이벤트 삭제
      window.sop.earth.removeEventListener(apiMap3D, "lmouseup", bldgCall);
    }
  }
}
```

```
function setSetSelectObject(map3DEventLast){
  // 타켓 모델이 사용자 모델이 아닌 경우
  if(map3DEventLast.getTargetLayer().getName() != "UserLayer"){
    // 컬러 객체 생성
    var col=apiMap3D.createColor();                                         3
    // 색 설정
    col.setARGB(125, 255, 255, 0);
    // 선택된 객체를 표현할 색상을 설정
    mapView.setSelectColor(col);                                            3
    // 선택된 객체를 색상을 이용해 표현
    mapView.setSelectObject(map3DEventLast.getTarget());
  }
}
```

예제 3.51 WFS 호출[53]

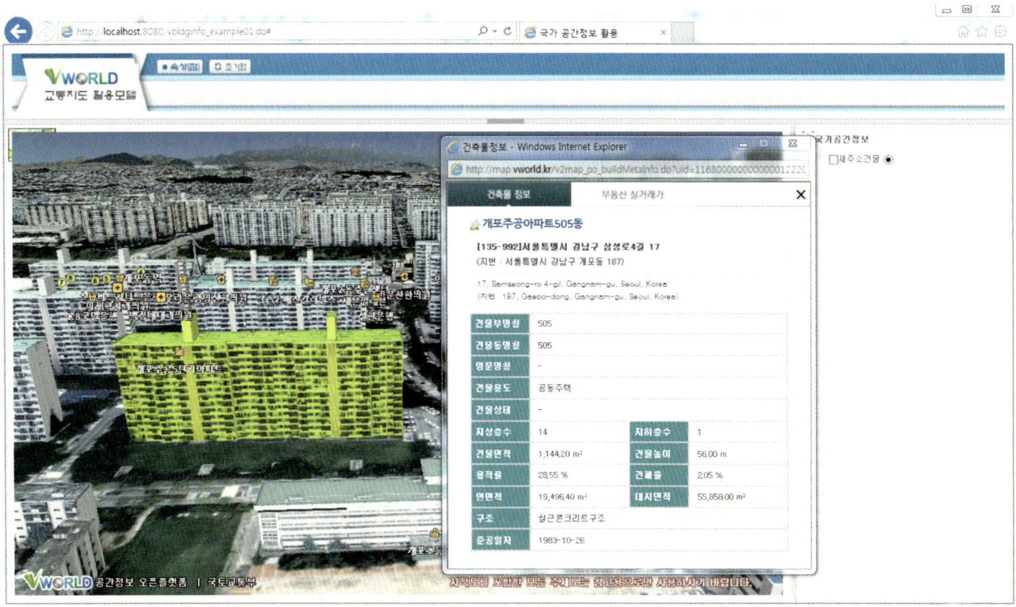

그림 3.53 건축물 정보 조회(3D)

53 /WebContent/WEB-INF/jsp/egovframework/example/bldginfo/vbldginfo_example01.jsp

네이버 지역명 검색 API를 활용한 지도검색 서비스

이전에 나온 첫 번째 매시업 예제에서는 브이월드 검색 API를 지명이나 구주소, 새주소를 요청한 후 브이월드 지도 API를 활용해 지도 화면에 출력하는 예제를 구현했다. 브이월드는 타 오픈API와 유연하게 결합할 수 있으므로 타 오픈API의 정보를 브이월드에 매시업하거나, 브이월드의 공간정보를 타 오픈API에서 제공하는 지도 위에 매시업하는 것이 가능하다. 이 예제에서는 지도(공간정보)와 관련한 대표적인 포털 사이트인 네이버의 지역명 검색 API를 활용해 지역을 검색한 후 브이월드 지도 위에 매시업하는 예제를 구현한다. 전체적인 화면 구성과 기능은 1장의 지도 서비스 구현하기와 동일하다.

네이버 지역명 검색 API

네이버 지역명 검색 API를 활용하기 위해서는 요청(Request) 방법과 요청 파라미터(Parameter), 응답(Response) 형태를 이해해야 한다. 네이버 지역명 검색 API는 REST 방식으로 URL에 search를 입력해 요청할 수 있다. 검색 API는 아래의 표와 같이 검색키워드를 포함해 총 6가지 파라미터를 입력값으로 검색한다.

표 3.8 네이버 지역명 검색 API

파라미터	설명
key	이용 등록을 통해 받은 key 문자열을 입력
target	서비스를 위해 무조건 지정(local: 지역명 검색)
query	검색을 원하는 질의
display	검색 결과 출력 건수를 지정(최대100개)
start	검색의 시작 위치를 지정(최대1000개)
sort	정렬 옵션(random: 유사도순, comment: 평가글 개수순, vote: 평점순)

아래의 표는 네이버 지역명 검색 API를 호출해 '갈비집'을 검색하기 위한 간단한 예제다. 검색은 결과값이 최대 1건씩 나오도록 display 파라미터를 1로 설정했으며, 첫 번째 페이지의 결과를 반환받기 위해 pageIndex도 1로 설정했다. display는 검색 API의 pageUnit 파라미터와 동일하며, start는 pageIndex 파라미터와 동일한 기능을 한다.

표 3.9 네이버 지역명 검색 API 호출 예제

구분	예제
요청	http//openapi.naver.com/search?kiy=c1b406b32dbbbbeee5f2a36ddc14067f&query=갈비집&target=local&start=1&display=1
응답	−<rss version="2.0"> −<channel> <title>Naver Open API - local ::'갈비집'</title> <link>http://search.naver.com</link> <description>Naver Search Result</description> <lastBuildDate>Wed, 18 Mar 2015 16:34:51 +0900</lastBuildDate> <total>268</total> <start>1</start> <display>10</display> −<item> <title>조선옥</title> <link/> <category>한식>육류,고기요리</category> <description>연탄불 한우갈비 전문점.</description> <telephone>02-2266-0333</telephone> <address>서울특별시 중구 을지로3가 229-1</address> <roadAddress>서울특별시 중구 을지로15길 6-5</roadAddress> <mapx>311277</mapx> <mapy>552097</mapy> </item> </channel> </rss>

위치 검색 구현하기

이번에는 전체 지도 서비스를 구현하기에 앞서 위치(공간정보)를 검색하고, 결과 목록을 나열하기 위해 검색 API를 활용하는 간단한 예제를 우선 구현해 본다. 다음 그림은 이번에 구현할 위치 검색 기능의 초기 화면과 검색 결과 화면이다. TextBox에 키워드를 입력하고 검색 버튼을 클릭하면 결괏값이 화면에 출력된다.

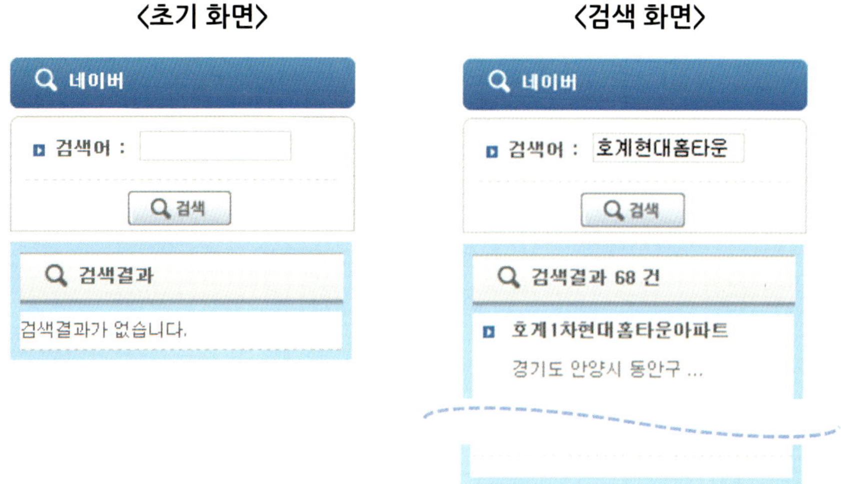

그림 3.54 네이버 지역명 검색 API를 활용한 위치(공간정보) 검색 구현 화면

위치 검색을 구현하기 위해 이 예제에서는 크게 2개의 JSP 파일과 2개의 자바 파일로 구성했다. nsearch_example01.jsp는 검색을 위한 입력화면에 해당하고, nsearch_example01_1.jsp는 검색 결과를 화면에 출력하는 기능을 수행한다. nMapSearch.java는 실제 브이월드 서버에 연결해 결괏값을 반환받는 기능을 수행하며, vMapController.java에는 RequestMapping을 포함해 다양한 함수를 제공한다.

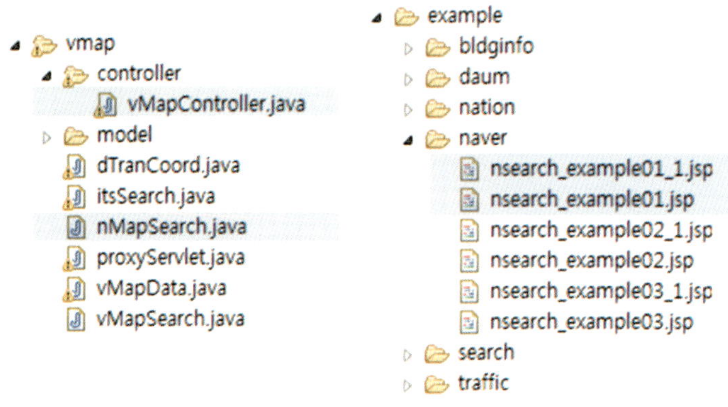

그림 3.55 예제파일 구조

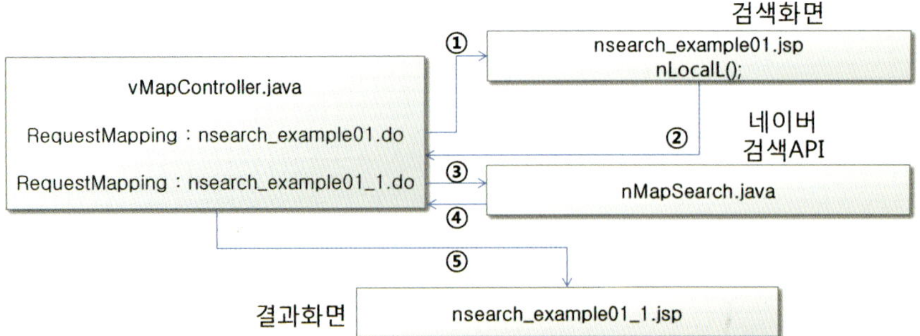

그림 3.56 예제 흐름도

검색 화면 구현

위치 검색 화면을 구성하기 위해 div 태그로 기본적인 화면을 구현한다. 위치 검색을 위해 질의문(q)에 관한 입력값을 Textbox로 입력받게 된다. 사용자가 검색 버튼을 클릭하면 nLocalL() 함수를 호출하게 되고, 변수를 지정한 후 다시 nsearch_example01_1.do를 호출하게 된다. 예제에서 검색 질의는 vNm 변수에 저장되고, 다시 params 변수에 통합되어 nsearch_example01_1.do에 전달된다.

1. 검색할 질의문을 nNm 변수에 저장
2. 필수값인 질의문이 null 값이면 "검색명을 입력해 주세요."를 출력
3. jQuery에서 제공하는 ajax 방식으로 nsearch_example01_1.do 페이지로 호출
4. 리턴된 결괏값을 아이디가 westResult인 태그에 innerHml을 통해 삽입

```
<div class="search_terms">
  <div class="search_title">
    <img src="/images/search/searchicon_white.png" alt="" class="searchicon_white"/>
    네이버
  </div>
  <table width="100%" border="0" cellspacing="0" cellpadding="0" class="terms_box">
    <tr>
      <td><img src="/images/search/terms_box_top.png" class="term_box_top" alt="" /></td>
    </tr>
    <tr>
      <td class="terms_box_middle">
```

```
        <ul>
          <li><img src="/images/search/list-st.png" alt="" class="list-st"/>검색어 :
            <span style="padding:0 0 0 4px;"></span>
            <!-- 질의문 -->, <!-- 엔터를 입력했을 때 nLocalL() 함수를 실행 -->
            <input type="text" id="nNm" class="terms_input" name="nNm" value=""
                 onkeypress="if (event.keyCode==13){ javascript:nLocalL();};"/>
          </li>
        </ul>
        <div class="search_btn">
          <!-- nLocalL() 함수를 실행 -->
          <a href="javascript:nLocalL();">
            <img src="/images/search/search_btn.png"/>
          </a>
        </div>
      </td>
    </tr>
  </table>
</div>
<div id="westResult">
  <div class="search_result">
    <div class="result_title">
      <img src="/images/search/searchicon_black.png" class="searchicon_black"/>
        검색 결과
    </div>
    <div class="result_space">
      <div class="scroll">
        <div id="west_indicator" style="display:none">
          로딩중...
        </div>
        <table cellspacing="0" cellpadding="0" class="result_box">
          <tr>
            <td colspan="3">검색 결과가 없습니다.</td>
          <tr>                                    </table>
      </div>
    </div>
  </div>
</div>

<script type="text/javascript">
```

```
function nLocalL(){
  // 네이버 지역명 검색 API를 호출하기 위한 파라미터
  var nNm = $("#nNm").val();                                          1
  var params="nNm="+nNm;
  // 질의문 유무
  if(nNm == null || nNm==""){
     alert("검색명을 입력해 주세요.");                                 2
     return false;
  }else{
     $.ajax({
         type : "POST",
         async : true,
         url : "/nsearch_example01_1.do",                              3
         data : params,
         dataType : "html",
         contentType: "application/x-www-form-urlencoded; charset=UTF-8",
         error : function(request, status, error) {
            alert("code : " + request.status + "\r\nmessage : " +
               request.reponseText);
         },
         success : function(response, status, request) {
            // 아이디가 westResult인 태그에 innerHtml을 통해 삽입
            $('#westResult').html(response);                            4
         },
         beforeSend: function() {
            $('#west_indicator').show().fadeIn('fast');
         },
         complete: function() {
            $('#west_indicator').fadeOut();
         }
     });
  }
}
</script>
```

예제 3.52 네이버 지역명 검색 API 웹 페이지[54]

54 /WebContent/WEB-INF/jsp/egovframework/example/naver/nsearch_example01.jsp

검색 API의 입출력 정보 제어

vsearch_example01_1.do는 네이버 검색 API의 입출력 정보를 제어한다. 위치 검색 화면에서 사용자가 입력한 검색 키워드를 검색 API의 입력 정보로 설정하고, nMapSearch 객체를 생성한다. 그리고 실제 네이버 서버에 접속한 후, 입력정보를 이용해 검색을 수행하는 doSearch() 함수를 호출한다. 검색 API에 의한 결괏값은 ArrayList로 저장하며, 소스코드는 아래와 같다.

1. 새로 생성한 nMapSearch(검색 API 객체) 객체를 생성한다(API 키와 검색 API 종류를 파라미터로 전달).
2. 질의문을 doSearch 메서드를 통해 호출하고 검색 결괏값을 list에 저장
3. 저장한 값을 맵에 저장
4. 결과 맵을 ModelMap에 저장
5. 결괏값이 저장돼 있는 HashMap에서 마지막 결과 값인 총 개수를 추출
6. 추출한 결괏값을 ModelMap에 저장
7. nsearch_example01_1.jsp 결괏값 리턴

```
@SuppressWarnings({ "rawtypes", "unchecked" })
@RequestMapping(value="/nsearch_example01_1.do")
protected String nsearch_example01_1(HttpServletRequest request, HttpServletResponse response,
Map<String, Object> commandMap, ModelMap model
) throws Exception {

  // 네이버 키 저장
  String nMapkey = propertiesService.getString("nMapkey");
  // 네이버 지역명 검색 객체 생성
  nMapSearch ns = new nMapSearch("local", nMapkey, 1);                    1

  // 질의문 저장
  String searValue = (String)commandMap.get("nNm");

  // 검색 API에 결과를 요청하고 list에 저장
  ArrayList list = ns.doSearch(searValue);                                2

  // 결괏값 MAP에 저장
  Map m = new HashMap();

  m.put("LIST", list);                                                    3
  model.addAttribute("resultMAP", m);                                     4
```

```
  // 검색된 개수를 추출해 MAP에 저장
  int totCnt = 0;
  for(int i=0; i<list.size(); i++){
    if(i<1){
      totCnt = Integer.parseInt((String) m.get("total"));                    5
    }
  }

  model.addAttribute("totCnt", totCnt);                                      6

  return "/example/naver/nsearch_example01_1";                               7
}
```

예제 3.53 검색 API 정보 제어[55]

결과 화면 구현

결과 화면에서는 nsearch_example01_1() 함수를 통해 얻은 결과 값은 JSTL을 이용해 검색 결과 수만큼 화면에 출력한다. 깔끔한 화면 구성을 위해 주소의 글자 길이가 14자를 초과하면 "..."으로 처리한다.

1. 검색한 결과 중 사용자가 필요한 데이터를 HTML과 jstl을 이용해 표현
2. 검색 결과 총 개수를 jstl의 formatNumber를 이용해 표현
3. 결괏값 리스트의 개수만큼 반복문을 실행해 결괏값을 표현
4. 표출할 데이터의 길이에 따라 분기문을 통해 "…"으로 표현

```
<c:if test="${not empty resultMAP.LIST}">
  <div class="search_result">
    <div class="result_title">
      <img src="/images/search/searchicon_black.png" class="searchicon_black"/>
      <!-- 검색 개수 -->
      검색 결과
      <fmt:formatNumber value="${totCnt}" pattern="###,###,###"/>               2
```

55 /src/main/java/egovframework/gotv/vmap/controller/vMapController.java

```
</div>
<div class="result_space">
  <div class="scroll">
    <div id="west_indicator" style="display:none">
      로딩 중...
    </div>
    <table cellspacing="0" cellpadding="0" class="result_box">
    <!-- 결괏값 길이만큼 반복 -->
    <c:forEach var="item" items="${resultMAP.LIST}" begin="1"      3
         varStatus="status" step="1">
      <tr>
        <td class="result_name"><img src="/images/search/list-st.png"
            class="list-st"/>
        <c:choose>
          <!-- juso 값의 길이가 14자를 넘으면 "..."으로 처리-->
          <c:when test="${fn:length(item.juso) > 14}">
            <strong title='<c:out value="${item.title}" escapeXml="false"/>'>
            <c:out value="${fn:substring(item.title,0,13)}"      4
                escapeXml="false"/>...</strong><br/>
          </c:when>
          <c:otherwise>
            <strong title='<c:out value="${item.title}" escapeXml="false"/>'>
            <c:out value="${item.title}" escapeXml="false"/></strong><br/>
          </c:otherwise>
        </c:choose>
        <c:choose>
          <!-- "address" 값의 길이가 13자를 넘으면 "..."으로 처리 -->
          <c:when test="${fn:length(item.address) > 13}">
            <p style="padding-left:20px;" title='<c:out value="${item.address}"/>'>
            <c:out value="${fn:substring(item.address,0,12)}"/>...</p>      4
          </c:when>
          <c:otherwise>
            <p style="padding-left:20px;" title='<c:out value="${item.address}"
                escapeXml="false"/>'>
            <c:out value="${item.address}"/></p>
          </c:otherwise>
        </c:choose>
        </td>
      </tr>
```

```
        </c:forEach>
        </table>
      </div>
    </div>
  </div>
</c:if>
```

예제 3.54 검색 API 정보 결과 웹 페이지[56]

브이월드 서버와 연결해 결괏값을 반환

nsearch_example01_1.do에서는 네이버 지도 검색 API를 호출하기 위해 nMapSearch 객체를 생성했다. nMapSearch 객체는 네이버 서버와 연결해 결괏값을 반환하는 기능을 수행한다. 결괏값은 10개 단위로 반환받기 위해 pageUnit을 10으로 설정했으며, 1장의 브이월드 지도 서비스와 마찬가지로 요청 URL을 작성하기 위해 StringBuffer 타입의 sendURL 변수를 선언했다.

1. 전송할 파라미터 값을 세팅
2. 세팅한 값을 URLConnection을 이용해 파라미터로 전송
3. 전송해서 받은 결과 값을 요소별로 구분해 데이터 값을 map에 저장
4. 저장한 map을 arrayList에 추가하고 그 값을 리턴

```
import java.io.BufferedReader;
import java.io.InputStreamReader;
import java.net.HttpURLConnection;
import java.net.URL;
import java.net.URLEncoder;
import java.util.ArrayList;
import java.util.HashMap;
import javax.xml.parsers.DocumentBuilder;
import javax.xml.parsers.DocumentBuilderFactory;
import org.w3c.dom.Document;
import org.w3c.dom.Element;
import org.w3c.dom.Node;
import org.w3c.dom.NodeList;
```

56 /WebContent/WEB-INF/jsp/egovframework/example/naver/nsearch_example01.jsp

```
import org.xml.sax.InputSource;

public class nMapSearch {
  // 기본 파라미터
  private String url = "http://openapi.naver.com/search";
  private String key = null;
  private String target = null;
  private String sort = null;
  private int start = 1;
  private int display = 5;

public nMapSearch(String target, String key, int start) {
  // API 종류, KEY, 시작 페이지
  this.target = target;
  this.key = key;
  this.start = start;
}

public ArrayList<HashMap<String, String>> doSearch(String query) {
  ArrayList<HashMap<String, String>> resultList = new ArrayList<HashMap<String, String>>();
  try {
    // 지역명 API를 호출하기 위한 URL
    StringBuffer sendURL = new StringBuffer(this.url);
    sendURL.append("?target=" + this.target);
    sendURL.append("&key=" + this.key);
    sendURL.append("&start=" + this.start);
    sendURL.append("&display=" + this.display);
    // 한글 깨짐 방지                                                    1
    sendURL.append("&query=" + URLEncoder.encode(query, "UTF-8"));
    if (this.sort != null) {
      sendURL.append("&sort=" + this.sort);
    }

    // 요청 결괏값 저장
    URL send = new URL(sendURL.toString());
    HttpURLConnection con = (HttpURLConnection)send.openConnection();    2
    BufferedReader br = new BufferedReader
    (new InputStreamReader(con.getInputStream(), "UTF-8"));
    // 결괏값을 DocumentBuilder 형태로 변환
```

```
InputSource is = new InputSource(br);
DocumentBuilderFactory factory = DocumentBuilderFactory.newInstance();
factory.setIgnoringElementContentWhitespace(true);
DocumentBuilder db = factory.newDocumentBuilder();

Document doc = db.parse(is);
Element root = doc.getDocumentElement();

// 최상위 root "channel"
NodeList ch = root.getElementsByTagName("channel");

// 최상위 root가 있으면
if (ch.getLength() > 0) {
  NodeList channel = ch.item(0).getChildNodes();
  HashMap<String, String> info = new HashMap<String, String>();
  for (int i = 0; i < channel.getLength(); i++) {
  // 자식 노드네임 추출
  Node n = channel.item(i);                                          3
  String tagName = n.getNodeName();
  // 자식 노드 네임이 "item"이면 stop
  if (tagName.equals("item")) break;
    String nodeValue = "";
    try {
      // 자식 노드의 결과 값 저장
      nodeValue = n.getFirstChild().getNodeValue();
    } catch (NullPointerException localNullPointerException) {}
      // 자식 노드의 태그값과 결과 값을 HashMap에 저장
      info.put(tagName, nodeValue);
    }
    // HashMap에 저장한 결괏값을 ArrayList에 저장
    resultList.add(info);                                            4

    // 최상위 root "item"
    NodeList item = root.getElementsByTagName("item");
    for (int i = 0; i < item.getLength(); i++) {
      HashMap<String, String> hashmap = new HashMap<String, String>();
      // 최상위 root "item"의 자식 노드를 NodeList에 저장
      NodeList nodelist = item.item(i).getChildNodes();
```

```
            for (int j = 0; j < nodelist.getLength(); j++) {
              Node n = nodelist.item(j);
              // 자식 노드 태그네임 저장
              String tagName = n.getNodeName();
              String nodeValue = "";
              try {
                // 자식 노드의 결괏값을 저장                                          3
                nodeValue = n.getFirstChild().getNodeValue();
              } catch (NullPointerException localNullPointerException1) {}
                // 자식 노드의 태그명과 결괏값을 HashMap에 저장
                hashmap.put(tagName, nodeValue);
              }
            // HashMap을 ArrayList에 저장
              resultList.add(hashmap);                                            4
            }
          } else {
            try {
              Node error_code = root.getElementsByTagName("error_code").item(0);
              Node message = root.getElementsByTagName("message").item(0);
              String codeStr = "에러 코드 : " + error_code.getFirstChild().getNodeValue();
              String msgStr = "에러 메시지 : " + message.getFirstChild().getNodeValue();
              throw new Exception(codeStr + msgStr);
            } catch (Exception e) {
              throw new Exception(e.getMessage());
            }
          }
        } catch (Exception e) {
          e.printStackTrace();
          return null;                                                            4
        }
        return resultList;                                                        4
      }
  }
```

예제 3.55 네이버 지도 검색 API 정보 요청 페이지[57]

57 /src/main/java/egovframework/got/vmap/model/nMapSearch.java

예제 1. 간단한 2D 지도 검색서비스 구현하기

기본 화면 구성

일반적으로 네이버나 다음에서 제공하는 기본적인 지도 검색 서비스는 화면이 2단으로 구성되며, 좌측에는 검색 결과 화면, 우측에는 지도 화면이 위치한다. 이 예제에서도 동일한 구조로 구성했으며, 앞에서 구현한 vMapController.java와 vMapSearch.java를 재활용하고, 지도 화면을 가시화하기 위해 2개의 JSP 파일과 좌표 변환을 위해 dTranCoord. java 파일을 추가로 구현한다.

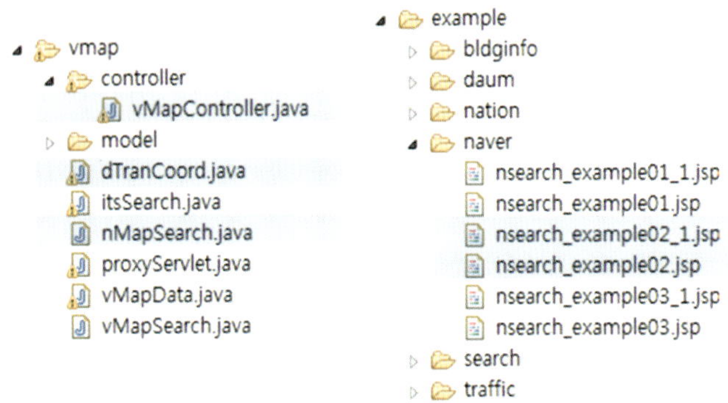

그림 3.57 예제파일 구조

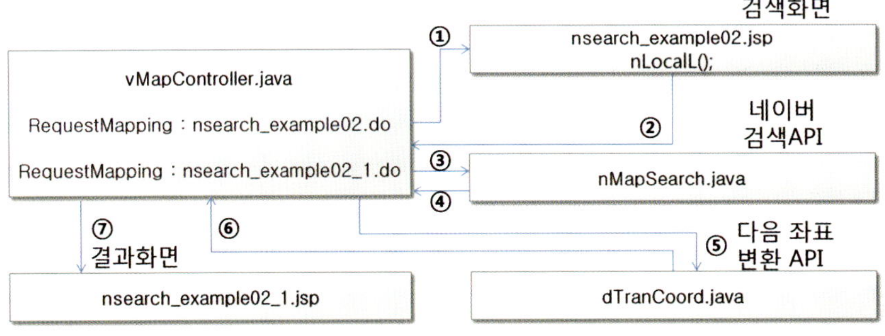

그림 3.58 예제 흐름도

전체 검색 결과를 지도 화면에 보여주기

브이월드에서 제공하는 2D 지도 API를 활용해 위치 검색하기의 결과를 지도 화면에 보여주는 부분을 구현한다. 여기서 만든 결과물은 전체 지도 서비스 화면의 우측 프레임에 위치하게 된다. 예제에서 2D 지도 화면에는 전체 검색 결과를 마커로 표시하고, 사용자가 마커를 클릭하게 되면 마커가 가리키는 객체의 다양한 정보(주소, 위치, 카테고리 등)를 말풍선을 통해 출력한다. 전체 검색 결과를 한 화면에 출력하도록 검색된 결과의 위치 좌푯값(x, y)이 적당한 Bound로 계산되어 출력 화면의 크기와 Zoom-In 레벨이 결정된다.

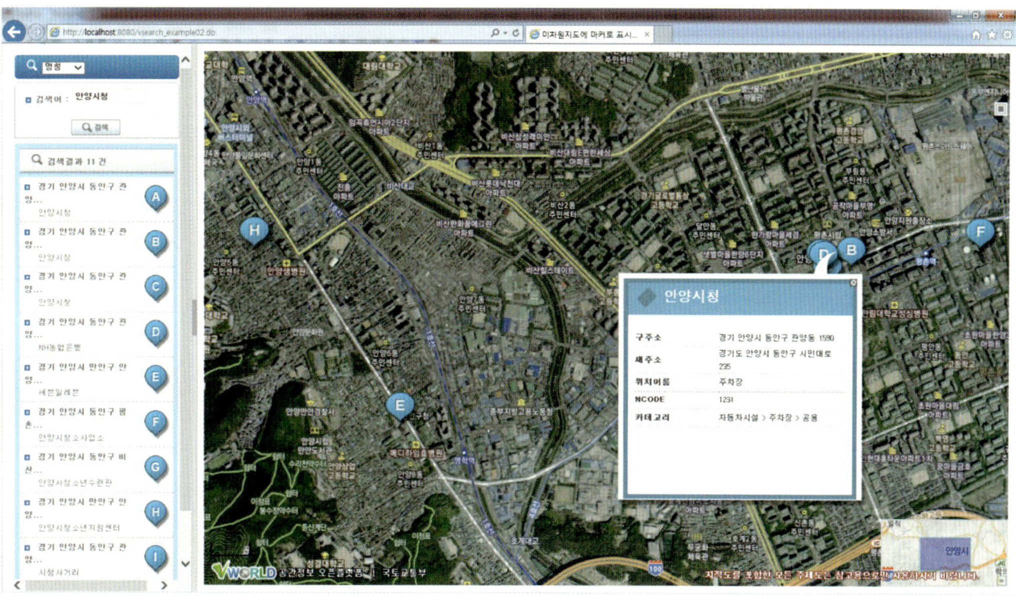

그림 3.59 전체 검색 결과를 시도 화면에 출력

위치 검색API를 사용한 결괏값에는 주소를 비롯해 위치명, 좌푯값, NCODE, PNU 등의 정보가 포함돼 있다. 따라서 검색된 결과물은 좌푯값에 따라 2D 지도 화면 위에 마커를 오버레이해서 보여줄 수 있다. 예제에서는 마커에 마우스 클릭 이벤트를 연결해 클릭 시 구주소, 새주소, 위치명, NCODE, 카테고리 정보를 말풍선으로 보여준다.

앞의 위치 검색하기 예제에서 한 번 검색할 때 최대 10건씩 조회하도록 설정했으므로 검색 이벤트가 발생할 때 지도 위에는 최대 10개씩의 마커 이미지가 화면에 출력돼야 한다. 따라서 예제 소스는 이 부분을 고려해 작성해야 한다. 아래의 소스에서 nLocalL() 함수의 파라미터 index는 결괏값의 페이지 번호를 의미한다.

```
 …중략…
function nLocalL(index){
 …중략…
```

```
$.ajax({
  type : "POST",
  async : true,
  url : "/nsearch_example02_1.do",
  data : params,
  dataType : "html",
  contentType: "application/x-www-form-urlencoded; charset=UTF-8",
  error : function(request, status, error) {
    alert("code : " + request.status + "\r\nmessage : " + request.reponseText);
  },
  success : function(response, status, request) {
    $('#westResult').html(response);

    // 좌표 결과값과 속성값을 이용해 지도 위에 마커와 속성값을 표출하는 함수를 호출
    nSearchLmove();
  },
…중략…
}
```

예제 3.56 지도 위에 마커와 속성값을 출력[58]

미리 구현한 nLocalL() 함수는 결괏값을 검색해 westResult라는 div 태그에 저장한다. 이때 westResult 태그에는 좌푯값과 속성값이 설정된다. 이 좌푯값은 nSearchLmove() 함수에서 마커의 위치를 이동하고 지도 화면을 확대/축소하기 위해 사용된다.

```
…중략…
<c:if test="${not empty resultMAP.LIST}">
<c:forEach var="ndXY" items="${resultMAP.LIST2}" varStatus="status">
    <!-- x, y 좌표 -->
    <input type="hidden" id="nX" name="nX" value="<c:out value="${ndXY.trancoodX}"/>">
    <input type="hidden" id="nY" name="nY" value="<c:out value="${ndXY.trancoodY}"/>">
  </c:forEach>
…중략…
<c:forEach var="item" items="${resultMAP.LIST}" begin="1" varStatus="status" step="1">
    <!-- 결과 속성값 -->
    <input type="hidden" id="nNo" name="nNo" value="<c:out value="${status.count}"/>">
```

58 /WebContent/WEB-INF/jsp/egovframework/example/naver/nsearch_example02.jsp

```
    <input type="hidden" id="title" name="title" value="<c:out value="${item.title}"/>">
    <input type="hidden" id="address" name="address" value="
        <c:out value="${item.address}"/>">
    <input type="hidden" id="description" name="description" value="
        <c:out value="${item.description}"/>">
    <input type="hidden" id="link" name="link" value="<c:out value="${item.link}"/>">
    <input type="hidden" id="telephone" name="telephone" value="
        <c:out value="${item.telephone}"/>">
    <input type="hidden" id="roadAddress" name="roadAddress" value="
        <c:out value="${item.roadAddress}"/>">
     <input type="hidden" id="category" name="category" value="
        <c:out value="${item.category}"/>">
  </c:forEach>
…중략…
</c:if>
```

예제 3.57 위치검색 정보 저장[59]

nsearch_example02.jsp에서는 좌푯값과 속성값을 이용해 마커와 속성 정보를 출력하기 위해 nSearchLmove() 함수를 호출한다. 네이버 지역명 검색 API에서는 UTMK 좌표계를 사용하므로 2D 지도 API에서 지원하는 EPSG:900913 좌표계로 변환해야 한다. 이 예제에서는 먼저 다음 좌표변환 API를 활용해 UTMK 좌표계를 EPSG:4326 좌표계로 변환하고, 다시 OpenLayers에서 제공하는 좌표변환 API를 활용해 EPSG:900913으로 변환하고자 한다. 다음 좌표변환 API를 호출하기 위해 dTranCoord.java를 구현했으며 아래 소스에는 생략돼 있으나 vMapController.java에서 dTranCoord 객체를 생성해 이미 EPSG:4326 좌표로 변환한 값을 nSearchLmove() 함수에서 사용하고 있다. dTranCoord.java는 다음 장에서 소개하고 있으므로 생략한다.

1. 네이버 지역명 검색 API에서 제공되는 정보를 저장 할 배열 선언
2. 네이버 지역명 검색 API에서 제공받은 정보를 배열에 저장
3. 2D 지도 좌표에 맞게 좌표변환(EPSG:4326 => EPSG:900913)
4. 말풍선에 표현될 정보를 HTML로 저장

59 /WebContent/WEB-INF/jsp/egovframework/example/naver/nsearch_example02.jsp

5. 마커를 표출할 함수에 x좌표, y좌표, 말풍선 내용, 마커 이미지 URL을 파라미터를 포함해서 호출
6. 브이월드 마커를 markers라는 객체에 저장
7. markers 객체에 저장돼 있는 브이월드 마커의 extent 값을 가져와 해당 위치로 이동 및 확대

```
function nSearchLmove(){

  // 지도 초기화
  apiMap.initAll();

  // 좌푯값, 속성값을 저장할 배열 객체 생성
  var nx = new Array();
  var ny = new Array();
  var nNo = new Array();
  var nTitle = new Array();
  var nAddress = new Array();
  var nDescript = new Array();                                     1
  var nLink = new Array();
  var nTel = new Array();
  var nRoadAddr = new Array();
  var nCategory = new Array();

  // input 태그에 있는 속성값 변수에 저장
  var naverX = $("[name=nX]");
  var naverY = $("[name=nY]");
  var naverNo = $("[name=nNo]");
  var title = $("[name=title]");
  var address = $("[name=address]");
  var description = $("[name=description]");
  var link = $("[name=link]");
  var telephone = $("[name=telephone]");
  var roadAddress = $("[name=roadAddress]");
  var category = $("[name=category]");

  // 마커 객체 생성
  var markers = new OpenLayers.Layer.Markers( "Markers" );

  // input 태그의 속성 정보의 길이만큼 반복
  $("input[name=nX]").each(function(idx) {
```

```
// 배열에 속성값 저장
nx[idx] = naverX.eq(idx).val();
ny[idx] = naverY.eq(idx).val();
nNo[idx] = naverNo.eq(idx).val();
nTitle[idx] = title.eq(idx).val();
nAddress[idx] = address.eq(idx).val();
nDescript[idx] = description.eq(idx).val();     2
nLink[idx] = link.eq(idx).val();
nTel[idx] = telephone.eq(idx).val();
nRoadAddr[idx] = roadAddress.eq(idx).val();
nCategory[idx] = category.eq(idx).val();

// EPSG:900913 좌표 객체 생성
var epsg900913 = new OpenLayers.Projection('EPSG:900913');
// EPSG:4326 좌표 객체 생성
var epsg4326   = new OpenLayers.Projection('EPSG:4326');
// EPSG:4326 좌표를 EPSG:900913으로 변환     3
var transCod = new OpenLayers.Geometry.Point(nx[idx],
     ny[idx]).transform(epsg4326,epsg900913);

// 말풍선에 표시될 속성값을 popupContentHTML에 저장
var popupContentHTML = "";
popupContentHTML += "<div class='popup_area'>";
popupContentHTML += "<div class='titlePop'>"+nTitle[idx]+"</div>";
popupContentHTML += "<div class='clear'></div>";
popupContentHTML += "<div class='contents'>";
popupContentHTML += "<div class='detail'>";
popupContentHTML += "<table class='table'>";
popupContentHTML += "<tr>";
popupContentHTML += "<th width='120'>구주소</th>";     4
popupContentHTML += "<td>"+nAddress[idx]+"</td>";
popupContentHTML += "</tr>";
popupContentHTML += "<tr>";
popupContentHTML += "<th>새주소</th>";
popupContentHTML += "<td>"+nRoadAddr[idx]+"</td>";
popupContentHTML += "</tr>";
popupContentHTML += "<tr>";
popupContentHTML += "<th>설명</th>";
popupContentHTML += "<td>"+nDescript[idx]+"</td>";
```

```
    popupContentHTML += "</tr>";
    popupContentHTML += "<tr>";
    popupContentHTML += "<th>전화번호</th>";
    popupContentHTML += "<td>"+nTel[idx]+"</td>";
    popupContentHTML += "</tr>";
    popupContentHTML += "<tr>";
    popupContentHTML += "<th>카테고리</th>";
    popupContentHTML += "<td>"+nCategory[idx]+"</td>";
    popupContentHTML += "</tr>";
    popupContentHTML += "<tr>";                                          4
    popupContentHTML += "<th>홈페이지</th>";
    popupContentHTML += "<td><a herf=#
      onclick=hpLink('"+nLink[idx]+"')>사이트이동</a></td>";
    popupContentHTML += "</tr>";
    popupContentHTML += "</table>";
    popupContentHTML += "</div>";
    popupContentHTML += "</div>";
    popupContentHTML += "</div>";

    var imgUrl = '/images/search/bul_poi_b_'+nNo[idx]+'.png';
    // 좌푯값, 말풍선, 이미지 값을 파라미터를 가지고 마커를 생성하는 함수를 호출
    addMarker(transCod.x, transCod.y, popupContentHTML, imgUrl);      5
    // 생성한 마커를 기존에 생성했던 markers에 추가
    markers.addMarker(marker);                                        6
  });
  // 마커를 extent만큼 확대하고 지도를 이동
  apiMap.zoomToExtent(markers.getDataExtent());                       7
}
```

예제 3.58 네이버 지역명 검색 API 결과에 따라 마커를 설정[60]

vSearchLMove() 함수에서는 마커를 지도 위에 출력하기 위해 addMarker() 함수를 호출하며, 파라미터 인자로 x, y좌표, 말풍선 내용, 마커 이미지에 대한 URL을 가진다. 마커 이미지 URL을 비워두면 브이월드 2D 지도 API에서는 기본 마커 이미지를 제공하지만 이 예제에서는 사용자가 정의한 이미지를 사용한다.

60 /WebContent/WEB-INF/jsp/egovframework/example/naver/nsearch_example02.jsp

1. 브이월드 마커 객체 생성
2. 마커 아이디 추출
3. 마커 zIndex 설정
4. 마커를 브이월드 지도에 추가
5. 마커 크기를 설정

```
function addMarker(lon, lat, message, imgurl){
  // 브이월드 마커 객체 생성(좌표x, 좌표y, 말풍선 내용)
  marker = new vworld.Marker(lon, lat,message,"");                1

  // 마커 이미지 URL이 문자 타입이면 이미지 URL 설정
  if (typeof imgurl == 'string') {marker.setIconImage(imgurl);}

  // 마커 이벤트 아이디
  var size = marker.events.element.id.toString();

  // 마커 이미지 아이디
  size = size + '_innerImage';                                    2

  // 마커 순서 설정
  marker.setZindex(3);                                            3
  apiMap.addMarker(marker);                                       4

  // 마커 크기 설정
  var markerImg = $('#'+size);
  markerImg.width(50);
  markerImg.height(50);                                           5
}
```

예제 3.59 마커 화면에 추가[61]

특정 위치에 대한 결과를 지도 화면에 보여주기

앞에서는 위치 검색에 의한 전체 결괏값을 지도 화면에 보여주는 예제를 작성했다. 이번 예제에서는 전

61 /WebContent/WEB-INF/jsp/egovframework/example/naver/nsearch_example02.jsp

체 결과 목록 중 하나를 클릭하면 해당 위치로 지도 화면이 이동하고, 클릭한 객체의 정보를 말풍선으로 확인할 수 있도록 구현한다.

그림 3.60 특정 위치를 지도 화면에 출력

아래는 이미지 심볼에 nLocalMove() 함수로 링크를 연결하는 소스코드다. 간단하게 하이퍼링크로 연결하고 다양한 정보를 함께 전송한다.

1. 검색 리스트에 표현되는 이미지 심볼에 nLocalMove()라는 함수로 a 링크를 설정
2. nLocalMove()에 개별 검색 정보를 파라미터로 전달

```
…중략…
<td class="link_location">
  <!-- 표출할 속성값과 함께 nLocallMove() 함수 호출 -->
1 <a href="javascript:nLocalMove( '<c:out value="${item.title}"/>',
                                 '<c:out value="${status.count}"/>',
                                 '<c:out value="${item.address}"/>',
                                 '<c:out value="${item.description}"/>',   2
                                 '<c:out value="${item.link}"/>',
                                 '<c:out value="${item.telephone}"/>',
```

```
                                    '<c:out value="${item.roadAddress}"/>',
                                    '<c:out value="${item.category}"/>');">    2
    <img src="/images/search/bul_poi_b_<c:out value="${status.count}"
escapeXml="false"/>.png" class="result_link" />
  </a>
</td>
…중략…
```

예제 3.60 이미지 심볼에 이벤트 추가[62]

전체 검색 결과를 화면에 표시하기 소스와 특정 위치를 표시하는 소스는 거의 유사하지만 오히려 더 간단하다. 마찬가지로 좌표변환이 필요하며, 마커에 표시될 정보를 처리한다. 또한 한 화면에 출력되기 위해 출력 화면의 크기와 Zoom-In 레벨이 결정된다.

1. 2D 지도 좌표에 맞게 좌표변환(EPSG:4326 => EPSG:900913)
2. 말풍선에 표현될 정보를 HTML로 저장
3. 마커를 표출할 함수에 x좌표, y좌표, 말풍선 내용, 마커 이미지 URL을 파라미터로 전달해서 호출
4. markers 변수에 마커를 객체 생성해 저장
5. 브이월드 마커를 markers라는 객체에 저장
6. markers 객체에 저장돼 있는 브이월드 마커의 extent 값을 가져와 해당 위치로 이동 및 확대

```
function nLocalMove(title,cnt,address,description,link,telephone,roadAddress,category){

  // 지도 화면 초기화
  apiMap.initAll();

  // x, y 좌푯값
  var nx = new Array();
  var ny = new Array();

  // 좌푯값 위치 조정
  nx[cnt-1] = $("[name=nX]").eq(cnt-1).val();
  ny[cnt-1] = $("[name=nY]").eq(cnt-1).val();
```

62 /WebContent/WEB-INF/jsp/egovframework/example/naver/nsearch_example02.jsp

```
// EPSG:900913 좌표 객체 생성
var epsg900913 = new OpenLayers.Projection('EPSG:900913');
// EPSG:4326 좌표 객체 생성
var epsg4326   = new OpenLayers.Projection('EPSG:4326');
                                                                    1
// 좌표변환 EPSG:4326 => EPSG:900913
var transCod = new OpenLayers.Geometry.Point(nx[cnt-1],
    ny[cnt-1]).transform(epsg4326,epsg900913);

// 말풍선 속성 내용 저장
var popupContentHTML = "";
popupContentHTML += "<div class='popup_cctv'>";
popupContentHTML += "<div class='titlePop'>"+title+"</div>";
popupContentHTML += "<div class='clear'></div>";
popupContentHTML += "<div class='contents'>";
popupContentHTML += "<div class='detail'>";
popupContentHTML += "<table class='table'>";
popupContentHTML += "<tr>";
popupContentHTML += "<th width='120'>구주소</th>";
popupContentHTML += "<td>"+address+"</td>";
popupContentHTML += "</tr>";
popupContentHTML += "<tr>";
popupContentHTML += "<th>새주소</th>";
popupContentHTML += "<td>"+roadAddress+"</td>";
popupContentHTML += "</tr>";                                        2
popupContentHTML += "<tr>";
popupContentHTML += "<th>설명</th>";
popupContentHTML += "<td>"+description+"</td>";
popupContentHTML += "</tr>";
popupContentHTML += "<tr>";
popupContentHTML += "<th>전화번호</th>";
popupContentHTML += "<td>"+telephone+"</td>";
popupContentHTML += "</tr>";
popupContentHTML += "<tr>";
popupContentHTML += "<th>카테고리</th>";
popupContentHTML += "<td>"+category+"</td>";
popupContentHTML += "</tr>";
popupContentHTML += "<tr>";
popupContentHTML += "<th>홈페이지</th>";
```

```
popupContentHTML += "<td><a herf=# onclick=hpLink('"+link+"')>사이트이동</a></td>";
popupContentHTML += "</tr>";
popupContentHTML += "</table>";
popupContentHTML += "</div>";                                                    2
popupContentHTML += "</div>";
popupContentHTML += "</div>";

// 마커 이미지 설정
var imgUrl = '/images/search/bul_poi_b_'+cnt+'.png';

// 브이월드 마커 생성 함수 호출
addMarker(transCod.x, transCod.y, popupContentHTML, imgUrl);                    3

// 마커 객체 생성
var markers = new OpenLayers.Layer.Markers( "Markers" );                         4
// 브이월드 마커를 markers 에 추가
markers.addMarker(marker);                                                       5
// 브이월드 마커의 extent 값을 가져와 해당 위치로 이동 및 확대
apiMap.zoomToExtent(markers.getDataExtent());                                    6

}
```

예제 3.61 마커 출력[63]

예제 2. 간단한 3D 지도 검색서비스 구현하기

전체 검색 결과를 지도 화면에 보여주기

3D 지도 서비스도 2D 지도 서비스와 동일한 구조로 구성했으며, 앞에서 구현한 vMapController.java와 vMapSearch.java를 재활용한다. 또한 3D 지도 화면을 가시화하기 위해 2개의 JSP 파일을 구현한다. 3D 지도 서비스의 구현은 2D 지도 서비스와 거의 유사하므로 간단히 소스만 소개하고 넘어가겠다.

63 /WebContent/WEB-INF/jsp/egovframework/example/naver/nsearch_example02_1.jsp

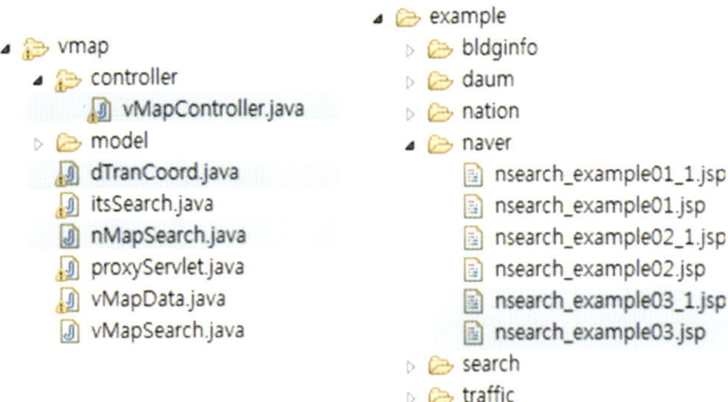

그림 3.61 예제파일 구조

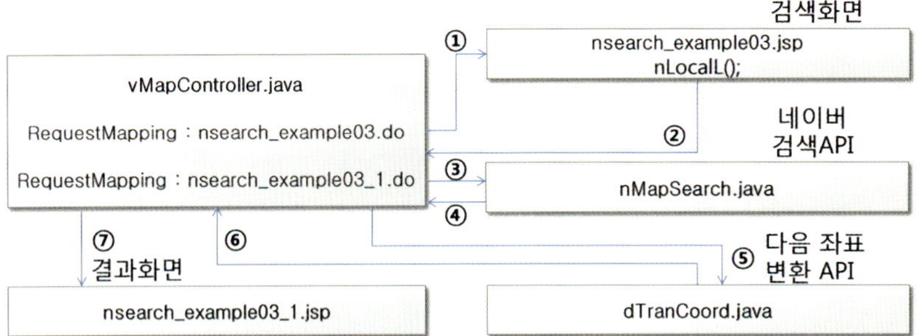

그림 3.62 예제 흐름도

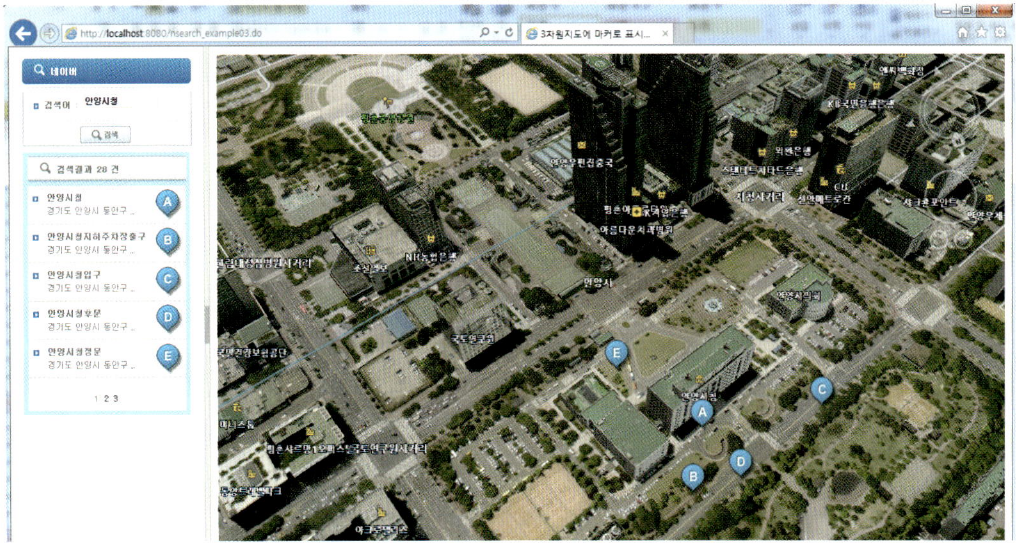

그림 3.63 검색 결과 출력(3D)

3차원 지도에서 사용하는 nSearchLmove() 함수의 구조는 2차원 지도 예제에서 작성된 nSearchLmove() 함수와 구조적으로 거의 유사하다. 다만 3차원을 객체를 컨트롤하기 위해 함수명이 조금씩 다를 수 있으니 유의하자. 마커를 지도 위에 출력하기 위한 addMarker3D()는 1장의 함수와 동일하다.

1. 네이버 지역명 검색 API에서 제공되는 정보를 저장할 배열 선언
2. 네이버 지역명 검색 API에서 제공받은 정보를 배열에 저장
3. 말풍선에 표현될 정보를 HTML로 저장
4. 마커를 표출할 함수에 x좌표, y좌표, 말풍선 내용, 마커 이미지 URL을 파라미터를 포함해 호출

```
function nSearchLmove(){
  // 좌푯값, 속성값을 저장할 배열 객체 생성
  var nx = new Array();
  var ny = new Array();
  var nNo = new Array();
  var nTitle = new Array();
  var nAddress = new Array();
  var nDescript = new Array();                                          1
  var nLink = new Array();
  var nTel = new Array();
  var nRoadAddr = new Array();
  var nCategory = new Array();

  // input 태그에 있는 속성값 변수에 저장
  var naverX = $("[name=nX]");
  var naverY = $("[name=nY]");
  var naverNo = $("[name=nNo]");
  var title = $("[name=title]");
  var address = $("[name=address]");
  var description = $("[name=description]");
  var link = $("[name=link]");
  var telephone = $("[name=telephone]");
  var roadAddress = $("[name=roadAddress]");
  var category = $("[name=category]");

  // input 태그의 속성 정보의 길이만큼 반복
  $("input[name=nX]").each(function(idx) {
    // 배열에 속성값 저장
```

```
nx[idx] = naverX.eq(idx).val();
ny[idx] = naverY.eq(idx).val();
nNo[idx] = naverNo.eq(idx).val();
nTitle[idx] = title.eq(idx).val();
nAddress[idx] = address.eq(idx).val();
nDescript[idx] = description.eq(idx).val();                    2
nLink[idx] = link.eq(idx).val();
nTel[idx] = telephone.eq(idx).val();
nRoadAddr[idx] = roadAddress.eq(idx).val();
nCategory[idx] = category.eq(idx).val();

// 말풍선에 표시될 속성값을 popupContentHTML에 저장
var popupContentHTML = "";
  popupContentHTML += "<div class='popup_area'>";
  popupContentHTML += "<div class='titlePop'>"+nTitle[idx]+"</div>";
  popupContentHTML += "<div class='clear'></div>";
  popupContentHTML += "<div class='contents'>";
  popupContentHTML += "<div class='detail'>";
  popupContentHTML += "<table class='table'>";
  popupContentHTML += "<tr>";
  popupContentHTML += "<th width='120'>구주소</th>";
  popupContentHTML += "<td>"+nAddress[idx]+"</td>";
  popupContentHTML += "</tr>";
  popupContentHTML += "<tr>";
  popupContentHTML += "<th>새주소</th>";
  popupContentHTML += "<td>"+nRoadAddr[idx]+"</td>";
  popupContentHTML += "</tr>";                                 3
  popupContentHTML += "<tr>";
  popupContentHTML += "<th>설명</th>";
  popupContentHTML += "<td>"+nDescript[idx]+"</td>";
  popupContentHTML += "</tr>";
  popupContentHTML += "<tr>";
  popupContentHTML += "<th>전화번호</th>";
  popupContentHTML += "<td>"+nTel[idx]+"</td>";
  popupContentHTML += "</tr>";
  popupContentHTML += "<tr>";
  popupContentHTML += "<th>카테고리</th>";
  popupContentHTML += "<td>"+nCategory[idx]+"</td>";
  popupContentHTML += "</tr>";
  popupContentHTML += "<tr>";
  popupContentHTML += "<th>홈페이지</th>";
```

```
        popupContentHTML += "<td><a herf=#
            onclick=hpLink('"+nLink[idx]+"')>사이트이동</a></td>";
        popupContentHTML += "</tr>";
        popupContentHTML += "</table>";                                    3
        popupContentHTML += "</div>";
        popupContentHTML += "</div>";
        popupContentHTML += "</div>";

      var imgUrl = '/images/search/bul_poi_b_'+nNo[idx]+'.png';
      // 3D 지도 초기화
      mapView.mapReset();
      // 3D 마커를 호출하는 함수를 실행
      setTimeout(function(){
        addMarker3D(nx[idx], ny[idx], popupContentHTML, imgUrl);           4
      }, 100);});
  }
```

예제 3.62 네이버 지역명 검색 API 결과에 따른 지도 이동 및 마커 설정[64]

그림 3.64 3차원 지도에 마커로 표현

64 /WebContent/WEB-INF/jsp/egovframework/example/naver/nsearch_example03.jsp

특정 위치에 대한 결과를 지도 화면에 보여주기

앞에서는 위치 검색에 의한 전체 결괏값을 지도 화면에 보여주는 예제를 작성했다. 이 예제에서는 전체 결과 목록 중 하나를 클릭하면 해당 위치로 지도 화면이 이동하고 말풍선 정보를 확인할 수 있도록 구현한다. 앞에서와 다르게 지도 화면에는 단 하나의 마커만 출력돼 있음을 확인할 수 있다.

그림 3.65 특정 위치를 3D 지도 화면에 출력

1. 말풍선에 표현될 정보를 HTML로 저장
2. 마커를 표출할 함수에 x좌표, y좌표, 말풍선 내용, 마커 이미지 URL을 파라미터를 포함해 호출

```
function nLocalMove(title,cnt,address,description,link,telephone,roadAddress,category){

  // x, y 좌푯값
  var nx = new Array();
  var ny = new Array();

  // 좌푯값 위치 조정
  nx[cnt-1] = $("[name=nX]").eq(cnt-1).val();
  ny[cnt-1] = $("[name=nY]").eq(cnt-1).val();
```

```
// 말풍선 속성 내용 저장
var popupContentHTML = "";
popupContentHTML += "<div class='popup_cctv'>";
popupContentHTML += "<div class='titlePop'>"+title+"</div>";
popupContentHTML += "<div class='clear'></div>";
popupContentHTML += "<div class='contents'>";
popupContentHTML += "<div class='detail'>";
popupContentHTML += "<table class='table'>";
popupContentHTML += "<tr>";
popupContentHTML += "<th width='120'>구주소</th>";
popupContentHTML += "<td>"+address+"</td>";
popupContentHTML += "</tr>";
popupContentHTML += "<tr>";
popupContentHTML += "<th>새주소</th>";
popupContentHTML += "<td>"+roadAddress+"</td>";
popupContentHTML += "</tr>";
popupContentHTML += "<tr>";
popupContentHTML += "<th>설명</th>";
popupContentHTML += "<td>"+description+"</td>";
popupContentHTML += "</tr>";
popupContentHTML += "<tr>";
popupContentHTML += "<th>전화번호</th>";
popupContentHTML += "<td>"+telephone+"</td>";
popupContentHTML += "</tr>";
popupContentHTML += "<tr>";
popupContentHTML += "<th>카테고리</th>";
popupContentHTML += "<td>"+category+"</td>";
popupContentHTML += "</tr>";
popupContentHTML += "<tr>";
popupContentHTML += "<th>홈페이지</th>";
popupContentHTML += "<td><a herf=# onclick=hpLink('"+link+"')>
    사이트이동</a></td>";
popupContentHTML += "</tr>";
popupContentHTML += "</table>";
popupContentHTML += "</div>";
popupContentHTML += "</div>";
popupContentHTML += "</div>";

// 마커 이미지 설정
var imgUrl = '/images/search/bul_poi_b_'+cnt+'.png';
```

```
    // 브이월드 3D 지도 초기화
    mapView.mapReset();
    // 마커를 등록하는 함수를 호출
    addMarker3D(nx[cnt-1], ny[cnt-1], popupContentHTML, imgUrl);                  2
}
```

예제 3.63 마커 출력[65]

다음 좌표변환 및 로드뷰 매시업

예제 1. 다음 좌표변환 API 활용하기

브이월드에서는 기본적으로 EPSG:90013과 EPSG:4326이라는 두 가지 좌표계를 상호 변환할 수 있는 기능을 지원한다. 만일 사용자가 EPSG:90013이나 EPSG:4326 좌표계를 사용하지 않는다면 OSGeo의 proj4j 수식 등을 이용해 좌표를 변환할 수도 있지만, 타 시스템에서 제공하는 오픈API를 이용하면 좀 더 손쉽게 좌표변환을 적용할 수 있다.

예를 들어, 네이버 지역명 검색 API의 좌표계는 UTMK(KTM)이므로 이 좌표계의 좌표를 브이월드에서 그대로 사용할 수는 없다. 앞서 언급한 바와 같이 사용자가 좌표변환 함수를 수학적 모델에 의해 구현할 수 있으나 다음(Daum) 등에서 제공하는 좌표변환 API를 그대로 사용하는 방법이 더 수월하다.

이번 예제에서는 다음의 좌표변환 API를 활용해 브이월드에서 사용하는 EPSG:4326 (WGS84) 좌표계로 변환하는 간단한 예제를 구현한다. 이를 위해 이 예제에서는 단 1개의 자바 파일로 구현했다.

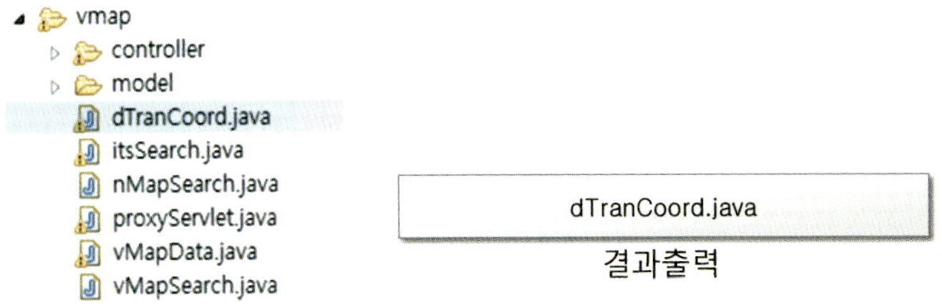

그림 3.66 예제파일 구조 및 예제 흐름도

65 /WebContent/WEB-INF/jsp/egovframework/example/naver/nsearch_example03_1.jsp

다음 좌표변환 API를 활용하기 위해서는 요청(Request) 방법과 요청 파라미터(Parameter), 응답(Response) 형태를 이해해야 한다. 네이버 지역명 검색 API는 REST 방식으로 URL에 transcoord를 입력해 요청할 수 있다. 검색 API는 아래의 표와 같이 검색 키워드를 포함해 총 5가지 파라미터를 입력값으로 검색하며 출력 타입은 XML이나 JSON으로 선택할 수 있다.

- 다음 좌표변환 API 요청 주소: http://apis.daum.net/local/geo/transcoord

표 3.10 다음 좌표변환API 요청변수

요청변수	값	설명
x	string	경도
y	string	위도
fromCoord	string	입력 좌표계(TM, KTM, UTM, CONGNAMUL, WGS84, BESSEL, WTM, WKTM, WUTM, WCONGNAMUL)
toCoord	string	출력 좌표계(TM, KTM, UTM, CONGNAMUL, WGS84, BESSEL, WTM, WKTM, WUTM, WCONGNAMUL)
output	string	포맷(xml, json)

아래의 표는 다음 좌표변환 API를 호출해 KTM 좌표계의 좌표(307716, 533001)를 WGS84 좌표계로 변환하는 예제이며, 반환되는 결괏값의 형식은 XML로 설정했다.

표 3.11 검색 API 호출 예제 (응답 형태: XML)

구분	예제
요청	http://apis.daum.net/local/geo/transcoord?apikey=a1105cd1a1d204eaebeeb1a6873d90faa755ec10&x=307716&y=533001&fromCoord=KTM&toCoord=WGS84&output=xml
응답	<result x="126.95555774409712" y="37.39445306450768"/>

위와 같은 URL 호출을 소스코드에서 구현하는 방법을 알아보자. 사용자는 URL 객체를 생성하고 URL.openConnection() 함수를 호출해 다음 좌표변환 API에 연결한다. 사용자는 반환된 결괏값에서 XML 태그 부분을 제외하고 변환된 x, y 좌푯값만 추출해 사용할 수 있다.

1. UTMK(KTM) 좌표를 WGS84(EPSG:4326) 좌표로 변환하는 URL 생성
2. URL을 연결해 결괏값 저장
3. 결괏값에서 x, y좌표를 추출해 HashMap에 저장하고 리턴

```
public class dTranCoord {

  public Map<String, String> doSearch(String xx, String yy) throws IOException,
ParserConfigurationException, SAXException{

    // UTMK를 WGS84 좌표로 변환하는 URL을 생성해 requestUrl 변수에 저장
    String requestUrl = "http://apis.daum.net/local/geo/transcoord?";
    requestUrl += "apikey=" + "a1105cd1a1d204eaebeeb1a6873d90faa755ec10";
    requestUrl += "&x=" + xx;
    requestUrl += "&y=" + yy                                                  1
    requestUrl += "&fromCoord=" + "KTM";
    requestUrl += "&toCoord=" + "WGS84";
    requestUrl += "&output=" + "xml";

    // url 객체 생성
    URL url = new URL(requestUrl);

    // url 연결
    URLConnection conn = url.openConnection();
    // 결괏값 저장
    BufferedReader br = new BufferedReader                                    2
        (new InputStreamReader(conn.getInputStream()));
    String inputLine;
    String trancoodLine = "";
    // trancookLine 변수에 결괏값 저장
    while ((inputLine = br.readLine()) != null) {                             2
      trancoodLine = inputLine;
    }

    // x, y 좌표를 추출해 저장
    trancoodLine = trancoodLine.replaceAll("<result x='", "");
    trancoodLine = trancoodLine.replaceAll("' y='", ",");                     3
    trancoodLine = trancoodLine.replaceAll("' />", "");
```

```
    String trancoodX = trancoodLine.split(",")[0];
    String trancoodY = trancoodLine.split(",")[1];

    // 추출한 결괏값을 HashMap에 저장해 리턴
    HashMap<String, String> hashmap = new HashMap();
    hashmap.put("trancoodX", trancoodX);
    hashmap.put("trancoodY", trancoodY);

    return hashmap;
  }

  public Map<String, String> transCoord(String xx, String yy) {

    try {
      return doSearch(xx, yy);
    } catch (IOException e) {
      e.printStackTrace();
    } catch (ParserConfigurationException e) {
      e.printStackTrace();
    } catch (SAXException e) {
      e.printStackTrace();
    }
    return null;
  }
}
```

예제 3.64 UTMK(KTM) 좌표를 WGS84(EPSG:4326) 좌푯값으로 변환[66]

예제 2. 다음 로드뷰 매시업하기

네이버와 다음 등에서 제공하고 있는 로드뷰는 브이월드에서는 제공하지 않는다. 그러나 브이월드에서 제공하는 국가공간정보 지도 화면 위에 타 시스템에서 제공하는 로드뷰를 매시업해서 사용할 수 있다.

66 /src/main/java/egovframework/got/vmap/model/dTranCoord.java

구현할 예제의 초기화면에는 브이월드 지도 화면을 보여준다. 우측 상단에 "이분면" 버튼을 클릭하고 브이월드 지도 화면의 임의의 위치를 클릭하면 화면프레임이 2단으로 바뀌고 좌측에는 브이월드 지도 화면이, 우측에는 로드뷰 화면이 출력된다. 이때 로드뷰의 위치를 변경함에 따라 브이월드의 지도 화면이 연동되어 바뀌는 것을 확인할 수 있다.

그림 3.67 로드뷰 매시업 화면

이를 위해 이번 예제에서는 크게 1개의 JSP 파일과 1개의 자바 파일로 구성했다. vMapController.java는 RequestMapping에 의해 dRoadView_example01.jsp를 호출한다. dRoadView_example01.jsp는 브이월드 지도 위에 로드뷰를 매시업하는 간단한 예제다.

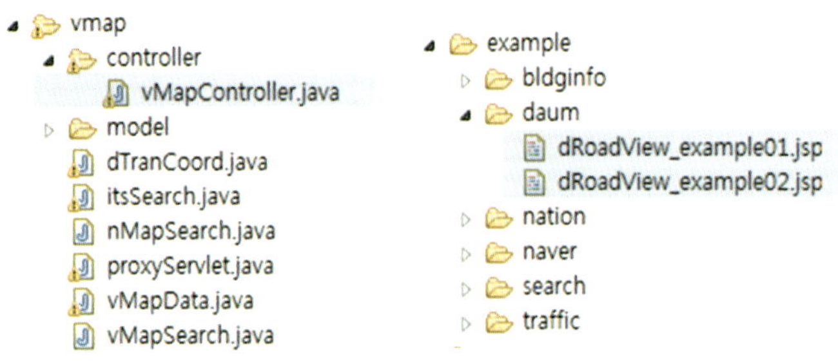

그림 3.68 예제파일 구조

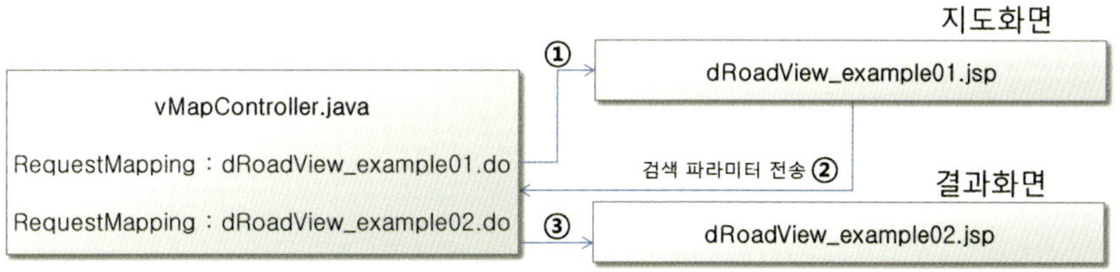

그림 3.69 예제 흐름도

소스 설명에는 생략돼 있으나 화면의 우측 상단에 위치한 '이분면' 버튼을 클릭하면 roadViewStart() 함수가 호출된다. 이 함수는 브이월드 화면에서 로드뷰에 출력할 위치를 사용자가 선택하기 위해 마우스 이벤트를 등록한다. 또한 OpenLayers.Handler.Point 변수를 이용해 마우스 클릭이 발생한 위치의 좌푯값을 추출한다. roadviewStart() 함수에서는 이벤트 발생 시 추출한 좌푯값에 해당하는 로드뷰를 출력하기 위해 roadMapclick() 함수를 호출한다.

1. 로드뷰 레이아웃이 닫혀 있고 이벤트가 활성화돼 있는지 확인
2. 이벤트를 활성화하고 로드뷰에 전달할 좌푯값 측정을 위한 점 측정 객체 생성
3. 점 측정 객체에 roadMapclick() 이벤트 등록
4. 점 측정 객체를 브이월드에 추가
5. 점 측정 객체 활성화
6. 로드뷰가 비활성화 상태일 때는 점 측정 객체를 비활성화

```
// 레이아웃 설정을 위한 변수
var chkEvt = true;
function roadViewStart(){

if(chkEvt == true){                                                          1
    // 지도 초기화
    apiMap.initAll();
    // 점 측정 옵션
    var pointOptions = {persist:true};
    if (rClickControl == null) {
    // 점 측정 객체 생성                                                       2
      rClickControl = new OpenLayers.Control.Measure(OpenLayers.Handler.Point,
         {handlerOptions:pointOptions});
      // 점 측정 객체 이벤트 등록(roadMapclick() 함수)
```

```
        rClickControl.events.on({"measure": roadMapclick});    3
        // 점 측정 객체를 브이월드 지도에 추가
        apiMap.addControl(rClickControl);    4
      }
      apiMap.init();
      // 점 측정 객체 활성화
      rClickControl.activate();    5
      chkEvt = false;
    }else{
      apiMap.initAll();
      // 점 측정 객체 비활성화
      rClickControl.deactivate();    6
      myLayout.hide('east');
      chkEvt = true;
    }
  }
```

예제 3.65 로드뷰에 위치 정보를 전달하기 위한 측정 객체 생성[67]

roadMapclick() 함수에서는 로드뷰를 출력하기 위해 먼저 좌표계를 변환한다. 브이월드의 좌표는 EPSG:900913 좌표계를 사용하고 로드뷰는 EPSG:4326 좌표계를 사용하기 때문에 반드시 좌표 변환이 필요하다. 변환된 좌표계를 기반으로 로드뷰 API에 요청하기 위한 URL 요청문을 작성하고 dRoadView_example02.do를 호출한다. dRoadView_example02.do는 로드뷰 API와 연결해 결괏값을 화면에 출력하는 기능을 수행한다.

1. 점 측정 객체에서 얻어온 정보를 이용해 좌표 추출
2. 로드뷰에서 좌표에 맞게 좌표변환(EPSG:900913 => EPSG:4326)
3. 로드뷰(좌표, 로드뷰 화면 크기) 호출
4. 호출해서 받은 결괏값을 dRoadview 태그에 innerHtml을 통해 삽입

```
function roadMapclick(evt){
  // 로드뷰 레이아웃 토글
  myLayout.toggle('east');
```

67 /WebContent/WEB-INF/jsp/egovframework/example/daum/dRoadView_example01.jsp

```
// 브이월드 초기화
apiMap.init();
// 좌푯값 추출
var temp = evt.geometry;                                                    1
// 좌표 객체 생성
var pos = new OpenLayers.LonLat(temp.x, temp.y);

// EPSG:900913 좌표 객체 생성
var epsg900913 = new OpenLayers.Projection('EPSG:900913');
// EPSG:4326 좌표 객체 생성
var epsg4326   = new OpenLayers.Projection('EPSG:4326');
                                                                            2
// EPSG:900913 => EPSG:4326으로 좌표 변환
var transCod = new OpenLayers.Geometry.Point(pos.lon, pos.lat).
    transform(epsg900913,epsg4326);
var transY = transCod.y;
var transX = transCod.x;

// 로드뷰 화면 크기 설정
var mTw = roadWidth/2;                                                      3
var mTh = roadHeight;

// 로드뷰에 보낼 파라미터
var params="transX="+transX+"&transY="+transY+"&dTw="+mTw+"&dTh="+mTh;
// 로드뷰 호출
$.ajax({
  type : "POST",
  async : true,
  url : "/dRoadView_example02.do",
  data : params,
  dataType : "html",
  contentType: "application/x-www-form-urlencoded; charset=UTF-8",          4
  error : function(request, status, error) {
    alert("code : " + request.status + "\r\nmessage : " + request.reponseText);
  },
  success : function(response, status, request) {
    // 로드뷰 결괏값을 dRodview 태그에 innerHtml을 통해 삽입
    $('#dRoadview').html(response);
  },
```

```
    beforeSend: function() {
      $('#ajax_indicator').show().fadeIn('fast');
    },
    complete: function() {                                    4
      $('#ajax_indicator').fadeOut();
    }
  });
}
```

예제 3.66 로드뷰 호출[68]

dRoadView_example02.do는 RequestMapping에 의해 dRoadView_example02() 함수를 호출하며, 이 함수는 dRoadView_example02.jsp를 호출한다.

1. 좌푯값, 로드뷰 화면 크기 값을 dRoadView_example02.jsp에 리턴

```
@RequestMapping(value="/dRoadView_example02.do")
protected String dRoadView_example02(HttpServletRequest request, HttpServletResponse response,
ModelMap model, Map<String, Object> commandMap) throws Exception {

  model.addAttribute("dY", commandMap.get("transY"));
  model.addAttribute("dX", commandMap.get("transX"));
  model.addAttribute("dTw", commandMap.get("dTw"));
  model.addAttribute("dTh", commandMap.get("dTh"));           1

  return "/example/daum/dRoadView_example02";
}
```

예제 3.67 로드뷰 호출[69]

로드뷰를 생성하는 코드는 간단하다. 먼저 daum.maps.LatLng(dY, dX) 함수를 호출해 로드뷰를 출력할 위치를 설정하고, daum.maps.Roadview() 함수를 호출해 로드뷰 객체를 생성한다. 이때 로드뷰는 전 화면이 아닌 도로에서만 제공되므로 해당 위치에서 가장 가까운 도로의 로드뷰의 ID를 검색

68 /WebContent/WEB-INF/jsp/egovframework/example/daum/dRoadView_example01.jsp
69 /src/main/java/egovframework/got/vmap/controller/vMapController.java

해 화면에 출력한다. 이때 로드뷰가 이동하게 되어 로드뷰의 수평각과 위치가 이동되게 되면 화면 우측의 브이월드 화면도 함께 이동하기 위해 로드뷰의 변화한 좌표를 추출하는 이벤트를 작성한다.

1. 로드뷰 객체 생성
2. 주어진 객체로 로드뷰 생성
3. 브이월드에서 제공 된 좌표 설정 및 수평각, 수직각, 줌레벨 설정
4. 로드뷰 이동 시 나오는 장소 좌푯값 추출
5. 로드뷰 수평각 변경 시 나오는 수평각값 추출
6. 좌푯값과 수평각값을 브이월드에 전송

```
<%@ page language="java" contentType="text/html; charset=UTF-8"
    pageEncoding="UTF-8"%>
<%@ taglib prefix="c" uri="http://java.sun.com/jsp/jstl/core" %>
<%@ taglib prefix="fmt" uri="http://java.sun.com/jsp/jstl/fmt"  %>
<%@ taglib prefix="ui" uri="http://egovframework.gov/ctl/ui"%>
<%@ taglib uri="http://java.sun.com/jsp/jstl/functions" prefix="fn" %>
<%@ taglib prefix="spring" uri="http://www.springframework.org/tags"%>
<%
  <!-- 좌푯값, 로드뷰 화면 크기 -->
  String dY = (String)request.getAttribute("dY");
  String dX = (String)request.getAttribute("dX");
  String dTw = (String)request.getAttribute("dTw");
  String dTh = (String)request.getAttribute("dTh");
%>
<!DOCTYPE html PUBLIC "-//W3C//DTD HTML 4.01 Transitional//EN" "http://www.w3.org/TR/html4/
loose.dtd">
<html>
<head>
<meta http-equiv="Content-Type" content="text/html; charset=UTF-8">
<title>로드뷰</title>
</head>

<script type="text/javascript">
var cenPo = "";
var dRv = "";
var dY = "<%=dY %>";
```

```
var dX = "<%=dX %>";
var panPoint = "";
var p;
var rc;
var rv;

// 로드뷰 생성 함수
roadInit();

function roadInit() {
  // 로드뷰 화면 크기 설정
  document.getElementById("roadview").style.width = <%=dTw %>+"px";
  document.getElementById("roadview").style.height = <%=dTh %>+"px";

  // 로드뷰에 좌표 설정
  p = new daum.maps.LatLng(dY, dX);
  // 로드뷰 관련된 데이터를 다루는 객체 생성
  rc = new daum.maps.RoadviewClient();                                      1
  // 주어진 객체로 로드뷰 생성
  rv = new daum.maps.Roadview(document.getElementById("roadview"));         2

  // 특정 좌표에서 반경 내 가장 가까운 로드뷰 ID 추출, // 좌표, // 버퍼
  rc.getNearestPanoId(p, 200, function(panoid) {
    // 로드뷰 ID 설정
    rv.setPanoId(panoid, p);
    // 수평각, 수직각, 줌레벨 설정
    rv.setViewpoint({ pan: 70, tilt: -20, zoom: -3});                       3
  });

  // 위치 이동 시 실행되는 이벤트
  daum.maps.event.addListener(rv,"position_changed",function() {
    // 로드뷰 이동할 때 추출된 좌푯값
    cenPo = rv.getPosition().toString();
    cenPo = cenPo.replace("(","");
    cenPo = cenPo.replace(")","");                                          4
    dRv = cenPo.split(",");
    cenPoY = dRv[0];
    cenPoX = dRv[1];
```

```
        document.getElementById("dRvY").value = cenPoY;
        document.getElementById("dRvX").value = cenPoX;                4
    });

    // 수평각 변경 시 실행되는 이벤트
    daum.maps.event.addListener(rv,"viewpoint_changed",function() {
        // 수평각 추출
        panPoint = rv.getViewpoint().pan;                              5
        document.getElementById("dRvPoint").value = panPoint;
    });

    setTimeout(function(){
        // 브이월드 지도에서 화살표 마커 이동을 위한 함수
        roadMove();
    }, 1000);
}
function roadMove(){
    // 좌푯값, 수평각을 브이월드에 전송
    var dRvY = document.getElementById ("dRvY").value;
    var dRvX = document.getElementById("dRvX").value;                  6
    var dRvPoint = document.getElementById("dRvPoint").value;
    rvMove(dRvX, dRvY, dRvPoint);
}

</script>
<body>
<div id='roadview' onMousedown='roadMove();' onmouseup='roadMove();'></div>
<input type="hidden" id="dRvY" value="">
<input type="hidden" id="dRvX" value="">
<input type="hidden" id="dRvPoint" value="">
</body>
</html>
```

예제 3.68 로드뷰 초기화 및 좌푯값, 수평각 추출[70]

70 /WebContent/WEB-INF/jsp/egovframework/example/daum/dRoadView_example02.jsp

rvMove() 함수는 로드뷰의 화면이 변화함에 따라 변화된 좌푯값과 수평각을 추출해 브이월드에 전송하는 역할을 수행한다. 이때 사용자의 브라우저를 고려해 이미지 회전을 달리한다. 아래에는 추출한 좌푯값과 수평각으로 브이월드 마커로 표현하는 방법을 분석하겠다.

1. 다음에서 받아온 좌표를 좌표변환(EPSG:4326 => EPSG:900913)
2. 좌푯값으로 지도를 이동하고 19 레벨로 확대
3. 브이월드 마커 객체 생성
4. 마커 이벤트 아이디 추출 및 이미지 아이디 생성
5. 브라우저별로 이미지 회전

```
function rvMove(dRvX, dRvY, dRvPoint){

  // 브이월드 초기화
  apiMap.initAll();

  // EPSG:900913 좌표 객체 생성
  var epsg900913 = new OpenLayers.Projection('EPSG:900913');
  // EPSG:4326 좌표 객체 생성
  var epsg4326   = new OpenLayers.Projection('EPSG:4326');
                                                                   1
  // 좌표변환(EPSG:4326→EPSG:900913)
  var transCod = new OpenLayers.Geometry.Point(dRvX, dRvY).transform
      (epsg4326, epsg900913);
  // 해당 좌표로 이동하고 19 레벨로 확대 또는 축소
  apiMap.setCenter(new OpenLayers.LonLat(transCod.x, transCod.y),19);   2

  // 브이월드 마커 객체 생성
  marker = new vworld.Marker(transCod.x, transCod.y, null, "");         3
  // 마커 이미지 설정
  marker.setIconImage("http://localhost:8080/images/roadview.png");

  // 마커 zIndex 설정
  marker.setZindex(3);
  // 브이월드에 마커를 추가
  apiMap.addMarker(marker);
```

```
// 마커 이벤트 ID 추출
var rotate = marker.events.element.id.toString();
// 마커 이미지 ID 추출                                                    4
rotate = rotate + '_innerImage';

// 마커 크기 설정
var markerImg = document.getElementById(rotate);
markerImg.style.width = "50px";
markerImg.style.height = "60px";

// 브라우저 판별
var browser = navigator.userAgent.toLowerCase();

// 브라우저별로 이미지 회전
if(dRvPoint != ""){
  if(browser.indexOf("msie 7") != -1 || browser.indexOf("msie 8") != -1){
    try{
      var deg2rad = Math.PI * 2 / 360;
      var rad = dRvPoint * deg2rad;
      var costheta = Math.cos(rad);
      var sintheta = Math.sin(rad);
      markerImg.style.filter = "progid:DXImageTransform.Microsoft.
          Matrix(M11='1.0', sizingmethod='auto expand')alpha(opacity=100);";
      markerImg.filters.item(0).M11 = costheta;
      markerImg.filters.item(0).M12 = -sintheta;
      markerImg.filters.item(0).M21 = sintheta;                           5
      markerImg.filters.item(0).M22 = costheta;
    }catch(e){
      markerImg.style.MozTransform    = 'rotate(' + dRvPoint + 'deg)';
      markerImg.style.WebkitTransform = 'rotate(' + dRvPoint + 'deg)';
      markerImg.style.OTransform      = 'rotate(' + dRvPoint + 'deg)';
      markerImg.style.MsTransform     = 'rotate(' + dRvPoint + 'deg)';
      markerImg.style.transform       = 'rotate(' + dRvPoint + 'deg)';
    }
  }else{
    markerImg.style.MozTransform    = 'rotate(' + dRvPoint + 'deg)';
    markerImg.style.WebkitTransform = 'rotate(' + dRvPoint + 'deg)';
    markerImg.style.OTransform      = 'rotate(' + dRvPoint + 'deg)';
    markerImg.style.MsTransform     = 'rotate(' + dRvPoint + 'deg)';
```

```
      markerImg.style.transform        = 'rotate(' + dRvPoint + 'deg)';
    }                                                                      5
  }
}
```

예제 3.69 마커 위치 이동 및 회전[71]

앞의 예제에서는 2D 지도에서 다음 로드뷰와 연동하는 예제를 구현했다. 3D 지도에서 다음 로드뷰를 연동하는 것은 2D 지도 예제와 거의 유사하다. 단지 지도 화면을 3D 지도로 변경해야 하고, rvMove() 함수에서도 지도 객체를 설정하면 된다.

1. 3차원 지도 초기 설정
2. roadViewStart 함수에 3차원 지도일 때 발생하는 이벤트 및 함수 등록
3. roadMapClick 함수에 3차원 지도일 때 발생하는 x, y값 추출 및 로드뷰에 전달할 파라미터 생성
4. 로드뷰에서 제공하는 x, y값을 이용해 rvMove 함수에서 지도를 실시간 연계

```
vworld.init("vMap", "earth-first",
  function() {
    apiMap = this.vmap;

    apiMap.addVWORLDControl("zoomBar");
    apiMap.addVWORLDControl("indexMap");
    apiMap.addVWORLDControl("layerSwitch");
    apiMap.setIndexMapPosition("right-bottom");
    apiMap.setCenterAndZoom(14137025.510094, 4411241.3503068, 8);
    roadHeight = $('#innerLayout').height();
  }
  // 3차원 지도 초기 설정
  ,function (obj){
    apiMap3D = obj;
    mapView = apiMap3D.getView();                                          1
  }
  ,function (msg){alert('oh my god');}
);
```

71 /WebContent/WEB-INF/jsp/egovframework/example/daum/dRoadView_example01.jsp

```
// 레이아웃 설정을 위한 변수
var chkEvt = true;
function roadViewStart(){
  // 3차원 지도 모드일 때 실행하는 이벤트 추가
  if(vworld.getMode() == 2){
    if(chkEvt == true){
      // 3D 지도 클릭 시 roadMapClick 함수 호출
      window.sop.earth.addEventListener(apiMap3D, "lmouseup", roadMapclick);   2
      chkEvt = false;
    }else{
      myLayout.hide('east');
      chkEvt = true;
    }
  }else{
…중략…
  }
}

function roadMapclick(evt){
  // 로드뷰 레이아웃 토글
  myLayout.toggle('east');
  var params;

  // 3차원 지도 모드일 때 실행하는 이벤트 추가
  if(vworld.getMode() == 2){
    // 3차원지도 초기화
    mapView.mapReset();
    // 이벤트 제거
    window.sop.earth.removeEventListener(apiMap3D, "lmouseup", roadMapclick);
    // x, y값 추출
    var clickPoint = evt.getMapCoordinate();
    var mTw = roadWidth/2;
    var mTh = roadHeight;
    // 로드뷰에 전송할 파라미터 생성
    params="transX="+clickPoint.Longitude+"&transY="+clickPoint.Latitude+
    "&dTw="+mTw+"&dTh="+mTh;   3
  }else{
…중략…
  }
}
```

```
function rvMove(dRvX, dRvY, dRvPoint){
  // 브이월드 초기화
  apiMap.initAll();

  // 틸트값 설정
  if(vworld.getMode() == 2){
    // 로드뷰에서 리턴받은 x, y값으로 이동
    apiMap3D.getViewCamera().moveLonLatAlt(dRvX,dRvY,200);
    if(dRvPoint == 360){
      dRvPoint == 359;
    }
    // 수평각 설정
    apiMap3D.getViewCamera().setDirect(dRvPoint);
    // 틸트값 설정
    apiMap3D.getViewCamera().setTilt(20);
  }else{
 …중략…
  }
}
```


예제 3.70 3차원 지도에 로드뷰 실시간 연계[72]

그림 3.70 3차원 지도 로드뷰 연계

72 /WebContent/WEB-INF/jsp/egovframework/example/daum/dRoadView_example01.jsp

통합 교통지도 서비스

지금까지는 브이월드 2D/3D 지도 API, 브이월드 검색 API, 브이월드 데이터 API, 공공기관의 공간정보 API, 네이버 검색 API, 다음의 좌표변환 및 로드뷰 API를 활용한 다양한 매시업 예제를 구현했다. 앞서 구현한 기능들을 통합하면 하나의 교통지도 서비스 구현이 가능하다.

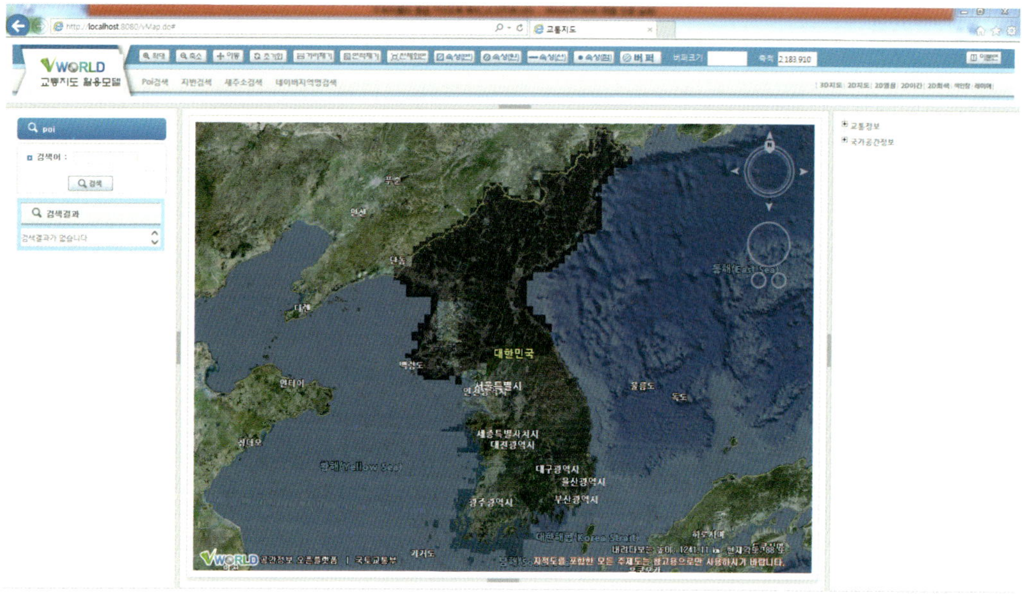

그림 3.71 교통지도

기존의 소스코드를 사용하므로 추가적으로 구현할 부분은 많지 않다. 기존 예제를 대부분 차용해 사용하므로 샘플 파일을 손쉽게 이해할 수 있으리라 생각한다. 다만 여기서 가장 중요한 것은 2D 지도와 3D 지도의 데이터를 연동해 예제들을 합쳐야 한다는 것이다. 따라서 2D 지도와 3D 지도를 한번에 보이기 위해서는 vworld.init 함수에 2D, 3D 초기 설정을 해야 한다.

```
// vMap: 브이월드 지도의 DIV 아이디
// earth-first: 3D 지도 먼저 표출
vworld.init("vMap", "earth-first",
  // 2D 지도 설정
  function() {
    apiMap = this.vmap;
    apiMap.addVWORLDControl("zoomBar");
```

```
    apiMap.addVWORLDControl("indexMap");
    apiMap.addVWORLDControl("layerSwitch");
    apiMap.setIndexMapPosition("right-bottom");
    apiMap.setCenterAndZoom(14137025.510094, 4411241.3503068, 8);
    apiMap.addEvent("zoomend", getScaleEvt);
    // 동적 CSS Import
    if(document.createStyleSheet) {
      document.createStyleSheet('/css/popup.css');
    }else{
      var styles = "@import url('/css/popup.css');";
      var newSS=document.createElement('link');
      newSS.rel='stylesheet';
      newSS.href='data:text/css,'+escape(styles);
      document.getElementsByTagName("head")[0].appendChild(newSS);
    }
  }
  // 3D 지도 설정
  ,function (obj){
    apiMap3D = obj;
    map3DLayerList = apiMap3D.getLayerList();
    mapView = apiMap3D.getView();
    layerLoad();
  }
  // 3D 지도 호출 실패 시 메시지 표출
  ,function (msg){alert('oh my god');}
);
```

예제 3.71 지도 기본 설정[73]

changeMode() 함수는 미리 만들어 놓은 예제를 이용해 2D, 3D 배경지도에 동시에 적용하기 위한 함수다. 브이월드 API는 2D와 3D의 함수가 이중으로 구성돼 있기 때문에 사용자 애플리케이션에서 사용하고 있던 데이터를 유지하는 기능을 만들어야 한다. 즉, 2D에서 3D로, 혹은 3D에서 2D로 배경지도가 변환될 때는 이전 모드에서 사용하고 있는 정보(WMS, 국가공간정보센터, 브이월드, 네이버 검

73 /WebContent/js/map/vMap.js

색 API에서 취득한 정보)를 그대로 유지하기 위해 changeMode() 함수에 다음과 같은 코드를 추가해야 한다.

```
function changeMode(idx){
  // 배경지도 변환 함수
  vworld.setMode(idx);

  var layerInfo;
  var exLayerInfo;
  // 2D => 3D 또는 3D => 2D 배경지도로 변환될 때 기존에 사용하고 있는 브이월드 WMS 유지
  $("input:checked[name=layerInfo]")
    .each(function(i){
    layerInfo = $(this).val();
    if(vworld.getMode() != 2){
      Layervisibility(layerInfo, false);
    }else{
      apiMap.hideThemeLayer(layerInfo);
    }
    reloadLayers(layerInfo,'checked');
  });

  // 2D => 3D 또는 3D => 2D 배경지도로 변환될 때 기존에 사용하고 있는 국가공간정보센터 데이터 유지
  $("input:checked[name=exLayerInfo]")
    .each(function(i){
    exLayerInfo = $(this).val();
    if(vworld.getMode() != 2){
      mapView.mapReset();
    }else{
      groupMarker.removeGroup(layerName);
    }
    reloadLayers(exLayerInfo,'checked');
  });

  // 2D => 3D 또는 3D => 2D 배경지도로 변환될 때 기존에 사용하고 있는 브이월드,
  // 네이버 검색 API에서 가져온 데이터 유지
  var category = $("#vCategory").val();

  if(category == "naver"){
    nLocalL(storeIndex);
```

```
    }else{
      vSearchL(storeIndex);
    }
  }
```

예제 3.72 배경지도 변환[74]

지금까지 브이월드에서 가장 많이 사용하고 있는 기능을 이용해 하나의 프로토타입 프로젝트를 만들어 봤다. 예제 코드를 직접 실행해 보고 비교해 가면서 분석해 나간다면 별 무리 없이 이해될 것이다.

74 /WebContent/js/map/vMap.js

주요 API 목록 및 오픈API 이용약관 04

전체 API 목록

전체 브이월드 오픈API에 대한 보다 자세한 정보는 http://dev.vworld.kr/dev/dv_opn2dmapguide_s001.do에서 확인 가능하다.

API 대분류	중분류	세부 분류	설명
2D 지도	2D API	Vworld	2D API 최상위 클래스
	Control	panZoomBar	내비게이션 컨트롤러
	Layer	Charts	Charts 클래스
		KMLLayer	KML 파일을 이용해 마커를 생성하는 KMLLayer 클래스
		RouteMap	RouteMap 클래스
		TEXTLayer	텍스트 파일을 이용해 마커를 생성하는 TEXTLayer 클래스
		WmsBoundaryLayer	WmsBoundaryLayer 클래스(행정경계지도)
		vworld.GrayLayer	Gray 스타일이 적용된 지도를 호출하는 클래스
		vworld.MidnightLayer	Midnight 스타일이 적용된 지도를 호출하는 클래스
	Map Control	Maps	지도 화면 컨트롤러
	Marker	DraggableMarker	드래그로 마커의 위치를 변경할수있는 마커 클래스
		GroupMarker	GroupMarker 클래스
		LabelMarker	심볼과 라벨을 함께 표시하는 마커 클래스
		Marker	마커 클래스
		TextMarker	라벨만 표시하는 마커 클래스

API 대분류	중분류	세부 분류	설명
2D 지도	Vector	Circle	Circle(원 입력) 클래스
		Point	point 클래스
		Polygon	Polygon 클래스
		Polyline	polyline 클래스
		RegularPolygon	RegularPolygon(정다각형) 클래스
		Size	크기 조절 유틸리티
	기타	InfoWindow	정보 팝업 클래스
		vearth	3D 플러그인 할당 및 접근 변수(전역 변수)
		vmap	2D 지도 할당 및 접근 변수(전역 변수)
		vworldApiKey	서버로부터 인증받은 API 키(전역 변수)
		vworldUrl	오픈 플랫폼 서비스 주소(전역 변수)
3D 지도	Analysis	SOPAnalysis	3차원 지도에서 분석 기능이 정의된 클래스
	Balloon Control	SOPBalloon	풍선 도움말 기능이 정의된 클래스
		SOPDivBalloon	div DOM Object를 풍선 도움말 위에 표현할 수 있는 기능이 정의된 클래스. SOPHtmlBalloon의 내부 함수로 사용됨.
		SOPHtmlBalloon	SOPBalloon 기능을 확장해 HTML 태그를 풍선 도움말 위에 표현할 수 있는 기능이 정의된 클래스
		SOPLinkBalloon	SOPBalloon기능을 확장해 URL 주소의 내용을 풍선 도움말 위에 표현할 수 있는 기능이 정의된 클래스
	Camera Control	SOPCamera	카메라 제어 기능으로 구성된 클래스로 카메라 조작 및 정보 반환 기능이 정의돼 있음
	Control	SOPControl	마우스와 키보드에 대한 좌표 반환 및 키 설정 등과 같은 기능이 정의된 클래스
		SOPNavigationControl	지도 화면에 표현되는 지도 컨트롤러에 대한 기능이 정의된 클래스
	Event	SOPEvent	이벤트 발생 시 필요한 정보를 담고 있는 클래스로 대상 target, 마우스 버튼, x, y 좌표, 눌린 키보드 값 등이 정의돼 있음
	Layer Control	SOPLayer	개별 Layer에 대한 제어 기능으로 구성된 클래스로 레이어의 객체 추가, 삭제, 편집 등의 기능이 정의돼 있음
		SOPLayerList	개별 Layer를 관리하는 클래스로 Layer의 추가, 삭제, 및 반환 기능을 정의

API 대분류	중분류	세부 분류	설명
3D 지도	MapControl	SOPMap	지도 서비스에 대한 서버 접속, 환경 파일 다운로드와 같은 기능이 정의된 클래스
	Object	SOPFigure	지도에 추가할 수 있는 여러 가지 도형을 제공하는 클래스
		SOPIcon	3차원 Symbol(Placemark)에 사용자 아이콘 적용 기능이 정의된 클래스
		SOPLineString	3차원 LineString 객체의 기능이 정의된 클래스
		SOPLineStyle	3차원 LineString 객체에 대한 Style 기능이 정의된 클래스
		SOPModel	3차원 Model 객체의 기능이 정의된 클래스
		SOPMultiObject	여러 3차원 객체(점, 폴리곤, 심볼, 모델 등)를 하나의 객체로 관리하기 위한 기능이 정의된 클래스
		SOPObject	3차원 객체(점, 폴리곤, 심볼, 모델 등)과 관련된 최상위 추상클래스
		SOPPoint	3차원 점 객체의 기능이 정의된 클래스
		SOPPolyStyle	3차원 Polygon 객체에 대한 Style 기능이 정의된 클래스
		SOPPolygon	3차원 Polygon 객체의 기능이 정의된 클래스
		SOPSymbol	3차원 Symbol(placemark) 객체의 기능이 정의된 클래스
		SOPTextStyle	지도 화면에 표현되는 Text에 Style 기능이 정의된 클래스
	Option	SOPOption	지도 환경설정과 관련된 기능이 정의된 클래스
	Plugin	SOPPlugin	오픈API 사용자가 플러그인에 접근할 수 있는 기능을 제공하는 클래스
	Util	SOPFlightSimul	지도 화면을 이용해 비행 시뮬레이션을 실행할 수 있는 기능을 제공하는 클래스
		SOPPOPItem	컨텍스트 팝업의 항목을 정의한 클래스
		SOPPOPItemList	SOPPOPItem 객체를 담는 컨테이너 클래스
		SOPPOPMenuList	컨텍스트 팝업을 핸들링하는 클래스
		SOPPhotoList	포토오버레이 객체를 저장하기 위한 컨테이너의 역할을 하는 클래스
		SOPPhotoOverlay	3차원 지도 위에 사용자 이미지를 매핑할 수 있는 기능이 정의된 클래스
		SOPProjection	좌표변환을 지원하는 클래스
		SOPUtil	인쇄, 화면 저장과 같은 기능이 정의된 클래스

API 대분류	중분류	세부 분류	설명
3D 지도	Vector	SOPColor	색상 ARGB 값에 대한 구조체 역할을 하는 클래스
		SOPVec2	2차원 좌표 X, Y에 대한 구조체 역할을 하는 클래스
		SOPVec3	3차원 좌표 위도, 경도, 고도에 대한 구조체 역할을 하는 클래스
		SOPVec3Array	SOPVec3에 대한 Array 기능을 제공하는 클래스
	기타	SOPLocation	3차원 객체의 위치를 저장하고 있는 플러그인의 내부 객체
		WMS/WFS	WMS/WFS 관련 API는 SOPLayerList와 SOPLayerClass의 API 목록을 참고
		상수	3D 지도 API에서 사용하는 상수 설명
배경지도	(분류 없음)		오픈 플랫폼에서 제공하는 배경지도 및 영상지도, 하이브리드 지도를 제공
WMS	(분류 없음)		WMS(Web Map Service) 표준 API
WFS	(분류 없음)		WFS(Web Feature Service) 표준 API
2D 데이터	(분류 없음)		2D 데이터를 제공하는 API
3D 데이터	(분류 없음)		3D 데이터를 제공하는 API
검색	검색 API		명칭, 구주소, 새주소에 대한 검색 API
	Geocoder API		주소와 좌표 간 상호 변환 API
	범례 이미지 API		지도 데이터에 대한 범례 이미지 제공 API
Static Map	(분류 없음)		자바스크립트에 의존하지 않고 단순한 지도 화면을 제공하는 API

2D지도 API

주요 2D 지도 API 목록

API 대분류	세부 분류	설명
2D API	Vworld	2D API 최상위 클래스
Control	panZoomBar	내비게이션 컨트롤러
Layer	vworld.GrayLayer	Gray 스타일이 적용된 지도를 호출하는 클래스
	vworld.MidnightLayer	Midnight 스타일이 적용된 지도를 호출하는 클래스

API 대분류	세부 분류	설명
Map Control	Maps	지도 화면 컨트롤러
Marker	GroupMarker	GroupMarker 클래스
	Marker	마커 클래스
Vector	Circle	Circle(원 입력) 클래스
	Point	point 클래스
	Polygon	Polygon 클래스
	Polyline	polyline 클래스

2D API

vworld: 2D API 최상위 클래스

Number getMode( ) 통합지도의 모드를 반환

Returns

0 : 2D base, 1 : 2D raster,

2 : 3D

void init(Node rootDiv, String mapType, Function mapFunc, Function initCall, Function failCall) 통합지도를 초기화해서 사용할 수 있도록 환경을 설정함

Parameters

1. rootDiv
   지도를 그릴 Div의 id

2. mapType
   map-only : 2D 지도만 보여줌
   map-first : 2D 지도를 초기화면으로 보여줌
   earth-only : 3D 지도만 보여줌
   earth-first : 3D 지도를 초기화면으로 보여줌
   raster-only : 2D 영상지도만 보여줌
   raster-first : 2D 영상지도를 초기화면으로 보여줌
   map-base : 2D지도를 초기화면으로 보여줌(3D 지도 전환버튼 감춤)

raster-base : 2D영상지도를 초기화면으로 보여줌(3D지도 전환버튼 감춤)

3. mapFunc
   초기화 완료 시 실행될 함수
4. initCall
   3D 지도 초기화 시 파라미터 설정
5. failcall
   3D 지도 초기화 실패 시 호출할 함수

`Boolean is3D()` 통합지도의 모드가 3D인지 여부를 반환

Returns

true인 경우 3D 모드입니다.

`void setMode(Number type)` 통합지도의 모드를 변경

Parameters

0 : 2D 지도　　1 : 2D 영상

2 : 3D　　3 : 2D 회색

4 : 2D 야간

`void setModeCallback(Function callback)` 통합지도 모드 변경 후 실행할 콜백함수를 지정.

_modeCallBack에 콜백함수가 지정됨.

Parameters

콜백함수명

Control

PanZoomBar: 내비게이션 컨트롤러

`void initialize(NavigationOptions option)` 내비게이션 컨트롤을 초기화

Parameters

내비게이션의 각종 옵션

- sliderEvents : 슬라이더 변경 시 동작하는 함수

- zoombarDiv : zoombar가 위치할 영역의 id
- measureDiv : 측정컨트롤이 위치할 영역의 id
- curPosition : 내비게이션이 시작될 위치
- left/right zoomWorldIcon : 표현 최대 영역으로 줌 변화버튼 추가
- mouseDragStart : 내비게이션 내에서 마우스 드래그 이벤트

Layer

vworld.GrayLayer : Gray 스타일이 적용된 지도를 호출하는 클래스

(Constructor) new vworld.vworld.GrayLayer() vworld.GrayLayer 클래스의 인스턴스를 생성

vworld.MidnightLayer : Midnight 스타일이 적용된 지도를 호출하는 클래스

(Constructor) new vworld.vworld.MidnightLayer() vworld.MidnightLayer 클래스의 인스턴스를 생성

Map Control

Maps: 지도 화면 컨트롤러

void ImportWMSLayer(String title, WMSParams params) 오픈 플랫폼이 아닌 외부의 WMS 서비스를 레이어로 추가

Parameters

title : 레이어 타이틀

params : WMS를 요청할 파라미터 집합

- url : WMS 엔진 URL
- layers : 레이어명
- version : 엔진에서 호출할 WMS 버전
- crs : 좌표계정보(crs)
- srs : 좌표계정보(srs)
- format : (MIME) 리턴포맷

void addEvent(OpenLayers.Map eventName, Function func) 지도에 이벤트를 추가

Parameters

eventName: OpenLayers.Map 이벤트

- preaddlayer : 레이어 추가 전 발생하는 이벤트
- preremovelayer : 레이어 제거 전 발생하는 이벤트
- removelayer : 레이어 제거 시 발생하는 이벤트
- changelayer : 레이어 이름 변경 시 발생하는 이벤트
- movestart : 지도 이동 시작 시 발생하는 이벤트
- move : 지도 이동 시 발생하는 이벤트
- moveend : 지도 이동 종료 시 발생하는 이벤트
- zoomend : zoom 종료 시 발생하는 이벤트
- mouseover : 지도 위에 마우스가 올라갔을 때 발생하는 이벤트
- mouseout : 지도 밖으로 마우스가 나갔을 때 발생하는 이벤트
- mousemove : 마우스가 이동할 때 발생하는 이벤트
- changebaselayer : 기본레이어가 변경될 때 발생하는 이벤트

func: 지정한 이벤트에 추가할 함수

void addGraphic(OpenLayers.Feature.Vector g) 그래픽 레이어에 객체를 추가(추후 오픈 예정)

Parameters

g : 그래픽 객체

void addMapToolButton(String type) 맵툴바에 특정 기능을 추가

Parameters

type : 기능명

- init : 초기화
- zoomin : 확대
- zoomout : 축소
- zoominbox : 영역 확대
- zoomoutbox : 영역 축소
- pan : 이동
- prev : 이전 화면
- next : 다음 화면
- info : 정보 조회

- fullext : 전체 보기
- caldist : 거리 측정
- calarea : 면적 측정

void addMarker(OpenLayers.Marker marker) 지도 마커 레이어에 마커를 추가

Parameters

marker : 추가할 마커 객체

void addVWORLDControl(String type) 지도의 구성요소를 추가해 표출

(ex. zoomBar¦inexMap¦layerSwitch)

Parameters

type : 추가할 컨트롤명

- zoomBar : 줌바
- indexMap : 미니맵
- layerSwitch : 레이어 변경폼

void calcArea() 면적 측정을 시작

void calcDistance() 거리 측정을 시작

void clear() 지도의 측정결과/팝업/마커/그래픽 객체를 모두 삭제

void clearMarkers() 지도 마커 레이어에 마커를 모두 지움

void fullExtent() 지도를 최대 영역으로 축소

OpenLayers.Bounds getBounds() 현재 지도의 경계(boundary) 정보를 반환

Returns

경계 값 객체

Number getCenterXY() 현재 지도의 중심좌표를 반환

Returns

cx, cy로 구성된 중심좌표

- 사용법 : getCenterXY().cx, getCenterXY().cy

OpenLayers.Layer getLayerByName(String name) 지도의 레이어중 이름에 해당하는 레이어를 가져옴

Parameters

name : 레이어 이름

Returns

레이어 객체

OpenLayers.Marker getMarker(Number index) index번째 특정 마커를 반환

Parameters

index : 마커 순서

Returns

마커 객체

Number getMarkerCount() 지도 마커 개수를 반환

Returns

마커 개수

Number getMarkerSize(Number index) index번째 특정 마커 크기를 반환

Parameters

index : 마커 순서

Returns

w, h로 구성된 크기 객체

- 사용법: getMarkerSize().w, getMarkerSize().h

Number getMaxLevel() 최대 줌레벨을 반환

Returns

최대 줌레벨

Number getMinLevel() 최소 줌레벨을 반환

Returns

최소 줌레벨

OpenLayers.Layer getThemeLayerByName(String name) 지도의 WMS 레이어 중 이름에 해당하는 레이어를 가져옴

Parameters

name: 가져올 레이어 이름

Returns

레이어 객체

OpenLayers.Bounds getTransformBounds(OpenLayers.Bounds bounds) WGS84 좌표계에서 구글좌표계로 변환된 bounds 객체를 반환

Parameters

bounds: 변환할 bounds 객체

Returns

변환된 bounds 객체

Number getTransformXY(Number x, Number y, String inProj, String outProj) 입력 좌표(x, y) 값의 좌표계를 inProj에서 outProj형태로 바꿔 반환

Parameters
x: x좌표
y: y좌표
inProj: 현재의 좌표계
outProj: 변환할 좌표계

Returns
x, y로 구성된 변환된 좌표
- 사용법: getTransformXY().x, getTransformXY().y

Number getZoomLevel() 현재 지도의 줌레벨을 반환

Returns
현재 지도의 줌레벨

Number getZoominRatio() zoomInRatio()할 경우 줌인 비율을 반환

Returns
줌인 비율

---

void hideAllThemeLayer() 모든 WMS 레이어를 보이지 않도록 설정

---

void hideThemeLayer(String title) WMS 레이어를 보이지 않도록 설정

Parameters
title: 숨길 WMS 레이어명

---

void infoOn() 지도의 정보 검색을 시작

---

void init() 지도의 최근 기능들의 상태를 모두 해제. 디폴트 모드로 돌아감(휠줌인/휠줌아웃/이동)

void initAll() 지도의 최근 기능 해제 및 측정 결과/마커/팝업/그래픽 객체를 모두 삭제

void initMeasurement() 측정도구를 초기화

Boolean isEventExist(OpenLayers.Map eventName, Function func) 지도에 해당 이벤트가 있으면 true, 없으면 false를 반환

Parameters

eventName: OpenLayers.Map 이벤트

- preaddlayer : 레이어 추가 전 발생하는 이벤트
- preremovelayer : 레이어 제거 전 발생하는 이벤트
- removelayer : 레이어 제거 시 발생하는 이벤트
- changelayer : 레이어 이름 변경 시 발생하는 이벤트
- movestart : 지도 이동 시작 시 발생하는 이벤트
- move : 지도 이동 시 발생하는 이벤트
- moveend : 지도 이동 종료 시 발생하는 이벤트
- zoomend : zoom 종료 시 발생하는 이벤트
- mouseover : 지도 위에 마우스가 올라갔을 때 발생하는 이벤트
- mouseout : 지도 밖으로 마우스가 나갔을 때 발생하는 이벤트
- mousemove : 마우스가 이동할 때 발생하는 이벤트
- changebaselayer : 기본레이어가 변경될 때 발생하는 이벤트

func: 존재를 확인할 함수

Returns

이벤트 존재 여부(true/false)

void mapRefresh() 지도의 모든 레이어를 새로고침

---

void nextMap() 지도의 영역이 바뀌었을 때 다음 영역으로 이동

---

void panXy(Number mx, Number my) 지도를 지정된 mx, my 값만큼 중심좌표를 이동

Parameters

mx: 이동할 x좌표,

my: 이동할 y좌표

---

void prevMap() 지도의 영역이 바뀌었을 때 이전영역으로 이동

---

void redrawGraphics() 그래픽 객체를 모두 다시 그림(추후 오픈 예정)

---

void removeEvent(OpenLayers.Map eventName, Function func) 지도에 이벤트를 제거

Parameters

eventName: OpenLayers.Map 이벤트

- preaddlayer : 레이어 추가 전 발생하는 이벤트
- preremovelayer : 레이어 제거 전 발생하는 이벤트
- removelayer : 레이어 제거 시 발생하는 이벤트
- changelayer : 레이어 이름 변경 시 발생하는 이벤트
- movestart : 지도 이동 시작 시 발생하는 이벤트
- move : 지도 이동 시 발생하는 이벤트
- moveend : 지도 이동 종료 시 발생하는 이벤트
- zoomend : zoom 종료 시 발생하는 이벤트
- mouseover : 지도 위에 마우스가 올라갔을 때 발생하는 이벤트
- mouseout : 지도 밖으로 마우스가 나갔을 때 발생하는 이벤트
- mousemove : 마우스가 이동할 때 발생하는 이벤트

- changebaselayer : 기본 레이어가 변경될 때 발생하는 이벤트

func : 제거할 함수

---

void setBounds(OpenLayers.Bounds bounds) 현재 지도의 경계(boundary) 정보를 설정(영역 이동 zoomToExtent과 동일)

Parameters

bounds : 경계값 객체

---

void setCenterAndZoom(Number cx, Number cy, Number zoom) 해당 좌표와 줌레벨로 지도화면을 이동(확대/축소)

Parameters

cx: 중심 x좌표

cy: 중심 y좌표

zoom: 줌레벨 9~18

---

void setCenterXY(Number cx, Number cy) 동일 줌레벨에서 화면 중심좌표만 이동되어 표출

Parameters

cx: 중심 x좌표

cy: 중심 y좌표

---

void setControlsType(ControlParams params) 각 컨트롤의 위치 및 타입, 방향 등을 설정하고 다시 그림

Parameters

params: 파라미터

- zoomBarPosition: 줌바위치. left / right
- simpleMap : 버튼 컨트롤들을 제거한 단순지도. true/false
- mapToolDirection : 맵툴 전개방향. horizontal/vertical
- mapToolPosition : 맵툴 위치. right-top/right-bottom/left-top/left-bottom

void setIndexMapPosition(String pos) 인덱스창(OverviewMap)의 위치를 설정

Parameters
pos: 위치 지정. right-top/right-bottom/left-top/left-bottom

void setMapToolDirection(String type) 맵툴바의 전개 방향(수직/수평)을 설정

Parameters
type: 전개 방향. vertical/horizontal

void setMapToolPosition(String pos) 맵툴바의 위치를 설정

Parameters
pos : 맵툴 위치. right-top/right-bottom/left-top/left-bottom

void setMarkerOrder(Marker pMarker, String type) 마커의 순서를 재지정

Parameters
pMarker: (Marker) 순서를 변경할 마커객체
type: 순서조정값. front, back, bottom, top
- front / back은 한칸 위/한칸 아래로 순서가 재조정되며
- bottom / top은 최상단/최하단으로의 재조정입니다.

void setShowZoomConfig(Function func) 줌비율 설정 함수를 지정(추후 오픈 예정)

Parameters
func: 줌비율을 변경하는 이벤트 발생 시 동작하는 함수

void setZoomBarPosition(String pos) 내비게이션(PanZoomBar) 위치를 설정

Parameters
pos: 위치정보. left/right

void setZoomLevel(Number zoom) 현재 보이는 화면중심을 기준으로 줌레벨만 변경되어 지도화면이 확대/축소되어 표출

Parameters

zoom: 줌 레벨 9~18

`void setZoominRatio(Number zoomrate) zoomInRatio()` 줌인 비율을 설정

Parameters

zoomrate: 줌 비율. 기본값은 1

`void showThemeLayer(String title, LayerParams params)` WMS 레이어를 추가

Additional information

추가되는 레이어는 레이어 명칭 앞에 vworldCategory.theme에 해당하는 접두어를 가짐

WMS 레이어 목록(layer 파라미터값)

지적도 : LP_PA_CBND_BUBUN,LP_PA_CBND_BONBUN

도시지역 : LT_C_UQ111

관리지역 : LT_C_UQ112

농림지역 : LT_C_UQ113

자연환경보전지역 : LT_C_UQ114

경관지구 : LT_C_UQ121

미관지구 : LT_C_UQ122

고도지구 : LT_C_UQ123

방화지구 : LT_C_UQ124

방재지구 : LT_C_UQ125

보존지구 : LT_C_UQ126

시설보호지구 : LT_C_UQ127

취락지구 : LT_C_UQ128

개발진흥지구 : LT_C_UQ129

특정용도제한지구 : LT_C_UQ130

국토계획구역 : LT_C_UQ141

*사용예) map.showThemeLayer('도시지역', {layers:'LT_C_UQ111'});

Parameters

title : 추가할 주제도 이름

params : 파라미터

- layers : 추가할 레이어ID

- styles : 스타일 집합

ex) strokeColor : (16진수 RGB 컬러)선 색상

strokeOpacity : (0~1)선 투명도

strokeWidth : 선 굵기
fillColor : 채움색
fillOpacity : 채움 투명도

void zoomBoxIn() 영역을 지정해 지도를 확대

void zoomBoxOut() 영역을 지정해 지도를 축소

void zoomIn() 줌레벨을 줌인 비율에 따라 단계를 올려 지도를 확대

void zoomOut() 줌레벨을 줌인 비율에 따라 단계를 내려 지도를 축소

void zoomToAuto(OpenLayers.Bounds bounds, Number zoom, boolean closest) 지정한 바운더리(영역)가 보이지 않을 경우 자동으로 보이는 레벨로 현재 화면 영역을 축소하거나/확대

Parameters

bounds: 화면에 보이고 싶은 영역
zoom: 희망하는 줌레벨
closest: 비슷한 줌 레벨중 차이가 최소인 줌레벨을 한 번 더 검증하는 로직 수행 여부

Marker

GroupMarker: GroupMarker 클래스

void GroupMarker(String GroupName) GroupMarker 생성자

Parameters

GroupName: 그룹명

Marker addMarker(String groupName, Number mx, Number my, String title, String desc, String imgUrl, String proj) 마커의 그룹명, 마커의 좌표(mx, my), 제목, 설명, 이미지경로(optional), 좌표계(OpenLayers.Projection값, optional)를 설정

Parameters

groupName: 그룹명

mx: x좌표

my: y좌표

title 마커이름

desc 마커설명

imgUrl 심볼이미지

proj 좌표계.EPSG:900913을 권장합니다

Returns

마커객체

Array getGroup(String GroupName) 해당 그룹명 내의 마커리스트 조회

Parameters

GroupName: 그룹명

Returns

해당 그룹 내에 속한 마커 목록

Number getGroupIndex(String GroupName) 그룹 인덱스(레이어 레벨) 조회

Parameters

GroupName: 그룹명

Returns

인덱스

Array getGroupNameList() 생성된 전체 그룹명 조회

Returns

생성된 그룹명 리스트

---

void hideGroup(String GroupName) 해당 그룹 내의 마커 숨기기

Parameters
GroupName: 그룹명

void hideGroup() 생성된 모든 마커 숨기기

void moveGroup(OpenLayers.LonLat LonLat, String GroupName) 특정 지점을 중심으로 그룹 내의 마커를 이동

Parameters
LonLat: 이동할 지점의 LonLat
GroupName: 이동할 그룹명

void removeGroup(String GroupName) 해당 그룹명 내의 마커 및 그룹을 삭제

Parameters
GroupName: 그룹명
Returns

void removeMarker(String MarkerID) 생성된 전체 마커에서 해당 ID의 마커를 삭제

Parameters
MarkerID: 마커ID

void setGroupIndex(String GroupName, Number Index) 그룹 인덱스(레이어 레벨) 설정

Parameters
GroupName: 그룹명
Index : 설정 인덱스

void showGroup() 생성된 모든 마커 보이기

void showGroup(String GroupName) 해당 그룹 내의 마커 보이기

Parameters

GroupName: 그룹명

Marker: 마커 클래스

void hide() 마커를 숨김

void initialize(Number mx, Number my, String title, String desc, String imgUrl, OpenLayers.Projection proj) 마커의 초깃값을 설정

Parameters

mx: x좌표

my: y좌표

title: 마커의 이름

desc: 마커의 설명

imgUrl: 마커의 심볼이미지

proj: 좌표계.EPSG:900913을 권장합니다

void setPosition(OpenLayers.LonLat lonlat) 마커의 경위도 좌표를 설정

Parameters

lonlat : 좌표정보(OpenLayers.LonLatClass를 이용해 생성합니다.)

void setZindex(Number zi) 마커의 z-Index 값을 설정

Parameters

zi: 표현 우선순위

void show() 마커를 보여줌

Vector

Circle: Circle(원 입력) 클래스

void Circle(Point origin, Number radius, StrylOptions style) Circle 클래스의 생성자

Parameters

origin: RegularPolygon의 중심점

radius: 반지름

style: 스타일 옵션 - strokeColor : (16진수 RGB 컬러) 선색

fillColor: (16진수 RGB 컬러) 면색

strokeOpacity: (0~1의 실수) 선색 투명도

fillOpacity: (0~1의 실수) 면색 투명도

strokeWidth: 선 굵기

Number getArea() 원의 면적 조회

Returns

(실수) 원의 면적

Boundary getBounds() 해당 원의 Boundary 영역을 반환

Returns

left, top, right, bottom

String getColor() 원의 외곽선 색상 조회

Returns

16진수 RGB 컬러

Vector getFeatureById(String id) 정다각형의 ID를 이용해 정다각형 객체를 반환

Parameters

id: 반환될 Feature ID

Returns

정다각형 객체

`String getFillColor()` 원의 내부 채움 색상 조회

Returns

16진수 RGB 컬러

`Number getFillOpacity()` 원의 내부 채움 투명도 조회

Returns

(0~1 실수) 면색 투명도

`Number getOpacity()` 원의 외곽선 투명도 조회

Returns

(0~1 실수) 선색 투명도

`Point getOrigin()` 해당 원의 중심점을 조회

Returns

x: x좌표 , y: y좌표

`Number getPerimeter()` 원의 둘레 조회

Returns

(실수) 원의 둘레

`Number getRadius()` 원의 반경을 조회

Returns

(정수) 반지름

`String getStyle()` 원의 선 스타일 조회

Additional information

dot | dash | dashdot | longdash | longdashdot | solid 의 6가지 형태가 있음

Returns

dot | dash | dashdot | longdash | longdashdot | solid

`Number getWeight()` 원의 외곽선 굵기 조회

Returns

(정수) 선 굵기

`void removeFeatures(Vector Circle)` 레이어에서 해당 원을 삭제

Parameters

Circle: (Vector) 정다각형 객체

`void setColor(Number color)` 원의 외곽선 색상 설정

Parameters

color: (16진수 RGB 컬러)

`void setFillColor(Number color)` 원의 내부 채움 색상 설정

Parameters

color: (16진수 RGB 컬리)

`void setFillOpacity(Number opacity)` 원의 내부 채움 투명도 설정

Parameters

opacity: (0~1 실수) 면색 투명도

`Number setOpacity()` 원의 외곽선 투명도 설정

Returns

(0~1 실수) 선색 투명도

`void setOrigin(Point center)` 해당원의 중심점을 설정

Parameters

center :

x - x좌표 , y - y좌표

`void setRadius(Number radius)` 해당 원의 반경을 설정

Parameters
radius: (정수) 반지름

`void setStyle(String style)` 원의 선 스타일 설정

Additional information
dot | dash | dashdot | longdash | longdashdot | solid의 6가지 형태가 있음

Parameters
style : dot | dash | dashdot | longdash | longdashdot | solid

`void setWeight(Number weight)` 원의 외곽선 굵기 설정

Parameters
weight: (정수) 선 굵기

Point: point 클래스

`OpenLayers.Geometry.Point copy()` 포인트를 복사

Returns
복사된 Point객체

`Number getDistance(OpenLayers.Geometry.Point pt)` 입력된 포인트와의 거리를 반환

Parameters
거리를 계산할 포인트 객체

Returns
거리

`String getNote()` 포인트의 라벨 정보를 반환

Returns
라벨 정보

Number getX() 포인트의 x 좌표를 반환

Returns

x좌표

Number getY() 포인트의 y 좌표를 반환

Returns

y좌표

void initialize(Number x, Number y, Option opts) 포인트를 좌표와 옵션(색상, 라벨 등) 값으로 초기화

Parameters

x: x좌표

y: y좌표

opts: 옵션

- fid: feature id

void set(Number x, Number y) 포인트 좌표를 설정

Parameters

x: x 좌표

y: y 좌표

void setNote(String note) 포인트의 라벨 정보를 설정

Parameters

note: 라벨 정보

void setX(Number x) 포인트의 x 좌표를 설정

Parameters

x: x좌표

void setY(Number y) 포인트의 y 좌표를 설정

Parameters

y: y좌표

Polygon: Polygon 클래스

void Polygon(OpenLayers.Geometry.Point points, StyleOptions opts) Polygon 객체를 생성하는 생성자

Parameters

points: 폴리곤을 구성할 Point의 리스트

opts: 스타일 옵션

strokeColor: (16진수 RGB 컬러) 선색

fillColor: (16진수 RGB 컬러) 면색

strokeOpacity: (0~1의 실수) 선색 투명도

fillOpacity: (0~1의 실수) 면색 투명도

strokeWidth: 선 굵기

void addNewPoint(OpenLayers.Geometry.Point point) 폴리곤의 하나의 꼭지점을 추가

Parameters

point: (OpenLayers.Geometry.Point) 폴리곤에 추가될 포인트 객체

Boundary getBounds() 해당 폴리곤의 Boundary 영역을 반환

Returns

left, top, right, bottom

Vector getFeatureById(String id) 다각형의 ID를 이용해 다각형 객체를 반환

Parameters

id: 반환될 Feature ID

Returns

다각형 객체(Polygon)

Number getFillOpacity() 폴리곤의 내부 채움색의 투명도를 조회

Returns

(0~1 실수) 면색 투명도

Number getOpacity() 폴리곤의 외곽선의 투명도를 조회

Returns

(0~1 실수) 선색 투명도

Number getPolygonColor() 폴리곤의 내부 채움색을 조회

Returns

(16진수 RGB 컬러)

Number getPolygonLineColor() 폴리곤의 외곽선의 색을 조회

Returns

(16진수 RGB 컬러)

String getStyle() 폴리곤의 외곽선의 스타일을 조회

Additional information

dot | dash | dashdot | longdash | longdashdot | solid의 6가지 형태를 지님

Returns

dot | dash | dashdot | longdash | longdashdot | solid

void getWeight() 폴리곤의 외곽선의 굵기를 반환

Returns

(정수) 선 굵기

void removeFeatures(Vector Polygon) 레이어에서 다각형을 삭제

Parameters

Polygon: (Vecotr) 다각형 객체

void setFillOpacity(Number opacity) 폴리곤의 내부 채움색의 투명도를 설정

Parameters

opacity: (0~1 실수) 면색 투명도

void setOpacity(Number opacity) 폴리곤의 외곽선의 투명도를 설정

Parameters

opacity: (0~1 실수) 선색 투명도

void setPolygonColor(Number color) 폴리곤의 내부 채움색을 설정

Parameters

color: (16진수 RGB 컬러)

void setPolygonLineColor(Number color) 폴리곤의 외곽선의 색을 설정

Parameters

color: (16진수 RGB 컬러)

void setStyle(String style) 폴리곤의 외곽선의 스타일을 설정

Additional information

dot | dash | dashdot | longdash | longdashdot | solid의 6가지 형태를 지정 가능

Parameters

style :

dot | dash | dashdot | longdash | longdashdot | solid

void setWeight(Number weight) 폴리곤의 외곽선의 선 굵기를 설정

Parameters

weight: (정수) 선 굵기

Polyline: Polyline 클래스

`void addNewPoint(OpenLayers.Geometry.Point pt)` 선에 포인트를 추가

Parameters

pt: 추가할 포인트 객체

`RGB getColor()` 선의 색상을 반환

Returns

(16진수 RGB컬러)색상 - ex) #FF0000

`OpenLayers.Bounds getPolyBounds()` 선을 포함하는 가장 작은 사각형 영역을 반환

Returns

영역 객체

`String getWeight()` 선의 굵기를 반환

Returns

굵기값

`void initialize(List ptlist, StyleOptions opts)` 선을 구성하는 점과 색상, 굵기 등의 옵션으로 초기화

Parameters

ptlist: OpenLayers.Geometry.Point의 리스트

opts: 스타일옵션

- strokeColor: (16진수 RGB 컬러) 선 색상
- strokeOpacity: (0~1) 선 투명도
- strokeWidth: 선 굵기

`void setColor(RGB color)` 선의 색상을 지정

Parameters

(16진수 RGB컬러)색상 - ex) #FF0000

```
void setWeight(String weigth) 선의 굵기를 지정
```

Parameters

굵기값

3D지도 API

주요 3D 지도 API 목록

API 대분류	세부 분류	설명
Balloon Control	SOPHtmlBalloon	SOPBalloon기능을 확장해 HTML 태그를 풍선 도움말 위에 표현 할 수 있는 기능이 정의된 클래스
Camera Control	SOPCamera	카메라 제어 기능으로 구성된 클래스로 카메라 조작 및 정보 반환 기능이 정의돼 있음
Control	SOPControl	마우스와 키보드에 대한 좌표 반환 및 키 설정 등과 같은 기능이 정의된 클래스
	SOPNavigationControl	지도 화면에 표현되는 지도 컨트롤러에 대한 기능이 정의된 클래스
Layer Control	SOPLayer	개별 Layer에 대한 제어 기능으로 구성된 클래스로 레이어의 객체 추가, 삭제, 편집 등의 기능이 정의돼 있음
	SOPLayerList	개별 Layer를 관리하는 클래스로 Layer의 추가, 삭제, 및 반환 기능 정의
MapControl	SOPMap	지도 서비스에 대한 서버 접속, 환경 파일 다운로드와 같은 기능이 정의된 클래스
Plugin	SOPPlugin	오픈API 사용자가 플러그인에 접근할 수 있는 기능을 제공하는 클래스
Vector	SOPColor	색상 ARGB 값에 대한 구조체 역할을 하는 클래스
	SOPVec2	2차원 좌표 X, Y에 대한 구조체 역할을 하는 클래스
	SOPVec3	3차원 좌표 위도, 경도, 고도에 대한 구조체 역할을 하는 클래스
	SOPVec3Array	SOPVec3에 대한 Array 기능을 제공하는 클래스
기타	WMS/WFS	WMS/WFS관련 API는 SOPLayerList와 SOPLayerClass의 API 목록을 참고

Balloon Control

SOPHtmlBalloon: SOPBalloon 기능을 확장해 HTML 태그를 풍선 도움말 위에 표현할 수 있는 기능이 정의된 클래스. SOPBalloon의 모든 함수를 사용할 수 있음

String getHtmlString() Balloon 안에 표현될 내용의 HTML 태그를 반환

Returns
Balloon 안에 표현될 내용의 HTML 태그

setHtmlString() Balloon 안에 표현될 내용의 HTML 태그를 설정

Parameters
html: Balloon 안에 표현될 내용의 HTML 태그

Camera Control

SOPCamerea: 카메라 제어 기능으로 구성된 클래스로 카메라 조작 및 정보 반환 기능이 정의돼 있음

Double getAltitude() 카메라의 고도을 반환(좌표반환/설정. 소숫점 절삭 없음)

Returns
고도

SOPVec3 getCenterPoint() 카메라의 중심점을 반환(화면 중심점)

Returns
중심점 좌표

Double getDirect() 카메라의 방향(회전값)을 반환

Returns
방향값(단위: 각도 / 범위 : 0 ~ 359/ 소수점 첫째 자리 미만 절삭/ 시계 방향으로 회전)

Double getDistance() 카메라중심점에서 카메라까지의 거리값 반환 (거리반환/설정. 소수점 절삭 없음.)

Returns

거리

Double getFov() 카메라의 fov를 반환

Returns

fov(단위: 각도 / 범위 : 45 ~ 90 ~ 120 / 소수점 첫째 자리 미만 절삭)

Double getLimitAltitude() 설정된 한계 고도 값을 반환

Returns

고도값

SOPVec3 getLocation() 카메라의 현재 위치를 반환

Returns

현재 위치좌표

Number getMapZoomLevel() 현재 지도의 줌레벨을 반환

Returns

LOD레벨

Double getMovement() 이동하기 전 위치에서 이동한 후 위치까지의 거리를 완료 명령이 발생하기 전까지 산출함

Returns

이동량(기본값 : 0)

Boolean getMovementMode() 카메라 이동량 산출 모드 상태를 반환

Returns

True - 모드 시작 (0m부터)

False - 모드 종료 (산출량 유지)

Double getTilt() 카메라의 시야각을 반환

Returns

시야각(단위: 각도 / 범위 : 0(수평) ~ 90(수직) / 소수점 첫째 자리 미만 절삭)

String getType() SOPCamera를 반환

Returns

인터페이스 타입

void move(SOPVec3 location, Double tilt, Double direct, Number speed) 카메라의 좌표, 수직각, 방향(회전값), 속도값을 입력해 좌표이동함. 끝났을 때 이벤트 반환

Parameters

location: 좌표

tilt: 수직각

direct: 방향(회전값)

speed: 속도값(범위 : 1 ~ 10 / 숫자가 클수록 빠르게 이동)

void moveLonLat(Double longitude, Double latitude) 2차원 좌표(경도, 위도)를 입력해 카메라를 수평이동함. 끝났을 때 이벤트 반환. (현재 카메라 고도값 유지)

Parameters

longitude: 경도

latitude: 위도

void moveLonLatAlt(Double longitude, Double latitude, Double altitude) 카메라의 좌표(경도, 위도, 고도)를 입력해 좌표이동함. 끝났을 때 이벤트 반환

Parameters

longitude : 경도

latitude : 위도

altitude : 고도

void moveLonLatAltOval(Double longitude, Double latitude, Double altitude, short speed)
카메라의 좌표(경도, 위도, 고도)를 입력해 좌표이동함. 끝났을 때 이벤트 반환.

Parameters

longitude: 위도

latitude: 경도

altitude: 고도

speed: 속도(범위: 1 ~ 10)

void moveLonLatOval(Double longitude, Double latitude, short speed) 2차원 좌표(경도, 위도)를 입력해 카메라를 수평이동함. 끝났을 때 이벤트 반환. (현재 카메라 고도값 유지)

Parameters

longitude: 위도

latitude: 경도

speed: 속도(범위: 1 ~ 10)

void moveOval(SOPVec3 coodinate, Double tilt, Double direct, short speed) 카메라의 좌표, 수직각, 방향(회전값), 속도값을 입력해 좌표이동함. 끝났을 때 이벤트 반환

Parameters

coodinate: 좌표

tilt: 수직각

direct: 방향

speed: 속도(범위: 1 ~ 10)

void moveOvalDist(SOPVec3 coordinate, Double tilt, Double direct, Double dist, short speed) 카메라의 좌표, 수직각, 방향(회전값), 카메라의 높이, 속도값을 입력해 좌표이동함. 끝났을 때 이벤트 반환

Parameters

coodinate: 좌표

tilt: 수직각

direct: 방향

speed: 속도(범위: 1 ~ 10)

void reset() 플러그인에 저장된 기본 카메라 위치로 이동해 지구본 전체가 보이며, 아프리카 나이지리아 부근(경위도 0,0)을 가리킴

void setAltitude(Double alttitude) 카메라와 지형과의 거리를 설정함.

Parameters
alttitude: 고도(고도는 좌푯값으로 반환. 소수점 절삭 없음.)

void setAnimationSpeed(Double speed) 지정한 위치로 이동 시 자동 애니메이션에 대한 카메라 속도를 설정.

Parameters
speed: 속도값(1 ~ 10 까지 소수점 첫째 자리 미만 절삭)

void setDirect(Double direct) 카메라의 방향을 설정

Parameters
direct: 각도(범위: 0 ~ 359/ 소수점 첫째 자리 미만 절삭/ 시계방향으로 회전)

void setDistance(Double distance) 카메라 중심점에서 카메라까지의 거리값 설정

Parameters
distance: 거리(소수점 절삭 없음.)

void setFov(Double fov) 카메라의 fov를 설정

Parameters
단위: 각도 / 범위: 45 ~ 90 ~ 120 / 소수점 첫째 자리 미만 절삭

void setLimitAltitude(Double alttitude) 카메라가 일정 고도 이하로 내려가지 않도록 설정

Parameters
alttitude: 고도(좌표반환/설정. 소숫점 절삭 없음. 0이하 값 입력 시 무시)
- 기본값 1.0

void setMoveMode(boolean flag) 카메라의 인칭을 변경

Parameters

flag

- true: 1인칭
- false: 3인칭

void setTilt(Double tilt) 카메라의 각도를 설정

Parameters

tilt: 수직각(단위: 각도 / 범위 : 0(수평) ~ 90(수직) / 소수점 첫째 자리 미만 절삭)

void viewNorth() 카메라를 북쪽으로 세팅direct값이 0으로 설정

Control

SOPControl: 마우스와 키보드에 대한 좌표 반환 및 키설정 등과 같은 기능이 정의된 클래스

Double getMouseWheelDelta() 마우스 휠로 고도를 조정할 때의 속도를 반환

Returns

기본값: 1

범위: 0.1 ~ 2.0

Boolean getMouseWheelMode() 마우스의 휠로 지도의 고도를 조절할 때 확대/축소의 방향을 반환

Returns

true: ↑ - 확대, ↓ - 축소

false: ↑ - 축소, ↓ - 확대

Boolean getkeyControlEnabled() 키보드 컨트롤의 가능 여부를 반환(Flag: false - 컨트롤 불가, true - 컨트롤 가능)

Returns
가능 여부

`void setKeyControlEnabled(boolean flag)` 키보드 컨트롤의 가능 여부를 설정(기본값: true)

Parameters
flag: 키보드 컨트롤의 가능 여부

`void setMouseWheelDelta(Double speed)` 마우스 휠로 고도를 조정할 때의 속도를 설정

Parameters
speed : 기본값 : 1, 범위 0.1 ~ 2.0

`void setMouseWheelMode(Boolean wheel)` 마우스의 휠로 지도의 고도를 조절할 때 확대/축소의 방향을 설정

Parameters
wheel:
true: ↑ - 확대, ↓ - 축소
false: ↑ - 축소, ↓ - 확대

SOPNavigationControl: 지도 화면에 표현되는 지도 컨트롤러에 대한 기능이 정의된 클래스

`Double getControlSpeed()` Navigation Controller의 지도 조작 키를 눌렀을 때 해당 키에 매핑된 동작이 수행되는 속도를 반환

Returns
범위: 1 ~ 10.0, 기본값 5.0

`SOPNavigationEnum getPosition()` 지도 화면에 표시된 Navigation Controller의 위치 반환

Returns
SOPNavigationEnum.SOPNAVIGATION_LT,
SOPNavigationEnum.SOPNAVIGATION_RT(기본값),
SOPNavigationEnum.SOPNAVIGATION_LB,
SOPNavigationEnum.SOPNAVIGATION_RB

String getType() SOPNavigationControl을 반환

Returns

인터페이스 타입

void setControlSpeed(Double Speed) Navigation Controller의 지도 조작 키를 눌렀을 때 해당 키에 매핑된 동작이 수행되는 속도 설정

Parameters

speed: 기본값 5.0(범위: 1 ~ 10.0)

void setPosition(SOPNavigationEnum position) Navigation Controller을 지도 화면에 표시할 위치 지정

Parameters

position: 표시할 위치
SOPNavigationEnum.SOPNAVIGATION_LT,
SOPNavigationEnum.SOPNAVIGATION_RT(기본값),
SOPNavigationEnum.SOPNAVIGATION_LB,
SOPNavigationEnum.SOPNAVIGATION_RB

Layer Control

SOPLayer: 개별 Layer에 대한 제어 기능으로 구성된 클래스로 레이어의 객체 추가, 삭제, 편집 등의 기능이 정의돼 있음

void clearWMSCashe() 호출 시점까지 적용돼 있던 WMS 데이터를 삭제. 지금까지 그렸던 데이터는 리셋되고, 새로운 요청으로 데이터를 불러옴

Boolean getBBoxOrder() 요청할 BBox의 순서를 반환

Returns

true - 위도, 경도(기본값)
false- 경도, 위도

Double getMaxDistance() 서비스되고 있는 레이어의 최대 가시 영역을 반환(소수점 둘째 자리까지 인식하고 그 뒷자리는 잘림)

Returns

최대가시영역

Double getMinDistance() 서비스되고 있는 레이어의 최소 가시 영역을 반환(최솟값 0이고 음수는 0으로 인식 / 소수점 둘째 자리까지 인식하고 그 뒷자리는 잘림)

Returns

최소가시영역

String getName() 레이어의 name을 반환

Returns

레이어명

SOPCommonEnum getSelectable() 서비스되고 있는 레이어의 선택 상태를 반환

Returns

SOPCommonEnum.SOPSELECTABLE_ON,
SOPcommonEnum.SOPSELECTABLE_OFF

String getType() SOPLayer를 반환

Returns

인터페이스 타입

SOPCommonEnum getVisible() 서비스되고 있는 레이어의 보임 상태를 반환

Returns

SOPCommonEnum.SOPVISIBLE_ON,
SOPcommonEnum.SOPVISIBLE_OFF

String getWMSRequestParam() 사용자가 setWMSRequestParam 함수를 통해 설정한 사용자 쿼리를 반환

`String getWMSVersion()` 요청 쿼리에 설정돼 있는 WMS 서버 버전을 반환

`String indexAtKey(Number index)` 인덱스에 해당하는 객체의 키값을 반환

Parameters

index: 객체의 색인

Returns

객체의 키값

`SOPObject indexAtObject(Number Index)` 인덱스에 해당하는 객체 반환

Parameters

index: 객체의 색인

Returns

3차원 객체

`SOPObject keyAtObject(String key)` 객체 키값으로 객체 반환

Parameters

key: 객체 키값

Returns

3차원 객체

`void removeAll()` 레이어의 모든 객체를 삭제

`void removeAtID(String ID)` 아이디에 해당하는 객체를 삭제

Parameters

ID: 객체의 ID

void removeAtIndex(Number index) index에 해당하는 객체를 삭제

Parameters

index: 객체의 색인

void removeAtObject(SOPObject object) 전달받은 객체를 레이어에서 삭제

Parameters

object - 3차원 객체

void setBBoxOrder(Boolean order) 요청할 BBox의 순서를 설정한다.

Parameters

order:

true - 위도,경도(기본값)

false- 경도,위도

void setConnectionWFS(String url, Number port, String reqQuery) WFS 서버에 접속

Parameters

url: WFS 서버의 url

port: WFS 서버의 port

reqQuery: context root. 해당 없을 경우 '/'만 입력

void setConnectionWMS(String url, Number port, String reqQuery) WMS 서버에 접속

Parameters

url: WMS 서버의 url

port: WMS 서버의 port

reqUrl: context root. 해당 없을 경우 '/'만 입력

void setFontStyle(String font, Number size, Number weight, SOPColor FontColor, SOPColor borderColor) WFS 포인트 객체의 표출 데이터에 대한 스타일을 적용

Parameters

font: 폰트명

size: 폰트 크기, 기본값 12
weight: 폰트 두께. 기본값 10, 최댓값 250
FontColor: 폰트 색상. 기본값 흰색
borderColor: 폰트 경계선 색상, 기본값 흰색

---

void setLayersWFS(String layers) WFS 서버에 요청할 레이어명을 설정

Parameters
layers: 요청할 레이어명. “,”로 구분된 문자열로 요청
예) SOPLayer.setLayerWFS(“layer,layer,layer,layer”)

---

void setLayersWMS(String layers) WMS 서버에 요청할 레이어명을 설정

Parameters
layers: 요청할 레이어명. “,”로 구분된 문자열로 요청
예) SOPLayer.setLayerWMS(“layer,layer,layer,layer”)

---

void setLevelWFS(Number level) WFS 데이터를 생성할 레벨을 설정

Parameters
level: 생성할 레벨

---

void setLevelWMS(Number level) WMS 데이터를 요청할 레벨을 설정

Parameters
level: 생성할 레벨

---

void setMaxDistance(Double maxDistance) 서비스되고 있는 레이어의 최대 가시 영역을 설정

Additional information
서비스된다라는 의미는 지도화면에 보이는 모든 구성요소를 말하고 서버에서 제공해주는 데이터(건물)에 대해서는 제공되는 레벨에 포함된 가시영역 범위 내에서 설정 가능하다(소수점 둘째 자리까지 인식하고 그 뒷자리는 잘림).
서버에서 제공하는 데이터의 경우 최대 한계 가시영역 이상으로 설정됐을 때 최대 한계 값으로 자동 설정

Parameters
maxDistance: 최대 가시 영역

void setMinDistance(Double minDistance) 서비스되고 있는 레이어의 최소 가시영역을 설정

Additional information

서비스된다라는 의미는 지도 화면에 보이는 모든 구성요소를 말하고 서버에서 제공해주는 데이터(건물)에 대해서는 제공되는 레벨에 포함된 가시영역 범위 내에서 설정 가능하다(최솟값 0이고 음수는 0으로 인식 / 소수점 둘째 자리까지 인식하고 그 뒷자리는 잘림).

Parameters

minDistance : 최소가시영역

---

void setRequestFeatureCount(Number count) 요청 한 번에 받아올 WFS 피처의 최대치를 설정

Parameters

count: 한번에 받아올 WFS 피처의 최대 개수

---

void setSelectable(SOPCommonEnum state) 서비스되고 있는 레이어의 선택 상태를 설정

Parameters

SOPCommonEnum.SOPSELECTABLE_ON, SOPcommonEnum.SOPSELECTABLE_OFF

---

void setStylesWMS(String styles) WMS 서버에 요청할 레이어에 적용할 스타일을 설정

Additional information

파라미터: layers ? 스타일을 적용할 레이어명. ","로 구분된 문자열로 요청

예) SOPLayer.setStyleWMS("layer,layer,layer,layer")

Parameters

layers: 스타일을 적용할 레이어명. ","로 구분된 문자열로 요청

예) SOPLayer.setStyleWMS("layer,layer,layer,layer")

---

void setTileSizeWMS(Number size) 받아올 데이터의 타일 크기를 설정

Parameters

size: 받아올 타일의 크기

---

void setVisible(SOPCommonEnum state) 서비스되고 있는 레이어를 보이거나 보이지 않도록 설정

Parameters

SOPCommonEnum.SOPVISIBLE_ON, SOPcommonEnum.SOPVISIBLE_OFF

void setWFSColor(SOPColor lineColor, Number width , SOPColor fillColor) WFS객체중 라인과 폴리곤의 색상과 굵기를 설정

Additional information

라인의 경우 lineColor와 width만 적용됨

폴리곤의 경우 모든 파라미터가 적용됨

SOPColor가 들어가야 하는 위치에는 라인 데이터일 경우에도 SOPColor 객체가 들어가야 함

Parameters

lineColor: 라인 객체의 라인과 폴리곤 객체의 폴리곤 테두리의 색상

width: 라인 객체의 라인과 폴리곤 객체의 폴리곤 테두리의 굵기

fillColor : 폴리곤 객체의 면 색상

Boolean setWFSPointName(String nameColumn) WFS 데이터 중 포인트 데이터에서 표출할 컬럼명을 설정

Additional information

예외 처리: SOPLayer.setWFSPropertyName(String property)에 설정되지 않은 컬럼명을 요청할 경우 false를 반환하며, script에서 처리하지 않을 경우 지도에 아무 표현도 하지 않음

Parameters

nameColumn: 표출할 컬럼명. 표출할 컬럼명은 SOPLayer.setWFSPropertyName(String property)에 설정된 컬럼 내에서 입력해야 함

Returns

표출명의 설정이 정상적이면 true, 비정상적일 경우 false

---

void setWFSPropertyName(String property) 데이터를 받아올 컬럼명을 설정

Parameters

property: 데이터를 받아올 컬럼명. 서버에 저장돼 있는 레이어의 컬럼 중에 특정 컬럼만 선별해서 요청. ","로 분류된 여러 컬럼을 설정할 수 있음

---

void setWFSSymbol(SOPSymbol symbom) WFS 포인트 데이터를 표현할 때 포인트 데이터에 맞는 아이콘을 설정. 1개의 레이어에 1개의 아이콘 패스를 설정할 수 있음

Additional information

예외: 포인트 아이콘을 보지 않도록 설정돼 있다면 아이콘 경로를 설정하더라도 지도에 표현되지 않음.

Parameters

symbom: 포인트 아이콘으로 사용할 SOPSymbol 객체

`void setWMSRequestParam(String requestParam)` WMS 요청 쿼리에 사용자 요청 쿼리를 추가

Additional information

WMS 서버를 커스터마이징해서 데이터 전송과 관계없는 요청 쿼리를 받고자 할 때 사용

파라미터 앞에 '&'를 붙이지 않으면 정상적으로 작동하지 않음

Parameters

requestParam: WMS 요청 파라미터

`void setWMSTransparent(Boolean status)` WMS 레이어의 투명도 적용 여부를 설정

Additional information

투명도가 적용되지 않으면 해당 레이어 아래에 있는 모든 데이터가 보이지 않게 설정됨

Parameters

status:

true: 투명도를 적용(기본값)

false: 투명도를 적용하지 않음.

`void setWMSVersion(String version)` 요청할 WMS 서버의 비전을 설정

Parameters

version: 요청할 WMS 서버의 버전

SOPLayerList: 개별 Layer를 관리하는 클래스로 Layer의 추가, 삭제, 및 반환 기능 정의

사용 가능한 레이어 목록

사용 가능한 레이어 종류	레이어 이름
건물	facility_build
교량	facility_bridge
주요시설 명칭	poi_base
도로 및 도로시설물 명칭	poi_road
국가 및 행정구역 명칭	poi_bound
도로(고속, 국도 등)	hybrid_road
국가 및 행정경계	hybrid_bound
가로수	bill_Tree

Number count() 레이어 리스트의 레이어 개수 반환

---

void createWFSLayer(String layername, Number type) 플러그인에 WFS 데이터를 그리기 위한 레이어를 생성. 데이터의 종류에 따라 다른 처리를 하므로 다른 레이어를 생성해줌

Parameters

layername: 레이어명

Number type : 데이터의 종류(0 - POI, 1 - POLYGON, 2 - LINE)

---

void createWMSLayer(String layername) 플러그인에 WMS 데이터를 그리기 위한 레이어를 생성

Parameters

layername: 레이어명

SOPLayer firstAtLayer() 첫 번째 노드의 레이어 객체를 반환

SOPCommonEnum getVisible(String name) 레이어 리스트에서 name에 해당하는 레이어의 Visible 상태를 반환

Parameters

String name

Returns

SOPCommonEnum.SOPVISIBLE_ON,

SOPcommonEnum.SOPVISIBLE_OFF

SOPLayer indexAtLayer(Number index) 인덱스에 해당하는 레이어 반환

Parameters

index: 최소- 0, 최대 - 마지막 노드의 index

`SOPLayer lastAtLayer()` 마지막 노드의 레이어 객체를 반환

`Number layerAtIndex(SOPLayer layer)` 레이어에 해당하는 인덱스 값 반환

Additional information

(index: 최소 - 0, 최대 - 마지막 노드의 index)

Parameters

SOPLayer layer

Returns

최소 - 0, 최대 - 마지막 노드의 index

`SOPLayer nameAtLayer(String name)` 레이어명에 해당하는 레이어 반환

Parameters

name: 레이어명

`void setVisible(String name, SOPCommonEnum state)` 레이어 리스트에서 name에 해당하는 레이어 Visible 상태 설정

Parameters

name: 레이어명

state: Visible 상태

(SOPCommonEnum.SOPVISIBLE_ON,

SOPcommonEnum.SOPVISIBLE_OFF)3.6 Map Control

SOPMap: 지도 서비스에 대한 서버 접속, 환경 파일 다운로드와 같은 기능이 정의된 클래스

`int DBFGetFieldCount(string filePath)` DBF 파일의 필드 총 개수 반환, SHP의 속성 매칭을 위해 필요

Parameters

dbfName: 지정할 DBF 파일명(전체 경로 확장자 제외)

Returns

DBF 파일의 필드 총 개수

string DBFGetFieldInfo(string filepath, int fieldIndex) 지정한 인덱스로 DBF 필드의 속성을 반환

Parameters

Filepath: 지정할 DBF 파일명(전체 경로 확장자 제외)

fieldIndex: 지정할 필드 인덱스 번호

Returns

dbf필드 속성

반환 형태: "필드 크기, 자릿수, 유니크 여부"

유니크 여부는 0, 1로 반환

---

string DBFGetFieldName(string filepath, int fieldIndex) 지정한 인덱스로 DBF 필드의 명칭을 반환

Parameters

Filepath: 지정할 DBF 파일명(전체 경로 확장자 제외)

fieldIndex: 지정할 필드 인덱스 번호

Returns

입력된 인덱스 번호에 대한 필드명

---

void MapRender() 3d지도의 렌더링을 갱신하는 함수

Additional information

실행 시 플러그인 내부에서 지도 데이터의 렌더링을 갱신.

객체의 입력/삭제 시 지도에 바로 그려지지 않는 경우에 사용.

※주의: 필요 이상으로 과다하게 사용할 경우 지도가 느려질 수 있다. 필요한 곳에 필요한 만큼만 호출한다.

---

void SetImportTextElement(int textField,int symField,string iconName,string fontName,int fontSize,boolean fontBold,SOPColor outlineColor) POINT 타입의 SHP 파일을 3D 지도에 매시업할 때 적용될 3D포인트 설정

Parameters

textField: DBF에서 라벨링할 필드 설정(-1인 경우 무시)

symField: DBF에서 심볼을 표현을 위한 필드 설정(-1인 경우 무시)

iconName: 아이콘의 절대경로

fontName: Text 표출 시 글꼴 설정

fontSize: Text 표출 시 크기 설정

fontBold: Text 표출 시 굵기 설정

fontOutLineColor: Text 표출 시 외각선 색상 설정

void addChild(SOPObject object, Number level) SOPObject를 지도화면에 추가

Additional information

(플러그인에서 생성한 사용자 레이어에 추가. 추가된 객체는 getUserLayer() 함수를 호출해 다시 뽑아낼 수 있음)

Parameters

object: 지도화면에 추가할 객체

level: 객체가 지도화면에 추가될 레벨. 내부적으로만 사용되며, 객체가 추가된 이후에는 레벨과 상관없이 지도에 표현됨.

---

void clearInputPoint() 라인, 폴리곤 생성, 고도 측정 등을 위해 입력된 포인트를 삭제

SOPVec2 convertProjection(int srcProjCode,SOPVec2 sorucePosition,int targetProjCode)

지정한 좌표계 코드(인덱스번호)와 좌표를 가지고 원하는 좌표로 변환

Parameters

srcProjCode: 원본 좌표의 좌표 코드(인덱스)

sourcePosition: 원본 좌표의 좌표 x,y 값

targetProjCode: 변환 좌표의 좌표 코드(인덱스)

Returns

변환된 x, y 좌표 값

Number getInputPointCount() 화면 입력점의 총 개수를 반환

Returns

화면 입력점의 총 개수

SOPVec3Array getInputPointList() 라인, 폴리곤 생성 등의 기능에서 입력된 포인트를 반환

Returns

3차원 좌표 배열

Boolean getMapRenderLock() 지도 화면 렌더링 Lock 상태 반환

Additional information

(true - 락온 / false - 락오프)

Returns

true - 락온

false - 락오프

---

boolean getPlaneMode() 현재 조회 중인 지도가 구형인지 평면형인지 반환

Returns

true: 평면형 지도

false: 구형 지도

SOPObject getSelectObject() setSelectObject 함수를 통해 색상이 표현된 객체를 반환

Returns

색상이 표현된 객체

Double getTerrHeight() 해당 위도와 경도의 지형 높이를 반환

Parameters

Double lon, Double lat

Returns

해당 위도와 경도의 지형 높이

String getType() SOPMap를 반환

Returns

SOPMap

Number getWorkMode() 마우스의 행위 모드를 반환

Returns

마우스의 모드

이동: 1

포인트입력: 20

라인 입력: 21

폴리곤 입력: 24

면적 측정: 80

거리 측정: 81
절대고도 측정: 83
상대고도 측정: 84
경관보기 지점 입력: 85

`boolean importNGI(string filePath, int projectionIndex)` ngi 포맷 데이터를 매시업하는 기능을 제공하는 함수

Parameters

filePath - NGI 파일을 열기 위한 절대경로(확장자 포함)
projectionIndex - NGI의 좌표계 코드 (20: GRS80 TM 중부, Y축 60만 기준)

Returns

불러오기 성공 여부 반환
true: 불러오기 성공
false: 불러오기 실패

`string importSHP(strng filePath,int layerType,string iconFolderPath,int keyFieldIndex,boolean usePolyZ,int projectionIndex)` SHP 파일을 매시업하기 위한 함수

Parameters

filePath: 불러올 SHP 파일(절대경로, 확장자 포함)
layerType: 생성할 레이어 타입 PLANE - 1, Line - 4, Point- 5
iconFolderPath: Point의 심볼에 사용될 아이콘이 포함된 폴더명
keyFieldIndex: 객체의 ID 필드 인덱스 지정
usePolyZ: SHP 의 높이값 참조 여부
projectionIndex: 대상 SHP 좌표계 코드 설정(SOPProjection 참조)

Returns

해당 shp의 파일명

`int isWeatherMode()` 현재 기상 모드의 상태를 반환

Returns

0 - 기상효과 없음
1 - 눈
2 - 비

Boolean mapReset() 현재 지도 상태를 모든 편집된 상태가 삭제되고, 지도 영역이 초기화

Returns

true - 접속 성공

false - 접속 실패

void setFog(SOPColor iFogColor, double dDensity) 안개효과를 변경

Parameters

iFogColor - 안개/구름/황사 같은 색상을 설정

dDensity - 시계 밀도 적용 0 < n < 200 범위에서 사용

void setImportColor(SOPColor color) 데이터를 매시업할 때 적용될 색상을 설정하는 기능을 제공

Parameters

Color: 적용할 색상

객체별로 적용하는 부분이 다름

- Point: 텍스트 색상
- Line: 라인의 색상
- Polygon: 채움색

void setImportLineElement(boolean lineClose,double lineWidth) 데이터를 매시업할 때 적용될 라인의 특성을 설정하는 기능을 제공

Parameters

lineClose - 라인의 닫힌 형태 처리(끝점과 첫점의 연결 여부 설정)

linewidth - 라인의 두께 설정

void setMapRenderLock(Boolean bLock) 지도 화면 렌더링 Lock 상태 설정

Parameters

bLock: true - 락온 / false - 락오프

void setPlaneModeToggle(boolean mode) 구형 지도와 평면형 지도를 전환. 평면형 지도 사용 시 SOPCameraClass를 통한 위치이동은 지원하지 않음

Parameters
  true: 평면형 지도
  false: 구형 지도

---

boolean setRainImg(string rainIconPath) 기상효과에 사용할 비이미지 설정

Additional information
  sImg - 로컬 또는 URL 이미지

Parameters
  rainIconPath - 로컬 또는 URL 이미지

Returns
  아이콘 적용 성공 여부
  true: 적용 성공
  false: 적용 실패

---

void setRenderMode(int mode) 건물 표현 모드를 설정

Parameters
  0 - 실사 모드
  1 - 프레임 보기 모드

---

void setSelectColor(SOPColor color) 선택된 객체를 표현할 색상을 설정

Parameters
  color: 표현할 색상

---

void setSelectObject(SOPObject object) 선택된 객체를 색상을 이용해 표현

Parameters
  object: 선택할 객체

---

boolean setSnowImg(string snowIconPath) 기상효과에 사용할 눈이미지 설정

Parameters
  snowIconPath - 로컬 또는 URL 이미지

Returns

아이콘 적용 성공 여부

true : 적용 성공

false : 적용 실패

---

void setWorkMode(SOPCommonEnum state) 마우스의 행위 모드를 설정

Parameters

state: 행위 모드

sop.cons.mouseState.SOPMOUSE_MOVEGRAB : 이동

sop.cons.mouseState.SOPMOUSE_INPUTPOINT : 포인트 입력

sop.cons.mouseState.SOPMOUSE_LINEString : 라인스트링 입력

sop.cons.mouseState.SOPMOUSE_POLYGON : 폴리곤 입력

sop.cons.mouseState.SOPMOUSE_ANAAREA : 면적 측정 모드

sop.cons.mouseState.SOPMOUSE_ANADISTANCE : 거리 측정 모드

sop.cons.mouseState.SOPMOUSE_ANAABSHEIGHT : 절대표고 측정 모드

sop.cons.mouseState.SOPMOUSE_ANARELHEIGHT : 상대표고 측정 모드

sop.cons.mouseState.SOPMOUSE_LANDSCAPE : 건물/도로 경관 보기

Boolean startWeather(int type,int size,int speed) 기상효과를 시작

Parameters

type - 기상 모드 설정 0: 눈, 1: 비

size - 사용될 효과의 크기 설정 0: 작음, 1: 중간, 2: 큼

speed - 낙하 속도 설정 0: 느림, 1: 중간, 2: 빠름

Returns

기상효과 기능 설정 성공 여부 반환

true : 설정 성공

false : 설정 실패

---

void stopWeather() 기상효과를 중지

Plugin

SOPPlugin : 오픈API 사용자가 플러그인에 접근할 수 있는 기능을 제공하는 클래스

`SOPBalloon createBalloon()` SOPBalloon을 생성해 반환

Returns

SOPBalloon 객체

`SOPColor createColor()` SOPColor를 생성해 반환

Returns

SOPColor 객체

`SOPFigure createFigure(string objectkey)` SOPFigure 객체를 생성

Parameters

objectKey: 객체 생성 시 유일키

Returns

생성된 도형

`SOPHtmlBalloon createHtmlBalloon()` SOPHtmlBalloon을 생성해 반환

Returns

SOPHtmlBalloon 객체

`SOPLineString createLineString(String objectid)` 아이디를 입력받아 SOPLineString 객체를 생성해 반환

Parameters

objectid: 생성할 SOPLineString 객체의 id

Returns

SOPLineString 객체

SOPLinkBalloon createLinkBalloon() SOPLinkBalloon을 생성해 반환

Returns

SOPLinkBalloon 객체

SOPModel createModel(String objectid) 아이디를 입력받아 SOPModel 객체를 생성해 반환

Parameters

objectid: 생성할 SOPModel 객체의 id

Returns

SOPModel 객체

SOPMultiObject createMultiObject(String objectid) 아이디를 입력받아 SOPMultiObject를 생성해 반환

Parameters

objectid: 생성할 SOPMultiObject 객체의 id

Returns

SOPMultiObject 객체

SOPPhotoOverlay createPhotoOverlay(String objectid) 아이디를 입력받아 SOPPhotoOverlay를 생성해 반환

Parameters

objectid: 생성할 SOPPhotoOverlay 객체의 id

Returns

SOPPhotoOverlay 객체

SOPPoint createPoint(String objectid) 아이디를 입력받아 SOPPoint 객체를 생성해 반환

Parameters

objectid: 생성할 SOPPoint 객체의 id

Returns

SOPPoint 객체

SOPPolygon createPolygon(String objectid) 아이디를 입력받아 SOPPolygon 객체를 생성해 반환

Parameters

objectid: 생성할 SOPPolygon 객체의 id

Returns

SOPPolygon 객체

SOPVec2 createVec2() SOPVec2를 생성해 반환

Returns

SOPVec2 객체

SOPVec3 createVec3() SOPVec3를 생성해 반환

Returns

SOPVec3 객체

SOPVec3Array createVec3Array() SOPVec3Array를 생성해 반환

Returns

SOPVec3Array 객체

---

void exportKmlFile(String objectid, String filePath, Boolean bKmz) 화면에 등록된 사용자 객체의 objectid에 해당하는 객체를 kml 문법으로 변환한 후 사용자 로컬 경로에 저장

Additional information

저장되는 파일 형식은 kml, kmz 가 있음

bool bKmz = true 일때 kmz 파일 포맷으로 저장

bool bKmz = false 일때 kml 파일 포맷으로 저장

Parameters

objectid: 화면에 등록된 사용자 객체의 objID

filePath: 파일이 저장될 경로

bKmz:

- true일 때 kmz 파일 포맷으로 저장
- false일 때 kml 파일 포맷으로 저장

String exportKmlString(String objectid) 화면에 등록된 사용자 객체의 objectid에 해당하는 객체를 kml 문법으로 변환한 후 String으로 반환

Parameters

objectid: 화면에 등록된 사용자 객체의 objID

SOPAnalysis getAnalysis() SOPAnalysis 객체를 반환

Returns

SOPAnalysis

SOPBalloon getBalloon() SOPBalloon 객체를 반환

Additional information

스크립트상에서 반환받은 balloon의 값을 수정하도록 플러그인에 자동 적용

setBalloon()을 호출하지 않아도 됨(setBalloon(A); 후에 getBalloon으로 A Balloon을 반환받아 수정하면 Plugin에 자동 적용)

Returns

SOPBalloon

SOPControl getControl() SOPControl 객체를 반환

Returns

SOPControl 객체

SIOFlightSimul getFlightSimul() SOPFlightSimul 객체를 반환

Returns

SIOFlightSimul 객체

SOPLayerLiat getLayerList() SOPLayerList 객체를 반환

Returns

SOPLayerList 객체

SOPNavigationControl getNavigationControl() SOPNavigationControl 객체를 반환

Returns

SOPNavigationControl 객체

SOPOption getOption() SOPOption 객체를 반환

Returns

SOPOption 객체

SOPPhotoList getPhotoList() SOPPhotoOverlay 객체를 담을 수 있는 SOPPhotoList 객체를 플러그인에서 반환

Returns

SOPPhotoList 객체

SOPProjection getProjection() SOPProjection 객체를 반환

Returns

SOPProjection 객체

String getType() SOPPlugin를 반환

SOPLayer getUserLayer() 플러그인에 선언된 사용자 SOPLayer를 반환

Returns

SOPLayer 객체

SOPUtil getUtil() SOPUtil 객체를 반환

Returns

SOPUtil 객체

String getVersion() 플러그인의 버전 정보를 반환

Returns

플러그인의 버전 정보

SOPMap getView() SOPMap

Returns

SOPMap 객체

SOPCamera getViewCamera() SOPCamera 객체를 반환

Returns

SOPCamera 객체

SOPObject loadKml(String path, Number level) kml, kmz 파일 경로(로컬, url)을 입력해 입력된 경로의 kml, kmz 파일 포맷을 읽어와 파싱. 파일을 내려받아 파싱한 후 SOPObject를 반환

Parameters

path: 파일의 절대경로.

level: kml이 그려질 레벨. 내부적으로만 사용되며, 객체가 추가된 이후에는 레벨과 상관없이 지도에 표현됨

Returns

SOPObject 객체

SOPObject parseKml(String kml) kml 태그를 읽어와 SOPObject로 반환

Parameters

kml: kml Tag

Returns

kml 태그를 읽어와 SOPObject로 반환

void setBalloon(SOPBalloon balloon) Balloon 객체를 넘겨주고 Balloon Open Event를 발생시킴. Null이 입력되면 Balloon Close 이벤트가 발생함

Parameters

balloon : SOPBalloon 객체

Vector

SOPColor: 색상 ARGB 값에 대한 구조체 역할을 하는 클래스로서 각 객체의 색상을 적용할 때 사용함

Number getA() 0 ~ 255 사이의 정수 값 입력 (255: 보임, 0: 안 보임)

Returns
알파값

Number getB() 0 ~ 255 사이의 정수 값 입력

Returns
블루값

Number getG() 0 ~ 255 사이의 정수 값 입력

Returns
그린값

Number getR() 0 ~ 255 사이의 정수 값 반환

Returns
레드값

void setA(Number alpha) 0 ~ 255 사이의 정수 값 입력 (255: 보임, 0: 안 보임)

Parameters
alpha: 알파값

void setARGB(Number alpha, Number red, Number green, Number blue) 0 ~ 255 사이의 정수 값을 입력해 ARGB 값 입력

Parameters
alpha: 알파값
red: 레드값
green: 그린값
blue: 블루값

void setB(Number blue) 0 ~ 255 사이의 정수 값 입력

Parameters

blue: 블루값

void setG(Number green) 0 ~ 255 사이의 정수 값 입력

Parameters

green: 그린값

void setR(Number red) 0 ~ 255 사이의 정수 값 입력

Parameters

red: 레드값

SOPVec2

SOPVec2: 2차원 좌표 X, Y에 대한 구조체 역할을 하는 클래스

void set(Double x, Double y) x, y 좌표 설정

Parameters

x: x좌표

y: y좌표

SOPVec3: 3차원 좌표 위도, 경도, 고도에 대한 구조체 역할을 하는 클래스로서 3차원 객체의 생성이나 카메라의 이동 등 3차원 좌표를 이용해 지도를 조작할 때 사용함.

void set(Double longitude, Double latitude, Double altitide) 경도, 위도, 고도 값 설정

Parameters

longitude: 경도

latitude: 위도

altitide: 고도

SOPVec3Array: SOPVec3에 대한 Array 기능을 제공하는 클래스

void clear() 리스트를 전부 삭제

Number count() 리스트의 전체 개수를 반환

Returns

마지막 노드의 index 값 + 1

SOPVec3 get(Number index) 인덱스에 해당하는 SOPVec3 반환

Parameters

index: 최소 - 0, 최대 - 마지막 노드의 index

Returns

SOPVec3

SOPVec3 pop() 리스트의 마지막에 위치한 SOPVec3를 반환하고 삭제

Returns

SOPVec3

Number push(SOPVec3 vec) 리스트의 마지막에 SOPVec3를 추가하고 전체 Count를 반환

Parameters

vec: 추가하려는 SOPVec3

Returns

전체 객체 수

Number pushLonLatAlt(Double longitude, Double latitude, Double altitude) 리스트 마지막에 경도, 위도, 고도 값을 추가하고 리스트의 전체 count를 반환

Parameters

longitude: 경도

latitude: 위도

altitide: 고도

Returns

리스트의 전체 Count

`void set(Number index, SOPVec3 vec)` 인덱스에 해당하는 위치에 SOPVec3 추가

Additional information

(index: 최소 - 0, 최대 - 마지막 노드의 index+1)

Parameters

index: 추가하려는 위치

vec: 추가하려는 SOPVec3

`void setLonLatAlt(Number index, Double longitude, Double latitude, Double altitude)` 인덱스에 해당하는 위치에 저장돼 있는 SOPVec3 객체를 교체

Additional information

해당 인덱스에 SOPVec3 객체가 없을 경우, 이 함수는 아무런 행동도 하지 않음

Parameters

Index: 추가하려는 위치

longitude: 경도

latitude: 위도

altitide: 고도

`SOPVec3 shift()` 리스트의 첫 번째에 위치한 SOPVec3를 반환하고 삭제

Returns

SOPVec3

기타

WMS/WFS: WMS/WFS 관련 API는 SOPLayerList와 SOPLayerClass의 API 목록을 참고

오픈API 이용약관

제 1 조 (약관의 목적)

본 약관은 공간정보산업진흥원이 국토교통부로부터 위탁을 받아 운영하는 공간정보 오픈플랫폼(이하 오픈플랫폼)의 오픈API 서비스(이하 서비스)를 회원이 이용함에 있어 오픈플랫폼과 회원의 권리, 의무 및 책임사항과 서비스 이용의 조건 및 절차를 규정함을 목적으로 합니다.

제 2 조 (용어의 정의)

❶ 본 약관에서 사용하는 용어의 정의는 아래와 같습니다.

1. 'API'라 함은 Application Programing Interface의 약자로서 사용자가 목적하는 응용 서비스를 구성할 수 있도록 지원하는 객체 및 함수 체계입니다.
2. '오픈API 서비스'라 함은 회원이 공간정보 오픈플랫폼의 자원을 공유하여 새로운 공간정보 서비스를 창조할 수 있도록 오픈플랫폼이 지원하는 API 체계입니다.
3. '인증키'라 함은 회원의 서비스 요청을 식별하고, 적법한 요청임을 확인할 수 있도록 오픈플랫폼에서 발급한 고유한 값을 말합니다.
4. '인증키 정보'라 함은 회원이 인증키 발급 신청서에 기재한 후 제출한 정보 및 이후 서비스와 관련해 추가로 제출한 정보를 말합니다.

❷ 본 약관에서 정의하지 않은 용어는 공간정보 오픈플랫폼 이용약관 또는 안내 및 관련법에서 정하는 바에 의합니다.

제 3 조 (약관의 효력)

❶ 오픈플랫폼은 본 약관의 내용을 회원이 쉽게 알 수 있도록 서비스 대표 화면에 게시합니다. 다만, 약관의 내용을 회원이 연결화면을 통하여 볼 수 있도록 할 수 있습니다.

❷ 본 약관의 모든 내용은 서비스에 대한 이용계약(이하 이용계약)이 성립되는 시점부터 적용됩니다.

❸ 특정 조항이 실행 불가능한 경우라도 그것이 다른 조항에 영향을 미치지는 않습니다.

❹ 본 약관 및 공간정보 오픈플랫폼 이용약관에 명시되지 않은 사항에 대해서는 관련법에 의하고, 법에 명시되지 않은 사항에 대하여는 관습에 의합니다.

제 4 조 (약관의 변경)

❶ 오픈플랫폼은 서비스의 개선과 효율적인 운영을 위해 관련법을 위배하지 않는 범위에서 본 약관을 변경할 수 있습니다.

❷ 오픈플랫폼은 약관의 변경이 있을 경우 적용일자 및 변경사유를 명시하여 현행 약관과 함께 서비스 홈페이지를 통해 적용일 7일 이전부터 최소한 적용일자 전일까지는 미리 공지하여야 합니다. 다만, 회원에게 불리하게 약관 내용을 변경하는 경우에는 최소한 30일 이상의 사전 유예기간을 두고 공지합니다. 이 경우 오픈플랫폼은 개정 전 내용과 개정 후 내용을 명확하게 비교하여 회원이 알기 쉽도록 표시합니다.

❸ 오픈플랫폼은 약관 적용일 이후 회원의 최초 서비스 사용 시점에 변경된 약관에 대한 동의를 받아, 회원이 약관의 변경을 인지할 수 있도록 합니다.

❹ 회원이 변경약관에 동의하지 않을 경우 모든 인증키를 삭제하여 서비스 사용을 중지하여야 합니다.

제 5 조 (이용계약의 성립 및 해지)

❶ 이용계약은 회원이 발급받은 인증키별로 성립 및 해지됩니다.

❷ 회원이 인증키를 발급받게 되면 이용계약이 즉시 성립됩니다. 인증키 발급은 회원의 인증키 발급 신청과 오픈플랫폼의 발급 승낙이 모두 완료되었을 경우 성립됩니다.

❸ 이용계약은 기본적으로 회원이 발급받은 인증키를 삭제할 경우 해지되며, 회원은 언제든지 인증키를 삭제할 수 있습니다.

❹ 아래 각 호에 해당하는 사유가 발생한 경우에 오픈플랫폼은 해당 인증키 또는 해당 회원의 모든 인증키에 대한 이용계약을 해지할 수 있습니다.

1. 관련법, 공간정보 오픈플랫폼 이용약관. 본 약관의 의무를 위반하거나 정책, 이용안내 및 공지사항 등을 준수하지 않은 경우
2. 서버를 해킹하는 등 서비스의 정상적인 운영을 방해한 경우
3. 3개월 이상 계속해서 서비스를 사용하지 않는 경우
4. 회원 기본정보가 변경되어 회원과 연락이 불가능한 경우
5. 기타 불법적이거나 부당한 행위를 한 경우

❺ 회원 스스로 회원탈퇴를 하거나 회원이 제반 규정을 준수하지 않아 오픈플랫폼에서 강제탈퇴를 시행하는 경우에는 모든 인증키에 대한 이용계약이 해지됩니다.

❻ 이용계약이 해지되는 경우 회원이 발급받은 인증키는 삭제되고, 해당 인증키에 대한 서비스 제공은 중지됩니다.

❼ 회원에 의하여 오픈플랫폼에 손해가 발생한 경우 오픈플랫폼은 이용계약의 해지와는 별도로 회원에게 손해배상을 청구할 수 있습니다.

❽ 오픈플랫폼은 전체 회원, 회원별, 인증키별로 인증키 유효기간을 지정할 수 있으며, 유효기간이 만료된 인증키는 사용할 수 없습니다.

제 6 조 (인증키 발급 신청)

❶ 인증키 발급 신청은 아래와 같은 과정을 통해 이루어집니다.

1. 회원이 가입한 계정으로 로그인
2. 본 약관에 동의
3. 서비스를 사용할 웹사이트의 도메인 및 하위 디렉터리 정보 등 가입신청 양식에서 요구하는 사항을 기록
4. 인증키 발급 신청서 제출

❷ 전항의 과정 중 전화번호 등 회원의 연락처 정보가 없을 경우 해당 정보도 함께 제출해야 합니다.

❸ 회원은 인증키 발급 신청 시 요구되는 정보를 정확하게 기입하여야 하며 아래 각 호에 해당하는 행위를 하지 않아야 합니다.

1. 다른 사람의 명의를 사용하여 신청
2. 인증키 정보를 허위로 기재하여 신청

❹ 회원은 인증키를 하나 이상 신청하여 발급받을 수 있으며, 회원이 최대로 발급받을 수 있는 인증키의 수는 오픈플랫폼에서 별도로 공지합니다.

❺ 오픈플랫폼에 의해 이용계약이 해지된 경력이 있는 회원의 경우 인증키 발급 신청이 차단되거나, 신청 후에 발급 신청이 거절될 수 있습니다.

제 7 조 (인증키 발급 승낙 및 유보)

❶ 오픈플랫폼은 원칙적으로 모든 회원의 인증키 발급 신청을 승낙합니다. 다만 아래 각 호에 해당하는 경우 그 승낙을 유보할 수 있습니다.

1. 서비스 관련설비에 현실적인 여유가 없는 경우
2. 서비스 제공에 기술적, 업무적으로 문제가 있다고 판단되는 경우
3. 인증키 발급 신청서 제출 이외에 별도의 자료 제출이 요구되는 경우
4. 기타 오픈플랫폼이 필요하다고 인정하는 경우

❷ 인증키 발급을 희망하는 회원은 인증키 발급 신청과 관련한 규정을 준수해야 하며, 제반 규정을 위반한 경우 발급 신청이 거절될 수 있습니다.

❸ 오픈플랫폼은 인증키 발급 승낙을 유보하거나 거절한 경우 이를 해당 회원에게 알립니다.

제 8 조 (인증키 정보의 관리)

❶ 인증키 정보는 제출 시점 이후에 변경할 수 없으며, 인증키 정보를 변경해야 하는 경우 회원은 기존 인증키를 삭제하고 새로운 인증키를 발급받아야 합니다.

❷ 오픈플랫폼은 인증키 정보를 수집, 이용할 수 있습니다. 이는 서비스 이용계약이 해지된 이후에도 해당합니다.

제 9 조 (회원정보)

❶ 오픈플랫폼은 회원의 개인정보를 보호하기 위해 노력하며, 기본적인 개인정보의 보호 및 이용에 대해서는 관련법 및 오픈플랫폼의 개인정보처리방침이 적용됩니다.

❷ 회원의 계정과 비밀번호만 있으면 누구라도 인증키 발급 신청이 가능하므로, 회원은 본인의 계정 및 비밀번호가 유출되지 않도록 노력해야 합니다. 회원의 계정 및 비밀번호가 유출되어 발생한 문제에 대해 오픈플랫폼은 어떠한 책임도 지지 않습니다.

제 10 조 (서비스의 이용)

❶ 회원은 발급 받은 인증키를 적용하여 서비스를 이용할 수 있으며, 발급받은 인증키는 회원 본인에 한하여 사용할 수 있습니다.

❷ 회원은 오픈플랫폼이 제공하는 오픈API 체계를 이용하여 자유롭게 본인이 만든 웹 서비스에 연동하거나 독립프로그램을 개발하여 재배포할 수 있습니다.

❸ 인증키를 적용하여 만든 웹 서비스 또는 독립프로그램(이하 결과물)에는 오픈플랫폼이 별도로 정하는 방법에 따라 공간정보 오픈플랫폼을 이용하여 만든 것임을 표기해야 합니다.

❹ 회원은 서비스에 포함되어 있는 일체의 내용을 삭제하거나 변경할 수 없습니다. 단 서비스에 해당 내용의 표현 여부를 조절하는 기능이 있는 경우는 예외로 합니다.

❺ 회원은 본인 소유의 결과물로 인해 발생하는 모든 상황에 대해 책임을 져야 합니다.

❻ 회원은 서비스의 이용에 있어 아래 각 호에 해당하는 행위를 하지 않아야 합니다.

1. 서비스의 목적 이외의 용도로 이용하는 행위
2. 서비스를 통하여 전송된 내용의 출처를 위장하는 행위
3. 다른 사람의 서비스 이용을 방해하거나 그 정보를 도용하는 등의 행위
4. 오픈플랫폼에서 허용하지 않는 방식으로 서비스를 접근하는 경우
5. 공공질서 또는 미풍양속을 저해하는 용도로 이용하는 행위

❼ 회원은 인증키를 타인과 거래하거나 양도 및 증여 할 수 없으며 이를 담보로 제공할 수 없습니다.

❽ 회원은 서비스를 상업적 목적으로 이용하는 경우 오픈플랫폼으로부터 별도의 상업적 이용 허락을 받아야 합니다.

❾ 회원은 언제든지 서비스 및 오픈API 개발에 대해 궁금한 사항을 물어볼 수 있으며, 오픈플랫폼은 친절하게 응답해야 합니다.

⓾ 회원은 서비스 이용에 오류사항이 발견되면 서비스 품질 향상을 위해 이를 오픈플랫폼에 알려주어야 합니다. 오류사항이 보고될 경우 오픈플랫폼은 오류사항을 신속하게 처리해야 합니다.

제 11 조 (서비스의 제한)

❶ 오픈플랫폼은 서비스 설비의 보호와 안정적인 서비스 제공을 위해 기본적으로 모든 인증키에 대해 서비스 제공에 따른 전송량 및 호출 회수를 제한합니다.

❷ 구체적인 서비스 제한용량(이하 제한용량)은 오픈플랫폼에서 정하고 별도로 공지합니다. 제한용량을 초과하여 이용할 경우 해당 인증키를 사용하는 서비스는 중단될 수 있습니다.

❸ 제한용량을 초과하여 이용하려는 회원은 아래의 사항을 기재하여 서비스 용량 초과이용 신청을 해야 합니다.

1. 서비스의 목적
2. 서비스 용량 초과 이용 사유
3. 기타 주소, 소속, 직위 등 오픈플랫폼이 요구하는 정보

제 12 조 (저작권)

❶ 본 서비스의 저작권은 오픈플랫폼에 귀속되며, 회원의 서비스 또는 프로그램 개발에 대한 저작권은 회원에게 귀속됩니다.

❷ 회원은 서비스를 통하여 제공되는 기능 및 정보를 실시간으로 연동할 수 있을 뿐이며, 제3자의 서비스로 재전송할 수 없습니다.

❸ 회원은 오픈플랫폼 및 제3자의 지적 재산권 및 관련 권리를 침해해서는 안되며, 그로 인해 발생하는 민, 형사상의 책임은 전적으로 해당 회원이 부담하여야 합니다.

[부칙]

❶ 본 약관은 2012년 12월 1일부터 시행됩니다.

❷ 2011년 12월 12일부터 시행되던 종전의 약관은 본 약관으로 대체합니다.

찾 아 보 기

| 찾 | 아 | 보 | 기 |

| 찾 | 아 | 보 | 기 |